Jesús bajo sospecha

Una respuesta
a los ataques
contra el Jesús histórico

Dedicamos esta obra
  a la larga lista de intelectuales que,
    desde los días de la resurrección de Jesús
    hasta el presente,
      con pasión y diligencia,
        han dedicado sus vidas y mentes
        al Jesús del Nuevo Testamento
        y a la fe de los apóstoles.

Jesús bajo sospecha

Una respuesta a los ataques contra el Jesús histórico

Michael J. Wilkins & J. P. Moreland, eds.

EDITORIAL CLIE
Ferrocarril, 8
08232 VILADECAVALLAS (Barcelona)
E-mail: libros@clie.es
http://www.clie.es

JESÚS BAJO SOSPECHA
Michael J. Wilkins & J. P. Moreland, eds.

Publicado originalmente en USA con el título *Jesus Under Fire*
Copyright ©1995 by Michael J. Wilkins, J.P. Moreland, Craig Blomberg, Darrell Bock, William Lane Craig A. Evans, Douglas Geivett, Gary Habermas, Scot McKnight and Edwin Yamauchi
Grand Rapids, Michigan.

© 2003 por Editorial Clie para esta edición en castellano.

Todos los derechos reservados.

Director de la colección: Dr. Matt Williams

Traducción:
Dorcas González Bataller

Equipo editorial (revisión y corrección):
Nelson Araujo Ozuna
Anabel Fernández Ortiz
Lidia Rodríguez Fernández
Joana Ortega Raya
Eduardo Delás

Diseño de cubiertas: Ismael López Medel

ISBN: 978-84-8267-316-5

Clasifíquese: 2110 ESTUDIO BÍBLICO: En la persona de Cristo
C.T.C. 05-03-2110-13
Referencia: 22.45.20

Contenido

Presentación de la Colección Teológica Contemporánea 7

Introducción: El fenómeno de Jesús
Michael J. Wilkins y J. P. Moreland 13

Capítulo 1. ¿Dónde empezar la investigación sobre la persona de Jesús?
Craig L. Blomerg 33

Capítulo 2. ¿Quién es Jesús? Una introducción al estudio sobre Jesús
Scot MkcNight 79

Capítulo 3. Las palabras de Jesús en los Evangelios: ¿Versión original o invención?
Darrell L. Bock 107

Capítulo 4. ¿Qué hizo Jesús?
Craig A. Eevans 145

Capítulo 5. ¿Hacía Jesús milagros?
Gary R. Habermas 163

Capítulo 6. ¿Resucitó Jesús de los muertos?
William Lane Craig 195

Capítulo 7. ¿Es Jesús el único camino?
R. Douglas Geivett 241

Capítulo 8. Evidencias sobre Jesús fuera del Nuevo Testamento
Edwin M. Yamauchi 279

Conclusión: ¿Qué significa todo esto?
Michael J. Wilkins & J. P. Moreland 307

Bibliografía 311
Bibliografía en castellano 315
Índice temático 317

Abreviaturas

ABRL	Anchor Bible ReferenCe Library
AJT	American Journal of Theology
ANRW	Aufstieg und Niedergang der Römischen Welt
BAR	Biblical Archaeology Review
BETL	Bibliotheca Ephemeridum Theologicarum Lovaniensium
BA	Biblical Archaeologist
BJRL	Bulletin of the John Rylands Library
BBR	Bulletin of Biblical Research
BR	Bible Review
CBQ	Catholic Biblical Quarterly
CTQ	Concordia Theological Quarterly
CT	Christianity Today
EvQ	Evangelical Quarterly
HTKNT	Herders Theologischer Kommentar zum Neuen Testament
HTR	Harvard Theological Review
ISBE	Internacional Standard Bible Encyclopedia
JBL	Journal of Biblical Literature
JETS	Journal of the Evangelical Theological Society
JHS	Journal of Historical Studies
JJS	Journal of Jewish Studies
JAOS	Journal of the American Oriental Society
JRH	Journal of Roman Hirtory
JRS	Journal of Roman Studies
JSNT	Journal for the Study of the New Testament
JSNTMS	Journal for the Study of the New Testament Monograph Series
JSOT	Journal for the Study of the Old Testament
LCL	Loeb Classical Library
NICNT	New International Commentary on the New Testament
NovT	Novum Testamentum
NTS	New Testament Studies
NTTS	New Testament Tools and Studies
SBT	Studies in Biblical Theology
SJT	Scottish Journal of Theology
TrinJ	Trinity Journal
TS	Theological Studies
TynBul	Tyndale Bulletin
TZ	Theologische Zeitschrift
WTJ	Westminster Theological Journal

Presentación de la Colección Teológica Contemporánea

Cualquier estudiante de la Biblia sabe que hoy en día la literatura cristiana evangélica en lengua castellana aún tiene muchos huecos que cubrir. En consecuencia, los creyentes españoles muchas veces no cuentan con las herramientas necesarias para tratar el texto bíblico, para conocer el contexto teológico de la Biblia, y para reflexionar sobre cómo aplicar todo lo anterior en el transcurrir de la vida cristiana.

Esta convicción fue el principio de un sueño: la «Colección Teológica Contemporánea». Necesitamos más y mejores libros para formar a nuestros estudiantes para su ministerio. Y no sólo en el campo bíblico y teológico, sino también en el práctico –si es que se puede distinguir entre lo teológico y lo práctico, pues nuestra experiencia nos dice que por práctica que sea una teología, no aportará ningún beneficio a la iglesia si no es una teología correcta.

Sería magnífico contar con el tiempo y los expertos necesarios para escribir libros sobre las áreas que aún faltan por cubrir. Pero como éste no es un proyecto viable por el momento, hemos decidido traducir una serie de libros escritos originalmente en inglés.

Queremos destacar que además de trabajar en la traducción de estos libros, en muchos de ellos hemos añadido preguntas de estudio al final de cada capítulo para ayudar a que tanto alumnos como profesores de Seminarios Bíblicos, como el público en general, descubran cuáles son las enseñanzas básicas, puedan estudiar de una manera más profunda, y puedan reflexionar de forma actual y relevante sobre las aplicaciones de los temas tratados. También hemos añadido en la mayoría de los libros una bibliografía en castellano, para facilitar la tarea de un estudio más profundo del tema en cuestión.

En esta Colección Teológica Contemporánea, el lector y la lectora encontrarán una variedad de autores y tradiciones evangélicas de reconocida trayectoria. Algunos de ellos ya son conocidos en el mundo de habla hispana (como F. F. Bruce, G. E. Ladd y L. L. Morris). Otros no tanto, ya que aún no han sido traducidos a nuestra lengua (como N. T. Wright y R. Bauckham); no obstante, son mundialmente conocidos por su experiencia y conocimientos.

Todos los autores elegidos son de una seriedad rigurosa y tratan los diferentes temas de una forma profunda y comprometida. Así, todos los libros son el reflejo de los objetivos que esta colección se ha propuesto:

1. Traducir y publicar buena literatura evangélica para pastores, profesores y estudiantes de la Biblia.
2. Publicar libros especializados en las áreas donde hay una mayor escasez.

La «Colección Teológica Contemporánea» es una serie de estudios bíblicos y teológicos dirigida a pastores, líderes de iglesia, profesores y estudiantes de seminarios e institutos bíblicos, y creyentes en general, interesados en el estudio serio de la Biblia.

La colección se dividirá en tres áreas:

Estudios bíblicos
Estudios teológicos
Estudios ministeriales

Esperamos que estos libros sean una aportación muy positiva para el mundo de habla hispana, tal como lo han sido para el mundo anglófono, y que, como consecuencia, los cristianos –bien formados en Biblia y en teología– impactemos al mundo con el fin de que Dios, y sólo Dios, reciba toda la gloria.

Queremos expresar nuestro agradecimiento a los que han hecho que esta colección sea una realidad, a través de sus donativos y oraciones. «Tu Padre… te recompensará.»

Dr. MATTHEW C. WILLIAMS
Editor de la Colección Teológica Contemporánea
Profesor en IBSTE (Barcelona) y Talbot School of Theology (Los Angeles, CA., EEUU)
Williams@bsab.com

Lista de títulos

A continuación presentamos los títulos de los libros que publicaremos, DM, en los próximos tres años, y la temática de las publicaciones donde queda pendiente asignar un libro de texto. Es posible que haya algún cambio, según las obras que publiquen otras editoriales, y según también las necesidades de los pastores y de los estudiantes de la Biblia. Pero el lector y la lectora pueden estar seguros de que vamos a continuar en esta línea, interesándonos por libros evangélicos serios y de peso.

Estudios bíblicos

Jesús

Michael J. Wilkins & J. P. Moreland (editors), *Jesús bajo sospecha [Jesus Under Fire]*, Grand Rapids, Zondervan, 1995. Una defensa de la historicidad de Jesús, realizada por una serie de expertos evangélicos en respuesta a «El Seminario de Jesús», un grupo que declara que el Nuevo Testamento no es fiable y que Jesús fue tan sólo un ser humano normal.

Mateo

Un comentario de Mateo.

Juan

Leon Morris, *Comentario del Evangelio de Juan [Commentary on John]*, 2nd edition, New International Commentary on the New Testament. Grand Rapids, MI, Wm. B. Eerdmans Publishers, 1995. Los comentarios de esta serie, *New International Commentary on the New Testament*, están considerados en el mundo anglófono como unos de los comentarios más serios y recomendables. Analizan el texto de forma detallada, deteniéndose a considerar temas contextuales y exegéticos, y el sentido general del texto.

Romanos

Douglas J. Moo, *Comentario de Romanos [Commentary on Romans]*, New International Commentary on the New Testament. Grand Rapids, MI, Wm. B. Eerdmans Publishers, 1996. Moo es profesor del Nuevo Testamento en Wheaton College. Los comentarios de esta serie, *New International Commentary on the New Testament*, están considerados en el mundo anglófono como unos de los comentarios más serios y recomendables. Analizan el texto de forma detallada, deteniéndose a considerar temas contextuales y exegéticos, y el sentido general del texto.

Gálatas

F. F. Bruce, *Comentario de la Epístola a los Gálatas [Commentary of Galatians]*, New International Greek Testament Commentary Series, Grand Rapids, Eerdmans, 1982.

Filipenses

Gordon Fee, *Comentario de Filipenses [Commentary on Phillipians]*, New International Commentary on the New Testament. Grand Rapids, MI, Wm. B. Eerdmans Publishers, 1995. Los comentarios de esta serie, *New International Commentary on the New Testament*, están considerados en el mundo anglófono como unos de los comentarios más serios y recomendables. Analizan el texto de forma detallada, deteniéndose a considerar temas contextuales y exegéticos, y el sentido general del texto.

Pastorales
Un comentario de las Pastorales.

Apocalipsis
Un comentario del Apocalipsis.

Estudios teológicos

Cristología

Richard Bauckham, *Monoteísmo y Cristología en el Nuevo Testamento [God Crucified: Monotheism & Christology in the New Testament]*, Grand Rapids, Eerdmans, 1998. Bauckham, profesor de Nuevo Testamento en St. Mary's College de la Universidad de St. Andrews, Escocia, conocido por sus estudios sobre el contexto de los Hechos, por su exégesis del Apocalipsis, de 2ª de Pedro y de Santiago, explica en esta obra la información contextual necesaria para comprender la cosmovisión monoteísta judía, demostrando que la idea de Jesús como Dios era perfectamente reconciliable con tal visión.

Teología del Nuevo Testamento

G. E. Ladd, *Una Teología del Nuevo Testamento,* Terrassa, CLIE 2003 *[A Theology of the New Testament]*, revised edition, Grand Rapids, Eerdmans, 1993. Ladd era profesor del nuevo testamento y teología en Fuller Theological Seminary (EE.UU.); es conocido en el mundo de habla hispana por sus libros *Creo en la resurrección de Jesús, Crítica del Nuevo Testamento, Evangelio del Reino* y *Apocalipsis de Juan: Un comentario.* Presenta en esta obra una teología completa y erudita de todo el Nuevo Testamento.

Teología Joánica

Leon Morris, *Estudios sobre la Teología Joánica [Jesus is the Christ: Studies in the Theology of John]*, Grand Rapids, Eerdmans; Leicester, InterVarsity Press, 1989. Morris es muy conocido por los muchos comentarios que ha escrito, pero sobre todo por el comentario de Juan de la serie *New International Commentary of the New Testament*. Morris también es el autor de *Creo en la Revelación*, *Las cartas a los Tesalonicenses*, *El Apocalipsis*, *¿Por qué murió Jesús?*, y *El salario del pecado*.

Teología Paulina

N. T. Wright, *El verdadero pensamiento de Pablo,* Terrassa: CLIE, 2003 *[What Saint Paul Really Said]*, Oxford, England, Lion Publishing, 1997. Una respuesta a aquellos que dicen que Pablo comenzó una religión diferente a la de Jesús. Se trata de una excelente introducción a la teología paulina y a la «nueva perspectiva» del estudio paulino, que propone que Pablo luchó contra el exclusivismo judío y no tanto contra el legalismo.

Teología Sistemática

Millard Erickson, *Teología sistemática [Christian Theology]*, 2nd edition, Grand Rapids, Baker, 1998. Durante quince años esta teología sistemática de Millard Erickson ha sido utilizada en muchos lugares como una introducción muy completa. Ahora se ha revisado este clásico teniendo en cuenta los cambios teológicos, al igual que los muchos cambios intelectuales, políticos, económicos y sociales.

Teología Sistemática: Revelación/Inspiración

Clark H. Pinnock, *Revelación bíblica: el fundamento de la teología cristiana [Biblical Revelation: The Foundation of Christian Theology]*, Foreword by J. I. Packer, Phillipsburg, New Jersey, Presbyterian and Reformed Publishing Company, 1985. Aunque conocemos los cambios teológicos de Pinnock en estos últimos años, este libro, de una etapa anterior, es una defensa evangélica de la infalibilidad y veracidad de las Escrituras.

Estudios ministeriales

Apologética/Evangelización

Michael Green & Alister McGrath, *¿Cómo llegar a ellos? Defendamos y comuniquemos la fe cristiana a los no creyentes [How Shall We Reach Them: Defending* *and Communicating the Christian Faith to Nonbelievers]*, Nashville, TN, Thomas Nelson Publishers, 1995. Esta obra explora la evangelización y la apologética en el mundo postmoderno en el que nos ha tocado vivir, escrito por expertos en evangelización y teología.

Dones/Pneumatología

Wayne. A. Grudem, ed., *¿Son vigentes los dones milagrosos? Cuatro puntos de vista [Are Miraculous Gifts for Today? Four views]*, Grand Rapids, Zondervan, 1996. Este libro pertenece a una serie que se dedica a exponer las diferentes posiciones que hay sobre diversos temas. Esta obra nos ofrece los argumentos de la perspectiva cesecionista, abierta pero cautelosa, la de la tercera ola, y la del movimiento carismático; cada una de ellas acompañadas de los comentarios y crítica de las perspectivas opuestas.

Mujeres en la Iglesia

Bonnidell Clouse & Robert G. Clouse, eds., *Mujeres en el ministerio. Cuatro puntos de vista [Women in Ministry: Four Views]*, Downers Grove, IVP, 1989. Este libro pertenece a una serie que se dedica a exponer las diferentes posiciones que hay sobre diversos temas. Esta obra nos ofrece los argumentos de la perspectiva tradicional, la del liderazgo masculino, la del ministerio plural, y la de la aproximación igualitaria; todas ellas acompañadas de los comentarios y crítica de las perspectivas opuestas.

Introducción:

EL FENÓMENO DE JESÚS

Michael J. Wilkins & J.P. Moreland

Jesús aún está bajo sospecha. Aunque es una figura histórica que vivió hace dos mil años, continúa siendo objeto tanto de devoción como de controversia: tanto como lo fue cuando predicaba en las tierras de Palestina. Mucha gente en la actualidad le aclama como su Salvador, tal como lo hacían sus seguidores en el primer siglo. Pero muchos otros de nuestros contemporáneos siguen rechazándole y le consideran un peligro para el establecimiento político y religioso, exactamente como le veían aquellos líderes religiosos y políticos de Israel y Roma.

Jesús bajo sospecha

Pero los enemigos de la actualidad son diferentes. Hoy, algunos aseguran que Jesús nunca *dijo* la mayoría de las palabras que la Biblia le atribuye. Otros incluso se atreven a decir que no *hizo* las cosas que la Biblia recoge como sus hechos. Sugieren que Jesús de Nazaret fue alguien muy distinto a la figura en la que ha creído la Iglesia. Así que si queremos ser gente inteligente, incluso gente *religiosa* inteligente, no debemos aceptar de una manera simplista lo que la Biblia dice sobre los reclamos de Jesús, ni lo que la Iglesia primitiva enseñaba sobre él. Si, aún en nuestra búsqueda religiosa o espiritual queremos ser modernos, no podemos creer que los hechos de Jesús que aparecen en la Biblia ocurrieron de verdad, y mucho menos que tienen relevancia para nosotros ahora, en la actualidad. Debemos olvidarnos de todos los mitos que se han creado alrededor de su persona —incluso de lo que la Iglesia enseña— y sólo así podremos escuchar su verdadero mensaje. Debemos bajarlo de ese pedestal donde la Iglesia primitiva lo puso, para entender realmente quién fue aquel personaje que deambulaba por Palestina y comprender qué relevancia puede tener en la actualidad, si es que tiene alguna relevancia. Hoy en día, el Jesús de Nazaret que encontramos en las páginas de la Biblia es un personaje ficticio creado por la Iglesia primitiva, y lo que tenemos que hacer es olvidarnos de toda esa leyenda, e intentar descubrir quién fue realmente, así veremos si tiene o no algún elemento importante a tener en cuenta ahora, en el siglo XXI.

Jesús de Nazaret y la cosmovisión moderna

Juntamente con esta presentación de Jesús hemos de considerar si en nuestra era científica hay cabida para la cosmovisión bíblica, para la fe razonable. La llegada de la verificación histórica nos ha obligado a clasificar los hechos pasados en objetivos y ficticios. Del mismo modo que los descubrimientos de la Medicina, la Astronomía, la Agricultura y la Física tiraron por tierra las viejas supersticiones y mitos, es normal que la aplicación de los métodos científicos a la investigación de la persona de Jesús de Nazaret acabe con todas las creencias religiosas arcaicas. Así, el Cristo de los credos de la Edad Media ya no puede servir para los que hemos sido testigos de la revolución científica.

Estas críticas no son nada nuevo. Han sido el tema principal del debate y de la investigación crítica/liberal desde que en la llamada Ilustración aparecieron las nuevas aproximaciones al estudio de la persona de Jesús. Pero ahora Jesús no sólo tiene enemigos entre los eruditos, porque éstos han dejado la soledad de sus despachos para librar esta guerra en los medios de comunicación.

El Seminario de Jesús

Uno de los grupos que está a la vanguardia de esta lucha contra Jesús se hace llamar «El Seminario de Jesús». Se creó en 1985 para examinar lo que, según el Nuevo Testamento y otros documentos cristianos, fueron las palabras de Jesús. El propósito académico de este grupo es el siguiente: «ver qué acuerdo hay entre los expertos de la autenticidad histórica de cada uno de los dichos de Jesús».[1] Pero detrás de ese propósito académico se esconde otro objetivo: influir a los creyentes. Este grupo de eruditos ha decidido «poner al día los doscientos años de investigación y debate en torno a un tema de interés público, y luego dejarnos sus conclusiones como legado».[2]

---

[1] Propósito expresado por Marcus Borg, Miembro de «El Seminario de Jesús», en «The Jesus Seminar and the Church», en *Jesus in Contemporary Scholarship* (Valley Forge. Pa., Trinity Press, 1994), página 162.

[2] Robert W. Funk, Roy W. Hoover, y «El Seminario de Jesús», *The Five Gospels: What Did Jesus Really Say?* (New York, MacMillan, 1993), página 1.

Quieren liberar al verdadero Jesús y así liberar a los creyentes de «la tiranía teológica y de la era oscura en la que nos han obligado a vivir». Según palabras de Robert Funk, cofundador de «El Seminario de Jesús»: «Queremos liberar a Jesús. El Jesús que la mayoría de la gente conoce es un mito. No quieren saber quién fue Jesús realmente. Quieren a un Jesús al que poder adorar. El Jesús cúltico».[3]

Los miembros de «El Seminario de Jesús» están llevando su debate a la esfera pública, ganándose así la atención de muchos. El cofundador John Dominic Crossan, profesor del Nuevo Testamento en DePaul University dice que existe un acuerdo implícito: «Los eruditos pueden ir a las universidades y escribir lo que quieran en las revistas especializadas, que tienen poca tirada. Pero ahora están saliendo de sus círculos cerrados», y están intentando que el gran público oiga lo que tienen que decir.[4] Esto es lo que Crossan está haciendo, y públicamente ha declarado que niega la deidad de Cristo, que todo el perfil milagroso que la Biblia le atribuye –como el nacimiento virginal– son invenciones de los escritores de los Evangelios y que, por tanto, los relatos de la muerte, el entierro y la resurrección de Jesús fueron inventados por la Iglesia primitiva.[5]

Preguntas cruciales sobre Jesús

Independientemente de cuál sea nuestra reacción ante estas declaraciones, tenemos que intentar comprender qué ha llevado a estos eruditos a sacar estas conclusiones. Detrás de sus investigaciones se esconden una serie de preguntas, cuyas respuestas determinan tanto el método que han elegido para sus investigaciones como la imagen final de Jesús a la que llegan. Pero las respuestas a las preguntas que hacen no son tan claras como parece. Otros eruditos –de perspectivas teológicas y confesionales muy diversas– ofrecen una opinión histórica alternativa: el retrato bíblico de Jesús es un reflejo histórico exacto de lo que Jesús hizo y dijo. Ahora el debate se está llevando a cabo tanto en el ambiente especializado como

---

[3] Entrevista de Mary Rourke, «Cross Examination», *Los Angeles Times* 14 febrero 1994, E1, E5.
[4] Entrevista de Richard N. Ostling, «Jesus Christ, Plain and Simple», *Time*, 10 enero 1994, página 38.
[5] Crossan desarrolla estas tesis con más profundidad en *Jesus: A Revolutionary Biography* (San Francisco, Harper San Francisco, 1994) y *The Historical Jesus: The Life of a Mediterranean Jewish Peasant* (San Francisco, Harper San Francisco, 1991). Puede consultar un resumen escrito por el mismo Crossan en los capítulos 5 y 7 de *The Search for Jesus: Modern Scholarship Looks at the Gospels*, ed. Stepehen Patterson et al. (Washington, D.C., Biblical Archaeological Society, 1994).

en los medios de comunicación porque el tema atrae a los dos tipos de audiencia. ¿Cuáles son algunos de los temas más tratados?

¿Podemos llegar a saber algo de Jesús y estar seguros de que es una información veraz?

Uno de los temas centrales de esta discusión es el siguiente: ¿la información que tenemos sobre los sucesos ocurridos en el siglo I es fiable? Nos preguntamos si podemos saber con exactitud lo que Jesús hizo y dijo. Muchos de los ataques recientes que se han hecho al Jesús histórico nacen del intento de descubrir lo que realmente ocurrió. Como resultado de esta búsqueda tenemos una contradicción intrigante en los métodos y las presuposiciones de los eruditos que combinan la búsqueda científica y optimista del «modernismo» con el escepticismo del «postmodernismo». Por un lado, estos investigadores intentan ser objetivos en esta búsqueda del Jesús histórico, y así establecen criterios que tamizan los elementos no históricos que aparecen en los documentos históricos, y los separan de los que son fiables. Por otro lado, estos investigadores están influidos por la declaración postmoderna que dice que la objetividad es imposible: todos miramos a través de nuestro propio prisma, que ya tiene unas opiniones y tendencias concretas, así que siempre accedemos a la información a través de la subjetividad.

Esta idiosincrasia de la investigación moderna es lo que el experto del Nuevo Testamento de Oxford N.T. Wright ha llamado «el imperialismo cultural de la Ilustración», una actitud que parte de la idea de que la disciplina de la «Historia» se descubrió hace sólo doscientos años, y que «los historiadores de la Antigüedad no sabían hacer historia, y se inventaban las cosas uniendo la fantasía con las leyendas para escribir lo que ellos llamaban Historia».[6] Al hablar de los Evangelios, los críticos de «El Seminario de Jesús» dicen que los evangelistas estaban tan influenciados por el retrato de Jesús que había hecho la Iglesia primitiva, que debemos tratar sus relatos sobre la vida de Jesús con el máximo escepticismo.

Este escepticismo afecta a toda la Historia en general, pero sobre todo a los escritos sobre la vida de Jesús. La Historiografía estándar (la ciencia de la investigación histórica) es bastante positiva cuando analiza otros documentos religiosos antiguos (por ejemplo, los que tratan sobre las religiones mistéricas antiguas). Debería aplicar las mismas reglas de vali-

---

[6] N. T. Wright, *The New Testament and the People of God* (Minneapolis, Fortress, 1992), página 84.

dación histórica a los escritos bíblicos. Si se aplican los principios estándar historiográficos a los documentos religiosos antiguos, Jesús sale bien parado, históricamente hablando. El historiador Edwin Yamauchi explica en el capítulo 8 de este libro que cuando comparamos los escritos sobre diferentes figuras religiosas de la historia –Zaratustra, Buda y Mahoma– vemos que tenemos más documentación histórica sobre Jesús que sobre el fundador de cualquier otra religión.[7]

¿Son fiables los relatos bíblicos sobre los hechos de Jesús?

La pregunta anterior, si podemos o no llegar a saber algo sobre Jesús con exactitud, nos lleva a la pregunta sobre la fiabilidad de los escritos bíblicos cuando recogen los hechos de Jesús. Muchos eruditos contemporáneos asumen que los escritos bíblicos son ficticios a menos que, y hasta que, se pruebe lo contrario. Los miembros de «El Seminario de Jesús» dicen:

> *Ahora sabemos que los Evangelios son relatos en los que la figura de Jesús aparece adornada de elementos míticos que expresan la fe que la Iglesia tiene en él, y adornada también por las posibles invenciones que realzan la manera de explicar el Evangelio a los oyentes del siglo I, quienes creían en hombres divinos y en los milagros.*[8]

Entonces, adoptan el argumento llamado «peso de la prueba», diciendo que no sirve decir que los elementos de los Evangelios son *supuestamente* históricos, sino que se tienen que poder *probar* su historicidad. Dicho de otro modo, todos los hechos que los Evangelios le atribuyen a Jesús son *falsos* hasta que se pruebe lo contrario.

Esta opinión tiene sentido cuando se hace una marcada distinción entre el Jesús histórico y el Cristo de la fe. Según los expertos que piensan así, la fe de la Iglesia primitiva en Cristo influyó tanto el relato de la vida del Jesús histórico que cuando ésta fue puesta por escrito, se había perdido toda la objetividad. Como resultado, los Evangelios no pueden considerarse como escritos objetivos ni históricos, sino que no son más que invenciones imaginativas de unos seguidores fieles.

Sin embargo, hay un grupo de expertos en los personajes religiosos del primer siglo que no es tan reticente a la hora de reconocer que los

---

[7] Ver el capítulo 8 de este libro.
[8] Funk, Hoover, y «El Seminario de Jesús», *The Five Gospels*, página 5.

escritores cristianos antiguos tenían la intención de transmitir un retrato exacto del Jesús que habían conocido. Eruditos judíos de renombre han reconocido que la descripción que se hace de Jesús en el Nuevo Testamento no está bajo la influencia de una fe eufórica, sino que a la hora de transmitir datos históricos es tan fiel como otros escritos de la Palestina de aquellos días. Eruditos judíos como Geza Vermes y David Flusser aseguran que «sabemos más sobre Jesús que sobre cualquier otro judío del siglo I».[9] El estudioso judío Jacob Neuser cuestiona la reconstrucción que «El Seminario de Jesús» hace del Jesús histórico. Éstas son sus palabras: «[El Seminario de Jesús] es o bien el mayor engaño del campo de la investigación desde Piltdown Man, o bien la bancarrota de los estudios del Nuevo Testamento, y espero que sea lo primero que he dicho».[10]

¿Es posible lo sobrenatural en la Antigüedad y en la actualidad?

Otra pregunta relacionada con las anteriores sería: ¿qué hacer con los relatos bíblicos que cuentan los milagros de Jesús? «El Seminario de Jesús» se rige por el naturalismo filosófico estricto. La ciencia moderna y la experiencia demuestran que los fenómenos sobrenaturales no existen. Por tanto, rechazan directamente cualquier relato que los Evangelios incluyan sobre hechos sobrenaturales. No son más que invenciones creadas por la Iglesia primitiva o fenómenos para los que hoy en día existen explicaciones naturalistas. Los milagros incluyen hechos como las curaciones, los exorcismos o expulsiones, la resurrección, la profecía, y la inspiración de los documentos bíblicos. Así que el naturalismo filosófico, además de excluir automáticamente largas porciones de los Evangelios, tiene implicaciones importantes para el tratamiento de estos temas.

Tomemos el caso de la profecía, las predicciones del futuro puestas en boca de Jesús. «El Seminario de Jesús» sugiere que todas las declaraciones de los Evangelios que reflejan un conocimiento de hechos que

---

[9] Como dice el Profesor James H. Charlesworth de Princeton Seminary en «The Foreground of Christian Origins and the Commencement of Jesus Research» en *Jesus' Jewishness: Exploring the Place of Jesus Within Early Judaism*, ed. James H. Charlesworth (New York, Crossroad, 1991), página 81 y n. 29.

Charlesworth añade: «Podemos añadir a su argumento una excepción, que es todo el conocimiento que tenemos del apóstol Pablo, y obligarles a usar el adverbio "casi". Sabemos muy poco sobre Honi, Hanina, Hillel, Shammai, Gamaliel, y Johanán ben Zakkai». Obviamente, éstas son unas observaciones bastante importantes, sabiendo lo reacio que es «El Seminario de Jesús» a reconocer la validez histórica de los orígenes cristianos recogidos en los documentos neotestamentarios.

[10] Ostling, «Jesus Christ, Plain and Simple», página 39.

ocurrieron después de la muerte de Jesús (especialmente la destrucción del templo y de Jerusalén, la expansión misionera de la Iglesia hacia el mundo gentil, y la persecución de los apóstoles) no fueron dichas por Jesús, ni hubo testigos de que así fuera. Cuando detectan «un conocimiento detallado en las parábolas y dichos de Jesús de lo que pasaría después de su muerte, tienden a pensar que tales dichos se escribieron más tarde, después de que los hechos a los que hacen referencia tuvieran lugar».[11] Así, niegan que Jesús pudiera predecir el futuro. Lo que lleva a la conclusión de que todos los Evangelios fueron escritos al menos después del 70 d.C., año de la destrucción del templo y de Jerusalén. Esto además lleva a otra conclusión: que los escritores no fueron testigos oculares; y si ninguno de los evangelistas fue testigo ocular, tampoco no fueron apóstoles. A su vez, esto niega la fiabilidad del testimonio de los Padres de la Iglesia sobre la autoría apostólica, la fecha, y los destinatarios de los Evangelios.

La eliminación de los hechos sobrenaturales de los documentos sobre la vida y el ministerio de Jesús les deja en evidencia. Lo hacen debido a las ideas preconcebidas de su cosmovisión y manera de pensar, sin realizar un examen minucioso de autenticidad. Tal como defiende Doug Geivett en el capítulo 7, si tenemos razones suficientes para creer en Dios, (por ejemplo, argumentos filosóficos y evidencias científicas), entonces debemos realizar el estudio de la Historia aceptando la justificada razonabilidad del teísmo. En otras palabras, no podemos eliminar la posibilidad de los milagros si no hemos investigado si están respaldados por evidencias históricas o no; y si hay tales evidencias, ya está ganado el caso. Por ejemplo, al examinar un elemento sobrenatural –la habilidad de Jesús para predecir su muerte– el eminente experto católico del Nuevo Testamento Raymond Brown subraya que «la historicidad, no obstante, debería determinarse no por lo que pensamos que es posible, sino por la antigüedad y la fiabilidad de las evidencias. Como veremos, siempre que miremos en la Historia, Jesús era y ha sido recordado como alguien que tenía unos poderes extraordinarios».[12]

Éstos son algunos de los temas en torno al fenómeno de Jesús de Nazaret. Algunos investigadores contemporáneos, como los de «El Seminario de Jesús», acaban sacando conclusiones extremas, como por ejemplo

---

[11] Funk, Hoover, y «El Seminario de Jesús», *The Five Gospels*, página 25.
[12] Raymond E. Brown, *An Introduction to New Testament Christology* (New York, Paulist Press, 1994), página 25, n. 24.

negar la fiabilidad de la descripción que el Nuevo Testamento hace de Jesús. Otros aseguran que el Jesús que aparece en la Biblia y que la Iglesia proclama es el Jesús de la Historia. Entonces, ¿qué conclusiones debemos sacar nosotros? Para poder contestar con conocimiento de causa, vamos a estudiar todos estos temas de forma más detallada en los próximos capítulos. Pero antes, veamos cuáles son algunas de las implicaciones más importantes para el lector/a moderno/a.

¿Cuál es la importancia de este debate?

Llegado este punto algunos pueden pensar si vale la pena invertir tiempo y esfuerzo en este debate. ¿Qué más da si los argumentos presentados por los críticos radicales del Nuevo Testamento son correctos? Si a fin de cuentas la religión es algo que se tiene que aceptar por fe, y esa fe te ayuda a vivir satisfecho a pesar de los problemas y las acusaciones que haya a tu alrededor, ¿no es cierto? Nosotros creemos que los temas que se tratan en este libro son de vital importancia, cuestiones de vida o muerte: y no estamos exagerando. Lo único que da valor a una creencia es que sea verdad, y que haya buenas razones para pensar que es verdad.

Creencia religiosa e importancia del concepto de verdad

Veamos primero el concepto de *verdad*. En el campo de la Medicina, todo el mundo sabe lo que es un placebo. Es una sustancia inocua que se suministra al paciente pero que, de hecho, no tiene ningún efecto sobre su enfermedad. Sin embargo, la falsa fe del paciente en que esa sustancia le va a ayudar produce en él cierto alivio o mejora. Así que los placebos funcionan gracias a la ingenua y desinformada creencia del paciente. Tristemente, existen muchos *placebos* fuera de la Medicina. Las cosmovisiones de muchas personas funcionan como placebos: son creencias falsas e ingenuas que les ayudan porque están viviendo en un mundo de fantasía propio, y no porque esas creencias sean verdad en sí mismas. Para justificar por qué creo que esto es triste y patético, veamos la historia de Wonmug.

Wonmug era un pésimo estudiante de Física que asistía a una Universidad de un país occidental. Suspendió todos los exámenes del primer semestre, su nivel de Matemáticas era como el de los alumnos de diez años, y no tenía aptitudes para la ciencia. Sin embargo, un día, todos los alumnos y los profesores de la Universidad decidieron reírse a costa de Wonmug haciéndole creer que era el mejor estudiante de Física de la Universidad.

Introducción

Cuando hacía una pregunta en clase, los estudiantes y los profesores alababan su profundidad. Le daban las mejores notas en los exámenes y en los trabajos, cuando de hecho no merecían ni el aprobado. Al final, Wonmug acabó la carrera, y decidió hacer un doctorado. Los profesores de aquella Universidad enviaron una carta a todos los físicos del mundo para que se unieran a la burla, así que Wonmug acabó el doctorado, y consiguió ser un prestigioso físico que viajaba mucho a Europa para participar en importantes congresos científicos, y escribía con regularidad para las revistas *Time* y *Newsweek*. La vida de Wonmug era feliz, y se sentía respetado por ser un experto en su materia y haber conseguido tantos logros. Sin embargo, no sabía nada de Física. ¿Te gustaría tener una vida como la Wonmug? ¿O te gustaría que tus hijos tuvieran una vida así? ¡Claro que no! Porque su sentido de bienestar estaba construido sobre una cosmovisión falsa y falta de información, un placebo.

La vida es una lucha continua. Enfermamos, nos despiden del trabajo, vivimos muchas relaciones rotas, y luego morimos. Queremos saber si hay algo real sobre lo que basar nuestras vidas. ¿Hay un Dios? ¿Y cómo es? ¿Qué piensa Dios de las cosas que realmente nos importan? ¿Tiene esta vida un propósito? Y si lo tiene, ¿cuál es? ¿Qué hago yo aquí, en este mundo? ¿Los valores son reales y objetivos, o arbitrarios e inventados? ¿Hay vida después de la muerte? ¿Qué quiere decir que puedo confiar en Dios? ¿Hay forma de poder conocerle? Cuando nos hacemos estas preguntas, no queremos respuestas que nos ayuden simplemente porque las creemos. Queremos que las respuestas que nos consuelen sean verdad. Para la persona sabia, la vida valdrá la pena si está basada en la verdad, y no en un placebo.

Creencia religiosa y la importancia del concepto de razón

Pero si el concepto de verdad es importante, como consecuencia, el concepto de *razón* es también crucial para vivir una vida con sentido. ¿Por qué? Porque es la única manera que tenemos de asegurarnos que nuestra creencia cuenta con un porcentaje más alto de argumentos verdaderos que de argumentos falsos. En las decisiones del día a día, tratamos de basar nuestras creencias y acciones sobre las mejores evidencias que hemos encontrado. Por ejemplo, para comprarnos una casa, intentamos basar nuestras decisiones en un estudio cuidadoso de las evidencias relevantes que podamos conseguir. Si alguien comprara con fe ciega la primera casa que viera a la venta sin esforzarse por conseguir información sobre ella ni el vecindario, pensaríamos que esa persona es un poco inepta. ¿Por qué?

Porque cuando usamos la razón y basamos nuestras decisiones en una buena valoración de las evidencias que hemos encontrado, aumentamos las posibilidades de que nuestras decisiones estén basadas en creencias verdaderas.

Entonces, si seguimos este procedimiento con las decisiones cotidianas, ¿por qué cuando se trata de la religión nos olvidamos de la importancia de usar la razón y de buscar evidencias? Toda creencia religiosa que quiera ser tomada en serio debe dejarse filtrar por el ejercicio de nuestras facultades mentales. Si aplicamos esto al cristianismo, queremos saber si Jesús fue realmente como cuenta el Nuevo Testamento. ¿Dijo las cosas que aparecen en el Nuevo Testamento? ¿Era realmente el unigénito Hijo de Dios? ¿Hizo milagros y resucitó a personas de entre los muertos? ¿Hay alguna buena razón que nos haga pensar que todas estas afirmaciones son verdad?

Si la respuesta a todas estas preguntas es «sí», Jesucristo tiene el derecho de reclamar que le seamos leales. Si la respuesta es «no», el cristianismo no debería predicarse como una cosmovisión total. Los autores de este libro creemos que las evidencias existentes demuestran que las afirmaciones de los críticos radicales del Nuevo Testamento —como «El Seminario de Jesús»— no son razonables. En las páginas que siguen vamos a exponer algunas de las razones por las que pensamos así. Esperamos que nuestra exposición sea accesible para el público general.

Fuerzas de resistencia

Puede ser que después de todo lo dicho aún no estés convencido de lo importantes que son el concepto de verdad y de razón para que la gente llegue a comprometerse con una cosmovisión concreta. En la actualidad existen al menos dos fuerzas que hacen que el hombre moderno se resista a creer.

La fe irracional y la cosmovisión moderna

La primera se alimenta del concepto equivocado que hoy se tiene de la fe y las creencias. Muchas piensan que la fe es un sustituto de la razón y que lo importante es creer de forma sincera y así encontrar en esa creencia una ayuda, una muleta. No importa que la creencia sea verdad o no; lo que importa es que uno se la crea. Dicho de otra manera, la fe y las creencias religiosas son por naturaleza placebos privados y relativistas.

Este concepto viola el sentido común y el espíritu del cristianismo. Tal y como señala el filósofo Roger Trigg, el sentido común nos dice que «cualquier tipo de compromiso parece depender de dos elementos. Presupone unas creencias concretas [que son verdad] y conlleva una dedicación personal a realizar las acciones que se derivan de esas creencias».[13] El mismo acto de creer algo implica que se toma ese algo como verdadero. Puede que uno no esté 100% seguro de que sea verdadero, pero si se pone la fe en ello, eso quiere decir que uno está más convencido de su veracidad, que de su falsedad. También podríamos decir que una creencia no tiene por qué ser completamente cierta; no obstante, para depositar la fe en una creencia uno debe estar más de un cincuenta por ciento seguro de su veracidad. Si no, no puede decir que suscribe tal creencia.

Además de estas reflexiones de sentido común sobre el concepto de creencia, es importante decir que a lo largo de toda la historia del Camino cristiano, los estudiosos de las Escrituras han sostenido que la fe no se opone a la razón; todo lo contrario, ya que la fe debe ser razonable. La religión del Nuevo Testamento nos dice que hemos de amar a Dios con nuestra mente (Mateo 22:37), que tenemos que dar buenas razones de por qué creemos en lo que creemos (1ª Pedro 3:15), aceptar que Dios quiere razonar con sus criaturas (Isaías 1:18), y creer que la razón humana, aunque está bajo el efecto de la caída, sigue siendo parte de la imagen de Dios en nosotros (Hechos 17:27-28) y continúa siendo un don que debemos cultivar y ejercitar. Así, el concepto moderno de la fe como algo opuesto a la razón no es un reflejo genuino de la realidad ya que, como vemos, no tiene nada que ver con el cristianismo original.

El naturalismo filosófico y la cosmovisión moderna

El segundo factor que ha contribuido al concepto actual de religión como algo privado, práctico y relativo, algo que no tiene que ver con la verdad y la razón es la extendida aceptación del naturalismo filosófico como expresión del cientifismo. El naturalismo filosófico establece que la verdad está determinada por el mundo espacio-temporal de las entidades físicas que la ciencia natural puede investigar. Lo único que existe, ha existido y existirá es la materia causal y natural de la realidad física dentro del espacio y del tiempo. Lo sobrenatural no existe, excepto como una creencia que hay en las mentes de las personas. Entonces, las creencias religiosas son tan sólo una manera de ver las cosas en nuestra búsqueda de sentido y propósito. Son ideas que están dentro de la mente, pero que nada tienen que ver con la realidad física.

---

[13] Roger Trigg, *Reason and Commitment* (Cambridge University Press, 1973), página 44.

El naturalismo filosófico es una epistemología (es decir, una teoría del conocimiento y, por tanto, una creencia justificable) conocida como cientifismo. El cientificismo establece que las ciencias naturales son el único paradigma de la verdad y la racionalidad. Si algo no encaja en las creencias reconocidas, o en el ámbito de las entidades que pueden ser objeto de la investigación o la metodología científica, no es ni verdadero ni racional. Todo lo que queda fuera de la ciencia no es más que una creencia mental fruto de la opinión subjetiva, de la cual no se puede hacer una valoración racional. Si aplicamos todo lo dicho a los orígenes históricos del cristianismo, el cientifismo establece que como vivimos en un mundo científico y moderno, y además ya sabemos que el sol es el centro del sistema solar, hacemos uso de las altas tecnologías de la comunicación, y el átomo ya no tiene misterios para nosotros, ya no podemos creer en una cosmovisión bíblica salpicada de milagros, demonios y realidades sobrenaturales.

No podemos en esta breve introducción realizar una crítica seria del cientifismo y del naturalismo. Pero haremos una serie de anotaciones.

(1) El cientifismo es falso por tres razones. (a) Se contradice a sí mismo, porque es una declaración filosófica sobre el conocimiento y la ciencia; no es una declaración científica. Además, es una declaración filosófica que establece que las declaraciones no científicas, incluyendo el cientifismo (ya que es una declaración filosófica) no pueden ser verdaderas ni encontrar apoyo en consideraciones racionales. (b) La ciencia descansa en una serie de presuposiciones: la existencia de un mundo exterior independiente de la teoría, la naturaleza ordenada de ese mundo exterior, la existencia de la verdad y la fiabilidad de nuestros sentidos y facultades racionales para explicar la verdad sobre el mundo de una forma fiable, las leyes y la lógica de las matemáticas, la capacidad del lenguaje (incluido el lenguaje matemático) para describir el mundo exterior, la uniformidad de la naturaleza, etc. Ahora bien, todas estas presuposiciones son de naturaleza filosófica. Así que la labor de explicar, criticar y defender las presuposiciones de la ciencia recae en el campo de la filosofía. El cientifismo impide a la filosofía que lleve a cabo su labor y, así, se convierte en un enemigo de la ciencia. (c) Todos sabemos que en los campos de la Religión, la Ética, la Lógica, las Matemáticas, la Historia, el Arte y la Literatura hay muchas cosas que la ciencia no puede explicar. Por ejemplo, todos sabemos que el dos es un número par, que Napoleón existió, que torturar a los bebés está mal, que si A es más grande que B, y B es más grande que C, entonces A es más grande que C, etc. Ninguno de estos conocimientos es de naturaleza científica, así que su simple existencia niega la validez del cientifismo.

INTRODUCCIÓN

(2) El naturalismo filosófico también es falso, porque niega la existencia de cosas que sabemos que existen. Y aunque aquí no tenemos espacio para defender la existencia de estas cosas, baste decir que, actualmente, un buen número de científicos ha presentado argumentos convincentes que defienden la realidad de elementos universales y otros objetos abstractos como los números, las leyes de la lógica, los valores, el alma y sus diversos estados mentales (incluyendo el punto de vista en primera persona), otras mentes, la libertad extrema de la voluntad o del poder de elección, etc. Ninguno de estos elementos puede clasificarse como objetos físicos dentro de la causalidad del universo espacio-temporal natural. De hecho, no exageramos si decimos que ninguno de los temas que son de importancia para los seres humanos contiene solo elementos reducibles a la investigación científica o que los naturalistas filosóficos puedan tratar de forma satisfactoria.

(3) El naturalismo filosófico no puede explicar que existe un número de argumentos y evidencias que hacen que la creencia en Dios sea más razonable que la incredulidad. Y algunas de estas evidencias provienen de la ciencia misma, por ejemplo: que el universo tiene un principio basado en la teoría del Big Bang y la segunda ley de la termodinámica, la existencia de la información biológica en el ADN que está estrechamente relacionada con el lenguaje inteligente y que no puede surgir de una colisión accidental de entidades físicas según las leyes de la naturaleza, la realidad de una voluntad mental y libre según una serie de teorías psicológicas sobre el individuo, la delicada armonía del Universo, etc.[14]

Nos guste o no, cada vez más científicos, historiadores y filósofos de la ciencia reconocen que hoy en día disponemos de más evidencias que apuntan hacia la existencia de un diseñador y creador personal de las que teníamos hace cincuenta años. Dada la existencia de estas evidencias, es erróneo e incluso ingenuo defender que la ciencia moderna establece que no es razonable creer en lo sobrenatural. A esta visión se le ha llamado el «naturalismo avestruz», pues el que la defiende ha de esconder la cabeza bajo tierra para no ver ni reconocer los avances de la ciencia. Lo que está claro es que la propia ciencia no se pronuncia sobre el concepto de realidad, ni apoya el naturalismo filosófico. Lo único que apoya el naturalismo filosófico son las declaraciones ideológicas que hacen los mismos naturalistas sobre lo que la ciencia debería decir, *si es que aceptamos el naturalismo filosófico*.

[14] Más información en J. P. Moreland, ed., *The Creation Hypothesis* (Downers Grove, Ill., InterVarsity Press, 1993).

Resumiendo, es muy importante tener en cuenta que nuestras creencias religiosas son verdad, y son razonables. Además, no hay razones suficientes para no creer en lo sobrenatural, y sí que hay un número de buenas razones (tanto científicas como no científicas) para creer en lo sobrenatural. Como ya hemos visto, si nos basamos sólo en las consideraciones del espacio, no podemos defender la declaración que acabamos de hacer. Pero en la bibliografía detallamos algunas fuentes que justifican tal declaración. Si eres un investigador honesto que está buscando la verdad de la religión, la moral y la integridad intelectual lee los libros que recomendamos, e intenta hacerlo sin ningún tipo de prejuicio, abierto a descubrir esa verdad que estás buscando. No es justo que la sociedad actual se tenga que contentar con las aseveraciones políticamente correctas e injustificadas del cientifismo y del naturalismo filosófico. Las bibliotecas de las Universidades están llenas de libros que demuestran que estas perspectivas son erróneas, y parece ser que a los miembros de «El Seminario de Jesús» se les ha pasado por alto tener en cuenta todos los argumentos desarrollados en esos libros, y también se les ha pasado por alto refutarlos.

Por lo que a Jesús de Nazaret se refiere, y a partir de todo lo explicado anteriormente, diremos lo siguiente: para investigar las evidencias históricas sobre su vida, hechos y reclamos, y también su importancia, no hay que venir con ideas preconcebidas, es decir, que para que la investigación sea honesta uno no puede haberse comprometido de antemano con el naturalismo. En uno de los capítulos mostraremos que así lo único que se consigue es usar las evidencias históricas de manera forzada para que sirvan a la opinión tendenciosa en contra de lo sobrenatural. Pero cuando se valoran esas evidencias con las reglas que ellas mismas establecen, y cuando esa valoración se combina con las claras evidencias a favor del teísmo sobrenatural que hallamos en la Literatura y en los reclamos del cristianismo histórico y ortodoxo, entonces se podrá ver la validez de las evidencias presentadas a favor de Jesús.

La singularidad de Jesús

Los ataques que se le hacen al Jesús de Nazaret de la Biblia tienen consecuencias, ya que afectan a lo que pensemos de su identidad, de su importancia teológica en la historia, y de su valor religioso para la sociedad contemporánea. No podemos infravalorar la importancia que estos temas encierran para la humanidad, y más concretamente, para la gente de nuestra época. Si Jesús es quien dijo ser, y quien sus discípulos aseguraban que era, no nos encontramos tan sólo en medio de un debate académico. De hecho, estamos ante la cuestión más importante para nuestras vidas y nuestro destino eterno. Pero si no es quien la Biblia dice, entonces los que sostenemos las creencias tradicionales hemos caído en el mayor de los engaños. ¿Jesús era Dios? ¿Era el Salvador mesiánico que vino a la Tierra a salvar a su pueblo, tal y como él decía y sus discípulos creyeron tan radicalmente? ¿O era tan sólo una importante figura religiosa, que nunca declaró ser el Mesías divino?

¿Es verdad que al morir en la cruz consiguió salvar a toda la humanidad? ¿O era tan sólo una persona religiosa y devota que estaba muy comprometida con la obra social y religiosa, pero que nunca dijo que Él era el único medio de salvación para la humanidad?

¿Es Jesús el único camino para encontrar la salvación en esta vida o en la vida venidera? ¿Es una de las personas que forman parte del Dios trino? ¿Debemos rendirle culto? ¿O es tan sólo uno de los otros tantos caminos a través de los cuales podemos conocer a Dios o tener una experiencia de Dios, y que nunca aceptó que se le rindiera culto como si fuera Dios hecho carne?

Este libro tiene dos objetivos generales. (1) Veremos las enseñanzas actuales que infravaloran la información bíblica sobre Jesús, su vida y ministerio (como por ejemplo, «El Seminario de Jesús»). (2) Presentaremos una defensa justificada y razonada de la enseñanza bíblica sobre los temas cuestionados. Nuestro propósito principal es ayudar a la Iglesia y a la gente en general a comprender estos temas que hoy en día tienen una presencia importante en la prensa y los medios de comunicación, y a que lleguemos a ser capaces de rebatir estas ideas y responder de una manera inteligente y responsable. En este libro contamos con las aportaciones tanto de expertos en el Nuevo Testamento, como de filósofos y apologistas. Creemos que la contribución de este libro es muy importante, ya que no sólo ofrece enseñanza bíblica, sino que además hace una aplicación seria teniendo en cuenta el contexto intelectual en el que este debate está teniendo lugar.

El primer capítulo, escrito por Craig Blomberg, es una respuesta contundente a la metodología que los críticos modernos utilizan para estudiar la vida y el ministerio de Jesús. Blomberg presta una atención especial a las presuposiciones y los prejuicios de los que parten los críticos. También presenta unas pautas para estudiar la vida de Jesús, y trata el tema de la fiabilidad de la narración de los evangelios. Además, estudia las críticas que se han hecho del texto bíblico, y las rebate tratando temas como la datación de los Evangelios, la veracidad de himnos y credos de las epístolas del Nuevo Testamento, las declaraciones de los testigos oculares del ministerio de Jesús, la tradición oral y la verificación arqueológica.

Claro está que los diferentes posicionamientos ante todos estos temas generan opiniones diversas sobre la identidad de Jesús. En el capítulo 2, Scot McKnight analiza la última ola de libros controvertidos sobre la persona de Jesús. Los autores contemporáneos están intentando presentar a un Jesús diferente, que va desde el predicador cínico al campesino revolucionario. Todos son retratos que nada tienen que ver con la perspectiva cristiana ortodoxa. McKnight hace una crítica de los estudios actuales y de todos ellos examina con más detalle los retratos más controvertidos. También nos ofrece una presentación muy positiva de la cristología bíblica, basada en parte en los títulos y declaraciones de Jesús, y de la importancia de la naturaleza testimonial del Nuevo Testamento para los cristianos contemporáneos.

El debate actual sobre Jesús no se centra simplemente en las diferentes imágenes con las que se le describe. De hecho, el debate gira más bien en torno a la comprobación de las afirmaciones que Jesús hizo durante su ministerio en la tierra. La metodología de los críticos radicales del Nuevo Testamento nos lleva a unas conclusiones bastante destructivas. Por ejemplo, los miembros de «El Seminario de Jesús» declaran que sólo aproximadamente el 20% de las cosas que según los Evangelios dijo Jesús son, en realidad, palabras de Jesús. En el capítulo 3 Darrell Bock critica las presuposiciones y la metodología del análisis que hace «El Seminario» de las cosas que Jesús dijo. Evalúa los diversos criterios de autenticidad que han presentado los críticos, y luego presenta una defensa de la autenticidad de los dichos de Jesús que aparecen en el Nuevo Testamento.

Después de ver el debate sobre la identidad de Jesús y sobre lo que dijo, la siguiente cuestión importante es lo que Jesús hizo durante su ministerio en la Tierra. En el capítulo 4 Craig Evans critica las presuposiciones y metodología de la evaluación que 'El Seminario' hace de los hechos de Jesús. Craig examina algunos hechos cruciales que, según los Evangelios, formaron parte del ministerio de Jesús. Acto seguido, presenta una defensa de la autenticidad de los hechos de Jesús que aparecen en el Nuevo Testamento.

Los cuatro primeros capítulos se interesan por los métodos de análisis de la información recopilada en los Evangelios, para poder determinar en qué medida podemos llegar a saber algo sobre la identidad de Jesús, sobre lo que hizo y lo que dijo. Sin embargo, teniendo en cuenta lo extendido que está el naturalismo filosófico, la parte más difícil de aceptar hoy en día es que Jesús realizara milagros. Por eso, los capítulos 5 y 6 tratan este tema, ofreciendo una defensa de los milagros de Jesús, que incluye el más grande de todos: la resurrección de entre los muertos.

En el capítulo 5, Gary Habermas da una respuesta a la crítica que se ha centrado en el ataque de los textos que hablan de los milagros, y presenta una defensa de la fiabilidad histórica de los relatos sobre ellos que aparecen en el Nuevo Testamento, milagros que incluyen curaciones, exorcismos o expulsiones, y los que actúan sobre la naturaleza. Analiza el significado de los milagros en aquel contexto social y cultural, en el que había otras historias sobre milagros, realizados por magos, hombres santos judíos, y hombres divinos helenistas.

La fe cristiana se basa en la resurrección de Jesús de entre los muertos tal y como aparece en el Nuevo Testamento. Todas las generaciones de cristianos se han tenido que enfrentar con sus coetáneos para defender este milagro. En el capítulo 6 William Lane Craig se enfrenta tanto a los cuestionamientos del mundo secular, como a los que están teniendo lugar incluso dentro del cristianismo, porque hay los que quieren dar a la resurrección una interpretación diferente a la ortodoxa. Su artículo es una defensa rigurosa con muchos datos históricos sobre la veracidad de la resurrección de Jesús de Nazaret.

Creer que Jesús hacía milagros es uno de los obstáculos más grandes para muchos cuando se están planteando si considerar la fe cristiana o no. Sin embargo, para otros el mayor obstáculo es la injusticia del exclusivismo del cristianismo, que la salvación sólo se consigue a través de Jesucristo, tal como él mismo dijo, los apóstoles reafirmaron y la Iglesia ha enseñado durante siglos. Los temas del exclusivismo y el pluralismo nunca han sido tan debatidos como ahora. Siguiendo a teólogos como John Hick, muchos líderes cristianos de todo el mundo están reconsiderando, e incluso abandonando, la creencia de la singularidad de Jesús, que es el único camino para la salvación que se enseña en el Nuevo Testamento. Puede que éste sea uno de los temas más delicados e importantes con el que la Iglesia se tendrá que enfrentar en las próximas décadas.

Con estas ideas en mente, el capítulo de Doug Geivett habla del pluralismo de una forma única e inspiradora. Lo que hace es enfatizar la importancia de realizar una valoración racional de las verdades que cada religión defiende, independientemente de su atractivo emocional o cultural. Según Geivett, las evidencias que encontramos en el mundo natural a favor de la existencia de Dios, junto con una valoración detallada de la condición del ser humano tal y como la percibimos, nos da el telón de fondo para analizar las religiones del mundo. Con ese telón de fondo, la razonabilidad del teísmo cristiano está por encima del resto de religiones.

Así, volvemos al punto de partida. Empezamos viendo algunos aspectos metodológicos importantes que se usan para comprender la figura de Jesús de Nazaret. Con estos aspectos en mente, los capítulos del 2 al 6 presentan buenas razones para confiar en la fiabilidad histórica de los relatos novotestamentarios sobre Jesús: su identidad, sus dichos y sus hechos (incluidos los milagros). Pero teniendo en mente el argumento de Geivett, que dice que el cristianismo está por encima de las otras religiones, es más importante que nunca asegurarnos de la veracidad histórica de la interpretación ortodoxa de Jesús que este libro suscribe.

Podríamos preguntarnos si hay evidencias históricas a favor de Jesús aparte de la Biblia. Actualmente, se están publicando muchos libros que subrayan la autoridad de los Evangelios canónicos aportando documentos extrabíblicos como los Manuscritos del Mar Muerto, las fuentes gnósticas como el Evangelio de Tomás, y fuentes hipotéticas como el documento «Q». El último capítulo, escrito por Edwin Yamauchi, examina estos *bestsellers* relacionándolos con el testimonio bíblico y canónico. ¿Qué valor tienen estas fuentes extrabíblicas? ¿Cómo deberíamos los cristianos usar esas fuentes? ¿Qué fiabilidad tienen los relatos sobre Jesús del Nuevo Testamento? Este capítulo estudia cuáles son las evidencias tanto bíblicas como extrabíblicas a favor del Jesús de Nazaret del cristianismo y rebate las acusaciones contemporáneas a la fiabilidad del texto bíblico. Acaba ofreciendo una serie de evidencias que apuntan a la fiabilidad de los documentos novotestamentarios.

Esperamos que los lectores avancen por las páginas de este libro con la mente y el corazón abiertos. La elaboración de esta serie de artículos ha sido una difícil tarea porque hemos intentado que fuera accesible para el público general, pero a la vez hemos tratado temas muy complejos. Por eso a veces algunos temas se presentan en forma de resumen y, por eso también, a veces aparecen términos técnicos y argumentaciones muy intelectuales. Pero para cumplir nuestros dos objetivos, hemos intentado encontrar un equilibrio. Los autores de este libro son investigadores serios y profundamente comprometidos con el cristianismo bíblico, y con la investigación de su historicidad, razonabilidad y fiabilidad, y con las implicaciones espirituales que se derivan de tal compromiso. Así, publicamos este libro con la esperanza de que los lectores lo tomen seriamente, con independencia de su orientación religiosa.

Introducción

Preguntas para la reflexión

1. ¿Qué objetivos tiene «El Seminario de Jesús»?
2. ¿Qué reto plantea a los creyentes la divulgación pública de sus conclusiones?
3. ¿Qué opinión te merecen las citadas palabras de Raymond Brown al expresar que «*la historicidad debería determinarse no por lo que pensamos que es posible, sino por la antigüedad y la fiabilidad de las evidencias*»?
4. ¿Qué puede aportar el presente libro a la defensa y proclamación de nuestra fe?

Capítulo 1

¿DÓNDE EMPEZAR LA INVESTIGACIÓN SOBRE LA PERSONA DE JESÚS?

CRAIG L. BLOMBERG

El Dr. Craig L. Blomberg (Universidad de Aberdeen) es profesor asociado de Nuevo Testamento en Denver Seminary.
Es el autor de *The Historical Reliability of the Gospels, Interpreting the Parables, Matthew* publicados en la serie New American Commentary, y *1 Corinthians* en la serie NIV Application Commentary.

¿DÓNDE EMPEZAR LA INVESTIGACIÓN SOBRE LA PERSONA DE JESÚS?

Introducción

Jesucristo ha sido la principal atracción de la historia occidental durante dos mil años. Sin embargo, aunque ha tenido millones de seguidores, el movimiento que Él comenzó ha sido muy criticado a lo largo de toda la historia. El ataque más importante y con mayor eco en los medios de comunicación, al menos en los EE.UU., lo representa un grupo de investigadores conocidos como «El Seminario de Jesús» (*Jesus Seminar*). Durante los últimos siete años este grupo ha aparecido en los titulares de todos los periódicos del país unas dos veces al año. Está formado por setenta y cuatro investigadores, que dicen representar la opinión general de la crítica moderna por lo que al Jesús histórico se refiere, y luchan deliberadamente para que sus conclusiones se difundan y lleguen al público general.

El resumen más actual que recoge las conclusiones de este grupo es un volumen con mucho gancho publicado a final de 1993: *The Five Gospels: What Did Jesus Really Say?* Este libro único recoge todos los pasajes de los Evangelios de Mateo, Marcos, Lucas, Juan, y el Evangelio apócrifo de Tomás, codificando las palabras que se le atribuyen a Jesús por colores. El color rojo corresponde a «Jesús lo dijo sin duda alguna o, al menos, dijo algo muy parecido». El color rosa, a «puede que Jesús dijera algo parecido». El color gris anuncia que «Jesús nunca dijo estas palabras, pero las ideas que esas palabras encierran se parecen a las de Jesús». Finalmente, el color negro quiere decir que «Jesús no lo dijo, sino que se trata de un añadido por una tradición posterior y/o diferente».[1] Esta clasificación va acompañada de unos comentarios intercalados en el texto que explican

---

[1] Robert W. Funk, Roy W. Hoover, y «El Seminario de Jesús», *The Five Gospels: What Did Jesus Really Say?* (New York, Macmillan, 1993), página 36.

en cada caso por qué se ha llegado a tal conclusión. Los comentarios han sido elaborados por Robert Funk, antiguo profesor de Nuevo Testamento en la Universidad de Montana, y cerebro de este proyecto.

Este libro ha llamado mucho la atención porque la clasificación colorea menos de un veinte por ciento de las palabras de Jesús en rojo y rosa, y más de la mitad en negro. En todo el Evangelio de Marcos sólo aparece un versículo en rojo: «Dad al César lo que es del César, y a Dios lo que es de Dios (Marcos 12:17)».[2] En todos los Evangelios juntos, sin contar los textos paralelos, sólo hay quince intervenciones de Jesús en rojo, y todas son muy breves, aforismos concisos (que son unos dichos poco convencionales al estilo de los proverbios) o parábolas (sobre todo las más «subversivas»). Ejemplos de los aforismos son la enseñanza de Jesús de poner la otra mejilla (Mateo 5:39; Lucas 6:29) y amar a los enemigos (Mateo 5:44; Lucas 6:27), y las bienaventuranzas para los pobres (Lucas 6:20; Tomás 54). Ejemplos de las parábolas que aparecen en rojo son el buen samaritano (Lucas 10:30-35), el mayordomo infiel (Lucas 16:1-8a), y los obreros de la viña (Mateo 20:1-15). Setenta y cinco intervenciones aparecen en color rosa, que resaltan poco al lado de las cientos de ellas que son de color negro: casi todo el evangelio de Juan y todas las intervenciones de Jesús que se refieren a su identidad (por ejemplo: «Yo soy el camino, y la verdad, y la vida» –Juan 14:6; «Yo y el Padre somos uno» –10:30).[3]

¿Cuál ha sido la causa del gran escepticismo entre los investigadores? ¿Se ha descubierto algún hallazgo en los desiertos de Palestina que anule por completo el mensaje del cristianismo? No, eso no ha ocurrido. En casi todos sus estudios, «El Seminario de Jesús» no se está mostrando ni serio, ni representante de la opinión de la crítica actual, y es una pena que muchos en los medios de comunicación se hayan dejado engañar y les hagan publicidad. En muchos sentidos, *The Five Gospels* es pura extravagancia, incluso para los investigadores del Nuevo Testamento no evangélicos, y constituye también una vuelta a los métodos y conclusiones del siglo XIX (ver en la introducción a este libro). El que cuenta con más aceptación es una corriente dentro de la investigación contemporánea

---

[2] Todas las citas bíblicas de este capítulo están extraídas de la traducción de *La Biblia de las Américas*.

[3] Si desea saber la conclusión de los investigadores, ver *Forum* 6 (1990): 139, 91, donde se votó para ver la opinión sobre la fiabilidad de las sentencias de Jesús (de un total de 1.544 sentencias, se catalogaron 31 en rojo, 211 en rosa, 416 en gris, y 886 en negro, tomando cada sentencia sólo una vez, si es que aparecía más veces en textos paralelos).

conocida por el nombre de «la tercera búsqueda» del Jesús histórico (que trataremos más adelante en este mismo capítulo), aunque esta corriente también se desvía del retrato de Jesús que presenta el cristianismo.

¿Cómo debería reaccionar la gente sensata? ¿Cuáles son las objeciones que los investigadores han aducido para no aceptar que los Evangelios son históricamente fiables? ¿Están bien fundadas esas objeciones? Sostenemos en este capítulo que el escepticismo moderno no tiene base alguna y que la historicidad de los Evangelios en los que descansa la fe cristiana es justificable. En el primer apartado veremos cuáles son las acusaciones de los críticos; luego, veremos qué razones hay para creer en la fiabilidad de estos textos.

Ataques al Jesús de los Evangelios

Como ya hemos visto, hemos de distinguir entre dos corrientes en las investigaciones sobre el Jesús histórico. Ninguna de las dos cree que toda la información de los Evangelios sea históricamente fiable, pero una es mucho más escéptica que la otra. La más pequeña y extrema es la que encabeza «El Seminario de Jesús» (alguna que otra obra también va en la misma línea, ver las notas a pie de página 15, 21 y 22); la corriente más extendida y moderada es la llamada «la tercera búsqueda».

La idiosincrasia de «El Seminario de Jesús»

¿Quiénes son?

Nos vemos casi obligados a empezar hablando de «El Seminario de Jesús», dado que *The Five Gospels* es la publicación más conocida de todo el debate actual sobre el Jesús histórico, y dado que ya están trabajando en un libro similar, esta vez, para poner en duda los *hechos* de Jesús. Ellos no se cansan de repetir que representan el consenso de la investigación actual; sin embargo, es fácil probar que esta es una declaración falsa, incluso si no contásemos con los investigadores evangélicos. De los setenta y cuatro miembros de «El Seminario» (como ellos se hacen llamar),[4] unos catorce están entre los nombres más importantes de la investigación actual del Jesús histórico (por ejemplo John Dominic Crossan de De Paul

---

[4] Sus nombres, cargos y titulaciones aparecen en un apéndice en Robert W. Funk, Roy W. Hoover, y «El Seminario de Jesús», *The Five Gospels*, páginas 533-537.

University, y Marcus Borg de Oregon State University). Aproximadamente otros veinte son conocidos por los entendidos en el tema, porque varios han escrito obras importantes sobre las antiguas tradiciones, particularmente las de los Evangelios no canónicos (por ejemplo Marvin Meyer de Chapman University, y Karen King de Occidental College). Los cuarenta restantes, más de la mitad de los miembros de «El Seminario», son completamente desconocidos. Algunos han publicado como mucho dos o tres artículos para revistas especializadas, y otros hace poco que defendieron su tesis doctoral que versaba sobre algún tema relacionado con los Evangelios. Hemos usado dos bases de datos muy completas sobre libros y artículos publicados, para introducir los nombres de los miembros de «El Seminario», y ¡dieciocho de ellos no han escrito nada relacionado con el Nuevo Testamento![5] Treinta y seis, casi la mitad, son titulados de Harvard, Claremont y Vanderbilt, o están impartiendo clases en dichas Universidades, que cuentan con los Departamentos de Teología del Nuevo Testamento más liberales de todo el mundo. Casi todos son estadounidenses. En este grupo apenas hay representación de la investigación europea.

Resumiendo, «El Seminario de Jesús» está muy lejos de ser la representación de la investigación contemporánea en torno al Nuevo Testamento.[6] No hemos pretendido hacer aquí una crítica ni un análisis exhaustivo de los temas que trata. Lo que queríamos hacer es dejar claro que no es cierto que las ideas que propaga «El Seminario de Jesús» representen la opinión de la mayoría de los expertos que están en posición de conocer y difundir los hechos reales.

¿Cuáles son sus errores?

Ya hemos visto que la labor individual de los miembros de «El Seminario» no representa en absoluto al amplio colectivo de este campo de investigación. Pero aún diremos más: sus métodos y conclusiones tampoco son representativos. A continuación subrayamos seis áreas en las que pocos investigadores acreditados (evangélicos o no) optarían por

---

[5] Particularmente, el CD-Rom de enero de 1993 de la *American Theological Library Association*, que clasifica todos los artículos en revistas o monográficos que aparecen bajo la entrada *Religion Indexes One and Two*, dos clasificaciones estándar de los artículos de este campo; y la edición de abril de 1994 de *On-Line Computer Library Center*, la base de datos de libros más completa de préstamo interbibliotecario de toda Norteamérica, sistema dentro del cual también están las bibliotecas de Teología más importantes.

[6] Es más representativa esta nueva antología de ensayos: Bruce Chilton y Craig A. Evans, eds. *Studying the Historical Jesus: Evaluations of the State of Current Research* (Leiden, Brill, 1994).

seguir la línea de «El Seminario», y explicamos las razones por las cuales no las seguirían.

En primer lugar, establecen principios demasiado restrictivos para determinar los modismos que Jesús podría haber usado. Si una expresión no es un aforismo o una parábola, dirán que Jesús no la pronunció.[7] Si una declaración no puede ser separada de su contexto para poder ser preservada como una tradición oral independiente, no la catalogarán de color rojo o rosa.[8] Dicho de otra forma, Jesús nunca pronunció sermones extensos, y nunca mantuvo un diálogo o una conversación controvertida con nadie. Puede que dijera algo al sanar o al expulsar demonios de la gente, o al hacer otro tipo de milagros. Pero no podemos saber de ninguna de las maneras cuáles fueron esas palabras, porque ellas son inseparables de su contexto, y es imposible que la Iglesia primitiva se hubiera acordado de cada detalle de todos los episodios en los que Jesús intervino.[9]

Estas declaraciones, que aparecen una y otra vez en *The Five Gospels*, son difíciles de descifrar. No existe ninguna otra escuela de investigación sobre Jesús que imponga unas restricciones tan estrictas. A Jesús, por haber sido un líder importante, se le suele comparar con otros sabios de la historia. Pero es que a ninguno de ellos se le ha impuesto el uso de una serie limitada de modismos –ni a Buda, ni a Confucio, ni a Mahoma, ni siquiera a los escritores de vanguardia como Franz Kafka.

En segundo lugar, «El Seminario» también restringe exageradamente los temas que Jesús pudo haber tratado. Según ellos, Jesús nunca citó las Escrituras ni comparó su enseñanza con la ley de Moisés.[10] Aunque en aquel entonces había muchos que se autoproclamaban como el Mesías, Jesús nunca lo hizo.[11] Nunca se llamó a sí mismo «el Hijo del Hombre»[12] (el título que más se usa en los Evangelios), a pesar de que el uso que se hace del término en los Evangelios es diferente al uso que hacían la mayoría de escritores judíos, y a pesar de que el resto de escritores del Nuevo Testamento y de escritores cristianos posteriores apenas lo usaron. Jesús nunca predijo el futuro, no sabía de antemano que le iban a crucificar, y nunca habló

---

[7] Por ejemplo, Robert W. Funk, Roy W. Hoover, y «El Seminario de Jesús», *The Five Gospels*, 62, 461.

[8] *Ibíd.*, páginas 60, 70 y 71.

[9] *Ibíd.*, 42. Cf. Robert W. Funk con Mahlon H. Smith, *The Gospel of Mark: Red Letter Edition* (Sonoma, California, Polebridge, 1991), páginas 40, 48.

[10] *Ibíd.*, páginas 126, 178.

[11] *Ibíd.*, páginas 105, 124.

[12] *Ibíd.*, páginas 180, 303.

del juicio de Dios (hubiera sido indigno de un sabio como él transmitir un mensaje tan horrible).[13]

De nuevo, estas afirmaciones no tienen ninguna base aceptable y la mayoría de expertos las rechazan de forma rotunda. Incluso los que no creen que Jesús hiciera milagros reconocen que, debido a la relación de enfrentamiento que tenía con las autoridades, lo que le ocurrió era bastante previsible; que «el juicio» era un tema muy candente en el mundo judío de los días de Jesús; que de entre todos los títulos que los Evangelios le otorgan a Jesús, precisamente el de «el Hijo del Hombre» es uno de los más probables, y que hubiera sido natural que él se viera sí mismo en algún sentido como un enviado especial de Dios.[14]

En tercer lugar, y estrechamente relacionado con las dos primeras observaciones, el Jesús que presenta «El Seminario» no es lo suficientemente judío como para ser una figura históricamente creíble. La figura que presenta coincide más con la imagen de un filósofo itinerante grecorromano, un sabio cínico, o un gurú oriental y a esto hay que añadirle la rareza de que sólo hablara con frases breves, cínicas y crípticas.[15]

Siempre que sus enseñanzas tienen un paralelo con las enseñanzas de otros maestros judíos de la Antigüedad, afirman que Jesús no pudo decir aquellas palabras y dicen que era un conocimiento que formaba parte del saber popular.[16] A todo esto, ¡el colectivo mundial de investigadores no se cansa de repetir que debemos recuperar al Jesús judío, que participaba en debates sobre los rituales de purificación, la observancia del Sabbath, y las aplicaciones de la Torá en la Era mesiánica![17] Aunque hay otros muchos temas en los que la investigación mundial no se pone de acuerdo, existe un claro consenso de que Jesús debe ser interpretado teniendo en cuenta su contexto histórico y cultural, contexto que era, por encima de

---

[13] *Ibíd.*, páginas 151, 181, 318.

[14] Cf., por ejemplo, James H. Charlesworth, *Jesus Within Judaism* (New York, Doubleday, 1988); y muchos de los volúmenes que comenta en el apéndice de «A New Trend: Jesus Research», páginas 187-207.

[15] John D. Crossan desarrolla estas ideas extensamente en *The Historical Jesus* (San Francisco, Harper San Francisco, 1991). También las presenta de forma menos erudita en *Jesus: A Revolutionary Biography* (San Francisco, Harper San Francisco, 1994). Marcus J. Borg es menos radical, pero sigue estando en la línea de la «tercera búsqueda». Ver su libro *Jesus: A New Vision* (San Francisco, Harper & Row, 1987).

[16] Por ejemplo, ver Robert W. Funk, Roy W. Hoover, y «El Seminario de Jesús», *The Five Gospels*, páginas 180, 182, 354.

[17] Cf., por ejemplo, John K. Riches, *Jesus and the Transformation of Judaism* (London, Darton, Longman & Todd, 1980; Donald A. Hagner, *The Jewish Reclamation of Jesus* (Grand Rapids, Zondervan, 1984); Geza Vermes, *The Religion of Jesus the Jew* (London, SCM, 1993).

todo, judío. Y «El Seminario de Jesús» se olvida por completo la importancia de ese contexto.

En cuarto lugar, para «El Seminario» no hay ninguna razón convincente que apunte a que Jesús murió crucificado como un criminal. ¿Cómo es posible que un simple narrador de parábolas y proverbios exasperara tanto a las autoridades romanas y judías hasta el punto de que lo ejecutaran de una forma tan espantosa? De nuevo, existe la opinión casi unánime de que Jesús murió en una cruz, y aquí también están incluidos algunos miembros de «El Seminario». Lo que ocurre es que ellos presentan a un Jesús excéntrico y pacifista, con un carácter que nunca hubiera provocado aquella hostilidad de las autoridades, ni mucho menos hubiera puesto su vida en peligro. John Meier, uno de los investigadores más importantes de la investigación de Jesús en los EE.UU., representante de una perspectiva católicorromana moderada, comenta irónicamente:

Del mismo modo que un poetastro rural que se dedicaba a contar parábolas y cuentos japoneses, un asceta literario que se entretenía con un deconstruccionismo inofensivo del siglo I, o un Jesús afable que lo único que hacía era decir a la gente que admirara las flores del campo no sería una amenaza para nadie, tampoco lo son los profesores universitarios que han creado a un Jesús así.[18]

Por desgracia, mucha gente que no ha estudiado profundamente la investigación bíblica llevada a cabo hasta nuestros días no se da cuenta de que estos profesores o investigadores no son una verdadera amenaza, y entonces piensan, de una manera equivocada, que la fe cristiana ha sido derrotada.

En quinto lugar, además de ignorar las raíces judías de Jesús, «El Seminario» pretende hacernos creer que los cristianos le «judaizaron» posteriormente. Es decir, originalmente Jesús fue tan sólo un maestro de sabiduría, un «sabio lacónico» parecido a los cínicos itinerantes del mundo grecorromano, que eran peregrinos rebeldes conocidos porque iban en contra de las convenciones sociales, vivían de forma sencilla o pobre, y animaban a la gente a seguir su estilo de vida y encontrar la libertad. Pero una generación más tarde, se añadieron enseñanzas de carácter apocalíptico a la tradición de las enseñanzas de sabiduría de Jesús que originalmente presentaban los Evangelios, atribuyéndole así a Jesús enseñanzas como la destrucción del

---

[18] John P. Meier, *A Marginal Jew: Rethinking the Historical Jesus*, vol. 1 (New York, Doubleday, 1991), páginas 177.

templo, el fin del mundo, o el juicio de Dios.[19] Sin embargo, esta hipótesis invierte la secuencia actual del desarrollo del cristianismo temprano, que se extendió *desde* el mundo judío *al* mundo grecorromano. Ya era difícil sostener la vieja versión liberal de que el Nuevo Testamento fue eventualmente transformando a Jesús, dejando atrás al predicador judío apocalíptico, que creía que Dios iba a intervenir para traer el fin del mundo, y tomando la imagen de un hombre divino o dios helenístico, aunque al menos se ubicaba en el relato de la extensión del evangelio: desde Jerusalén hasta Grecia y Roma. Pero esta nueva interpretación sólo tendría sentido si Jesús hubiera vivido y predicado en otro lugar que no fuera Palestina, y que fuera la segunda generación de cristianos la que hubiera llevado su mensaje al mundo judío.

Acabar con la enseñanza de sabiduría y apocalíptica de Jesús presupone más bien un desarrollo «revolucionario» del Evangelio, y no tanto un desarrollo «evolutivo».[20] Es decir, requiere que pensemos que alguien de una generación posterior a la que tuvieron lugar los acontecimientos en cuestión, transformara radicalmente la información auténtica que estaba circulando sobre Jesús, compusiera casi por completo otros relatos diferentes de una extensión cuatro veces mayor y los difundiera, mientras la Iglesia sufría de amnesia y aceptaba el cambiazo sin ningún tipo de objeción. Burton Mack, profesor de Claremont University, ha escrito dos tesis que parten precisamente de esta idea, y asegura que Marcos es uno de los principales instigadores de esta distorsión del verdadero Jesús.[21] Lo sentimos por el profesor, por todo el trabajo que ha realizado, pero la verdad es que no existe en la historia de la religión ningún paralelo de una transformación tan radical de un famoso líder o maestro en un período de tiempo tan corto; además, algunos de los testigos oculares aún vivían, testigos entre los que no podemos identificar un estímulo o empuje a la realización de ese cambio o transformación de la identidad y actividad de su maestro.

---

[19] Robert W. Funk, Roy W. Hoover, y «El Seminario de Jesús», *The Five Gospels*, 32, 33; cf. Funk con Smith, *Mark*, 13. John S. Kloppenborg explica extensamente cómo estas dos supuestas etapas afectan a un buen grupo de tradiciones tempranas de sentencias de Jesús. Ver su libro *The Formation of Q* (Philadelphia, Fortress, 1987). Para una perspectiva más aceptada y más estándar sobre la formación de este hipotético documento (Q es el término que se utiliza para designar el material común a Mateo y a Lucas, y que no aparece en Marcos), ver David R. Catchpole, *The Quest for Q* (Edinburgh, Clark, 1993).

[20] Larry W. Hurtado. «The Gospel of Mark: Evolutionary or Revolutionary Document?» *JSNT* 40 (1990), páginas 15-32.

[21] Burton L. Mack, *A Myth of Innocence* (Philadelphia, Fortress, 1988); *idem, The Lost Gospel: The Book of Q and Christian Origins* (San Francisco, Harper San Francisco, 1993).

El *sexto* y último elemento en el que «El Seminario de Jesús» se aleja más de todo el resto de la investigación contemporánea es el más significativo de todos. Una de las principales razones por las que los miembros de «El Seminario» creen que Jesús el sabio precede al Jesús apocalíptico es porque *están convencidos de que el* Evangelio de Tomás *contiene mucha información independiente sobre el Jesús histórico que es tan fiable, si no más, que la que aparece en los Evangelios canónicos.* Dicen que el Evangelio de Tomás fecha entre el 50 y el 60 d.C., o sea, que es anterior a Mateo, Marcos, Lucas y Juan.[22] El retrato que Tomás hace de Jesús es principalmente el de un maestro que difunde sabias aunque crípticas enseñanzas, pero que nunca se proclama como «el Hijo del hombre», ni habla de temas apocalípticos o realiza hechos poderosos (precisamente porque este documento casi no contiene un marco narrativo que enlace las 114 intervenciones de Jesús). Pero, ¿qué es lo más probable? ¿Que Tomás fuera escrito antes, o después de los cuatro Evangelios canónicos? No podemos responder a esta pregunta sin detenernos a hacer una investigación detallada.

El Evangelio de Tomás

El Evangelio de Tomás se encontró después de la Segunda Guerra Mundial en Nag Hammadi, Egipto, junto con una colección de documentos gnósticos. El gnosticismo era una antigua filosofía religiosa de Oriente Medio con muchas ramificaciones, pero con un punto en común muy claro: el dualismo entre el mundo inmaterial y el mundo material. En las mitologías gnósticas, la creación del Universo se daba, la mayoría de las veces, como producto de la rebelión de una «emanación» de la divinidad. Así, la materia era maligna por naturaleza; lo único que se podía redimir era el mundo del espíritu. Por ello, los gnósticos anhelaban una inmortalidad donde se produjera la separación del cuerpo, y no su resurrección. La salvación se conseguía comprendiendo el conocimiento esotérico o secreto (*gnosis* en griego), comprensión que mucha de la gente no alcanzaba. Por este motivo las bibliotecas gnósticas contenían numerosos documentos que pretendían ser revelaciones secretas que el Señor resucitado había hecho a este o aquel discípulo, normalmente después de la resurrección.

El Evangelio de Tomás no es una excepción. La primera línea dice así: «He aquí las declaraciones secretas que el Jesús vivo habló a Dídimo Judas

---

[22] Funk con Smith, *Mark*, 15. Una amplia defensa de esta posición: Stevan Davies, *The Gospel of Thomas and Christian Wisdom* (New York, Seabury, 1983).

Tomás, para que las pusiera por escrito».[23] Está escrito en copto y data aproximadamente del 400 d.C. o más tarde. Contiene paralelos de fragmentos griegos de un documento desconocido de finales del siglo II que fueron descubiertos hace unos cien años. Es decir, como muy temprano, *puede* que el documento se escribiera alrededor del 150 d.C., pero *no hay ninguna evidencia que nos permita decir, tal como sostiene «El Seminario de Jesús», que fue escrito sobre el 50 d.C.* Un tercio de los dichos que aparecen en el Evangelio de Tomás son claramente gnósticos, y entre un tercio y la mitad son casi paralelos de Mateo, Marcos, Lucas y Juan; los dichos restantes no pueden ser tachados de heterodoxos, pero podrían llevar a interpretaciones gnósticas. Después de que se descubriera el Evangelio copto de Tomás y de que los expertos tuvieran tiempo de analizarlo detalladamente, la mayoría estuvo de acuerdo en que era posterior a los Evangelios canónicos y que de hecho los utilizaba como base para los pasajes paralelos.[24] A continuación exponemos cuatro razones muy convincentes que hicieron que estos expertos llegaran a esa conclusión.

(1) Los textos paralelos que encontramos en Tomás aparecen en los cuatro Evangelios, y también en el material común a los tres Evangelios sinópticos, esto es, el documento «Q» (la abreviatura del término alemán Quelle, que se da a la hipotética fuente en la que Mateo y Lucas se basaron para escribir sus Evangelios) y en tradiciones o materiales exclusivos de cada Evangelio. No tiene lógica decir que los Evangelios y las fuentes en las que estos se basaron usaran de forma independiente el material de Tomás; es mucho más probable que Tomás se basara en los cuatro Evangelios canónicos.[25]

(2) En Tomás, la forma en que aparecen algunas de las enseñanzas de Jesús muestra que sus palabras originales sufrieron cambios que iban apuntando hacia el gnosticismo. Por ejemplo, veamos 73-75:

> *73 Jesús dijo: «La mies es mucha, pero los obreros pocos. Rogad, pues, al Señor de la mies que envíe obreros a su mies». 74 Dijo: «Señor, hay muchos alrededor del bebedero, pero la cisterna está vacía». 75 Jesús dijo: «Muchos están a la puerta, pero únicamente el solitario entrará en la cámara nupcial».*

---

[24] Ver la introducción a Tomás de Robert M. Grant y David N. Freeman, y un reflejo de este consenso, en su libro *The Secret Sayings of Jesus* (New York, Doubleday, 1960).

[25] Robert McL. Wilson, *Studies in the Gospel of Thomas* (London, Mowbray, 1960), página 73.

¿DÓNDE EMPEZAR LA INVESTIGACIÓN SOBRE LA PERSONA DE JESÚS?

La primera parte de este texto nos recuerda a Mateo 9:37, 38 y Lucas 10:2. La segunda parte parece que apunta a la misma idea: que los seguidores de Cristo deberían reconocer hacia dónde les lleva la verdadera madurez espiritual; pero no lo están haciendo. Esta enseñanza no tiene ningún paralelo en la literatura canónica. La tercera parte vuelve a la misma idea, pero usa dos términos técnicos típicos de la literatura gnóstica para designar al verdadero gnóstico (el solitario) y su iniciación en una «experiencia más profunda» (entrar en la cámara nupcial). Por lo tanto, podemos ver que las enseñanzas originales de Jesús fueron sufriendo cambios, y que no tiene sentido decir que un texto así es anterior a las versiones de Mateo y Lucas.[26]

(3) En Tomás, parece ser que el orden en el que aparecen algunas de las enseñanzas es el mismo que el de los Evangelios sinópticos. Por ejemplo, la enseñanza 65 es una versión de la parábola de los labradores malvados (ver Marcos 12:1-8), a continuación de la cual aparece en la enseñanza 66 una versión de la enseñanza de Jesús sobre «la piedra angular» (ver Marcos 12:10, 11). Pero sin la información que aparece en Marcos 12:9, que conecta las dos enseñanzas, nadie adivinaría que éstas están relacionadas. Por ello, es más probable que Tomás conociera los Sinópticos, pero omitiera la conexión (como hace tantas veces al enumerar las enseñanzas de forma aislada, una detrás de la otra) mientras que Marcos o alguna otra persona inventara las conexiones entre dos pensamientos supuestamente independientes.[27]

(4) Muchas de las pequeñas diferencias de la traducción copta del Evangelio de Tomás son paralelas a las alteraciones que los documentos de los Evangelios sufrieron a partir de finales del siglo II y hasta el siglo IV, incluso las traducciones coptas de los evangelios canónicos.[28] Encontramos que la tradición canónica sufrió otros cambios parecidos en la armonía de los evangelios de finales del siglo II, conocida como el *Diatessaron*, en la literatura atribuida al padre de la Iglesia primitiva Clemente de Alejandría (alrededor del 200 dC), y en las variantes textuales de los manuscritos de los evangelios del siglo VI. Un buen ejemplo de esto lo encontramos en la versión de Tomás de la parábola de la red, en la que los pescadores

---

[26] Cf. Jacques É. Ménard, *L'Évangile selon Thomas* (Leiden, Brill, 1975), páginas 173-175.
[27] Cf. Klyne Snodgrass, *The Parable of the Wicked Tenants* (Tübingen, Mohr, 1983), páginas 41-71.
[28] Afirmación que demuestra Wolfgang Schrage en su quizá un poco extremo *Das Verhältnis des Thomas-Evangeliums zur sunoptischem Tradition und zu den koptischen Evangelien-Übersetzungen* (Berlin, Töpelmann, 1964).

sólo se quedan con «un pescado, grande y hermoso», y lanzan el resto de peces pequeños de nuevo al mar (Tomás 8). Esta reinterpretación de Jesús (Mateo 13:47-50), no sólo muestra el elitismo gnóstico, sino que además es paralela a la adaptación que posteriormente Clemente hace de esta parábola, en la que el pescador *elige* de entre todos los peces a uno sólo (Strom. 95:3).[29]

Todos estos argumentos llevaron a David Freeman y a Robert Grant, dos de los principales expertos de la generación pasada en el Antiguo y el Nuevo Testamento respectivamente, a la conclusión —hace ya treinta años— de que Tomás era posterior a los cuatro evangelios canónicos, y había dependido de ellos. La escasez de narrativa histórica y la falta de elementos apocalípticos reflejan una cosmovisión gnóstica, una de las características de la cual es que Dios no actúa en la *historia* para redimir al mundo. El Evangelio de Tomás es una fuente histórica importante del gnosticismo, pero no del cristianismo. O, más concretamente,

> *Es probablemente el testimonio más importante de la temprana perversión que sufrió el cristianismo en manos de aquellos que querían crear un Jesús a su gusto. Es pues, al igual que la mujer de Lot, un ejemplo del deseo humano de manipular la revelación divina de modo que que le sirva para su propósito. Así que es un documento, no sobre lo que Jesús dijo, sino sobre lo que a los hombres les habría gustado que hubiera dicho.*[30]

Recientemente se han hecho una serie de estudios importantes que llegan a la misma conclusión.[31] Los investigadores en general están hoy en día un poco más abiertos a la idea de que Tomás usó otras fuentes aparte de los cuatro Evangelios canónicos (por ejemplo, para escribir las parábolas de la jarra vacía y el asesino [Tomás 97-98], que no aparecen en los cuatro evangelios), pero son pocos los que fechan el documento en su totalidad en el siglo I.[32]

---

[29] Cf. Hans-Werner Bartsch, «Das Thomas-Evangelium und die synoptische Evangelien», *NTS* 6 (1960), páginas 249-261.

[30] Grant y Freemann, *Secret Sayings*, página 20.

[31] Ver especialmente Michael Fieger, *Das Thomasevangelium: Einleitung, Kommentar und Systematik* (Münster: Aschendorff, 1991); Christopher M. Tuckett, «Thomas and the Synoptics», *NovT* 30 (1988), 132-57; y James H. Charlesworth y Craig A. Evans, «Jesus in the Agrapha and Apocryphal Gospels», en Chilton y Evans, *Studying the Historical Jesus*, páginas 496-503 (cf. págs. 479-95 y 503-533; material relacionado).

[32] Bruce Chilton representa a esta equilibrada perspectiva, «The Gospel According to Thomas as a Source of Jesus'Teaching», en *Gospel Perspectives*, vol. 5, ed. David Wenham (Sheffield, JSOT, 1985), páginas 155-75.

¿Dónde empezar la investigación sobre la persona de Jesús?

John Meier presenta una seria interpretación, y concluye que «como creo que las enseñanzas que aparecen en Tomás paralelas a los Sinópticos están basadas en los Sinópticos, y que además las de Tomás presentan la influencia del gnosticismo cristiano del siglo II, no podemos decir que el Evangelio de Tomás es una fuente independiente útil para nuestra investigación del Jesús histórico».[33] Así que nosotros concluiremos también que en nuestra investigación tampoco valdrá la pena tener en cuenta el evangelio de Tomás, excepto para alguna enseñanza en concreto.

Las seis observaciones presentadas demuestran las extremas idiosincrasias de «El Seminario de Jesús» y ponen en duda su reclamo de representar el consenso del colectivo de investigadores. Así que creemos que vale más la pena prestar atención a otra línea de estudio sobre el Jesús histórico, más prometedora y sustancial. Nos referimos a lo que se ha llamado la «tercera búsqueda» del Jesús histórico.[34]

La «tercera búsqueda» del Jesús histórico

¿Cuál es su origen?

La primera búsqueda consiste en las narraciones románticas de la vida de Cristo del siglo XIX, el maestro judío, que fueron finalmente desacreditadas por el famoso investigador, músico y misionero Albert Schweitzer, a principios del siglo XX.[35] La segunda búsqueda empezó después de la Segunda Guerra Mundial con los seguidores de Rudolf Bultmann, conocidos por la siguiente premisa: aparte del simple hecho de que Jesús existió, poco más podemos saber sobre él.[36] Un conocido representante de esta escuela de pensamiento de la Universidad de Chicago, Norman Perrin, resumió en 1974 los siguientes hechos fiables sobre la vida de Jesús: su bautismo, realizado por Juan, la proclamación del reino de Dios presente y futuro, sobre todo a través de parábolas, su ministerio de exorcismo o expulsión de demonios, el reclutamiento de discípulos de diferentes estratos sociales, el banquete que celebraba el nuevo pacto con Dios, el enfrentamiento con los líderes judíos, la oposición que acabó con su arresto, el juicio en el que se le acusó de blasfemia –por parte de los judíos– y

---

[33] Meier, *Marginal Jew*, página 139.
[34] Stephen Neill y Tom Wright, *The Interpretation of the New Testament: 1861-1986* (Oxford, Oxford University Press, 1988), páginas 379-403.
[35] Albert Schweitzer, *The Quest of the Historical Jesus* (New York, Macmillan, 1910).
[36] Para ver lo que Bultmann aceptaba como histórico, ver su *History of the Synoptic Tradition* (Oxford: Blackwell, 1963).

de sedición –por parte de los romanos–, y su crucifixión».[37] Aunque esta enumeración de hechos fiables e históricos es más generosa que la que hace «El Seminario de Jesús» hoy en día, esta segunda búsqueda también cuestiona la historicidad y fiabilidad de muchas porciones de los Evangelios. Como resultado apareció la tercera búsqueda.

¿Cuáles son sus características?

La tercera búsqueda del Jesús histórico empezó hace quince años, cuando los investigadores se dieron cuenta de que tenían que contextualizar más a Jesús en el mundo judío en el que había vivido y obrado. Así que empezaron a utilizar criterios históricos más justificables que los que utiliza «El Seminario» (o que los que utilizaba la segunda búsqueda), parecidos a los criterios que otros historiadores de la antigüedad estaban usando.

Un intenso estudio de la literatura judía apocalíptica produjo un optimismo, ya que confirmaba que los tres primeros evangelios eran un buen reflejo histórico. Ben Meyer, profesor en McMaster University of Canada, establece que la mayor preocupación de Jesús era la restauración de Israel, simbolizada por la elección de doce apóstoles (que se correspondían con las doce tribus de Israel). Contrariamente a lo que muchos escépticos defienden, Jesús pretendía fundar la Iglesia, dejar una comunidad de seguidores tras su muerte, y que ésta pusiera en práctica su programa creado para un pueblo de Dios renovado.[38]

E. P. Sanders, de Duke University, pone más énfasis en las amenazas del juicio sobre Israel que Jesús profería, pero también subraya que él preveía una nueva era que se inauguraba con su muerte. Muchas de sus enseñanzas giraban en torno al escandaloso reclamo de que él podía perdonar de parte de Dios a los pecadores incluso antes de que éstos mostraran arrepentimiento.[39]

James Charlesworth, de Princeton Seminary, observa las diferentes declaraciones que Jesús hace de sí mismo a lo largo de los sinópticos, sobre todo en la parábola de los labradores malvados (Marcos 12:1-12) –declaraciones que habrían sido más explícitas si se hubiese tratado de una invención de la Iglesia primitiva. Así que concluye que Jesús debía creer que

---

[37] Norman Perrin, *The New Testament: An Introduction* (New York, Harcourt, Brace, Jovanovich, 1974, páginas 287, 288).

[38] Ben F. Meyer, *The Aims of Jesus* (London, SCM, 1979).

[39] E. P. Sanders, *Jesus and Judaism* (Philadelphia, Fortress, 1985); cf. *ídem*, *The Historical Figure of Jesus* (London, Penguin, 1993).

era el Hijo de Dios –el Mesías– y anunció su papel de siervo sufriente.[40] Geza Vermes, un importante erudito judío de Oxford, lo compara con un carismático hombre santo del Israel de entonces. Richard Horsley (Universidad de Massachussets en Boston) y Gerd Theissen (Heidelberg) apuntan a las amenazas sociopolíticas implícitas del mensaje y conducta de Jesús.[41] Todos estos investigadores han realizado retratos de Jesús relativamente plausibles, contextualizándole firmemente en el mundo *judío* de su tiempo.

El experto A. E. Harvey de Oxford ha desarrollado este procedimiento con un mayor rigor metodológico. En las conferencias que pronunció en Bampton, Harvey recuerda que existen ciertas obligaciones históricas que toda persona debe cumplir si quiere ser comprendido en una sociedad concreta. En el contexto en el que Jesús se movía, estas obligaciones le habrían empujado a tratar los grandes temas de su tiempo: la política volátil, las controversias jurídicas, la gran expectativa del fin del orden presente, las limitaciones impuestas por la creencia judía en el monoteísmo, etc. Harvey concluye que no hay alternativas convincentes que apoyen la convicción de que Jesús combinó su pericia retórica debatiendo sobre temas relacionados con la ley, con la libertad y el estilo directo de un profeta. La rapidez con que la Iglesia difundió que Jesús era el Mesías sólo se entiende si Jesús se había visto a sí mismo como el ungido por el Espíritu. Para llegar a provocar a las autoridades hasta el punto de que le sentenciaran a muerte, debe ser verdad que realizó milagros, anticipó el fin inminente de una era, y les retó y acusó de forma directa.[42]

Se han realizado importantes estudios sobre la mayoría de temas que aparecen en los Sinópticos, y estos ofrecen argumentos plausibles que aseguran la fiabilidad histórica de la mayoría de porciones de Mateo, Marcos y Lucas, una vez que han sido interpretados a la luz del contexto judío y palestino del siglo I.[43] De hecho, las únicas secciones de los Evangelios

---

[40] Charlesworth, *Jesus*, páginas 131-164.

[41] Richard A. Horsley, *Jesus and the Spiral of Violence* (San Francisco, Harper & Row, 1987); Gerd Theissen, *The Shadow of the Galilean* (Philadelphia, Fortress, 1987).

[42] A. E. Harvey, *Jesus and the Constraints of History* (Philadelphia, Westminster, 1982). Sobre todo, es muy relevante su estudio sobre «la inteligibilidad de los milagros» (páginas 98-119), en el que subraya las diferencias entre las narraciones de los milagros de Jesús y las de las actividades sobrenaturales de los milagreros de la antigüedad –la moderación de las narraciones jesuanas, el hincapié que se hace en los exorcismos aún cuando en aquella sociedad ser acusado de brujería era mala reputación, y la coherencia entre el significado que se asocia a los milagros de Jesús y el resto de su mensaje y ministerio.

[43] Ver el catálogo en René Latourelle, *Finding Jesus Through the Gospels* (New York, Alba, 1979), páginas 238, 239. Se puede hallar literatura más reciente en Chilton y Evans, *Studying the Historical Jesus*.

que se suelen rechazar son algunos de los milagros más espectaculares de Jesús sobre las fuerzas de la Naturaleza (como por ejemplo cuando calmó la tempestad y anduvo sobre el mar –Marcos 4:35-41; 6:45-52), las declaraciones más exaltadas sobre sí mismo, sobre todo del evangelio de Juan (lo que es coherente con el gran escepticismo que hay en torno al cuarto evangelio), y su resurrección. Charlesworth, que cita a Sanders, concluye que «la perspectiva dominante en la actualidad parece opinar que podemos saber con bastante exactitud la misión que Jesús quería realizar, que podemos saber también mucho sobre lo que dijo, y que ambas cosas tienen sentido en un contexto del judaísmo del primer siglo».[44]

La observación más importante sobre esta tercera búsqueda es que ninguno de sus representantes más importantes es cristiano evangélico, aunque algunos recientemente se han unido a esta causa.[45] Así, no se les puede acusar de que sus creencias religiosas condicionan el resultado de su investigación histórica. Sin embargo, llegan a unas conclusiones muy diferentes a las de «El Seminario». Y llegan a estas conclusiones precisamente porque siguen el canon estándar que generalmente se sigue para la investigación histórica de la antigüedad: considerar todos los datos disponibles sobre una figura concreta y evaluar cuántos de estos datos se pueden unir para crear un retrato coherente de dicho individuo: cuánto se acerca o aleja de las creencias y prácticas de su cultura. Así, la tercera búsqueda tiende a escribir libros sobre *toda* la vida y ministerio de Jesús, es decir, no presenta meros análisis atomistas de dichos y hechos aislados. Ningún historiador responsable analizaría las biografías de Alejandro, Augusto o Apolonio con el método de Crossan o Funk. Así que tampoco podemos tratar a Jesús de esa manera.

Al mismo tiempo, es importante no exagerar la manera en la que la tercera búsqueda apoya la fiabilidad histórica de los evangelios. Cuando existen relatos paralelos bastante diferentes, muchos de estos expertos ponen objeciones a la historicidad de dicha sección. Así también, las secciones que solo aparecen en uno de los evangelios suelen estar bajo sospecha. Incluso los pasajes que aparecen más de una vez suelen ser vistos con cierta reticencia y colocados bajo el título de «cuerpo histórico cargado de elementos no auténticos». Y pocos son los que siguen creyendo en la ortodoxia cristiana que presenta a Jesús como el único que ha sido

---

[44] Charlerworth, *Jesus*, página 205; citando a Sanders, *Jesus and Judaism*, página 2.

[45] Para estudios más extensos ver especialmente Ben Witherington III, *The Christology of Jesus* (Minneapolis, Fortress, 1990); y Markus Bockmuehl, *This Jesus: Martyr, Lord, Messiah* (Edinburgh, Clark, 1994).

completamente humano y completamente divino a la vez, al menos no lo creen por la base de su investigación histórica».[46]

¿Y ahora qué?

¿Con qué problemas nos seguimos encontrando? ¿Puede un pensador serio, que conoce todo este debate, ofrecer razones *históricamente* creíbles que afirmen la veracidad de la *totalidad* de los documentos canónicos sobre la vida de Cristo? Vamos a dedicar el resto del capítulo a tratar estas cuestiones. Veremos tres áreas principales que son cruciales para evaluar la historicidad de cualquier documento antiguo. En primer lugar, veremos cuáles son las evidencias de la autoría y fecha de cada uno de los evangelios. Segundo, veremos cuál es el proceso de su composición. En tercer lugar, analizaremos la forma del producto final, es decir, el género literario de Mateo, Marcos, Lucas y Juan. Por último, examinaremos las evidencias externas que corroboran el material que aparece en los cuatro evangelios provinentes de autores antiguos no cristianos, de la arqueología, y de autores cristianos posteriores.

¿Quién escribió los Evangelios? ¿Cuándo se escribieron?

Fuera de los círculos más conservadores, pocos expertos creen que Mateo, Marcos, Lucas y Juan escribieron los evangelios que se les atribuyen. Se dice que Marcos fue escrito en los 70 (algunos dicen que en los 60), Mateo y Lucas en los 80 o 90, y Juan a finales del siglo I o incluso un poco más tarde. Ese gran espacio que nos separa de aquel entonces no impide hacer una consideración detallada de los argumentos a favor de esta posición, pero las introducciones al Nuevo Testamento evangélicas más importantes siempre han provisto de respuestas apropiadas.[47] Aquí simplemente queremos enfatizar que aún se puede defender de forma plausible, verosímil y convincente la postura tradicional y conservadora,

---

[46] Encontrará un buen resumen del progreso hecho realizado por la tercera búsqueda en Craig A. Evans, «Life-of-Jesus Research and the Eclipse of Mythology», *TS* 54 (1993), páginas 3-36.

[47] Cf., por ejemplo, Donald Guthrie, *New Testament Introduction*, 4th ed. (Downers Grove, Ill., InterVarsity Press, 1990), con D. A. Carson, Douglas J. Moo, y Leon Morris, *An Introduction to the New Testament* (Grand Rapids, Zondervan, 1992).

posición caracterizada por declarar que los evangelios fueron escritos por personas capaces de aportar una información históricamente exacta.

Evidencias externas a los Evangelios

Para empezar, todas las evidencias externas —el testimonio de los Padres de la Iglesia primitiva— apoyan en general la creencia de que Mateo (el recaudador de impuestos convertido en discípulo), Marcos (el compañero de Pedro y Pablo), y Lucas (el «médico amado» de Pablo) escribieron los evangelios que se les atribuyen. No existe otra tradición que ofrezca el nombre de otros autores y, si en algún momento existió, no se ha preservado.[48] ¿Por qué iban los cristianos del siglo II a decir que los autores de los tres Evangelios eran estas tres figuras tan poco indicadas, a no ser que realmente fueran los verdaderos escritores? Después de todo, Marcos y Lucas no estaban entre los doce apóstoles. Lucas casi ni aparece, sólo se le menciona una vez en el Nuevo Testamento (Colosenses 4:14), y Marcos es conocido sobre todo por haber abandonado a Pablo (Hechos 13:13; cf. 15:37-40). A Mateo, aunque era uno de los apóstoles, se le recuerda por su pasado como un recaudador de impuestos sin escrúpulos, es decir, un traidor a su nación (Mateo 9:9-13). Los Evangelios apócrifos casi siempre elegían a autores ficticios que fueran figuras ejemplares, como por ejemplo Felipe, Pedro, Santiago, Bartolomeo, o María.[49] Incluso Tomás, a pesar de sus dudas con respecto a la resurrección de Jesús (Juan 20:25), parece ser una persona más adecuada que Mateo, Marcos o Lucas para escribir un Evangelio (cf. Juan 20:28).

En segundo lugar, el testimonio de los cristianos como Ireneo, de finales del siglo II, sitúa los escritos de Mateo y Marcos en la primera generación de la historia de la Iglesia, esto es, antes de la caída de Jerusalén en manos de Roma en el 70 dC. Según este testimonio, «Mateo escribió su Evangelio entre los hebreos en su propio dialecto, mientras que Pedro y Pablo proclamaron el Evangelio y fundaron la Iglesia en Roma». Esto tendría que haber ocurrido antes de los martirios de estos dos apóstoles bajo el imperio de Nerón, entre el año 64 y el 68. Por lo que a Marcos se refiere, Ireneo continua diciendo: «Después de la marcha de éstos, Marcos el discípulo e intérprete de Pedro también nos transmitió lo que

---

[48] Las tradiciones más antiguas e importantes son las recogidas por un cristiano de principios del siglo II, Papias, al que el historiador de la iglesia Eusebio cita alrededor del año 300 d.C.

[49] Ver la colección completa de los evangelios apócrifos en Wilhelm Schneemelcher, ed., *New Testament Apocrypha*, vol. 1 (Philadelphia, Westminster, 1991).

había escrito sobre la predicación de Pedro» (*Adv. Haer.* –Tratado contra las herejías 3.1.38-41). Algunos interpretan esto como que Marcos escribió después de la muerte de Pedro, pero «marcha» puede referirse al abandono de Roma para viajar a otro lugar. Pero incluso si se refiriese a la muerte, el pretérito pluscuamperfecto «había escrito» sugiere que solo la *transmisión*, y no la redacción del evangelio de Marcos, tuvo lugar después de la «marcha» de Pedro.[50]

Evidencias internas de los Evangelios

Las evidencias externas tempranas no nos permiten fechar el Evangelio de Lucas. Sin embargo, existen evidencias internas que nos dan alguna pista. A pesar de la gran variedad de opiniones, la explicación más convincente para el abrupto final del libro de los Hechos es que Lucas estaba escribiendo durante los acontecimientos de Hechos 28, a saber: el arresto domiciliario de Pablo durante dos años en Roma. No hay otra explicación más lógica para explicar por qué Hechos dedica diez capítulos, del 19 al 28, para hablar de los acontecimientos que llevan al juicio y encarcelamiento de Pablo, y dejarnos sin saber el resultado de su apelación ante el César. Pero si Lucas no conocía el resultado porque el César aún no había juzgado a Pablo, entonces la omisión es comprensible. De este modo, si Lucas escribió Hechos cuando Pablo aún estaba esperando la respuesta del César a su apelación, el libro no puede ser posterior al 62 d.C.[51] Entonces el evangelio de Lucas, como primera parte de su obra (cf. Lucas 1:1-4; Hechos 1:1-2), debe fecharse el mismo año o incluso antes.

La evidencia interna de la relación literaria entre Mateo, Marcos y Lucas ha hecho que muchos eruditos concluyeran que Marcos fue escrito antes que los otros dos Sinópticos.[52] Esta afirmación añade aún más valor a la defensa de que los tres evangelios se escribieron en los treinta años siguientes a la muerte de Jesús (que probablemente ocurrió en el 30 d.C.), período de tiempo en el que la gente aún podía comprobar la exactitud y veracidad de los hechos narrados. El documento antiguo más fiable dice que Juan fue escrito en el 90 d.C. (Ireneo, *Adv. Haer.* 2.22.5; Eusebio, *Hist. Eccl.* 3.23.1-4), y entre escritores cristianos posteriores existe la duda sobre quién era exactamente Juan: Juan el apóstol, o un Juan diferente llamado

---

[50] Robert H. Gundry, *Mark: A Commentary on His Apology for the Cross* (Grand Rapids, Eerdmans, 1993), páginas 1042, 1043.

[51] Cf. especialmente Colin J. Hemer, *The Book of Acts in the Setting of Hellenistic History*, ed. Conrad H. Gempf (Tübingen, Mohr, 1989), páginas 365-410.

[52] Ver, por ejemplo, Robert H. Stein, *The Synoptic Problem* (Grand Rapids, Baker, 1987).

«el anciano» (o «presbítero»), discípulo de aquél.[53] De cualquier manera, seguimos estando más cerca de los acontecimientos originales de lo que lo están muchas biografías de la antigüedad. Por ejemplo, los dos biógrafos más tempranos de Alejandro Magno, Arriano y Plutarco, escribieron más de cuatrocientos años después de la muerte de Alejandro, que tuvo lugar en el 323 a.C.; sin embargo, los historiadores generalmente los consideran fiables. Con el tiempo, se fueron creando leyendas y fábulas en torno al personaje de Alejandro, pero la mayoría de ellas siglos después de que muriesen estos dos escritores.[54]

Sin embargo, la mayoría de los escritores coinciden en que la autoría y la fecha no constituyen la parte más importante de nuestro debate. La información puede pasar de generación en generación durante mucho tiempo de forma intacta, mientras que también puede ser falsificada de forma rápida, incluso entre los testigos de los acontecimientos narrados. Según los expertos contemporáneos, hay otros tres temas aún más importantes a la hora de establecer la fiabilidad histórica de los evangelios. (1) ¿*Querían* los primeros cristianos preservar la historia? (2) ¿Estaban los primeros cristianos en posición de *poder* preservar la historia? (3) ¿La comparación de los textos paralelos apunta a que los primeros cristianos *preservaron* la historia? Para responder estas preguntas debemos investigar la naturaleza de la trasmisión de las tradiciones sobre Jesús mientras circulaban de forma oral, y la naturaleza de la actividad de redacción de los escritores de los cuatro evangelios.

¿Cómo se elaboraron los Evangelios?

¿Les interesaba a los primeros cristianos ser fieles a los acontecimientos históricos?

Al leer los Evangelios, muchos creen que a los escritores les movió el deseo de transmitir una narración que reflejara de forma exacta y fiable la vida de Jesús. De hecho, Lucas dice que esa es una de las motivaciones que le llevan a escribir su Evangelio:

> *Por cuanto muchos han tratado de compilar una historia de las cosas que entre nosotros son muy ciertas, tal como nos las han transmitido los que desde el principio fueron testigos oculares y ministros de la palabra, también a mí me ha parecido*

---

[53] Más detalles en Martin Hengel, *The Johannine Question* (Philadelphia, Trinity, 1990).
[54] Más información en Robin L. Fox, *The Search for Alexander* (Boston, Little, 1980).

¿Dónde empezar la investigación sobre la persona de Jesús?

conveniente, después de haberlo investigado todo con diligencia desde el principio, escribírtelas ordenadamente, excelentísimo Teófilo, para que sepas la verdad precisa acerca de las cosas que te han sido enseñadas (Lucas 1:1-4).

¿Pero tenían todos los primeros cristianos este interés y esta diligencia en la investigación? Existen principalmente dos razones que llevan a algunos estudiosos a creer que la primera generación de cristianos *no* se había preocupado de realizar una compilación exacta y seria de los acontecimientos ocurridos, por lo que, cuando los evangelistas más tarde quisieron recoger información sobre el Jesús histórico, lo único que pudieron hacer fue una compilación añadiendo toda la información que les llegaba, ya fueran hechos verídicos o ficción. (1) Muchos opinan que los primeros cristianos creían que Jesús iba a volver mientras aún estuvieran con vida, por lo que elaborar un escrito con los acontecimientos ocurridos no tenía ningún sentido. (2) Los primeros creyentes, sobre todo los que decían tener el don de profecía, creían que el Señor resucitado les hablaba para que transmitiesen importantes mensajes a sus iglesias. Estas palabras tenían tanto peso como la enseñanza que Jesús impartió cuando estuvo en la Tierra, así que no había necesidad de distinguir entre las enseñanzas del Jesús resucitado y las del Jesús al que muchos habían visto y conocido. Así que los Evangelios recogen aleatoriamente estas dos categorías de enseñanza.

Aunque muchos han aceptado estas dos premisas, la verdad es que están basadas en evidencias muy débiles. A favor de la primera, se dice que Jesús sólo hizo tres referencias crípticas que sugerían que él creía que volvería cuando sus seguidores aún no hubieran muerto (Mateo 10:23; Marcos 9:1; 13:30). Sin embargo, la mayoría de expertos cree que estos textos deben interpretarse de manera diferente.

En Marcos 9:1, cuando Jesús predice que algunos no gustarán la muerte hasta que vean el reino de Dios después de que haya venido con poder, probablemente se está refiriendo al acontecimiento que está a punto de ocurrir, la transfiguración, que es una pequeña muestra de la gloria permanente que caracterizará su venida.[55] En Marcos 13:30, las señales antes del fin que ocurrirán en «esta generación» no pueden incluir su venida, porque la expresión «todo esto» del versículo 30 tiene que ser equivalente a la expresión «estas cosas» del versículo 29, que claramente se refiere a

---

[55] Ver C. E. B. Cranfield, *The Gospel According to St. Mark* (Cambridge, Cambridge University Press, 1977), páginas 285-288.

las señales *antes* de la segunda venida de Cristo.[56] En Mateo 10:23, cuando Jesús les dice a los discípulos que no acabarán de recorrer todas las ciudades de Israel ante de que venga el Hijo del Hombre, probablemente se está refiriendo a la misión entre los judíos –perennemente incompleta– que debe tener lugar antes de la venida de Cristo.[57] Además, *la mayoría de las enseñanzas de Jesús apuntan a que habrá un intervalo importante antes de que llegue el final de los tiempos*, ya que Cristo dedica mucho tiempo a enseñar a sus discípulos sobre temas relacionados con la vida en la tierra: pagar impuestos, el matrimonio y el divorcio, cómo tratar a los enemigos, cómo administrar las riquezas, etc.

Aunque algunos discípulos de Jesús pensaran que iba a volver pronto, no se puede usar esta idea como argumento para decir que no se habrían preocupado de transmitir sus enseñanzas con cuidado y esmero. Los judíos habían vivido ocho siglos con la tensión entre los repetidos anuncios proféticos sobre la pronta venida del Día del Señor (por ejemplo, Joel 2:1; Abdías 15; Habacuc 2:3) y la larga historia de Israel. Aquellos anuncios no impidieron que los judíos compilaran las palabras de los profetas del Antiguo Testamento, así que no tiene sentido que algo por el estilo impidiera que los seguidores de Jesús se preocuparan de transmitir de forma fiable las enseñanzas de aquel que era más que cualquier profeta (por ejemplo Mateo 12:41).[58]

La segunda premisa –es decir, que los evangelios recogen enseñanzas tanto del Jesús histórico, como de profetas cristianos posteriores a Jesús– es aún mucho más difícil de sostener. Esta hipótesis apareció después de la comparación de algunas profecías grecorromanas, cuya analogía con los escritos cristianos ya se ha demostrado que es más que cuestionable. Los únicos dichos de los profetas cristianos que aparecen en el Nuevo Testamento van acompañados de referencias explícitas para diferenciarlos de los de las enseñanzas de Jesús (Hechos 1:28; 21:10; Apocalipsis 2, 3). Y Pablo insiste en que las iglesias sopesen cuidadosamente las profecías (1ª Corintios 14:29), lo que sugiere que no se iba a aceptar una que contradijera la enseñanza de Jesús.

---

[56] *Ibíd.*, páginas 407-409.

[57] Ver F. F. Bruce, *The Hard Sayings of Jesus* (Downers Drove, Ill., InterVarsity Press, 1983), página 109.

[58] Más detalles sobre esta línea de pensamiento en Richard Bauckham, «The Delay of the Parousia», *TynBull* 31 (1980), páginas 3-36. En cuanto a las enseñanzas de Jesús dignas de ser preservadas como «palabras santas», ver J. Arthur Baird, «The Holy Word: The History and Function of the Teachings of Jesus in the Theology and Praxis of the Early Church», *NTS* 33 (1987), páginas 585-599.

¿DÓNDE EMPEZAR LA INVESTIGACIÓN SOBRE LA PERSONA DE JESÚS?

Sin embargo, el argumento más contundente contra la idea de que los cristianos se creían con la libertad de inventarse dichos de Jesús proviene, precisamente, de lo que *no* encontramos en los Evangelios. Muchas de las controversias entre los cristianos que aparecieron después de la ascensión de Jesús y que fueron una amenaza para la unión de la iglesia del Nuevo Testamento, se podrían haber solucionado si aquellos primeros cristianos hubieran usado los evangelios para encontrar soluciones a todos aquellos debates. *¡Pero no lo hicieron!* Jesús no trató muchos de los temas que preocupan a los cristianos del resto del siglo primero: si los creyentes debían circuncidarse, la regulación de «las lenguas», cómo mantener unidos en el mismo cuerpo a los gentiles y a los judíos, si los creyentes casados con un no creyente podían divorciarse, qué funciones ministeriales podía realizar la mujer, etc. Dicho de otra manera, a los primeros cristianos sí les preocupaba mantener la diferencia que había entre lo que Jesús enseñó y el debate posterior de las iglesias.[59]

¿Fueron capaces los primeros cristianos de ser fieles a los acontecimientos históricos?

Supongamos que a los discípulos de Cristo *sí* les preocupaba compilar fielmente los acontecimientos ocurridos. Pero, ¿*lo consiguieron?* Los que han jugado de pequeños al «teléfono» saben que es muy fácil que el mensaje se vaya deformando a medida que va circulando oralmente en una habitación de, digamos, unas veinte o treinta personas. ¿Podemos afirmar de forma seria que la información que aparece en los evangelios circuló oralmente durante unos treinta años sin sufrir ninguna modificación seria o sin ningún tipo de error? Sí podemos, y tenemos suficientes razones para afirmarlo. En primer lugar, el mundo judío antiguo era una cultura que valoraba mucho las habilidades nemotécnicas (aunque en menor grado, lo mismo ocurría en el mundo grecorromano). A los rabíes se les animaba a memorizar todas las Escrituras hebreas (lo que nosotros llamamos Antiguo Testamento) y todo un cuerpo de leyes orales. La única manera de aprender en la educación elemental, obligatoria para la mayoría de niños judíos de entre cinco y doce o trece años, era memorizando y, la única materia, la Biblia.[60]

---

[59] Cf. David Hill, *New Testament Prophecy* (London, Marshall, Morgan & Scott, 1979); y David E. Aune, *Prophecy in Early Christianity and the Ancient Mediterranean World* (Grand Rapids, Eerdmans, 983).

[60] Ver Birger Gerhardsson, *Memory and Manuscript* (Lund, Gleerup, 1961); Rainer Riesner, *Jesus als Lehrer* (Tübingen, Mohr, 1981).

Por otro lado, la transmisión de importantes tradiciones orales suele estar caracterizada por una flexibilidad sustancial: cada vez que se cuentan se incluyen u omiten detalles incidentales, o la secuencia en que se narran los episodios es diferente, o se parafrasea o interpreta la enseñanza de una persona, etc. *Pero todo esto, siempre que no se altere la narración de los acontecimientos principales ni su significado e importancia.*[61] Unos estudios realizados recientemente en aldeas de Oriente Medio demuestran que aún mantienen estas costumbres.[62] En otras palabras, es probable que un buen número de las semejanzas y diferencias que hay entre los tres evangelios sinópticos se deban a que los discípulos y aquellos a quienes ellos instruyeron habían memorizado muchos relatos sobre lo que Jesús había hecho y enseñado. Sin embargo, eran libres de transmitir dicha información de maneras diferentes, siempre que mantuvieran el significado original de las enseñanzas y hechos de Jesús.

Contamos con seis argumentos que apoyan esta hipótesis. *En primer lugar, es probable que ya hubiera compilaciones escritas de varios episodios de los Evangelios anteriores a los relatos finales de los tres sinópticos, escritos en los años 60, y del evangelio de Juan, escrito en los años 90.* El documento «Q», la fuente en la que supuestamente se basaron Mateo y Lucas, probablemente se compusiera en los años 50, dato aceptado incluso por «El Seminario de Jesús» (aunque ellos parten de la idea de que había un documento Q abreviado, que más tarde añadió al material de sabiduría original tradiciones apocalípticas secundarias).[63] Puede que Mateo y Lucas se basaran independientemente en otras fuentes tanto orales como escritas, llamadas convencionalmente «M» y «L», que serían más o tan antiguas como «Q».[64] Para sus narraciones de los milagros de Jesús, Juan podría haberse basado en una «fuente sobre señales» escrita en los años 60, o incluso en los 30 o 50.[65]

---

[61] Ver especialmente A. B. Lord, *The Singer of Tales* (Cambridge, Mass., Harvard University Press, 1960). Para ver cómo aplica este modelo a la crítica de los evangelios ver su escrito «The Gospels as Oral Tradition Literature», en *The Relationships Among the Gospels*, ed. William O. Walker, Jr. (San Antonio, Trinity University Press, 1978), páginas 33-91.

[62] Ver Kenneth E. Bailey, «Informal Controlled Oral Tradition and the Synoptic Gospels», *AJT* 5 (1991), páginas 34-54.

[63] Funk con Smith, *Mark*, 13-14.

[64] Ver, respectivamente, Stephenson H. Brooks, *Matthew's Community: The Evidence of His Special Sayings Material* (Sheffield, JSOT, 1987); y Stephen C. Farris, *The Hyms of Luke's Infancy Narratives* (Sheffield, JSOT, 1985).

[65] Ver, respectivamente, Funk con Smith, *Mark*, 16; y Robert T. Fortna, *The Fourth Gospel and Its Predecessor* (Philadelphia, Fortress, 1988), páginas 214-16.

¿Dónde empezar la investigación sobre la persona de Jesús?

En segundo lugar, aunque no aprobaban que en público se usaran notas escritas, los rabíes y sus seguidores en privado solían usar una especie de anotaciones para inmortalizar la información importante que querían preservar. Es posible que los discípulos de Jesús adoptaran esta práctica incluso cuando Jesús todavía estaba entre ellos (Mateo 10; Lucas 10),[66] para poder conservar las ideas principales de aquellos discursos que eran demasiado largos para memorizar. Entonces, estas notas podrían haber sido el material que llevaron consigo cuando Jesús les envió a predicar (y cuando más tarde envió a los setenta y dos) para extender su ministerio. Y si observamos que el ochenta por ciento de la enseñanza de Jesús está escrita en poesía, concluiremos que lo que no escribieron también sería fácil de recordar o memorizar.[67]

En tercer lugar, la existencia de un liderazgo apostólico centralizado en Jerusalén, desde al menos los años 30-60, que periódicamente comprobaba el rumbo que estaba tomando la extensión del evangelio (Hechos 8:14; 11:1-3; 15:1-2; 21:17-25), apunta a que la analogía con el juego del «teléfono" no es nada apropiada. En la analogía, los jugadores tienen que transmitir el mensaje sin la ayuda de nadie. Pero en el cristianismo primitivo, los líderes periódicamente corregían cualquier error o cualquier cosa que se hubiera añadido a la tradición, para volver a la información exacta y original sobre la vida de Jesús[68]. Los rabíes podían corregirse unos a otros, con el fin de preservar la tradición oral, e incluso la gente del pueblo podía corregir a los trovadores que se dedicaban a narrar historias si estos cometían graves errores al narrar la tradición sagrada.[69] Obviamente, la gente opuesta a la fe cristiana presente en el período del cristianismo temprano y que había conocido a Jesús, habría actuado para corregir y evitar que se difundiera cualquier mentira o desviación de los hechos ocurridos. Así que como vemos, hubo quien vigilaba lo que se decía y predicaba sobre Jesús para que la verdad no fuese distorsionada.

---

[66] Heinz Schümann, «Die vorösterliche Anfänge der Logientradition», en *Der historische Jesus und der kerygmatische Christus*, ed. Helmut Ristow y Karl Matthiae (Berlin, Evangelische Verlagsanstalt, 1960), páginas 342-370.

[67] Riesner, *Jesus als Lehrer*, 393, 398. Cf. también del mismo autor «Jesus as Preacher and Teacher», en *Jesus and the Oral Gospel Tradition*, ed. Henry Wansbrough (Sheffield, JSOT, 1991), páginas 185-210.

[68] Robert H. Stein, «An Early Recension of the Gospel Traditions?» *JETS* 30 (1987), páginas 167-183.

[69] El papel de «maestro» en la Antigüedad, incluyendo el cristianismo primitivo, habría respaldado y propiciado este cuidado y corrección. Ver especialmente A. F. Zimmermann, *Die urchristlichen Lehrer* Tübingen, Mohr, 1984).

El cuarto argumento se basa en las duras enseñanzas de Jesús. Muchas de sus instrucciones éticas que aparecen en los evangelios sorprenden y chocan, así que es poco probable que fueran inventadas. ¿Qué cristiano, convencido de la deidad de Cristo, hubiera inventado dichos que dejaban ver que Jesús no sabía cuándo volvería (Marcos 13:32) o que no era capaz de hacer un milagro porque la gente no tenía fe (Marcos 6:5, 6)? ¿Quién habría puesto en su boca la pregunta «¿Por qué me llamas bueno? ... Ninguno hay bueno, sino solo uno, Dios» (Marcos 10:18), como si negara tanto su bondad como su divinidad? ¿Quién le habría hecho prohibir el divorcio (Marcos 10:10-12) en una época en la que para el hombre era muy sencillo pedirlo y que le fuera concedido? ¿Quién se hubiera inventado toda una serie de enseñanzas que invitaban a renunciar a las riquezas? La lista es muy larga, tanto, que es normal que titularan un reciente libro sobre la ética de Jesús *Strenuous Commands* [Duros Mandamientos].[70] Toda la historia de la Iglesia se podría resumir en un intento fallido de cumplir estas estrictas enseñanzas, así que no tiene muchos sentido decir que alguien las inventó.

En quinto lugar, vemos que más tarde Pablo se esfuerza por mantener las diferencias que había entre lo que Jesús había enseñado y lo que él creía que Dios le estaba diciendo que enseñara a las iglesias. Cuando podía citar o hacer referencia a la tradición del Jesús histórico, lo hacía; pero también sabía cuándo esta tradición no trataba un tema en concreto, y no intentaba negarlo. Así, por ejemplo, en 1ª Corintios 7:10, Pablo cita la enseñanza de Jesús sobre el divorcio (Marcos 10:10) y enfatiza que lo manda «no yo, sino el Señor»; sin embargo, cuando llega al tema de los matrimonios mixtos, caso sobre el cual Jesús no se había pronunciado, escribe «yo digo, no el Señor».

En sexto y último lugar, en los mismos Evangelios podemos ver que se hace distinción entre la impetuosa enseñanza de Jesús antes de su muerte, y las palabras dirigidas a sus seguidores después de su resurrección. Mateo resume la predicación de Jesús y de Juan subrayando la idea de que el reino de los cielos se ha acercado (Mateo 3:2; 4:17; 10:5), pero resume el ministerio de los apóstoles después de la resurrección diciendo que discipulen a las naciones observando los mandamientos de Jesús (28:18-20). Marcos dice que el mensaje de Jesús es la predicación del evangelio (las buenas nuevas) sobre Dios y su reinado (Marcos 1:14-15), pero reconoce que en sus días lo apropiado era hablar del Evangelio *de* Jesucristo (1:1). Lucas subraya la proclamación de Cristo antes de la resurrección que iba a liberar a los cautivos y que

---

[70] A. E. Harvey, *Strenuous Commands: The Ethic of Jesus* (Philadelphia, Trinity, 1990).

¿Dónde empezar la investigación sobre la persona de Jesús?

iba a acabar con los problemas sociales (Lucas 4:16-30), pero después de la resurrección vemos que da más importancia a la predicación del perdón de los pecados de las naciones (24:46, 47). Ninguno de estos contrastes es inherentemente contradictorio, pero todos reformulan la naturaleza del discipulado y de la fe lo suficiente como para hacernos pensar que los evangelistas estaban interpretando los hechos históricos de antes de la resurrección a través de la teología de después de la resurrección.[71] Resumiendo, los autores de los evangelios fueron capaces de mantenerse fieles a los acontecimientos históricos.

¿Fueron los primeros cristianos fieles a los acontecimientos históricos?
¿Cómo se explica, entonces, la existencia de evangelios paralelos? Independientemente del verdadero interés y de la habilidad de los autores de los evangelios, ¿cómo interpretamos las diferencias y las similitudes que aparecen en los productos finales? Ciertamente, vemos que hay acuerdo en los puntos principales, y la diversidad que encontramos es normal, ya que eso es lo que ocurre cuando diferentes autores reflexionan sobre los mismos acontecimientos desde sus perspectivas y situaciones únicas y personales. El historiador alemán Hans Stier hace la siguiente observación, que aplica incluso a los relatos de la resurrección:

> *un acuerdo sobre unos datos históricos básicos, junto con una divergencia en los detalles ofrece al historiador un criterio de credibilidad extraordinaria. Si se tratara de la invención de una congregación o un solo grupo de personas, el relato estaría completo, acabado, sin incoherencias. Por esa razón todo historiador se muestra escéptico ante los hechos extraordinarios que únicamente se hallan recogidos de forma completa, coherente y libre de contradicciones.*[72]

Pero, ¿qué ocurre cuando las diferencias (en este contexto esta palabra es más apropiada que las «contradicciones» de Stier) parecen mayores? ¿Podemos ir a los cuatro evangelios ignorando que se dice que entre los diferentes textos paralelos existen contradicciones *bona fide*? De nuevo, creo que la respuesta a esta pregunta es afirmativa. Las llamadas contradicciones de los evangelios no son un descubrimiento de la investigación moderna. La Iglesia las ha conocido desde el principio de su historia, y

---

[71] Más elaboración de este tema: Eugene E. Lemcio, *The Past of Jesus in the Gospels* (Cambridge, Cambridge University Press, 1991).
[72] Hans E. Stier, en *Moderne Exegese und historische Wissenschaft*, 152, citado en Hugo Staudinger, en *The Trustworthiness of the Gospels* (Edinburgh, Handsel, 1981), 77.

normalmente ha creído que aún así, hay lugar para la armonización. Si hacemos un estudio de los comentarios bíblicos más importantes en el mundo evangélico de cualquiera de los evangelios veremos que presentan armonizaciones muy convincentes.[73] El espacio impide que podamos enumerarlos todos, pero daremos algunos ejemplos.[74]

Muchas de las discrepancias aparentes desaparecen una vez comprendemos las convenciones literarias, históricas o biográficas de la Antigüedad. Ni el griego ni el hebreo tenían un equivalente a las comillas que usamos para citar, ni siquiera se creía que una cita era más valiosa o exacta que un fiel resumen, paráfrasis, o interpretación. El orden de los acontecimientos de la vida de una persona solía ser temático, y no tanto cronológico. Así que no debería sorprendernos encontrar en los diferentes evangelios todo tipo de pequeñas variaciones tanto en la ordenación de los diferentes episodios de la vida de Jesús, como en las palabras que se le atribuyen en cada ocasión particular.

Otros problemas sólo se pueden analizar de forma individual. ¿Cuándo se celebró la Cena del Señor? ¿La noche de la Pascua (según Mr. 14:12-16) o antes (según parece en Jn. 18:28 y 19:14)? Posiblemente fue en la Pascua, ya que Juan 18:28 parece aludir a esa festividad —que duraba una semana —y 19:14 puede entenderse como el Día de Preparación *para el Sabbath* durante la semana de la Pascua (Nueva Versión Internacional).

¿Fue el centurión quien se acercó a Jesús para que sanara a su siervo (Mateo 8:5-13) o envió a los ancianos de los judíos (Lucas 7:1-10)? Puede que hiciera lo segundo, porque en la antigüedad se daba la misma importancia al emisario que a la persona que lo enviaba. De hecho, en la actualidad usamos el mismo principio en los medios de comunicación. Un titular puede decir «El Presidente ha dicho que...», cuando de hecho han sido sus secretarios quienes han escrito el discurso y quienes lo han leído ante la prensa.

¿Dónde ocurrió el episodio en el que Jesús envió los demonios a los cerdos? ¿En Gerasa (Marcos 5:1; Lc. 8:26) o en Gadara (Mateo 8:28?). Probablemente cerca de Khersa —una ciudad en la orilla Este del Mar de Galilea, que podría haberse escrito Gesara en griego —en la *provincia* de Gadara.

---

[73] Ver, por ejemplo, los comentarios World Biblical, New International, Expositors' Bible, Tyndale, New American, o Pillar Commentary Series.

[74] He tratado estos y muchos otros ejemplos más en profundidad en mi libro *The Historical Reliability of the Gospels* (Downers Grove, Ill., InterVarsity Press, 1987), páginas 113-89.

Hay muchos otros ejemplos. No encontramos en todos el mismo grado de armonización, pero la mayoría son lo suficientemente creíbles como para que cuando nos hallemos con contradicciones aparentes demos al texto el beneficio de la duda.

Llegados a este punto, mucha gente tendrá sus objeciones. «Está bien buscar cierta armonización entre los relatos escritos por diferentes historiadores cuando sabemos que intentaban compilar los datos de forma exacta y fiable. ¿Pero no son los evangelios un género literario totalmente diferente al género histórico o biográfico?» Ciertamente, debemos detenernos a considerar el género de los evangelios.

¿Qué tipo de género literario se usó para escribir los evangelios?

Es cierto que en alguna medida, los evangelios del Nuevo Testamento presentan características diferentes a los géneros histórico y biográfico tal como ahora los conocemos. Sobre todo, porque los evangelistas pretendían dar a sus escritos un claro eje teológico. Creían que Jesús era el Mesías, el Hijo de Dios, y que creer en él es la única manera de llegar a Dios. Obviamente, y como no dejan de subrayar, esto les convierte en biógrafos psicológicamente poco objetivos. ¿No son los Evangelios más fieles a su teología que a la Historia? ¿Y no reflejan en cierta medida una teología tendenciosa?

Otra razón que apunta a que los evangelios son diferentes a una relación histórica normal se basa en los contenidos que los evangelistas incluyeron en sus escritos. Miremos a Marcos como ejemplo. ¿Qué tipo de biografía se olvidaría de incluir información sobre el nacimiento, la infancia, la adolescencia y la juventud de su héroe, dando importancia sólo a un puñado de hechos y enseñanzas que ocurrieron en un breve período de tres años (sin ni siquiera decirnos que está abarcando un período de tres años), y luego dedicar la mitad de su escrito a la última semana de la vida de ese hombre?

Esta última pregunta es relativamente fácil de contestar. Los evangelios presentan características únicas, exclusivas, propias, dado que sus autores creían que la vida de Jesús tenía, también, características únicas. Comparada con la etapa de su ministerio después de ser bautizado por Juan y por el Espíritu Santo, la etapa anterior pierde importancia. Como los cristianos creían que su muerte no se trataba tan sólo de la muerte de un mártir, sino que suponía la expiación de los pecados de todo el mundo, era natural que se centraran en los acontecimientos que tenían que ver con esta expiación. Según Hechos, los primeros predicadores cristianos constantemente se referían a la muerte y a la resurrección de Jesús como la clave para entender la importancia de dicho personaje (por ejemplo, Hechos 2:22-36; 10:36-43; 13: 27-37). Pero el hecho de que los evangelistas fueran selectivos a la hora de escoger qué acontecimientos incluían no implica que dichos acontecimientos carezcan de fiabilidad histórica.[75]

Historia teológica

El tema de la relación entre la Teología y la Historia es muy amplio y por eso debemos dedicarle una sección aparte. Las perspectivas que ponen a la Teología en contra de la Historia revelan una falsa dicotomía que, desafortunadamente, se ha extendido hasta dominar el pensamiento moderno. Sólo porque un escritor esté profundamente comprometido con la difusión de una causa en particular, no podemos concluir que haya falsificado los datos. De hecho, un escritor así intentará ser fiel a los hechos ocurridos. Así que el compromiso personal no implica que la persona en cuestión no pueda presentar un relato verídico sobre la historia acaecida. De hecho, normalmente, es la veracidad de ese evento lo que debió llevarle a ese compromiso profundo.

Un buen ejemplo de nuestra era son las consecuencias del holocausto nazi. Algunos de los reporteros más creíbles, que aportaron mucha información, eran judíos, que se comprometieron a mostrar al mundo las atrocidades que allí se perpetraron para que no volvieran a ocurrir. Sin embargo, no son ellos los que están falseando la historia, sino los «historiadores» revisionistas posteriores que quisieron suavizar la magnitud del desastre e incluso negar que tuvo lugar. Y en la antigüedad, no existía la historia sin compromiso. Eran dos conceptos que iban de la mano. La actitud que reinaba era la siguiente: ¿por qué escribir o transmitir información sobre unos eventos si no tenían una lección que enseñarnos? *Por tanto, si los evangelios no son escritos ideológicos, ¡debieron ser considerados como escritos históricos y biográficos antiguos sin precedentes!*[76]

El historiador Paul Merkley de la Universidad de Otawa ha demostrado lo poco que los teólogos y los expertos en la Biblia saben sobre los escritos

---

[75] Cf. Robert Guelich, «The Gospel Genre», en *The Gospel and the Gospels*, ed. Peter Stuhlmacher (Grand Rapids, Eerdmans, 1991), página 206.

[76] Ver Hemer, *Acts*, 63-100. Uno de los mejores estudios sobre la forma en la que los evangelios son a la vez texto histórico y escrito teológico lo encontramos en I. H. Marshall, *Luke: Historian and Theologian*, rev. Ed. (Grand Rapids, Zondervan, 1989).

históricos de la antigüedad. Muchos han citado el episodio en el que Julio César, al volver de Galia a Italia en el año 49 a.C., cruza el río Rubicón, como modelo de un hecho histórico nada controvertido de la antigüedad que además tuvo un significado *histórico*: con aquel acto, César optó por la guerra, lo que alteró para siempre el curso del Imperio Romano. Pero lo que normalmente no se dice es que no estamos seguros de la fecha en que César cruzó el río, y ni tan sólo estamos seguros de la situación geográfica del Rubicón. Y, al igual que con los Evangelios, tenemos cuatro compilaciones de los eventos redactados por historiadores posteriores: Veleio Patérculo, Plutarco, Suetonio y Apiano. El primero, que es el más antiguo, es el único que nació en la primera mitad del siglo I *después* de Cristo. Aparentemente, todos se basaban en un testigo ocular, Asinio Polio, del que no ha quedado ni rastro. Sin embargo, los cuatro relatos varían tanto como los evangelios al narrar el mismo acontecimiento. Uno de los historiadores, Suetonio, dice que el César tomó la decisión de cruzar el río al ver «una aparición de proporciones y belleza sobrehumanas», que estaba «sentada a la orilla del río, tocando la flauta».

Cuando este tipo de acontecimiento milagroso aparece en los evangelios, la reacción inmediata es, normalmente, negar su fiabilidad y considerarlo como un mito. ¡Y aquí vemos que aparece en el relato de un acontecimiento que se cita como uno de los hechos históricos más aceptados de la antigüedad! ¿No es esto una descarada parcialidad? *Los evangelios merecen ser tratados de la misma manera que los demás relatos supuestamente históricos de la antigüedad.*[77] Las palabras del historiador británico especializado en la Roma antigua, A. N. Sherwin-White, aunque son de la generación anterior, siguen siendo igual de aplicables a la radical crítica contemporánea: «Es inadmisible que mientras los historiadores grecorromanos han disfrutado de una gran aceptación, el estudio de los evangelios en el siglo XX, que parte de unas fuentes de las mismas características, ha tomado un rumbo desmedidamente pesimista».[78]

En otro capítulo de este libro, Gary Habermas trata el tema de los milagros en los evangelios (véase capítulo 5). Pero haremos ahora un comentario pertinente a lo aquí tratado. A veces se dice que los evangelios deben analizarse con una mirada más escéptica que las demás biografías y relatos

---

[77] Paul Merkley, «The Gospels as Historical Testimony», *EvQ* 58 (1986), páginas 328-336.

[78] A. N. Sherwin-White, *Roman Society and Roman Law in the New Testament* (Oxford, Clarendon, 1963), página 187.

de la antigüedad debido a los elementos milagrosos que incluyen. Ante este ataque, podemos citar el episodio en que César cruza el Rubicón para recordar a los expertos que la mayoría de historiadores y biógrafos de la antigüedad creía en lo sobrenatural. Y, de hecho, los evangelios son un poco diferentes en ese sentido, porque los acontecimientos milagrosos que recogen son una parte integral del relato, lo que no ocurre en la mayoría de escritos históricos antiguos. Por tanto, los milagros de los evangelios refuerzan e ilustran el mensaje central de Jesús: el reino de Dios estaba irrumpiendo en la historia de la humanidad. La mayoría de los expertos, incluso los más escépticos, aceptan que éste era el mensaje que Jesús predicaba por las ciudades y pueblos de Palestina.[79]

Una vez superado el tema de los milagros, *una esmerada comparación de los cuatro evangelios con otros textos literarios antiguos revela que los textos con los que tienen más similitudes pertenecen a los géneros histórico y biográfico.* Un estudio reciente establece que los paralelos más cercanos al prólogo de Lucas (Lc. 1:1-4) se han encontrado en la prosa técnica de los tratados médicos y científicos.[80] Otra investigación demuestra que en la exposición de los objetivos principales de los evangelios hay gran parecido con obras reconocidas como fiables, como las historias de Herodoto, Tácito, Arriano, Dión Casio, Salustio y Josefo.[81] Incluso el evangelio de Juan, que es bastante diferente de los otros tres evangelios, se parece bastante a biografías grecorromanas como las escritas por Isócrates, Xenofon, Plutarco, Suetonio, Luciano y Filóstrato.[82]

Jesús versus los Sinópticos

¿Qué ocurre con el cuarto evangelio? ¿Por qué tiene tantos detalles que los sinópticos no tienen, y viceversa? ¿Cómo interpretamos esa presentación del Jesús exaltado que dice ser Dios? ¿Qué hacemos cuando la voz narrativa de Juan se intercala con las palabras de Jesús, y es imposible saber cuándo habla Juan y cuándo habla Jesús?

---

[79] Ver también Craig L. Blomberg, «The Miracles as Parables», en *Gospel Perspectives*, v. 6, ed. David Wenham y Craig Blomberg (Sheffield, JSOT, 1986), 327-59; *idem*, «Healing», en *Dictionary of Jesus and the Gospels*, ed. Joel B. Green, Scot McKnight, I. Howard Marshall (Downers Grove, Ill., InterVarsity, 1992), páginas 299-307.

[80] Loveday Alexander, *The Preface to Luke's Gospel* (Cambridge: Cambridge University Press, 1993).

[81] Terrence Callan, «The Preface of Luke-Acts and Historiography», *NTS* 31 (1985), páginas 576-581.

[82] Richard A. Burridge, *What are the Gospels? A Comparison with Greco-Roman Biography* (Cambridge, Cambridge University Press, 1992), páginas 220-239.

¿Dónde empezar la investigación sobre la persona de Jesús?

Es verdad que Juan es más interpretativo que los evangelistas de los sinópticos. Juan parafrasea gran parte de la enseñanza de Jesús y la contextualiza para los lectores griegos de Éfeso a finales del siglo I (según los primeros padres de la iglesia, este es el contexto para el que Juan escribió). Juan había tenido toda una vida para meditar sobre el significado de la persona y la obra de Jesús. Puede que conociera los sinópticos y decidiera escribir lo ocurrido de otra forma, ya que, para qué volver a explicar lo que ya había sido tan bien explicado; o puede que escogiera los acontecimientos que él consideraba más importantes sin ni siquiera tener en cuenta los sinópticos; pero fuese como fuese, no debería sorprendernos que su evangelio sea relativamente diferente.[83] Lo que sí debería sorprendernos es la extraordinaria similitud que hay entre Mateo, Marcos y Lucas: paralelos que apuntan hacia una relación literaria entre estos tres evangelios.

Sin embargo, no debemos caer en el error de sobrestimar el retrato exaltado de Jesús que Juan hace, ni subestimar al Jesús que presentan los sinópticos. Es verdad que Juan es el único que recoge el episodio de los siete «Yo soy» de Jesús, y el único que menciona de forma explícita que Jesús es el Verbo de Dios encarnado (Juan 1:1-14). Pero, por un lado, los dichos de Jesús tales como «Yo soy la puerta» o «Yo soy el agua viva» o «Yo soy el pan de vida» siguen siendo metáforas y aún hubieran sido más crípticas para los que escuchaban a Jesús de lo que lo son para nosotros. Más adelante en el ministerio de Jesús vemos cómo la multitud judía le pedía que dejara de ser tan misterioso y que no los tuviera más en suspense: «Si tú eres el Cristo, dínoslo abiertamente» (Juan 10:24). Incluso la noche antes de la crucifixión, sus discípulos no le habían comprendido, hasta que por fin exclamaron: «He aquí ahora hablas claramente, y ninguna alegoría dices» (16:29). Desafortunadamente, esta declaración sólo fue prematura, porque aún no habían acabado de entender que era necesario que Jesús muriese.[84]

Por otro lado, los sinópticos presentan de forma implícita un retrato de Jesús del cual se podrían llegar a derivar los reclamos más explícitos que aparecen en Juan. Mateo y Lucas son los que describen el nacimiento virginal. Los tres evangelios sinópticos (igual que Juan) recogen que Jesús

---

[83] Cf. mi artículo «To What Extent Is John Historically Reliable?», en *Perspectives on John: Method an Interpretation in the Fourth Gospel*, ed. Robert B. Sloan y Mikeal C. Parsons (Lewiston, N.Y., Mellen, 1993), páginas 27-56.

[84] Sobre no sobrestimar la cristología de Juan, ver especialmente John A. T. Robinson, *The Priority of John* (London, SCM, 1985), páginas 343-397, aunque este autor se va al otro extremo y subestima y no da el valor merecido a elementos que sí están presentes en el evangelio de Juan.

se llamaba a sí mismo el Hijo del Hombre, siendo que este tema se debatía en el pueblo judío desde los tiempos de Daniel, quien presentó a una figura humana (Daniel 7:13-14) que está presente en el trono de Dios y que recibe la autoridad universal y un reino eterno.[85] El Jesús de los evangelios también acepta la adoración (Mateo 14:33), perdona los pecados (Marcos 2:5), anuncia que el destino final de las personas dependerá de la actitud que tengan ante él (Marcos 8:38; Lucas 12:8-10), y se aplica metáforas, sobre todo cuando explica parábolas, que en el Antiguo Testamento se aplican a Yavéh (el Señor de la mies, el pastor, el sembrador, el propietario de la viña, el novio, la roca, etc.).[86]

Otro elemento interesante del evangelio de Juan es que, cuando se compara con los sinópticos, su evangelio constantemente da más referencias cronológicas, geográficas, topográficas, etc. Por ejemplo, gracias a Juan sabemos que el ministerio de Jesús duró tres años. Y sin embargo esta información aparece casi incidentalmente, cuando Juan quiere explicar que Jesús sube a Jerusalén para la fiesta judía más importante, demostrando así que es el cumplimiento de la esperanza judía que esa fiesta representa. El hecho de que la geografía y la cronología que aparecen en el evangelio no sean su máximo interés le da mucho más valor a ese tipo de información, ya que entonces es muy improbable que modificara los datos.[87]

Resumiendo, no hay ninguna duda de que los Evangelios mezclan la Teología con la Historia y que, en cierto modo, Juan lo hace de una forma más explícita que los sinópticos. Pero estos fenómenos son característicos de los escritos históricos y biográficos antiguos. Lo que no impide que los evangelios reflejen la historia de forma verídica y fiable, ya que *toda* la historia nos viene dada a través de la interpretación de la historia. Las diferencias entre los evangelios no son lo suficientemente serias como para hacernos dudar de su fiabilidad. Sin embargo, lo que aún tenemos que considerar es si los datos *ajenos* a los evangelios contradicen (o corroboran)

---

[85] Ver Seyoon Kim, *The Son of Man as the Son of God* (Grand Rapids: Eerdmans, 1985); Chrys C. Caragounis, *The Son of Man* (Tübingen, Mohr, 1986); John J. Collins, «The Son of Man in First-Century Judaism», *NTS* 38 (1992), páginas 448-66.

[86] Cf. R. T. France, «The Worship of Jesus: A Neglected Factor in Christological Debate», en *Christ the Lord*, ed. Harold H. Rowdon (Leicester, Inter-Varsity Press, 1982), 28; con Philip B. Payne, «"Jesus" Implicit Claim to Deity in His Parables», *TrinJ* n., s. 2 (1981), páginas 3-23.

[87] Ver Ethelbert Stauffer, «Historische Elemente im vierten Evangelium», en *Bekenntnis zur Kirche*, ed. Ernst-Heinz Amberg und Ulrich Kuhn (Berlin, Evangelische Verlagsanstalt, 1960), páginas 33-51.

estos cuatro libros. De hecho, éste es el primer método que los historiadores modernos usan para determinar la fiabilidad de cualquier fuente.[88]

¿Hay pruebas, fuera de los Evangelios, que demuestren su fiabilidad?

El último ámbito que vamos a tratar consiste en corroborar lo narrado en los evangelios mediante las evidencias que encontramos en otras fuentes (ver también el capítulo 8, de E. Yamauchi). Normalmente se dice que hay poca información sobre Jesús escrita por historiadores *no cristianos* de aquella misma época antigua. Querer contar con una corroboración por parte de documentos no cristianos nos lleva a una falsa dicotomía, porque implica que no nos podemos fiar de la información que los *cristianos* escribieron sobre Jesús. ¡Mientras un testigo que vio y escuchó a Jesús no se deje embaucar por sus enseñanzas, será un escritor objetivo; pero si se convierte en su discípulo, no podemos confiar en lo que dice! ¡Pero eso tiene la misma lógica que pedirle a un periodista que describe un experimento de física que no crea en el método científico, o a un profesional que está tratando el subconsciente de un paciente que no tenga en cuenta la psicología moderna!

Historiadores no cristianos

Sin embargo, incluso si nos limitáramos al testimonio de los judíos, griegos y romanos que nunca aceptaron el cristianismo, ya tenemos suficientes pruebas externas que respaldan en cierta medida el perfil de Jesús, de forma similar al resumen de la segunda búsqueda del Jesús histórico de Perrin (ver páginas 25-26??).[89] Las fuentes grecorromanas sólo cuentan que hubo un maestro llamado Jesús que fundó la secta de los cristianos y que murió crucificado en el siglo I en Palestina. En los escritos judíos encontramos más información. El Talmud (la colección de las tradiciones orales originales de los años en que vivió Cristo), nos cuenta que Jesús fue concebido fuera del matrimonio, que tuvo discípulos, que era un

---

[88] Ver el debate sobre el uso de las evidencias externas en Jacques Barzun y Henry F. Graff, *The Modern Researcher* (New York, Harcourt, Brace, Jovanovich, 1977), páginas 87-92; y Robert J. Shafer, *A Guide to Historical Method* (Homewood, Ill., Dorsey, 1969), página 137.
[89] Más información en R. T. France, *The Evidence for Jesus* (Downers Grove, Ill., InterVarsity Press, 1986). Ver también Craig A. Evans, «Jesus in Non-Christian Sources», en Chilton y Evans *Studying the Historical Jesus*, páginas 443-478.

blasfemo porque decía ser Dios, y que hacía milagros; pero atribuye los milagros a poderes de brujería y no al poder de Dios. Josefo (historiador judío de la segunda mitad del siglo I d.C.), explica que Jesús era un hombre sabio que hacía cosas sorprendentes, que enseñaba a muchos, que conseguía que tanto judíos como griegos le siguieran, que creía ser el Mesías, fue acusado por los líderes judíos, condenado por Pilato a ser crucificado, y creía que iba a resucitar.[90] Josefo también incluye mucha información sobre Herodes el Grande y sus hijos, una breve descripción del ministerio de Juan el Bautista y muchos detalles históricos que encajan perfectamente con mucha de la información que aparece en el libro de Hechos.[91]

Cuando vemos que los historiadores antiguos se centran sobre todo en los líderes militares y políticos o en los representantes religiosos y filosóficos oficialmente reconocidos, no debería sorprendernos que la historiografía antigua casi no preste atención a la figura de Jesús. De hecho, lo que sorprende es que se le llegue a mencionar, tanto a él como a Juan el Bautista. Por ejemplo, Apolonio de Tiana (actualmente en el centro de Turquía) era un maestro y un milagrero de finales del siglo I cuyo mensaje tenía algunas similitudes con los hechos y la vida de Jesús. Sin embargo, el único que recoge algo de información que merezca la pena de esta figura es Filóstrato. El espacio que Dión Casio le dedica en su *Historia romana* (68:17)[92] es mucho menor del que Josefo le dedica a Jesús.[93]

Descubrimientos arqueológicos

El campo de la Arqueología también ha corroborado la historia de Jesús. Los evangelios no cuentan con tanto material que se pueda cotejar con elementos arqueológicos (ruinas, inscripciones, etc.) como, por ejem-

---

[90] El pasaje clave de Josefo se ha discutido mucho, porque los textos existentes recogen que Josefo dijo que Jesús era el Mesías y que fue resucitado. Pero Josefo nunca escribió nada que apuntase a que se convirtió al cristianismo, y sabemos que los que posteriormente preservaron sus escritos eran cristianos. Por tanto, es probable que este texto haya sido retocado. Por ello, algunos escépticos han llegado a decir que nada de lo que aparece sobre Jesús es auténtico; sin embargo, la mayoría de expertos están de acuerdo en que llegar a tal conclusión es extremo, injusto, y sin ningún fundamento. Si eliminamos las interpolaciones que no presentan el estilo de Josefo, aún nos queda un pasaje que muy probablemente contenía los elementos que hemos listado. Ver especialmente Meier, *Marginal Jew*, páginas 56-88.

[91] Ver la tabla que aparece en Paul Barnett, *Is the New Testament History?* (London, Hodder & Stoughton, 1986), páginas 159-163.

[92] N. del T. La paginación (68:17) corresponde con la traducción inglesa de dicha obra (*Roman History*).

[93] Cf. B. F. Harris, «Apollonius of Tyana: Fact and Fiction», *JRH* 5 (1968-69), páginas 189-199.

plo, el libro de Hechos. Aún así, en los casos en que los datos de los evangelios pueden convertirse en objeto de estudio, se ha podido probar que son bastante exactos, sobre todo Juan. Los arqueólogos han descubierto los cinco pórticos del estanque de Betesda cerca de la puerta de las ovejas (Juan 5:2), el estanque de Siloé (9:1-7), el pozo de Jacob en Sicar (4:5), el Enlosado (Gabata en hebreo) donde Pilato juzgó a Jesús (19:13), y el pórtico de Salomón en el templo (10:22, 23). No hace mucho, en 1961, se descubrió en Cesarea una inscripción que proporcionaba, por primera vez, corroboración extrabíblica de que Pilato era el prefecto de Judea en tiempos de Cristo. Desde entonces, el descubrimiento de un osario (cofre de huesos) de un hombre que murió crucificado llamado Johanán, de la Palestina del siglo I, confirma que les horadaban los tobillos con clavos, como a Cristo; antes, algunos escépticos pensaban que lo que los romanos usaban eran cuerdas para atar los condenados a las cruces. Y hace menos de cinco años, en 1990, se descubrió en Jerusalén el sepulcro privado de la familia de Caifás, el sumo sacerdote judío. Éste y muchos otros detalles prueban la fiabilidad de los evangelios en aquellas cuestiones susceptibles de investigación.[94] Los historiadores con uso de razón pueden basarse en estas pruebas y otorgar el beneficio de la duda en aquellas cuestiones que no son susceptibles de investigación.[95]

Las cartas del Nuevo Testamento

También podemos considerar el testimonio *cristiano* que hay fuera de los cuatro evangelios. Los escritos de Pablo (sobre todo Romanos, 1ª Corintios y 1ª Tesalonicenses) y en menor medida, las otras cartas neotestamentareas (especialmente Santiago), contienen muchas alusiones a las palabras de Jesús, y también algunas citas[96]. Sin embargo, tanto las tres cartas paulinas citadas como la de Santiago, se escribieron antes de que aparecieran los Evangelios: las obras de Pablo se sitúan entre el año 50 y el 57 d.C., y Santiago es, probablemente, de los años 40. Así que la enseñanza

---

[94] Para obtener más información, ver, por ejemplo, Rainer Riesner, «Archaeology and Geography» en Grenn, McKnight y Marshall, *Dictionary of Jesus and the Gospels*, páginas 33-46; E. M. Blaiklock, *The Archaeology of The New Testament* (Nashville, Thomas Nelson, 1984). Sobre el descubrimiento relacionado con Caifás, ver Bockmuehl, *This Jesus*, páginas 70-71.

[95] Cf. Stewart C. Goetz y Craig L. Blomberg, «The Burden of Proof», *JSNT* 11 (1981), páginas 39-63.

[96] Más detalles en mi libro *Historical Reliability*, páginas 223-31, y la biografía que allí se cita. Cf. especialmente Michael B. Thompson, *Clothed with Christ: The Example and Teaching of Jesus in Romans 12.1-15.13* (Sheffield, JSOT, 1991); y *Jesus and Paul* de David Wenham (Grand Rapids, Eerdmans, 1995).

de Jesús que aparece en estas obras debe provenir de la tradición oral, lo que prueba el cuidado con el que se transmitió dicha tradición durante las dos primeras décadas de la historia del cristianismo.

En *Romanos* hallamos, por ejemplo, la enseñanza de Jesús sobre bendecir a los que nos persiguen (Romanos 1:14; cf. Lucas 5:27-28), no devolver mal por mal (Romanos 12:17; cf. Mateo 5:39), pagar impuestos y tributos (Romanos 13:7; cf. Marcos 12:17), amar a los enemigos —mandamiento que resume toda la ley— (Romanos 13:8-9; cf. Marcos 12:31; también Gálatas 5:14), aceptar que todos los alimentos son limpios (Romanos 14:14; cf. Marcos 7:19b; Lucas 11:41). En *1ª Corintios*, Pablo cita tres veces y de forma explícita al Jesús de la tradición de los evangelios: enseñando sobre el divorcio y volver a casarse (1ª Corintios 7:10; cf. Marcos 10:10-12), recibir un salario si se está en el ministerio (1ª Corinios 9:14; cf. Lucas 10:7; 1ª Timoteo 5:18), y lo cita largo y tendido en la cena del Señor (1ª Corintios 1:23-25; cf. Lucas 22:19-20). En *1ª Tesalonicenses* aparecen citas parecidas en 2:14-16 (sobre la persecución que sufren los cristianos judíos, perseguidos por sus mismos familiares: cf. Mateo 23:29-38) y en 4:15-5:4 (sobre la venida de Cristo —cf. Mateo 24, especialmente el versículo 43). En la Carta de Santiago, encontramos alusiones a la tradición de los sinópticos, y especialmente al Sermón del Monte casi en cada párrafo,[97] y en 5:12 una cita muy explícita del dicho de Jesús sobre el juramento: «Pero sea vuestro hablar: Sí, sí; no, no» (Mateo 5:37).

Simplemente usando las cartas de Pablo se puede sacar bastante información biográfica sobre los *hechos* de Jesús: es descendencia de Abraham y David (Romanos 1:3; Gálatas 3:16), fue educado en la ley judía (Gálatas 4:4), reunió a muchos discípulos, como Cefas (Pedro) y Juan, tenía un hermano llamado Jacobo (Gálatas 1:19; 2:9), tenía un carácter irreprochable y llevó una vida ejemplar (por ejemplo Romanos 15:3, 8; 2ª Corintios 8:9; Filipenses 2:6-8) y celebró la última Cena y fue traicionado (1ª Corintios 11:23-35); también encontramos innumerables detalles de su muerte y resurrección en 1ª Corintios 15:4-8; Gálatas 3:1; 1ª Tesalonicenses 2:15.

Testimonio cristiano posterior

Al observar la literatura cristiana no canónica más antigua, a veces reaparecen vestigios de aquella tradición de los primeros cristianos.[98] A finales

---

[97] Ver la lista en Peter H. Davids, *The Epistle of James* (Grand Rapids, Eerdmans, 1982), páginas 47, 48.

[98] Ver mi libro *Historical Reliability*, páginas 202-208, y la bibliografía citada.

de los 90 apareció un manual de instrucción cristiana sobre temas como el bautismo, el ayuno, la oración, la eucaristía, y el liderazgo eclesial llamado *Didaché? (La enseñanza de los doce apóstoles)*. Aparecen citas o alusiones a los evangelios, aunque normalmente se citan secciones de Mateo, sólo las que también aparecen en Lucas (nunca las que aparecen en Marcos) o porciones que simplemente aparecen en Mateo. Todo esto sugiere que la *Didache* no mencionaba directamente el evangelio en su forma completa, sino que citaba las fuentes llamadas Q y M (ver página 58) o la tradición oral que éstas contenían.

En los escritos de Ignacio, obispo y mártir cristiano de principios del siglo II, casi las tres cuartas partes de las referencias a las palabras de Jesús coinciden con el material que únicamente aparece en el Evangelio de Mateo (aunque dicho material solo comprende un cuarto de todo el Evangelio). Las pequeñas variaciones lingüísticas sugieren que Ignacio no estaba siguiendo el formato escrito del evangelio, sino que se basó en la duradera tradición oral o, posiblemente, en fuentes escritas anteriores a la finalización del evangelio. Se han observado fenómenos del mismo tipo en otros escritos de los padres de la iglesia del siglo II.

Poesía cristiana de los principios del cristianismo

El último argumento que presentamos nos lleva a los himnos y los credos cristianos de la iglesia primitiva. En las cartas de Pablo y de Pedro encontramos algunas confesiones de fe, normalmente en formato poético –además, a veces es obvio que los oyentes ya las conocían– y con un lenguaje y vocabulario diferente al del autor de la carta. Estos factores han convencido a muchos expertos de que dichos pasajes reflejan que ya en aquella época temprana existían conocidas confesiones de fe sobre la persona y los hechos de Jesús.[99]

Los ejemplos más claros son Filipenses 2:6-11; Colosenses 1:15-20; y 1ª Pedro 3:18-22.[100] Lo más probable es que estas cartas se escribieran al principio de los 60, así que los credos que aparecen deben ser, como muy

---

[99] Ver una discusión introductoria en Ralph P. Martin, *New Testament Foundations,* vol. 2 (Grand Rapids: Eerdmans, 1978). En Markus Barth, *Ephisians 1-3* (Garden City, N.Y.: Doubleday, 1974), páginas 6-10, aparece una lista de criterios para reconocer el material tradicional que aparece en las cartas.

[100] También se puede usar este criterio para analizar las cinco de las «palabras fieles» de las pastorales (1ª Timoteo 1:15; 3:1; 4:9; Tito 3:8; 2ª Timoteo 2:11). Ver especialmente George W. Knight III, *The Faithful Sayings in the Pastoral Epistles* (Grand Rapids, Baker, 1979).

tarde, de los 50. Y los que parecen tener origen judeocristiano pueden ser de los 30 o los 40, veinte años después de la crucifixión y durante el apogeo del cristianismo en Palestina.

Es precisamente en este material «confesional» donde solemos encontrar el lenguaje más exaltado en relación con Jesús. Él era «en forma de Dios ... e igual a Dios» (Filipenses 2:6), «la imagen del Dios invisible» (Colosenses 1:15), y «habiendo subido al cielo está a la diestra de Dios; y a él están sujetos ángeles, autoridades y potestades» (1ª Pedro 3:22). Vemos que estas creencias ya existían en los orígenes de la historia de la iglesia; no tiene sentido que algunos digan que la «deificación» de Cristo es una invención tardía del cristianismo.

En 1ª Corintios 15:3-7 Pablo informa de manera explícita a sus lectores que les estaba enseñando lo que había recibido de aquellos que le habían precedido y lo hizo usando una terminología técnica que los judíos usaban para la transmisión de la tradición oral. Es en este tipo de párrafos donde encontramos el núcleo de la creencia original cristiana sobre Jesús: «Que Cristo murió por nuestros pecados, conforme a las Escrituras; y que fue sepultado, y que resucitó al tercer día, conforme a las Escrituras; y que apareció a Cefas y después a los doce», y luego a Jacobo y a más de quinientos testigos. Aparte del lenguaje y del contenido paulino o de la tradición posterior, muchos eruditos concluyen que este credo —que recoge la muerte, la sepultura y la resurrección de Jesús— se lo debieron enseñar a Pablo justo después de su conversión. Un importante estudio apunta a que este credo se originó en la comunidad cristiana de judíos helenistas que había en Jerusalén antes del martirio de Esteban, que se remonta al año 32 d.C. o antes.[101]

Los primeros sermones cristianos que aparecen en Hechos apuntan en la misma dirección. Inmediatamente después de Pentecostés, los apóstoles ya no predicaban a Jesús tan sólo como el Cristo (el Mesías) sino como Señor (Yavéh-Dios) (ver, por ejemplo, Hechos 2:36). A veces se ha dicho que los sermones de los primeros capítulos de Hechos los escribió Lucas, que era muy creativo, pero hay muchas evidencias en contra de esta afirmación. En varios lugares, Pedro y Esteban usan, para referirse a Jesús, títulos que no aparecen mucho en la enseñanza que posteriormente la

---

[101] En parte, porque se refiere a «todos los apóstoles» (v. 7) como un grupo diferente y anterior a su apostolado (cf. Hechos 6:2). La insistencia de Pablo en llamarse a sí mismo apóstol no se entiende si tenemos en cuenta que guardó la distinción terminológica, a menos que pensemos que dicha distinción ya estaba bien establecida en el momento de su conversión, justo después de la muerte de Esteban.

iglesia impartía, ni incluso en los siguientes capítulos del mismo libro de Hechos. Jesús es el «Siervo» (Hechos 3:13 –[aunque en algunas traducciones aparece «Hijo» (*N. del T.*)]– que recuerda a Is. 52-53), «el Santo y el Justo» (3:14), «el Autor de la vida» (3:15), y el «profeta» que Moisés había anunciado (3:22; 7:37). Y todos estos títulos confieren a Jesús carácter divino.[102]

Parece ser que en los dos años siguientes a la muerte de Jesús, muchos de sus seguidores formularon una doctrina de la propiciación, estaban convencidos de que había resucitado de entre los muertos y había adquirido una forma corpórea, le asociaban con Dios, y creían que el Antiguo Testamento respaldaba todas estas convicciones. Todo esto se aleja mucho de las hipótesis que dicen que Jesús fue un simple rabí judío que el pueblo convirtió en un Dios griego, o un sabio cínico que se transformó en un judío apocalíptico. Los historiadores que quieren ser tomados en serio deben encontrar mejores explicaciones para dar cuenta de la presencia, *dentro del judaísmo*, de creencias que atacan la esencia del monoteísmo judío en una etapa tan temprana de la historia del cristianismo. *La explicación más plausible es que los increíbles acontecimientos relacionados con la vida de este hombre sin precedentes, Jesús de Nazaret, consiguieron que cualquier otro relato o creencia sobre su identidad o lo que hizo quedara olvidado y no tuviera ninguna incidencia histórica.*[103]

Resumen y conclusiones

«El Seminario de Jesús» y sus seguidores no representan el consenso de los expertos en este tema, sino simplemente un sector muy «radical». Su metodología no es nada seria y sus conclusiones innecesariamente escépticas. Por ejemplo, incluso la tercera búsqueda del Jesús histórico es una interpretación histórica más seria de los datos que poseemos que la de «El Seminario». Pero incluso estos expertos no acaban de interpretar bien la ortodoxia cristiana histórica. Abogamos por que se preste un mayor interés a los elementos que respaldan la fiabilidad de los evangelios, y que se hagan valoraciones más positivas. La autoría en la que tradicionalmente se ha creído es, casi con toda seguridad, correcta, y los tres sinópticos

---

[102] Ver Richard N. Longenecker, *The Christology of Early Jewish Christianity* (Naperville, Allenson, 1970).

[103] Ver Larry. Hurtado, *One God, One Lord: Early Christian Devotion and Ancient Jewish Monotheism* (Philadelphia, Fortress, 1998), si quiere reflexionar más sobre este proceso.

fueron probablemente escritos a principios de la década de los 60, o antes, dato que sitúa estos documentos en un período en el que no debió ser difícil para los autores hacer una compilación de lo acontecido de forma exacta y fiable.

La naturaleza conservadora de la tradición oral en el judaísmo antiguo, particularmente entre los discípulos que reverenciaban las palabras de sus rabíes, apunta a que las enseñanzas de Jesús se transmitieron de forma cuidadosa y, aunque hubo alguna flexibilidad en la manera en que repetían sus palabras, hubieran visto como un sacrilegio cambiar un ápice del contenido. Se ha probado que casi todas las llamadas «contradicciones» de los evangelios tienen alguna explicación que las armoniza.

En casi todos los casos en los que se pueden poner a prueba los documentos de los evangelios, comparándolos con datos externos, los resultados corroboran el contenido de Mateo, Marcos, Lucas y Juan. Una pequeña parte de estas evidencias procede de fuentes históricas no cristianas de la antigüedad; una parte más importante de estas evidencias la encontramos en las cartas del Nuevo Testamento y los escritos de los padres de la iglesia primitiva, también cuando no usaron los textos canónicos de los evangelios para componer sus escritos. Además, la arqueología ha ido haciendo su parte al descubrir considerables fragmentos de la tradición de los evangelios.

Me gustaría concluir este capítulo con una nota personal. A mediados de los 70 estudié para especializarme en religión en una universidad privada liberal bastante prestigiosa, asociada a una importante denominación protestante. A pesar de que históricamente, las raíces de mi universidad eran cristianas, el departamento de religión estaba intentando imitar los programas de religión que seguían las universidades seculares. Por ejemplo, el primer día de la asignatura de evangelios leímos algunas historias apócrifas de milagros que, supuestamente, Jesús realizó de niño como dar vida a unas palomas de barro y reducir a un odioso compañero. Entonces el profesor nos explicó que ése era el final de un proceso que ya había comenzado en las Escrituras, que consistía en distorsionar y embellecer al Jesús histórico, para convertir a un piadoso profeta judío en un hombre divino que hacía milagros.

La mitología actual, popular sobre todo en los círculos universitarios, es diferente en cierto modo. Por ejemplo, «El Seminario de Jesús» propone que Jesús era un *hombre sabio* y bondadoso, que quizá hizo algún milagro, pero cuyos seguidores exageraron sus proezas convirtiéndolo en un *profeta* divino. Esta creencia puede sorprender y marcar mucho al estudiante

¿DÓNDE EMPEZAR LA INVESTIGACIÓN SOBRE LA PERSONA DE JESÚS?

cristiano quien, desgraciadamente, puede que no sepa que existe una tradición erudita muy respetable que demuestra todo lo contrario y que prueba que la tradición cristiana que nos ha llegado es fiable. Además, es triste que muchas bibliotecas universitarias, ricas en material de investigación en numerosos campos, sólo tienen un puñado de obras del campo del estudio de la Biblia, y normalmente sólo representan las perspectivas escépticas de los profesores del departamento. Es mi deseo que este capítulo, de hecho, y todo este libro, ayude tanto a estudiantes como a titulados, a estudiosos seculares como a religiosos, a darse cuenta de que para creer lo que los evangélicos creemos sobre el Jesús de la Biblia, no hace falta sacrificar el intelecto, y que existe un gran número de expertos e investigaciones que respaldan el retrato de Cristo que Mateo, Marcos, Lucas y Juan nos presentan.[104]

Preguntas para la reflexión

1. ¿Qué dos corrientes críticas de investigación sobre la historicidad de Jesús son las más relevantes?
2. ¿Cuáles son los principales errores metodológicos de «El Seminario de Jesús»?
3. ¿Qué es el «Evangelio de Tomás»?
4. Los biógrafos más tempranos de Alejandro Magno, Arriano y Plutarco escribieron más de cuatrocientos años después de la muerte de Alejandro (323 a.C.) ¿Cuántos años defiende este libro que pasaron aproximadamente entre la muerte de Jesús y la narración de los evangelios?
5. ¿Qué razonamientos de los que aduce este capítulo en defensa de la fiabilidad de los Evangelios podrías usar en la evangelización de alguien que conoces?

---

[104] Hay libros muy recomendables en relación a este tema: N.T. Wright, *Jesus and the Victory of God* (Minneapolis, Fortress, 1994); John Meier, el vol. 2 de *A Marginal Jew* (New York, Doubleday, 1994), y Den Witherington III, *Jesus the Sage* (Minneapolis, Fortress, 1994).

Capítulo 2

¿QUIÉN ES JESÚS? UNA INTRODUCCIÓN AL ESTUDIO SOBRE JESÚS

Scot MKcNight

Scot McKnight (Doctorado por la Universidad de Nottingham) es Profesor Asociado del Nuevo Testamento en Trinity Evangelical Divinity School (Illinois, EE.UU.). Es el autor de *Interpreting the Synoptic Gospels, Galatians*, que aparece en la serie NIV Application Commentary, y *A Light Among the Gentiles: Jewish Missionary Activity of Second Temple Judaism*. También ha sido jefe de redacción de *Introducing New Testament Interpretation* y *Dictionary of Jesus and the Gospels*.

¿Quién es Jesús? Una introducción al estudio sobre Jesús

Leo muchos libros sobre Jesús, porque a lo largo del año se publican un número increíble de libros sobre este personaje histórico. Los voy guardando en mi estudio, en dos estanterías que llegan hasta el techo, y que tienen casi un metro de ancho; las dos están casi llenas, y sólo hay libros sobre Jesús escritos en la era moderna. Como a mí me gusta pensar históricamente, he ordenado los libros cronológicamente, según la fecha de publicación. El primero de todos es un libro infame, *Fragments*,[1] escrito por H. S. Reimarus. En este mismo momento, el último libro es *Who Was Jesus?*[2] de N. T. Wright. El primero fue publicado en una serie de siete fragmentos en 1778; el último, en 1993. Dicho de otra forma, Reimarus suscitó unas preguntas, y los expertos aún no las han contestado, ¡aunque han tenido dos siglos para poder hacerlo!

Esta investigación está ganando cada vez más interés. Creo que todos los libros que leo sobre Jesús son interesantes, estimulantes y dan qué pensar. Es normal que los libros sobre Jesús adopten las nuevas tendencias de la investigación e, inevitablemente, de la cultura moderna; del mismo modo, es alentador descubrir que como los investigadores están

---

[1] H. S. Reimarus, *Reimarus: Fragments*, ed. C. H. Talbert, trans. F.S. Fraser; Lives of Jesus Series (Philadelphia, Fortress, 1970). C. Brown recoge sus argumentos en *Jesus in European Protestant Thought, 1778-1860* (1985; reprint, Grand Rapids: Baker, 1988), 1-55; también escribió un pequeño resumen en «Historical Jesus, Quest of», en *Dictionary of Jesus and the Gospels*, ed. Joel B.Green, et. Al (Downers Grove, Ill., InterVarsity Press, 1992), páginas 326-341, especialmente 326, 327.

[2] N. T. Wright, *Who Was Jesus?* (Grand Rapids, Eerdmans, 1993). Este libro evalúa las conclusiones de tres libros sobre Jesús publicados recientemente, y cuyos autores son, respectivamente, B. Thiering, A. N. Wilson, y el Obispo John Spong. Wright ha elaborado un estudio aún más completo en *Jesus and the Victory of God* (Minneapolis, Fortress, 1994). En un período de dos semanas, desde que entregué este capítulo a redacción hasta que me lo devolvieron con las correspondientes modificaciones, ya habían aparecido tres libros más sobre Jesús. De aquí a que publiquen este capítulo, probablemente ya habrán aparecido diez más.

poniendo un gran empeño en entender a Jesús, siempre están surgiendo ideas innovadoras e interesantes. De hecho, la observación a destacar sobre la investigación en torno a Jesús es que la mayoría de autores escriben a su favor.[3]

Sin embargo, a veces también surgen grupos que intentan acabar toda una línea de investigación y se pronuncian en contra de lo evidente. Éste es el caso de «El Seminario de Jesús».[4] Para evaluar sus conclusiones y el Jesús que proponen, es importante que retrocedamos un poco en la historia del estudio de Jesús para ganar cierta perspectiva, y poder observar algunos de los diferentes retratos que se han hecho de este personaje desde los días de Reimarus.

Pero, ¿qué sentido tiene todo esto? ¿Es este debate un intento más de hacer un intelectualismo pedante y sofisticado? ¡En absoluto! Se trata de uno de los temas más cruciales de nuestros días. ¿Quién es Jesús? Si las perspectivas actuales sobre Jesús que describo a continuación son ciertas, millones de cristianos han vivido engañados creyendo que él era y es su Salvador. Han creído en un mito que no es más que un cuento, como el Mago de Oz. Han puesto toda su confianza en un Cristo que no existe, y han vivido con una fe que es tan sólo una ilusión.

Millones de cristianos, en todo el mundo y durante la historia de la Iglesia se han levantado por la mañana, han realizado sus tareas, y se han acostado en continua oración a Jesús, al Señor; si ese Jesús no existe, su fe no es más que una muleta psicológica y sus oraciones no son más que mecanismos de supervivencia. Su esperanza de una vida con Dios no tiene ningún fundamento.

En las páginas siguientes veremos, primero, la historia de esa investigación sobre Jesús para que el lector o lectora tenga a mano algunas ideas y conceptos generales. Luego veremos tres aproximaciones actuales a la figura de Jesús y su misión, y las comentaremos. Finalmente, propondré una breve defensa de la perspectiva tradicional de Jesús, que sugiere que él es mucho más de lo que las aproximaciones mencionadas establecen.

---

[3] Un buen libro que va por esta línea es un estudio sobre lo que los eruditos están escribiendo sobre Jesús; ver D. A. Hagner, *The Jewish Reclamation of Jesus: An Analysis and Critique of Modern Jewish Study of Jesus* (Grand Rapids, Zondervan, 1984).
[4] R. Funk, R. Hoover, y «El Seminario de Jesús», *The Five Gospels: What Did Jesus Really Say?* (New York, Macmillan, 1994).

Historia de la búsqueda de Jesús

Para introducirnos en el debate sobre la persona de Jesús es fundamental conocer la distinción que ya se hace desde los días de Reimarus, entre el Jesús histórico y el Cristo de la fe. El «Jesús histórico» (o «el Jesús de la historia» o «Jesús de Nazaret») es el Jesús sobre el que investigan los historiadores, intentando recuperarlo a través de métodos históricos. Se dice que este es el Jesús que realmente existió y es, en cierta medida, diferente del Cristo de la fe. El «Cristo de la fe» es el Jesucristo en el que la gente ha creído durante toda la Historia de la iglesia y cuya naturaleza e identidad es objeto de la teología cristiana. Dicho de otra manera, el «Jesús histórico» (es decir, un sabio judío) no es el «Cristo de la fe» (es decir, la segunda persona de la Trinidad) porque el Jesús histórico representa mucho menos que el Cristo de la fe.

Una forma de comprender bien todo esto es ver que la erudición ha estado intentando descubrir cuánto de lo que se cuenta sobre Jesús es verdad (por ejemplo, ¿creía el Jesús histórico que él era el Mesías/el Hijo de Dios/Dios?) y cuánto le ha sido atribuido posteriormente por los teólogos cristianos, entre los que incluyen a los autores de los Evangelios.

Cuando hacía mi doctorado en la Universidad de Nottingham, visité con mi familia Edwinstowe, lugar conocido como el corazón del Bosque de Sherwood, hogar de Robin Hood. Entramos en una librería donde encontré un libro fascinante titulado *Robin Hood*.[5] Lo que me llamó la atención de aquel libro es que pretendía encontrar al «Robin Hood histórico» que se esconde detrás de los mitos que se han ido creando sobre él a lo largo de los siglos.

Lo primero que me interesó fue averiguar cuál era el método que el autor de aquel libro había seguido (en definitiva, el doctorado que yo estaba haciendo era sobre los Sinópticos y me interesaba mucho el método histórico) y ya de forma más secundaria, la conclusión a la que llegaba, conclusión que atacaba la tradición mucho más radicalmente que muchos de los escépticos de la investigación sobre Jesús. Su conclusión era que casi todos, si no todos, los acontecimientos e ideas sobre Robin Hood era proyecciones posteriores y que de hecho, podíamos llegar a saber muy poco sobre el «Robin Hood histórico». Así que había una diferencia entre el «Robin Hood histórico» y el «Robin Hood de nuestros libros de cuentos». Y lo mismo ocurriría con Jesús.

---

[5] J. C. Holt, *Robin Hood* (London, Thames and Hudson, 1982).

El debate sobre Jesús se ha dividido en tres etapas, como ya apuntó mi amigo Craig Blomberg en el capítulo anterior. En primero lugar, está la etapa llamada «búsqueda antigua», que empieza con Reimarus (alrededor de 1775) y que abarca hasta Rudolf Bultmann (alrededor de 1920). Esta etapa se interesa por la personalidad religiosa de Jesús, el contexto en el que creció y cómo éste determinó sus creencias, y el deseo de deshacerse de la apariencia que los teólogos cristianos le han dado. Esta búsqueda histórico-crítica llegó a su apogeo en parte con la obra de Albert Schweitzer,[6] cuya afirmación de que Jesús fue un visionario judío equivocado ha pasado a la historia de la investigación sobre Jesús como un descubrimiento acertado.[7]

Durante esta etapa, los estudios sobre el Jesús histórico fueron importantes porque la erudición creía que el futuro de la teología pendía de un hilo: ¿podía demostrarse que su fundamento era históricamente fiable? Se decía entonces que los historiadores podían llegar a descubrir la verdad sobre el Jesús verdadero. Lo único que el libro de Albert Schweitzer demostraba era que, en la historia de la investigación sobre Jesús, cada vez que un investigador ofrecía un retrato concreto de él se parecía tanto al mismo investigador que todo el proyecto acababa siendo una ridícula comedia. Todos han intentado describir a un Jesús que sirviera para su propia causa.

Pero con Rudolf Bultmann llegó una manera diferente de ver las cosas. Defendía que la Teología *no* dependía de los caprichos de la reconstrucción histórica. Según él, afirmar que nuestra teología tiene que estar fundada en la Historia es teológicamente perverso. Además, lo que podemos llegar a saber de Jesús y el desarrollo de su personalidad religiosa es tan poco que nunca conseguiremos construir nada lo suficientemente importante como para constituir una teología.[8] Lo que Bulmann nos ha legado es su continuado y total escepticismo ante la posibilidad de llegar a conocer a Jesús y ante el hecho de que nuestros métodos son suficientes para al-

---

[6] Albert Schweitzer, *The Quest of the Historical Jesus: A Critical Study of Its Progress from Reimarus to Wrede*, trans. W. Montgomery (1906; reprint, New York, Macmillan, 1968).

[7] De hecho, cuando E. P. Sanders publicó su libro sobre Jesús en 1985, dedicó varias páginas del final para hacer una clara distinción entre sus ideas y las de Schweitzer. Ver E. P. Sanders, *Jesus and Judaism* (Philadelphia, Fortress, 1985), esp. páginas 327-330.

[8] De los muchos libros de Bultmann, el más importante para nuestro estudio es *The History of the Synoptic Tradition*, trans. J. Marsh (1921; reprint, New York: Harper & Row, 1963). Como resultado de las escépticas conclusiones a las que llega este libro, Bultmann escribió *Jesus and the Word*, trans. L. P. Smith y E. H. Lantero (1926, reprint, New York, Scribner's, 1958).

canzar ese conocimiento. Como consecuencia, esa etapa de estudio ha sido descrita, de forma bastante acertada, como la etapa «sin búsqueda». Es decir, no se buscaba al Jesús histórico porque no lo podemos encontrar; e incluso si pudiéramos, no importaría. La fe no depende de los datos históricos verificables.

Uno de los estudiantes de Bultmann, Ernst Käsemann, en un encuentro de antiguos estudiantes en 1953 propuso, contrariamente a la forma de pensar de su maestro, que los métodos[9] con los que contaban sí podían llevarles a Jesús, y además sugirió que las conclusiones a las que podían llegar sí tenían importancia. Ahí empezó lo que se llamó la «nueva búsqueda» (algunos la han llamado la «tercera búsqueda»).[10] Esta es la etapa que reina en la erudición e investigación contemporánea, aunque cabe decir que no existe un entusiasmo muy declarado por lo que los expertos pueden llegar a descubrir, y que las raíces del razonamiento teológico se basan —sólo en parte— en la reconstrucción histórica. Aún más importante, los diseñadores de moda de «El Seminario de Jesús» están en deuda con aquella escuela postbulmanniana de «nuevos buscadores».[11] No sería justo si no dijera que de esta escuela ha surgido una gran variedad de eruditos, desde historiadores conservadores como C. F. D. Moule, J. D. G. Dunn y N. T. Wright, hasta los radicales J. M. Robinson, R. W. Funk o B. L. Mack.[12]

Tom Wright ha hecho una útil reseña de la bibliografía más reciente sobre Jesús.[13] En ella utiliza la imagen de un foso que voy a tomar prestada para ilustrar estas tres fases en la búsqueda del Jesús histórico. La «búsqueda antigua» (de Reimarus a Schweitzer) es cuando se cava un foso enorme, que separa al Jesús histórico del Cristo de la fe. De Schweitzer a Käsemann el foso siguió vacío, y todos los puentes que se intentaban construir, eran inútiles y se desmoronaban. Pero Käsemann construyó una cuerda que unió los dos extremos del foso. Muchos eruditos han cruzado por esa cuerda, tanto, que ésta ya no es lo suficientemente fuerte como para aguantar todo ese tráfico. Ahora, los eruditos están construyendo

---

[9] Lo que más se discute son los métodos para el estudio de los evangelios.

[10] Tom Wright usa el concepto de la «tercera búsqueda» para escribir un capítulo especial sobre la «nueva búsqueda», en el que habla de las obras de G. Vermes, E. P. Sanders, A. E. Harvey y M. Borg en las que llegan a esta etapa de la «tercera búsqueda».

[11] Éste es concretamente el caso de James Robinson y de Robert Funk, dos de los representantes más importantes de «El Seminario de Jesús».

[12] Ver C. Brown, «Historical Jesus, Quest of», páginas 337-41; ver también M. Borg, *Jesus in Contemporary Scholarship* (Valley Forge, Pa., Trinity Press, 1994).

[13] N. T. Wright, *Who was Jesus?*, página 7.

puentes para cruzar ese foso, porque cada vez están más convencidos de que el Jesús histórico –lo que dijo, lo que hizo, y el porqué lo hizo– es clave para la fe cristiana. De hecho, algunos estudios recientes apuntan a que la fe cristiana tiene sus raíces en el Jesús histórico, y que fuera de él, no hay cristianismo que valga.

En esta brevísima presentación, desafortunadamente, resulta imposible ver los diferentes matices; hemos tenido que ser simplistas para poder exponer una visión general de la situación histórica. A continuación veremos tres de las perspectivas actuales en torno al tema de Jesús, las tres procedentes de la etapa de la «Nueva búsqueda». Pero aunque son, en cierto sentido, parte de la «Nueva búsqueda», cabe decir que todos estos investigadores interactúan con el estudio y los avances que les preceden (al menos, desde Reimarus) y cada uno de ellos lleva a la historia de la investigación un paso más allá a su manera.

Jesús: ¿qué retrato debemos elegir?

Hoy en día, aquel que quiera investigar algo sobre Jesús tiene mucho donde elegir. Aunque sólo hay un Jesús, la labor de reconstrucción que los investigadores han hecho a lo largo de la historia ha dado lugar a diferentes representaciones de él. De hecho, algunos escépticos han llegado a decir que ¡hay tantas representaciones de Jesús como expertos especializados en el tema! Esto no deja de ser una exageración; sin embargo, es cierto que después de tanta investigación, nos encontramos ante unas cuantas opciones. Aquí vamos a analizar tres de ellas: Jesús el sabio, Jesús el religioso, y Jesús el revolucionario social. Estos tres retratos destacan elementos importantes y concretos de la vida de Jesús, y presentan unas características de Jesús que serán vitales para nuestra comprensión definitiva. Así, en ningún momento se debe caer en el error de dudar que él fue un sabio maestro, que vivió una experiencia religiosa muy profunda, o que dijo e hizo cosas que tuvieron grandes repercusiones sociales y políticas. *Lo que voy a demostrar es que estos retratos de Jesús no sirven para describir toda su vida y su misión en la tierra.*

Actualmente, la característica que suele unir a las diferentes representaciones de Jesús es el redescubrimiento del elemento judío.[14] Redescubrir

---

[14] Ver J. H. Charlesworth, *Jesus Within Judaism: New Light from Exciting Archaeological Discoveries*, ABRL (New York, Doubleday, 1988).

la relación histórica de Jesús con el mundo judío de sus días ha sido uno de los pasos más importantes del estudio moderno sobre su persona. Sin embargo, la aplicación de este elemento sólo ha aportado a los diferentes retratos de Jesús una congruencia insignificante.

La reconstrucción de Jesús que cada persona escoja tiene mucha importancia, tanto para el propio sistema de creencias, como para la práctica diaria de la fe cristiana. Si, por ejemplo, sostenemos que era un campesino que se enroló en una revuelta campesina contra las autoridades de Jerusalén (y los romanos), y si creemos que Jesús es relevante para nuestras vidas como cristianos, entonces creeremos que debemos luchar contra las autoridades y contra las injusticias sociales contemporáneas. Así que reconozcamos que el retrato de Jesús que escojamos importa mucho, ya que la imagen que de él tengamos será el ejemplo que propondremos para los cristianos.[15]

Y reconozcamos que los cristianos evangélicos también tenemos un retrato concreto de Jesús, ya que creemos que los evangelios son históricamente fiables. De hecho, todos intentamos reconstruir de la mejor manera que podemos a aquel Jesús, leyendo, escuchando, siguiéndole. Si todos fuéramos sinceros y pasáramos la imagen que tenemos de Jesús por el tamiz de los evangelios, nos daríamos cuenta de que muchas veces nuestras reconstrucciones no son más que el reflejo de nuestras esperanzas y una proyección de lo que nosotros creemos que él debería ser. Nuestro objetivo, como honestos lectores de los evangelios y verdaderos seguidores de Jesús, debe ser encontrar al Jesús real y aceptar ese descubrimiento. Para ello, obviamente, debemos renunciar a las imágenes que nos hemos hecho de él.[16]

---

[15] En este punto yo añadiría que un Jesús como el que hemos entendido tradicionalmente, un Jesús que era el Señor y el Salvador, ofrece una base apologética adecuada sobre la cual construir algo que merezca la pena seguir, aceptar y defender. Con ese retrato, no es arbitrario seguir a Jesús. Pero estos otros tres retratos que comento no cuentan con esa base -¿por qué no seguir a Ghandi? ¿O a Buda? ¿O a David Koresh? Si queremos justificar nuestro sistema de creencia debemos saber responder a la siguiente pregunta: «¿Por qué seguir a Jesús?».

[16] He aquí un ejercicio interesante: en un grupo de estudio bíblico, que todos respondan individualmente a la pregunta «¿Cómo era Jesús?». Tienen que realizar un retrato que esté de acuerdo con las evidencias de los evangelios. Y luego deben usar los evangelios para ver si el retrato que han realizado es adecuado. Yo he descubierto que la mayoría de retratos de Jesús están profundamente enraizados en la forma en que le ve nuestra cultura.

Jesús, el sabio

Esta representación de Jesús se limita a verle como un sabio maestro, un hombre piadoso que iba deleitando a la gente con sus historias y proverbios. Ésta es, principalmente, la perspectiva de «El Seminario de Jesús», y es tan antigua como el mismo escepticismo. Nos encontramos ante un Jesús desprovisto de aquellos elementos que le hacen único, de su deidad, de su habilidad de hacer milagros, de su muerte expiatoria, de su resurrección. Además, las predicciones que hizo sobre su venida y la llegada del glorioso Reino de Dios son completamente erróneas. Sin embargo, ellos arguyen que una vez nos damos cuenta de que era como cualquier otro ser humano, descubrimos que las «piezas sobrenaturales del puzzle» no son más que mitos inventados posteriormente, ya que la Iglesia primitiva lo admiraba tanto que acabaron deificándolo. Así que si escarbamos, y nos deshacemos de esa figura deificada, descubriremos la verdadera razón por la cual Jesús atraía a tanta gente: era un gran sabio.

En primer lugar, Jesús *contaba parábolas*. Ciertamente, el rasgo más memorable y característico del estilo de enseñanza de Jesús era la forma en la que contaba historias y parábolas. Nadie ha podido superar la astucia con la que él presentaba el Reino de Dios diciendo, por ejemplo, que era como echar vino nuevo en odres viejos (Marcos 2:21, 22)[17] para ilustrar la complejidad y el poder que significaba la actuación de Dios en medio de la humanidad. Jesús contó también la parábola del sembrador (Marcos 4:3-8) que explica que las personas reaccionan de manera diferente ante su mensaje. La comparación que hace del reino con una semilla de mostaza es similar, aunque está formado ahora por gente insignificante, con el tiempo obtendrá fuerza social (Marcos 4:30-32).

Este pequeño bosquejo de las parábolas de Jesús demuestra que la suya era una sabiduría subversiva, ya que atacaba las normas culturales y convencionales sobre la práctica y la enseñanza sapiencial. Enseñar que el Reino estaba formado por la gente insignificante no era algo normal (aunque ya se había oído antes), y era muy provocador ver que las nuevas ideas de Jesús no encajaban en los parámetros del viejo sistema. Lo que Jesús les pedía a sus oyentes es que escucharan sus historias; al escuchar, les invitaba a comprender la realidad y el mundo religioso y social de sus días de una forma nueva y poco convencional.

---

[17] A continuación cito sentencias de Jesús que «El Seminario de Jesús» colorea en rojo o rosa (ocasionalmente en gris).

En segundo lugar, *Jesús usó anécdotas memorables que aplicó a unas situaciones concretas*. Estas anécdotas suelen ser llamativas, sorprendentes, pero memorizarlas es caer en el error, ya que sólo eran significativas para el contexto en el que Jesús las usó. Nadie debe entender que la frase «Deja que los muertos entierren a sus muertos» (Mateo 8:22) es una regla general para la vida, pero muchos han interpretado que deben seguir a Jesús cueste lo que cueste. En el mismo pasaje, el llamamiento a seguirle aparece con la advertencia de que, mientras las zorras tienen guaridas y las aves nidos, el Hijo del Hombre no tiene dónde recostar su cabeza (8:20). ¿Cómo no ver la advertencia de no preocuparse por cosas pequeñas al recordar que Jesús acusó a los fariseos de colar el mosquito mientras tragaban el camello (23:24)?

A diferencia de la la sabiduría convencional, Jesús decía que los pobres y los hambrientos eran felices (Lucas 6:20, 21) y animaba a sus seguidores a amar a sus enemigos (6:27). Creo que no conozco a casi nadie que no entienda lo de «volver la otra mejilla» (6:29) o la importancia de sacar primero la viga del ojo propio antes de examinar la paja de los ojos de los demás (6:41, 42).

En tercer lugar, las sabias enseñanzas de Jesús *chocaban con su cultura*. Una de las más interesantes, y casi humorística, es cuando Jesús cuenta la historia de un hombre que fue a casa de un vecino a media noche para pedirle tres panes porque tenía un invitado y no tenía qué ofrecerle. El vecino, que ya estaba en la cama, no quería levantarse, pero para no quedar en evidencia en el vecindario, al final se levantó y le dio el pan (Lucas 11:5-8). Lo que aquí llama la atención es que Jesús relaciona la respuesta de Dios a la oración con el hecho de que Dios no quiere quedar en evidencia entre las naciones, y no porque el vecino (Israel) sea su amigo.[18]

La parábola del buen samaritano también resulta poco convencional. Jesús va a tomar como ejemplo supremo a un hombre impuro; y sin embargo, deja en evidencia a dos clases «puras», dejando claro que al no actuar con compasión, se convierten en impuras (Lucas 10:30-37). Finalmente, la enseñanza transgresora por excelencia es cuando Jesús declara que los verdaderos miembros de su familia son aquellos que, como él, hacen la voluntad de Dios (Mateo 12:48-50).

En cuarto lugar, Jesús enseñó sobre Dios y el Reino, y *no sobre sí mismo, su muerte o su resurrección*. El retrato que «El Seminario de Jesús» hace de

---

[18] Sigo, en general, la interpretación de esta parábola de K. E. Bailey, *Poet and Peasant* (Grand Rapids, Eerdmans, 1976), páginas 119-133.

Jesús se basa, sobre todo, en que Jesús enseñaba sobre Dios, el Reino, la ética social, pero que no pretendía enseñar sobre sí mismo. Por eso, Funk y Hoover dicen: «La tendencia cristiana de poner en boca de Jesús lo que dicha fe predica, pasa por alto el hecho de que él nunca dijo todo eso sobre sí mismo».[19] Arguyen que si se estudian cuidadosamente las fuentes originales, lo que saldrá del laboratorio es un Jesús que enseñaba dichos sabios, y no un Jesús que, como Hijo de Dios, vino a dar su vida en rescate y que, después de ser supuestamente crucificado, Dios le vindicó y resucitó de entre los muertos. Dicho de otra forma, todo lo que sabe la postura ortodoxa, que presenta a Jesús como Salvador, es un intento de cristianizar la historia, y no coincide con los hechos reales del Jesús histórico. Es la historia de la fe cristiana, y no la del Jesús histórico.

Resumiendo, el retrato de Jesús que proponen es el de un sabio que pronunció lacónicas sentencias y contó ingeniosas historias. Fue bueno y sabio, y sus sentencias están llenas de una astucia y una sabiduría aplicable también a nuestros días. Igual que con los otros dos retratos de Jesús que presento a continuación, no dudo de su veracidad y validez. Sin embargo, sugiero que están lejos de representar la totalidad de lo que la persona de Jesús suponía, y no es justo describir a alguien tan increíble de una forma tan limitada.

Jesús, el religioso

Desde los días de Schleiermacher (1768-1834), muchos investigadores se han centrado en el aspecto religioso de la vida de Jesús. Schleiermacher hablaba de la «consciencia que Jesús tenía de una total dependencia de Dios»; los expertos modernos hablan del Jesús religioso, de esa experiencia singular que tuvo con el Reino de Dios, o de su experiencia personal con Dios, que no encuentra igual en la historia. En el debate actual hay, al menos, dos líneas que defienden el carácter extraordinariamente religioso de Jesús: (1) los que enfatizan su experiencia religiosa, y (2) los que enfatizan su entusiasmo escatológico.

Experiencia religiosa

Aquí no se subraya su papel como Salvador o Señor, sino su experiencia religiosa como fundamento de sus ideas, de su misión, y de su éxito. En otras palabras, era un hombre santo, una persona sagrada, una persona-

---

[19] Funk, Hoover, y «El Seminario de Jesús», *Five Gospels*, página 33.

espíritu, un hombre que atraía a las masas debido a su integridad y a la experiencia suprema que había vivido. Al verle, la gente sabía que era diferente, que era increíble; la gente detectaba en él una cualidad divina que hacía que quisieran, o bien estar cerca de él, o bien, muy lejos.

Jesús era verdaderamente un hombre religioso. Las características principales de su intenso fervor religioso se pueden descubrir en los relatos sobre su vida. Jesús oraba de una manera frecuente (Lucas 5:16) y fervorosa (Marcos 1:35; 6:46), incluso de madrugada (Lucas 6:12). Su bautismo y transfiguración también estuvieron acompañados de la oración (Lucas 3:21; 9:28-29). De hecho, Lucas nos cuenta que la vida de oración de Jesús era tan evidente, que los discípulos le rogaron que les enseñara a orar (Lucas 11:1). La característica más destacable es que en sus oraciones, Jesús se dirigía a Dios usando el apelativo *Abba* («padre» en arameo; cf. Mateo 6:9; 11:25-26; Marcos 14:36). Según los expertos, este uso denota un sorprendente grado de intimidad con Dios, incluso una manera única de relacionarse con Él; fuese como fuese, refleja, sin duda alguna, la manera en que Jesús experimentaba a Dios.[20]

Puede que junto con sus oraciones, Jesús practicara el *ayuno* (cf. Mateo 4:1-11; cf. 6:16-18; 9:14-15). También tenía *visiones*. Por ejemplo, vio a Satanás caer como un rayo (Lucas 10:18), y cómo los cielos fueron abiertos y el Espíritu descendía sobre él (Mateo 3:16-17); algunos han dicho que tanto la tentación de Jesús (Lucas 4:1-13) como la transfiguración (Mateo 17:1-8) también fueron visiones. Y otro componente muy importante de la experiencia religiosa de Jesús es que hacía *milagros*. Expulsó demonios (Mateo 12:22-37; Marcos 1:21-28; 5:1-20) y curó a muchos (Mateo 8:1-17; 9:1-8), sin contar los milagros sobre las fuerzas de la naturaleza (8:23-27; 15:29-39). En definitiva, Jesús era un hombre religioso excepcional.

Uno de los importantes eruditos que respaldan esta perspectiva es Marcus Borg,[21] un hombre profundamente religioso que hace mucho hincapié

---

[20] La clásica presentación de esta idea es la de J. Jeremias, *The Prayers of Jesus* (London, SCM, 1967), páginas 11-65G. Vermes evaluó y mejoró sus teorías, como podemos ver en *The Religion of Jesus the Jew* (Minneapolis, Fortress, 1993), páginas 152-83. Ver también J. D. G. Dunn, *Jesus and the Spirit: A Study of the Religious and Charismatic Experience of Jesus and the First Christians as Reflected in the New Testament* (Philadelphia, Westminster, 1975), 21-26. Es un buen libro para ver las evidencias existentes y sacar conclusiones sobre Jesús y sobre los primeros cristianos.

[21] Marcus Borg, *Jesus: A New Vision* (San Francisco, Harper & Row, 1987); también escribió *Meeting Jesus Again for the First Time: The Historical Jesus and the Heart of Contemporary Faith* (San Francisco: Harper San Francisco, 1994).

en el mundo de los espíritus.[22] Borg dice que no podremos comprender a Jesús hasta que reconozcamos que, fundamentalmente, es espíritu-persona. Es decir, Jesús fue «una persona para la cual lo sagrado es una realidad experiencial».[23] Como tal, Jesús experimentó la realidad más allá del mundo tangible y hace de mediador entre nosotros y lo sagrado. Para Borg, la experiencia de Jesús es el fundamento de la perspectiva que él tiene de Dios, un ser compasivo, y fundamento también de la sabiduría que él mismo podía proclamar. Y fiel a su creencia, Borg ha escrito obras sobre el significado que el Jesús como persona-espíritu tiene para la vida cristiana contemporánea.

Este énfasis en la experiencia religiosa de Jesús, está basado en los llamados «acontecimientos carismáticos» de su vida (su bautismo, tentación, transfiguración, expulsiones y oraciones), en el hecho que llamaba a Dios «Abba», o en su carisma personal que hacía que la gente le siguiera, ha tenido mucha importancia en la historia de la investigación sobre su persona. A finales de los años 30, T. W. Manson escribió mucho sobre el Reino de Dios. Una de sus ideas innovadoras es que, según él, el fundamento del mensaje de Jesús sobre el Reino era su experiencia de Dios como el Padre. Manson presentó a un Jesús que experimentó al Padre y cuya misión en el mundo era hacer que otros pudieran tener esa misma experiencia de Dios como Padre.[24] Una vez más vemos que hay dos temas en esta imagen o representación de Jesús que van de la mano: él era un hombre de una profunda experiencia religiosa, y el objetivo de su ministerio fue que otros pudieran, a través suyo, tener la misma experiencia.

Religión escatológica

Un segundo tipo de retrato de Jesús como hombre religioso nace de su enseñanza escatológica y la forma en que esta manera de pensar marcó su vida religiosa. Desde que comenzó la búsqueda del Jesús histórico, y sobre todo desde Schweitzer, se ha enfatizado mucho la escatología de Jesús. Sin embargo, algunas de las investigaciones más recientes han intentado unir la experiencia religiosa de Jesús con su escatología. Buen ejemplo de ello es la trilogía sobre Jesús de Geza Vermes.[25]

---

[23] Borg, *Meeting Jesus*, 32.

[24] Ver especialmente T.W. Manson, *The Teaching of Jesus* (Cambridge, Cambridge University Press, 1939), esp. páginas 89-95 (Padre) y 116-41 (reino).

[25] Ver Geza Vermes, *Jesus the Jew* (Philadelphia, Fortress, 1983); *The Religion of Jesus the Jew* (Minneapolis, Ausburg Fortress, 1993). Nuestro retrato sale, sobre todo, de este último libro, páginas 184-207.

Tanto Vermes como otros eruditos se basan en Mateo 10:33; Marcos 9:1; 13:30 para subrayar que Jesús creía que el reino de Dios era inminente.[26] Estos eruditos arguyen que la religiosidad de Jesús estaba tan influida por su escatología que nunca podría haber tenido la noción de «la Iglesia», que nunca quiso establecer un movimiento con la intención de que durase en el futuro. Como consecuencia, dicen que la ética se convirtió en una parte predominante de la religión de Jesús, y que dicha ética era una «ética de emergencia» para un período breve, sólo hasta que llegara el fin. Así, la «religión de Jesús el judío es una rara manifestación, posiblemente única, de un innegable entusiasmo escatológico».[27] Como para Jesús el Reino era inminente, su religión desarrolló un alto grado de individualismo, enfatizando el presente y la relación de éste con el Reino, y también el obligado compromiso de quienes se preparan para el Reino (entendido como un compromiso nacido del deseo de imitar a Dios).

A pesar de que Borg diga que el Jesús escatológico ya es «una posición minoritaria»,[28] lo cierto es que este retrato de Jesús persiste hoy en medio de la mayoría de críticos. Siguen viéndolo como un entusiasta escatológico y apocalíptico, y todo, desde su ética, pasando por las advertencias sobre el juicio, hasta su creencia sobre Dios, deriva de su escatología, de tal modo que, según algunos, su enseñanza ya no es relevante para nuestros días.

---

[26] Aunque aquí no podemos extendernos, ni defender esta idea, soy de la opinión de que el lenguaje de Jesús sobre el futuro ha sido malinterpretado porque se ha tomado de una manera restrictiva y lineal –es decir, pensando que Jesús tenía en mente un horario o calendario estricto (cf. Lucas 17:20, 21). Las predicciones de Jesús de lo que a nosotros nos parece un *eschaton* «inminente» deben entenderse en el contexto de la profecía veterotestamentaria y la apocalíptica judía, de forma que se haga una interpretación correcta tanto del género literario como de la naturaleza de la predicción profética. Todos los profetas judíos predecían que el «próximo suceso» sería «el final», lo que no ocurriría nunca. Debemos recordar que las predicciones de los profetas eran ambiguas, indeterminadas, limitadas, que veían el futuro sin dimensión ni profundidad histórica, y los lectores judíos conocían estas limitaciones. B. F. Meyer ha escrito, en mi opinión, el libro más estimulante y satisfactorio que he leído sobre Jesús (incluso mejor que el de Jeremias). Se titula *The Aims of Jesus* (London, SCM, 1979), páginas 242-253 y, hay que decir que por bueno que sea, sigue presentado ciertos problemas.

[27] Vermes, *Religion of Jesus*, página 190. Por extraño que parezca, el otro punto de vista en esta categoría de Jesús como religioso está encabezada por Marcus Borg, que defiende vigorosamente a un Jesús que no se dejó influir por la escatología. Ver Borg, *Jesus: A New Vision*, páginas 10-17.

[28] Ver Borg, *Meeting Jesus Again*, página 29. Algunos de los eruditos más influyentes de la investigación jesuana aún abogan por un Jesús escatológico. Son E. P. Sanders, G. Vermes, N. T. Wright, J. D. G Dunn, y D. C. Allison, Jr. La visión de Borg parece estar muy influenciada por «El Seminario», pero aún así se demuestra que «El Seminario» no es nada representativo de la opinión erudita en general.

Jesús, el revolucionario social[29]

Nos ocupamos ahora de una presentación más popular de Jesús: el Jesús revolucionario. Aunque tenemos que decir que «revolucionario» tiene diferentes connotaciones. Algunos eruditos han defendido que Jesús era, sobre todo, un zelote con intereses políticos, pero la mayoría de la erudición moderna ve a Jesús como un profeta social en contra del sistema, que proclamaba una nueva forma de vivir, forma que rompía con los esquemas convencionales e iba más allá de las barreras de las culturas judía y romana.

Quizá lo más fácil sea empezar con el famoso escritor John Dominic Crossan.[30] Veamos simplemente unas palabras suyas, que lo dicen todo:

> *El Jesús histórico era un campesino judío cínico [...] Su estrategia, implícita para él y explícita para sus seguidores, consistía en la combinación de ofrecer curaciones y comida gratis, un igualitarismo económico y religioso que iba en contra de las normativas jerárquicas y patronales de la religión judía y del poder romano. Y, para no ser visto simplemente como el nuevo agente de un nuevo Dios, se movía constantemente de lugar, y nunca se instaló ni en Nazaret ni en Capernaum. Él no era ni un agente ni un representante sino, por paradójico que parezca, el que venía a anunciar que esas dos figuras no son necesarias entre la humanidad y la divinidad o entre la humanidad y él mismo. Hacía milagros, curaba, y contaba parábolas con el único fin de que la gente experimentara el contacto físico y espiritual los unos con los otros, sin necesidad de un mediador. En otras palabras, lo que anunciaba era un Reino de Dios sin mediador.*[31]

A diferencia de Juan el Bautista, que era una profeta apocalíptico, Jesús estaba marcado por una escatología que le llevó a la negación del mundo.

---

[29] A continuación analizaré las obras recientes de Crossan y Horsely. Una obra que, aún estando en la misma línea, es más satisfactoria, es *The Politics of Jesus: Vicit Agnus Noster*, 2d ed. (Grand Rapids, Eerdmans, 1994), de Howard Yoder. Como el propósito último de Yoder va más por la línea de demostrar que las discusiones políticas cristianas deben partir de Jesús (y no de un debate extrínseco), y como no es muy completo en cuanto a otros temas de la misión y el ministerio de Jesús se refiere, no entraremos aquí en su debate. Sin embargo, creo que es un libro fantástico y muy acertado en muchos de los aspectos que trata.

[30] La obra más extensa de J. D. Crossan es *The historical Jesus: The Life of a Mediterranean Jewish Peasant* (San Francisco, Harper San Francisco, 1991); pero se puede consultar ésta otra, que es más accesible: *Jesus: A Revolutionary Biography* (San Francisco, Harper San Francisco, 1994).

[31] Crossan, *Jesus: A Revolutionary Biography*, 198; cf. *The Historical Jesus*, páginas 421-422.

Por ejemplo, las duras palabras de Jesús contra la familia son extremadamente cínicas (Mateo 10:34-36; Marcos 3:31-35). Lo que Jesús proponía en la crítica que hizo de la cultura era la «comensalidad abierta», es decir, comer con personas de todos los trasfondos sociales, sin hacer ningún tipo de distinción (cf. Lucas 14:15-24). Jesús rompía así con la tradición del antiguo mundo judío, en el que se utilizaba el concepto de la comida como una ocasión en la cual hacer una clara distinción social y jerárquica. Y ése es el tipo de igualdad que, según Jesús, se experimentará en el Reino de Dios.

Además, las curaciones de Jesús no eran restauraciones físicas; consistían en la inserción social de aquellos que habían sido excluidos. Todas estas acciones y enseñanzas eran acciones en contra del orden establecido, y un claro producto de esta visión social sin intermediarios, donde la gente se relaciona con Dios y con los demás sin ningún tipo de mediación. Jesús murió como un mártir; no resucitó de la tumba, y su muerte no fue expiatoria. Todas estas ideas fueron inventadas posteriormente por los cristianos, y añadidas a la historia de un cínico campesino judío que se atrevió a soñar con una sociedad mejor.

Richard Horsley está en la misma línea de pensamiento, aunque presenta una orientación un poco diferente. Propone que la imagen más extendida de Jesús es la del crítico social,[32] que lucha con las autoridades religiosas judías y con los impostores romanos. Jesús era un revolucionario social que heredó las ideas del entorno apocalíptico en el que creció. Según él, Dios iba a traer la revolución política definitiva, una trasformación de la situación social, y así, restaurar a Israel y acabar con la violencia en Palestina.

Las acciones concretas de Jesús estaban diseñadas para instaurar, de forma no violenta, un movimiento igualitario campesino que acabaría con la opresión del sistema patriarcal (por ejemplo, Mateo 10:34-37; Marcos 12:18-27) y las malas condiciones sociales, lo que supondría un anticipo del éxito de la revolución política de Dios. Además, Jesús rechazó las instituciones sacerdotales de Judea (cf. Mateo 17:24-27). Lo que demandaba de sus discípulos también está relacionado con este tema: en el llamado a una revolución social no hay tiempo que perder y tampoco hay cabida para la falta de entusiasmo. Había que dejarlo todo para seguir a Jesús y para formar parte de la revolución que él iba a dirigir (Lucas 9:62).

---

[32] Richard A. Horsely, *Jesus and the Spiral of Violence: Popular Jewish Resistance in Roman Palestine* (San Francisco, Harper & Row, 1987).

A pesar de que uno nos presente a un cínico, y el otro a un revolucionario social palestino, estos dos retratos de Jesús son bastante parecidos. Los dos le ven muy preocupado por la problemática político-social; no hay lugar para el Jesús religioso, ya que no se cita en absoluto su experiencia religiosa ni su muerte expiatoria; ambos presentan a un Jesús que no dista mucho de los idealismos sociales de nuestros días.

Aunque quizá no es muy apropiado que critique a los investigadores cuyo trabajo respeto y de los que he aprendido mucho, debo decir que las representaciones de Jesús que acabamos de considerar son imprecisas e injustas, ya que limitan las evidencias que encontramos en los evangelios a un puñado de dichos y acontecimientos y reconstruyen todo el perfil de un personaje sólo a partir de una posición concreta de la tradición de los evangelios. Ciertamente, Jesús era un hombre sabio y religioso, y sus enseñanzas tenían más carácter social y político de lo que muchos evangélicos creen; cada una de estas representaciones dice algo sobre Jesús. Pero para obtener una representación completa, debemos unirlas todas, aparte de no olvidar algún otro elemento.

El mayor problema que a mí se me presenta cuando considero los tres retratos que acabamos de ver es que *un Jesús así nunca habría sido crucificado, nunca habría provocado las críticas que provocó, nunca habría logrado el seguimiento que logró, y nunca habría creado un movimiento que aún en nuestros días está tan presente en el mundo.*

Un Jesús que iba por ahí pronunciando sabios proverbios no habría sido lo suficientemente peligroso, así que es imposible que le crucificaran durante la festividad de la Pascua si había cientos de personas que le admiraban. Un Jesús religioso, amable, compasivo y manso, que ayudaba a la gente a llegar a Dios, tampoco habría sido crucificado. Es cierto que un revolucionario social sí podría haber acabado asesinado (y creo que esta es una de las razones por las que Jesús fue crucificado), pero nunca habría dado pie al nacimiento de una iglesia cuyo principal objetivo no es, ni mucho menos, la revolución social. Aún si este movimiento hubiera ido eliminando las características revolucionarias de aquel Jesús, no tiene sentido que en un principio decidieran basarse y tener sus raíces en una persona cuyo único objetivo era la revolución social. Simplemente, estas representaciones de Jesús no son suficientes para describir al Jesús que tanto ha influido en la historia.

Entonces, ¿quién es Jesús?

Entonces, ¿quién es Jesús? Una pregunta con difícil respuesta, sobre todo después de ver las opciones tan simplistas que se están ofreciendo hoy en día. A continuación voy a presentar un retrato de Jesús que, ante todo, parte de las evidencias aceptadas por la mayoría de expertos[33] y, además, está basado en la tradición, por lo que podríamos decir que es clásico y ortodoxo.

Empezaré con algunos comentarios introductorios sobre acciones de Jesús en general, para acabar centrándonos en cuatro acciones específicas. Luego, como complemento de este retrato, analizaremos las declaraciones de Jesús que empiezan de la siguiente manera: «He venido…». Y, finalmente, examinaremos las afirmaciones que Jesús hace de sí mismo.

Las acciones de Jesús

¿Cómo podemos descubrir qué es lo que Jesús pretendía? ¿Cuál era su objetivo? ¿Cuáles eran sus intenciones? ¿Dónde podemos empezar nuestra investigación? Utilizaré una analogía. ¿Cómo intentarías descubrir si tu vecina se va a presentar a alcalde en las próximas elecciones municipales? Dependiendo de tu carácter, y si no te preocupa invadir la vida privada de los demás, se lo preguntarás directamente. Pero otra opción sería observar su comportamiento, sus acciones. ¿Está buscando el apoyo de los demás? ¿Está intentando ganarse a la gente para, así, ganar votos? ¿Se ha presentado como candidata? Esta opción consiste en averiguar las intenciones de una persona a través de la observación de sus acciones. Este es un método que suele dar buenos resultados porque normalmente la conducta de una persona es la mejor pista para saber cuáles son sus intenciones.

Elizabeth Anscombe, en su breve libro *Intention* escribe sobre cómo discernir las intenciones de una persona y concluye con lo siguiente:

---

[33] Esta cristología suele recibir el nombre de «cristología desde abajo». Al tratar con «El Seminario de Jesús», una «cristología desde arriba» hace que la comunicación se rompa a cada momento. A continuación, cuando nombre a autores tanto a favor como en contra de las evidencias, no me pronunciaré sobre su autenticidad: se pueden encontrar listados en los libros especializados y los comentarios sobre Jesús. Además, entraríamos en un debate sin fin, ya que hay eruditos que discuten cada pequeño detalle.

> *Si queremos saber la verdad sobre las intenciones de un hombre, estemos bien encaminados si sabemos lo que ha hecho o está haciendo. Porque cualquier cosa que intente hacer, o sean cuales sean sus intenciones para hacer lo que hace, la mayor parte de las cosas que un hombre ha hecho o hace coincidirá con las intenciones que tiene [...] nos interesa, no sólo lo que una persona busca al hacer lo que hace, sino la intención que le lleva a hacerlo, lo que podemos averiguar muchas veces simplemente observando lo que hace.*

A continuación vamos a observar cosas que Jesús hacía, y de ahí inferiremos lo que pretendía, y en una progresión lógica, acabaremos por inferir elementos sobre su misión y su persona.

Jesús llama a doce apóstoles: Un pueblo nuevo

Los Evangelios Sinópticos cuentan que Jesús nombró y envió al ministerio a doce de sus seguidores como embajadores especiales (Mateo 9:35-11:1; Marcos 3:13-19; 6:7-11; Lucas 9:1-5). Además, Jesús promete a estos doce que tendrán una función especial al final de los tiempos (Mateo 19:28). ¿Por qué Jesús escogió a un grupo de doce, y no cinco, siete, nueve, diez o quince? La respuesta es bastante sencilla. Jesús llamó a doce discípulos porque según él, ellos iban a ser los nuevos líderes –de las doce tribus– para la restauración de Israel. Y si este Israel es el pueblo de Dios del final de los tiempos que Jesús inicia, entonces concluiremos que nombra a doce hombres para que sean los líderes de este pueblo nuevo.

En los días de Jesús se creía que las tribus perdidas de Israel serían restauradas al final de los tiempos; y también se creía que ellas necesitarían nuevos líderes. En este contexto de esperanza Jesús nombra a sus nuevos discípulos como los nuevos pastores para el nuevo Israel. Hay que destacar que Jesús no se cuenta a sí mismo entre los doce; su función era otra. En mi opinión, esto indica que él se veía por encima de ellos: el fundador y líder de todos ellos.

Jesús hace milagros: Una persona sin precedentes

En la actualidad, eruditos de todos los posicionamientos defienden, desde un ángulo u otro, que Jesús realizó algún tipo de acciones extraordinarias.[34] De hecho, en los evangelios aparecen testigos de cómo Jesús

---

[34] En el capítulo 5 de este libro, Gary Habermas tratará más ampliamente el tema de los milagros de Jesús. Aquí sólo hacemos comentarios generales que nos ayudan a discernir la identidad de Jesús.

expulsaba demonios y sanaba a personas de diferentes estratos y en diferentes situaciones. Marcos1:15, que puede verse como el resumen marcano del ministerio de Jesús (cf. Mateo 4:17; Lucas 4:15), anuncia el inicio del ministerio de Jesús: «El tiempo se ha cumplido, y el reino de Dios se ha acercado; arrepentíos, y creed en el evangelio». El mensaje y el ministerio de Jesús giran en torno a Dios, su Reino y su poder, y la respuesta de fe y obediencia ante el llamado a participar de ese Reino.[35] Una característica esencial de su ministerio era que sanaba y restauraba a la gente. Cuando Juan el Bautista se preguntaba si Jesús sería o no el Mesías, Jesús respondió: «Id y contad a Juan lo que oís y veis: los ciegos reciben la vista, y los cojos andan, los leprosos quedan limpios, los sordos oyen, los muertos son resucitados y a los pobres se les anuncia el evangelio» (Mateo 11:2-5).

Para entender esta cita es fundamental darnos cuenta que Jesús creía que los milagros y las curaciones dejaban ver que su ministerio era el cumplimiento de la profecía. Tres pasajes de Isaías lo confirman:

En aquel día los sordos oirán las palabras de un libro,
y desde la oscuridad y las tinieblas
los ojos de los ciegos verán.
Los afligidos aumentarán también su alegría en el SEÑOR,
y los necesitados de la humanidad se regocijarán
en el Santo de Israel (Isaías 29:18, 19).

Entonces se abrirán los ojos de los ciegos,
y los oídos de los sordos se destaparán.
El cojo entonces saltará como un ciervo,
y la lengua del mudo gritará de júbilo (Isaías 35:5, 6).

El Espíritu del SEÑOR Dios está sobre mí,
porque me ha ungido el Señor
para traer buenas nuevas a los afligidos (Isaías 61:1).

Jesús declaró que lo que Isaías predijo que serían las señales de salvación, de la llegada del Reino de Dios para restaurar a Israel, estaban teniendo lugar en su ministerio. Además, Jesús conecta estas acciones con la

---

[35] Ver J. D. G. Dunn, *La llamada de Jesús al seguimiento* (Santander, Editorial Sal Terrae, 2001 [1ª edición en inglés, 1992]); M. J. Wilkins, *Following the Master: Discipleship in the Steps of Jesus* (Grand Rapids, Zondervan, 1992).

presencia del Espíritu de Dios en su ministerio (Mateo 12:28; Lucas 11:20): «Pero si yo expulso los demonios por el Espíritu de Dios, entonces el reino de Dios ha llegado a vosotros».

Resumiendo, para Jesús las maravillas y señales que hacía probaban que, Jesús de Galilea, estaba trayendo el reino de Dios a la gente que respondía a su mensaje y misión. El nuevo pueblo de Dios que seguía a Jesús estaba siguiendo a una persona que sólo puede ser descrita como una figura sin precedentes. Y los judíos sabían, al ver las señales, que sólo podía ser una persona: el Mesías. La consecuencia directa de analizar la elección de los doce, y la naturaleza escatológica de los milagros de Jesús es concluir que Jesús es el agente de Dios del final de los tiempos, el inaugurador del Reino de Dios.

Jesús se sienta a la mesa con los marginados:
Perdón para un pueblo nuevo

Quizá uno de los elementos más destacables del ministerio de Jesús, como reconocen casi todos los expertos,[36] es lo que Crossan llama la «comensalidad abierta»: la costumbre que Jesús tenía de comer en la misma mesa con los marginados, los rechazados por la sociedad. La gente muchas veces se burlaba de Jesús porque comía con los pecadores, los publicanos, las prostitutas, y otros indeseables: «Vino el Hijo del Hombre, que come y bebe, y dicen: "Mirad, un hombre glotón y bebedor de vino, amigo de recaudadores de impuestos y de pecadores"» (Mateo 11:19).[37] Así, cuando Jesús se sentó a la mesa en casa de Leví (Marcos 2:14-17), la gente empezó a cuestionar su integridad, y se burlaba de Él y lo rechazaba.

Si Jesús sabía que esta práctica provocaba a la gente, y que, según las autoridades judías de la pureza, era inexcusable, ¿por qué lo hacía? En primer lugar, sepamos que el acto de comer con alguien suponía la integración y aceptación social, y el mundo judío, como la mayoría de las culturas antiguas, era una sociedad basada en la estratificación social por criterios de pureza, ya fueran criterios morales (por ejemplo el adulterio,

---

[36] Que yo sepa, el primer erudito que presentó esta característica de Jesús a debate fue J. Jeremias, *New Testament Theology: The Proclamation of Jesus*, trans. J. Bowden (New York, Scribner's, 1971), páginas 114-16; ver también J. D. G. Dunn, *La llamada de Jesús al seguimiento*, 72-76; J. D. Crossan, *Jesus*, páginas 66-74; M. Borg, *Meeting Jesus Again*, páginas 55, 56.

[37] La cuestión es que, a diferencia de Juan, que fue rechazado por asceta (Mateo 11:18), Jesús fue rechazado precisamente por lo contrario, por ser alegre e ir de fiesta en fiesta (Mateo 11:19). Es decir, los mensajeros de Dios fueron rechazados por la dureza de corazón de las personas, y no por la manera en que estos se acercaban a las personas.

el asesinato, o el robo), sociales (clase, rango, o poder), o físicos (fluidos corporales).[38] Comer con gente de otro rango o clase social, comer con asesinos, o comer con los impuros suponía contaminarse y aceptar su estatus como igual al propio. Así que comer con ese tipo de personas era tabú, una trasgresión inaceptable.

Todo esto quiere decir que la opción de Jesús de comer con los indeseables fue diseñada para establecer una «comensalidad abierta», un igualitarismo radical, una ruptura con los criterios de sabiduría convencional de la cultura judía. Quería acabar con las barreras entre las personas, derrumbando los muros divisorios, y formando una sociedad basada en principios muy diferentes. Al comer con los pecadores, Jesús les aceptaba y compartía su vida con ellos.

Además, compartir la mesa en el judaísmo, y especialmente en el caso de Jesús, no se trataba tan solo de una acción social; tenía una dimensión religiosa. Sabido es que las comidas judías eran un acto religioso en sí mismo, incluían oraciones y bendiciones relacionadas con el pacto. Como continuación de la comunión de mesa con Jesús, la iglesia primitiva siguió practicando la Cena del Señor, que está más basada en la asidua comunión de mesa de Jesús, que en la institución de la última cena durante la semana de la Pasión (Marcos 14:22-25; Lucas 22:15-20). Véase que la iglesia primitiva practicaba el partimiento del pan «diariamente», no una vez a la semana, al mes o al trimestre (Hechos 2:42-47); esta constante comunión de los unos con los otros estaba basada en la constante comunión con Jesús que había caracterizado su ministerio hasta la resurrección.

Si tenemos en cuenta este contexto religioso que envolvía al acto de «sentarse a la mesa», veremos que Jesús pretendía que su acción tuviera un significado religioso. Al compartir la mesa con los demás, Jesús demostraba de una manera visible el perdón de Dios, la aceptación de Dios, y la comunión con Dios a aquellos que comían y bebían vino con él.

Finalmente, la comunión de mesa con Jesús también era un anticipo del banquete final de Dios. En Mateo 8:11 Jesús dijo: «Y os digo que vendrán muchos del oriente y del occidente, y se sentarán a la mesa con Abraham, Isaac y Jacob en el reino de los cielos». Además de comparar el momento final con un banquete (Mateo 22:1-14), deberíamos observar que una de las últimas promesas de Jesús a los apóstoles fue que la próxima

---

[38] Se puede encontrar un estudio antropológico sobre este tema en M. Douglas, *Purity and Danger: An Analysis of the Concepts of Pollution and Taboo* (London, Routledge & Kegan Paul, 1966).

vez que comiera con ellos, sería en el Reino de su Padre (26:29). Por tanto, posiblemente, Jesús entendía la práctica de la comunión de mesa con sus seguidores como un anticipo del banquete en el Reino glorioso de Dios —un anticipo del perdón definitivo y la total aceptación por parte de Dios.

Jesús purifica el templo: Purificación del viejo sistema

Actualmente, los expertos están debatiendo si la acción de Jesús en el templo (Mateo 21:1-17) fue una purificación del templo de la contaminación causada por la explotación y las barreras religiosas, un anticipo de su destrucción futura, o simplemente una demostración simbólica de la destrucción del templo y de la restauración que probablemente iba a tener lugar poco después. En mi opinión, la acción de Jesús fue tanto una purificación, como un acto simbólico de la futura destrucción del templo.[39] Lo que aquí nos interesa es que esa acción está precedida de la provocadora y pública entrada de Jesús en Jerusalén. Unidas, la entrada y la purificación nos dan un cuadro completo de la identidad de Jesús: él es el Mesías que entra en Jerusalén, advierte sobre el juicio, y llama a la gente para que entre en el Reino (ver los milagros en Mateo 21:14). En palabras de Ben Meyer, «La entrada en Jerusalén y la purificación del templo constituyen una manifestación mesiánica, una crítica mesiánica, un cumplimiento mesiánico, y una señal de la restauración mesiánica de Israel».[40]

Resumiendo: las diferentes acciones de Jesús demuestran que su intención era llamar a un pueblo nuevo del cual los doce apóstoles serían los líderes; además, él se veía como el agente de Dios (el Mesías), el que había de inaugurar el Reino, tal como demostraban sus milagros; se rodeó de los marginados e invitaba a todo aquel que quisiera a una comida típica judía, demostrando así la aceptación y el perdón de Dios; y al entrar en Jerusalén y purificar el templo demostró que era el Mesías que restauraría a Israel purificando el templo de Dios. ¿Quién es este hombre?

Jesús dijo: «He venido para...»

Una de las formas más interesantes en las que Jesús hablaba era usando esta fórmula: «He venido...». Jesús usó esta frase en muchas ocasiones para describir su misión, ya fuera para responder a los comentarios y

---

[39] C. A. Evans presenta una defensa académica de este punto de vista en «"Jesus" Action in the Temple: Cleansing or Portent of Destruction», *CBQ* 51 (1989), páginas 237-270.

[40] Meyer, *The Aims of Jesus*, 199.

críticas que sobre él llovían, o simplemente para clarificar algo sobre su identidad (esta segunda opción es menos probable).

Aquí vamos a ver seis de ellas. Jesús dijo que no vino a abrogar la ley, sino a cumplirla (Mateo 5:17); que no vino a llamar a justos, sino a pecadores (Marcos 2:17); que no vino a trae paz a la tierra, sino a poner al hombre contra su padre (Mateo 10:34, 35; Lucas 12:49-51); que vino a comer y a beber con los pecadores (Mateo 11:19); que vino para dar su vida en rescate por muchos (Mateo 10:45); y que vino a buscar y a salvar lo que se había perdido (Lucas 19:10).

Jesús era muy consciente de que Dios le había llamado a hacer lo que hacía (proclamar el Reino, sanar, invitar a la gente a formar parte de la familia de Dios, advertir sobre el día del juicio, etc.). Además, Jesús veía su misión de diferentes maneras y así lo explicaba con diferentes imágenes. Al unirlas, estas frases —«He venido...»— son una clara evidencia de la intencionalidad de la misión de Jesús: traer y ofrecer la salvación definitiva (el reino de Dios) a todos lo que quisieran seguirle. Si combinamos las palabras de Jesús de la eucaristía (Lucas 2:15-20) con la definición que hace de sí mismo como salvador en Marcos 10:45, entenderemos que él creía que su vida, su ministerio, y su muerte expiatoria, daban comienzo al Reino de Dios.

Quizá uno de los elementos más acuciantes de las imágenes modernas de Jesús es que éstas retratan su muerte de Jesús (vista en la ortodoxia como una expiación) como el elemento central de su misión y de su iglesia. Así, Marcus Borg no quiere aceptar este retrato de Jesús (lo llama el retrato sacerdotal) porque tanto Jesús como el mismo Nuevo Testamento lo han interpretado de forma errónea.[41] Pero lo que Borg no logra ver es que la «antigua historia sacerdotal» viene a ser sustituida por Jesús en el Nuevo Testamento, por una «nueva historia sacerdotal» cuyo sacrificio climático es el mismo Jesús.[42]

Las afirmaciones de Jesús

Acabaremos este capítulo viendo algunas de las declaraciones que Jesús hizo sobre sí mismo. ¿Quién decía que era? ¿Y qué quieren decir

---

[41] Ver Borg, *Meeting Jesus Again*, páginas 119-140.
[42] No es cierto que esta imagen sacerdotal refleje un retrato inferior de la vida cristiana; lo único que uno ha de hacer es pensar en San Francisco de Asís (que es solamente uno entre tantos modelos) para encontrar un claro ejemplo de la belleza del sacrificio y del amor.

exactamente esas pretensiones de Jesús? Empezaremos por ver que Jesús exigía a la gente que le siguiera. En ciento sentido, podríamos pensar que tenía «mucha cara» y que era un pretencioso; si uno invita a los demás a seguirle se cree libre de toda crítica y también un modelo de conducta. Pero aún así, eso es justo lo que hizo Jesús. Llamó a cuatro hermanos a que abandonaran su vocación y sus familias, que dejaran su sostenimiento y su círculo social, para seguirle (Mateo 4:18-22). A otros les dijo que se olvidaran de sus obligaciones y de sus padres y que renegaran de la necesidad de protección física o social (Mateo 8:18-22). Dijo que sus seguidores, una vez decidían seguirle, ya no podían mirar atrás, y que si lo hacían, ya no eran dignos del Reino (Lucas 9:61, 62). Sostenía que aquellos que amaban a los demás y a la familia más que a él, tampoco eran dignos del Reino de Dios (Mateo 10:3-36). Es obvio que Jesús se veía como a alguien fuera de lo normal, ya que era más importante seguirle a él que obedecer a los padres, amar a la familia, proteger la propia vida, y mantener el estatus religioso y social. Para decir todo esto, hay que ser un cara dura.

Además, Jesús decía a sus discípulos que si no *le confesaban* delante de los demás –es decir, si no le mostraban una fidelidad plena tanto a él como a su misión– no serían aceptados por Dios. Obligaba a la gente a definirse: o bien le anunciaban en público y le seguían, o bien anunciaban que no tenían nada que ver con él: «Todo el que me confiese delante de los hombres, yo también le confesaré delante de mi padre que está en los cielos. Pero cualquiera que me niegue delante de los hombres, yo también lo negaré delante de mi Padre que está en los cielos» (Mateo 10:32, 33). Jesús no hubiera tenido «cripto-discípulos», es decir, discípulos que le siguiesen en secreto, en sus casas, pero que no lo manifestasen al participar en la sociedad judía. O bien se le seguía de una manera plena, abierta y sincera, o no se le seguía, pero las medias tintas no valían. No es una extensión de lo que Jesús dice en los sinópticos, porque Juan también recoge las siguientes palabras de Jesús: «Yo soy el camino, la verdad, y la vida; nadie viene al Padre, sino por mí» (Juan 14:6).

Finalmente, la información que tenemos sobre Jesús apunta con bastante claridad al hecho de que se autoproclamaba, de forma singular, Hijo de Dios.[43] Creo que esta autoproclamación está basada en su experiencia de Dios el Padre, aunque también creo que, de hecho, sólo Jesús es (*onticamente* sería la palabra teológica) el Hijo de Dios. Jesús llamaba a

---

[43] Véase D. R. Bauer, «Son of God», en *Dictionary of Jesus and the Gospels*, páginas 769-775.

Dios «Padre» (Mateo 6:9), nunca se incluyó a sí mismo en las oraciones que comenzaban «Padre nuestro», y se dirigía a Dios como Padre en los momentos de crisis (cf. Marcos 14:32-42). Además, dijo que tenía un acceso especial a los misterios del Padre, a los que sólo se puede acceder aprendiendo de él y siguiéndole (Mateo 11:27-29; cf. también Marcos 13:32). Jesús se compara al hijo de la parábola de Marcos 12:1-9 en la que Dios envía a su hijo, lo rechazan, pero acaba con la vindicación del Padre. Jesús les confiere a sus discípulos un Reino, tal como su Padre ha hecho con él (Lucas 22:29). Ya se sabe que Juan dedica mucho espacio a este tema; para él, el Logos divino es el Hijo (Juan 1:1-18), el que ya era (8:56-58) y fue enviado al mundo para obedecer al Padre (4:34; 6:38) y traer vida (10:10).

Por mucho que algunos no lo crean, estas pretensiones de Jesús —que hay que obedecerle, confesarle, y verle como el que Dios ha utilizado para revelarse— son extraordinarias. En palabras de Robert Stein:

En boca de otra persona las pretensiones de Jesús serían producto de una egomanía severa, porque Jesús sugiere claramente que el mundo entero gira alrededor de él y que el destino de todo ser humano depende de la respuesta que le den: rechazarlo o aceptarlo... Parece que sólo hay dos maneras de interpretar la naturaleza totalitaria de las declaraciones de Jesús. Una sería concluir que Jesús estaba equivocado y era una persona inestable, con delirios de grandeza; otra, darnos cuenta de que él verdaderamente es el que nos habla con autoridad divina, el que marca la historia en la que vivimos (a.C. —d.C.), y el que —dependiendo de nuestra aceptación o rechazo— tiene nuestro destino en sus manos.[44]

Y no podemos acabar sin citar las insuperables observaciones de C. S. Lewis:

Quiero evitar que alguien llegue a decir lo que muchas veces se dice de Él: «Puedo aceptar que era un gran maestro de ética, pero no acepto que sea Dios». Eso no debemos decirlo nunca. Un hombre que era tan solo eso, un hombre, y que hacía las declaraciones que Jesús hacía, no puede ser un gran maestro de ética. En todo caso sería un lunático, o el mismo Satanás. Debes tomar una decisión. O bien era, y es, el Hijo de Dios, o fue un loco, o algo mucho peor. Le puedes gritar que se calle porque no es más que un loco, le puedes escupir y matar como

---

[44] R. H. Stein, *The Method and Message of Jesus Teachings* (Philadelphia, Westminster, 1978), páginas 118, 119.

si fuera un demonio; o puedes rendirte a sus pies y llamarle Señor y Dios. Pero no me vengas con ese argumento condescendiente e insulso de que fue un gran maestro de ética. Ésa no es, según lo que él decía de sí mismo, una opción válida.[45]

Aquellos que hoy, en la actualidad, estudian a la persona de Jesús, se tienen que enfrentar con una gran multitud de opciones: desde que Jesús es el Señor y Salvador, y fundador de la Iglesia, hasta que fue un hombre sabio, un religioso extraordinario, o un revolucionario social. Estos tres últimos retratos, aunque se basan en elementos que encontramos en los evangelios, nos presentan a un Jesús desprovisto de otros elementos necesarios para explicar la crucifixión, el seguimiento que provocó, y el crecimiento de la Iglesia. Si queremos ser sinceros sobre Jesús y la información que tenemos, debemos optar por ese Jesús que satisface todas las evidencias que los historiadores han observado, y que también explican por qué tanta gente ha encontrado en Él algo que les lleva a ir a la Iglesia cada semana a adorarle.

Preguntas para la reflexión

1. ¿Qué significa para los historiadores la distinción entre el «Jesús histórico» y el «Cristo de la fe»?
2. ¿Qué tres etapas podemos distinguir en la investigación histórica sobre Jesús?
3. ¿Qué acciones de Jesús indican que no pudo ser ni un loco ni un mentiroso?
4. Piensa en un conocido a quien deseas evangelizar ¿Qué rasgos de la personalidad de Jesús destacarías para acercarle a Él?

---

[45] C. S. Lewis, *Mero Cristianismo* (Madrid, Ediciones Rialp, 1995 [1ª edición en inglés, 1942]), página 69.

Capítulo 3

LAS PALABRAS DE JESÚS EN LOS EVANGELIOS: ¿VERSIÓN ORIGINAL O INVENCIÓN?

DARRELL L. BOCK

Darrel L. Bock (Doctor, Universidad de Aberdeen)
es Profesor de Nuevo Testamento
en Dallas Theological Seminary.
Es autor de un comentario de Lucas (2 vol.) –*Luke*–
en la serie Exegetical Commentary
on the New Testament,
y del volumen sobre Lucas –*Luke*–
en la serie NIV Application Commentary.

LAS PALABRAS DE JESÚS EN LOS EVANGELIOS: ¿VERSIÓN ORIGINAL...?

Introducción

En la antigüedad no existían grabadoras. Con toda la alta tecnología con la que ahora contamos, es difícil entender cómo funcionaba la comunicación en el siglo primero. No había imprentas, ni reproductores de cassette, ni periódicos, ni fax, ni tantos otros sistemas que utilizamos hoy en día para enviar y preservar la información. Hace dos mil años únicamente existían los manuscritos –hechos uno a uno– sobre pergamino o sobre papiro.

De hecho, la mayoría de la información no se escribía; se transmitía de forma oral. Era una cultura oral, y casi no había libros porque era muy costoso y poco rentable. Así que ésta es la realidad cultural de la formación que los evangelios recogen y de la información que tenemos de Jesús.

En este capítulo veremos la forma en la que las palabras y las enseñanzas de Jesús han conseguido llegar desde aquel siglo primero hasta nuestros días. Del mismo modo en el que Jesús, como hombre del siglo I, refleja las limitaciones de la humanidad, los evangelios también están limitados por la realidad del contexto histórico en el que se escribieron: la antigüedad. Dios quiso revelarse a través de medios accesibles a la gente de la época. Aunque hubiéramos preferido que la Biblia nos hubiera llegado en una cinta de vídeo, tenemos que conformarnos con la realidad. Tenemos que dejar que el texto bíblico mismo nos revele cómo llegó hasta nosotros, e intentar entenderlo dentro de su contexto original.

Tres perspectivas y una distinción clave sobre las Palabras de Jesús

Puede que para nosotros sea difícil entender cómo una sociedad oral pudo reproducir de forma tan exacta la vida y las palabras de Jesús, si no contaban con todas las tecnologías que ahora nos hacen falta para conseguir redactar una historia verídica. Esta tensión surge sobre todo cuando reconocemos que los evangelios presentan dos fenómenos aparentemente contradictorios. Por un lado, los evangelistas presentan sus compilaciones sobre la vida y las enseñanzas de Jesús como ciertas y fiables (ver Lucas 1:1-4). Por otro lado, cuando comparamos los evangelios, encontramos grandes diferencias, incluso en secciones donde se narra el mismo acontecimiento (por ejemplo, las tres versiones de las palabras de Dios en el bautismo de Jesús; Mateo 3:13-17; Marcos 1:9-11; Lucas 3:21-22).

¿Es posible que en una sociedad oral se pudiera recomponer la historia de Jesús de forma exacta? ¿Cómo podemos saberlo? ¿Cómo puede ser cierto si los evangelios son diferentes entre sí? ¿Qué grado de flexibilidad estaba permitido en aquella cultura a la hora de hacer historia? ¿Qué pautas dan los mismos escritos de cómo debemos interpretarlos? Basándonos en el material que los escritores recogieron, ¿qué intentaron transmitirnos? En términos teológicos, ¿cómo usó el Autor a estos autores para darnos lo que ahora tenemos?

En los últimos años, estas son las preguntas que se han estado debatiendo a la hora de tratar el tema de la autenticidad de las palabras de Jesús; a raíz de ellas, se han creado diferentes aproximaciones que, a veces, son muy diferentes las unas de las otras. Aquí trataremos tres de ellas. De modo bastante coloquial, podríamos expresarlo así: transmisión de sentido, invención o grabación.

Grabación

Algunos creen que las palabras de Jesús nos han llegado como si se hubieran grabado en una cinta, como si las letras que aparecen en rojo en muchas versiones de los evangelios hubieran sido *exactamente* las palabras de Jesús. Esta aproximación defiende que si el mismo texto presenta que tales declaraciones son palabras de Jesús, entonces eso es exactamente lo que él dijo (y no un resumen o una paráfrasis de lo que dijo). Los que sostienen esta posición sugieren que como la Biblia es la palabra de Dios inspirada, y es verdad, cuando hace mención de las palabras de Jesús, tiene que tratarse sin duda alguna de sus palabras. El que así piensa, toma seriamente la Palabra de Dios como la verdadera palabra de Dios. Sin embargo, voy a intentar demostrar que esta aproximación no siempre explica claramente lo que el mismo texto dice sobre la manera en la que nos han llegado las palabras de Jesús. Veremos algunos ejemplos bíblicos para darnos cuenta de que los autores de los evangelios, aunque escribieron de forma fiable, no siempre «grabaron» palabra por palabra lo que Jesús decía. Es posible la fiabilidad histórica sin una citación directa y explícita.

Invención

El otro extremo interpretativo está representado por «El Seminario de Jesús». Esta aproximación enfatiza la raíz oral y poco fiable que hay detrás de las enseñanzas de Jesús, y de la necesidad de los evangelistas de adaptar aquella enseñanza a su predicación. Según los que sostienen esta posición, los autores de los evangelios tuvieron la oportunidad de *crear* lo que querían que Jesús dijese. Y *aprovecharon* esa oportunidad. Se tomaron la libertad de poner en boca de Jesús cosas que ni tan siquiera reflejaban lo que Él había enseñado, pero que servían para cubrir las necesidades de las iglesias a las que estaban escribiendo. Presentaban como ideas de Jesús la suyas propias, aquellas que habían derivado de su fe en la resurrección. Esta evolución de los dichos y las enseñanzas de Jesús se inició cuando la iglesia comenzó a discutir sobre la identidad de Jesús. Le exaltaron mucho más de lo que él mismo había enseñado, y establecieron cuál era la naturaleza de su labor en relación con el pecado, de una forma mucho más minuciosa de lo que él lo había hecho.

Está claro que esta aproximación a los evangelios, al analizar la historia y, sobre todo, al investigar al Jesús histórico, cree que los evangelios contienen porciones inventadas o adaptadas. Para «El Seminario de Jesús», sólo un 18% de las palabras de Jesús se corresponden verdaderamente con lo que dijo (letras rojas) o con algo parecido a lo que dijo (letras rosas).[1] Dicen que la tradición «cristianizó a Jesús» y que los evangelistas se permitieron una «licencia literaria» para transmitir lo que ellos querían transmitir. Ponen más de la mitad de las palabras de Jesús en negro, lo

---

[1] Este sistema de colores aparece en Robert Funk, Roy Hoover y «El Seminario de Jesús», *The Five Gospels; What Did Jesus Really Say?* (New York, Macmillan, 1993). Los otros dos colores de la clasificación son el gris y el negro. El negro quiere decir que Jesús no lo dijo, ni nada por el estilo. El gris significa que lo más seguro es que Jesús no lo dijera, pero que podría tener alguna conexión con algo que dijo o enseñó; y así, y usan esta clasificación para determinar la identidad de Jesús (ver en su libro la descripción que hacen de toda la filosofía que se esconde detrás de la clasificación por colores). Como otro de los capítulos de este libro explica, el quinto evangelio para «El Seminario» es el evangelio de Tomás, un texto gnóstico que «El Seminario» ha elevado a la categoría de los canónicos —en cuanto a su valor histórico (ver nota 3 de esta misma página, las premisas 24-25).

que significa que no son más que una invención.² Definitivamente este término –invención– describe muy bien la posición de este grupo a la hora de considerar los evangelios como un documento histórico válido para recuperar al Jesús histórico.³ La imagen que tienen de Jesús como un sabio que iba narrando parábolas es muy diferente del retrato de Jesús como Salvador y Señor que encontramos en los evangelios.

Transmitir el sentido

Acabamos de ver que este tema, el origen de las palabras de Jesús, ha levantado mucha polémica y que hay todo tipo de opiniones muy extremas y muy diferentes. Acabamos de ver también que una de las aproximaciones enfatiza la exactitud y fiabilidad de los evangelios, mientras que la otra subraya el contexto cultural y la naturaleza de las diferencias. Pero, en mi opinión, ésta es una dicotomía artificial. Ambas aproximaciones tienen una comprensión errónea de la intención de los evangelios. Sugerimos una tercera aproximación, basada en una cuidadosa comprensión de la manera

---

[2] *Ibíd.*, *The Five Gospels*, 30.

[3] «El Seminario de Jesús» incluye en otra de sus obras clave, *The Gospel of Mark: Red Letter Edition*, ed. Robert Funk y Mahlon Smith (Sonoma, Calif., Polebridge Press, 1991) una lista de sesenta y cuatro premisas. Este libro hace con Marcos lo mismo que *The Five Gospels* hace con Mateo, Marcos, Lucas, Juan y Tomás. Ellos creen que han sido honestos con las presuposiciones de las que han partido, y han intentado hacer una lista y defenderla. Algunas de estas premisas muestran que tengo razón al decir que «El Seminario de Jesús» no está en lo cierto cuando dice que mucho de lo que aparecen en los evangelios es inventado.

A continuación, incluyo algunas de las premisas clave, y también más cuestionables.

«Premisa 1: El Jesús histórico no es el mismo que el retrato que de Él hacen los Evangelios».

«Premisa 4: La tradición oral no es fiable».

«Premisa 9: Los discípulos de Jesús transmitían la información de forma oral e itinerante, ya que iban viajando y adaptando las palabras y parábolas de Jesús a las situaciones con las que se encontraban».

«Premisa 10: La tradición oral no tenía ningún interés en recoger fielmente los datos biográficos de Jesús».

«Premisa 20: Mateo y Lucas no conocían el orden en el que transcurrieron los eventos de la vida de Jesús».

«Premisa 24: Tomás es anterior a los evangelios canónicos».

«Premisa 25: Tomás no se basa en los evangelios canónicos, es un material independiente».

«Premisa 47: La mayor parte de la tradición sobre los dichos fueron o inventados o tomados prestados por los transmisores orales y los autores de los evangelios».

Al examinar esta lista, queda claro que: (1) el hincapié que se hace en la libertad de la oralidad y (2) la importancia y el valor que le dan al evangelio de Tomás (le dan más valor como testimonio histórico de la vida de Jesús que a Mateo y a Lucas). Éstos son dos de los grandes fallos de «El Seminario de Jesús».

en que aquellos acontecimientos históricos y aquellas enseñanzas fueron recordados en primer lugar, y escritos un poco más tarde, aunque en el mismo siglo I. Esta aproximación no permite prestar una atención especial a los mismos textos bíblicos, lo que nos lleva a reconocer tanto la precisión y fidelidad de los escritores como la naturaleza de las diferencias entre los cuatro evangelios.

Esta posición acepta sin problema alguno que estos textos recogen las palabras de Jesús, incluso cuando en otro evangelio encontramos variaciones en la narración del mismo acontecimiento o situación. Estas variaciones, introducidas por autores que conocían bien la tradición, revelan el deseo de resumir y explicar, no tan solo de citar; en su intento de aplicar las enseñanzas de Jesús a sus oyentes, seleccionaban qué mencionar, y a veces ordenaban el material por temas en vez de hacerlo cronológicamente.[4] Así que, es muy probable, muchas veces no tenemos las palabras exactas. Además, esta posición reconoce que, dado el contexto histórico, la mayor parte de la tradición sobre las enseñanzas de Jesús circulaba de forma oral.

Pero esta tradición oral no era imprecisa e inexacta, como apuntaban los que dicen que la mayoría de declaraciones son pura invención. Los evangelistas no se inventaron lo que escribieron; intentaron informarse bien y escribir lo que era el resultado de sus investigaciones. Cuentan que usaron el material disponible en aquel entonces. Por ejemplo, en Lucas 1:1-4, el evangelista escribe:

> *Del mismo modo que muchos han tratado de compilar una historia de las cosas que entre nosotros se han cumplido, tal como nos las han transmitido los que desde el principio fueron testigos oculares y ministros de la palabra, también a mí me ha parecido conveniente, después de haberlo investigado todo con diligencia desde el principio, escribírtelas ordenadamente, excelentísimo Teófilo, para que sepas la verdad acerca de las cosas que te han sido enseñadas.*[5]

---

[4] Todas las aproximaciones a esta cuestión arguyen que los autores de los últimos evangelios ya conocían los evangelios anteriores, y lo que hicieron fue usar las tradiciones que recogían esos eventos. Puede que no estén de acuerdo sobre cuál es el primer evangelio (si Marcos o Mateo), pero el gran acuerdo que hay en cuanto a la ordenación de las palabras y de la narración de los eventos deja claro que algunos de dichos eventos, donde se incluyen los acontecimientos clave del ministerio de Jesús, circulaban y eran bien conocidos por la Iglesia. Además, esto sugiere que algunas de las variaciones en el orden, si no la mayoría, fueron hechas a propósito y de manera consciente.

[5] La traducción es del autor, pero cualquier traducción presenta los mismos puntos básicos: Lucas ya tenía unas fuentes, las consultó, y aún así quiso escribir otra versión de

Según este pasaje, la tradición a la que tenían acceso estaba basada en testimonios de primera mano, y en esos días, aún había muchos testigos que habían visto y escuchado a Jesús. Lucas tenía acceso a esa información, así que procuró usarla de forma cuidadosa, ya que su deseo era escribir de forma fiable lo que había ocurrido.

En esto consiste esta posición que destaca la tarea de recopilación de lo que habían sido las palabras de Jesús. Cada evangelista transmite las vivas y vigorosas palabras de Jesús de forma diferente, manteniendo fielmente el sentido o lo esencial de su enseñanza. Esta aproximación intenta ver la tradición de Jesús como algo «vivo», tanto en su dinámica como en su calidad. En los evangelios podemos escuchar a Jesús de forma clara, pero debemos ser conscientes de que muchas veces le oímos a través de resúmenes de lo que dijo, o a veces oímos que le da más importancia a unas cosas que a otras (según las características que cada evangelista quiere destacar).

El resto de este capítulo sólo busca presentar pruebas de que ésta es, ni más ni menos, la intención de los autores de los evangelios. También veremos que los mismos escritos bíblicos, el entorno cultural, e incluso la misma técnica histórica de hacer uso del resumen son prueba de que los documentos que nos han llegado presentan características normales y son dignos de confianza. Sin embargo, no es serio proponer una conclusión o describir una posición sin aportar ningún tipo de argumentación. Por tanto, vamos a ver cuál es la base que nos lleva a decir que los evangelios son un reflejo del más puro sentido de las palabras de Jesús, y no una grabación exacta ni una invención.

Antes de que nos adentremos en esta cuestión, debo mencionar la clara distinción que muchos investigadores evangélicos hacen para no caer en la dicotomía de «fiabilidad *versus* diferencias» inherente al debate «grabación *versus* invención». Es la distinción entre las palabras exactas de Jesús, y la voz de Jesús detrás de un fiel resumen de lo que fueron sus palabras.

Ipsissima Vox, no siempre coincide con *Ipsissima Verba*

Al analizar la forma en la que nos llegan las enseñanzas de Jesús en los evangelios, debemos distinguir entre *ipsissima verba* de Jesús («las palabras exactas») e *ipsissima vox* («su voz», es decir, un resumen de sus

---

los hechos. Como he defendido en otras de mis obras, Lucas quería «analizar cuidadosamente lo ya escrito» (Darrell L. Bock, *Luke 1:1-9:50*, Baker Exegetical Commentary on the New Testament [Grand Rapids, Baker, 1994], ver exégesis de Lucas 1:1-4).

enseñanzas)[6]. Aunque, de hecho, parece poco probable que podamos tener las palabras exactas de Jesús, pues al parecer enseñaba en arameo, la lengua hablada en la Palestina del siglo I en la que Jesús vivió, mientras que los autores de los evangelios escribieron en griego, la lengua principal en el mundo grecorromano del siglo I al que los Evangelios están dirigidos. Dicho de otra forma, la mayoría de las enseñanzas de Jesús que aparecen en los evangelios ya son una traducción.

Aunque algunos dicen que Jesús también hablaba griego y que no toda la tradición tuvo que ser traducida, este principio no tiene mucho sentido, ya que es muy improbable que Jesús empleara el griego cuando ministraba en el contexto semítico. Por lo tanto, como sabemos que la tradición ya nos llega a través del proceso de traducción, no podemos decir que contamos con las palabras «exactas» de Jesús, en el sentido estricto del término.

Hay otro factor que también cuestiona esta distinción. La mayoría de los comentarios de Jesús son muy breves. De hecho, incluso uno de sus discursos más largos se lee en cuestión de minutos (por ejemplo, el Sermón del Monte). No obstante, sabemos que a veces Jesús enseñaba durante horas (por ejemplo, Marcos 6:34-36). Está claro que los escritores sólo nos hacen llegar una presentación resumida de lo que Jesús dijo e hizo. Para expresar esta idea, el evangelio de Juan usa una hipérbole, diciendo que Jesús hizo tantas cosas, que no cabrían en el mundo todos los libros que se habrían de escribir (Juan 21:25).

En tercer lugar, la distinción entre los términos *verba* y *vox* es válida cuando vemos la forma en que la Biblia se cita a sí misma, es decir, la forma en que el Nuevo Testamento usa el Antiguo. Muchas de las citas que aparecen en el Nuevo Testamento no siguen el texto veterotestamentario palabra por palabra, ni siquiera después de tener en cuenta que se trata de una traducción del hebreo al griego (cf. Isaías 61:1-2 con Lucas 4:16-20; Amós 9:11-12 con Hechos 15:16, 17; Salmos 40:7-9 con Hebreos 10:5-7). Si la Biblia misma se permite la licencia de resumir una cita, no debería sorprendernos que los autores de los evangelios usaran esta misma técnica para recoger las palabras de Jesús.

Después de hacer todos los comentarios necesarios para ser conscientes de los matices de esta distinción, volvemos a una cuestión básica: ¿En

---

[6] Paul Feinberg, evangélico conservador, ofrece una clara explicación de esta distinción en «The Meaning of Inerrancy», *Inerrancy*, ed. Norman L. Geisler (Grand Rapids, Zondervan, 1979), páginas 267-304, esp. páginas 298-304.

qué podemos basarnos para demostrar que los Evangelios reflejan el sentido de la enseñanza de Jesús, pero que no son ni una grabación ni una invención?

A continuación presento mi análisis en tres apartados.

(1) Uno de los elementos más importantes es ver cómo escribían los historiadores de la Antigüedad.

(2) En los evangelios mismos hay evidencias de que la aproximación que defiende una presencia de las palabras exactas de Jesús no se corresponde con la forma en la que los evangelistas fueron ordenando las palabras de Jesús ni con la presentación histórica que hacen. En los ejemplos, veremos tanto palabras como acontecimientos concretos que muestran que la técnica por la que las Escrituras optan para presentar la vida y el ministerio de Jesús es el resumen o la paráfrasis. En esta sección espero demostrar que la distinción entre las palabras de Jesús y la voz de Jesús la hace de forma clara *el mismo texto bíblico*.

(3) Pero si hay resumen en vez de citación exacta, ¿no podría ser cierto que los autores de los evangelios usaran sus escritos para presentar su propia teología, y no la teología de Jesús? Para contestar esta pregunta, examinaremos los criterios que los expertos han usado para determinar cuáles son exactamente las verdaderas ideas (o conceptos) de Jesús. Estos criterios se han llamado los *criterios de autenticidad* porque nos dicen si un dicho es auténtico o no (es decir, si fue dicho o no por Jesús). Son la base de los argumentos que usan los expertos – sobre todo de «El Seminario de Jesús» –que dicen que la tradición es, en gran parte, inventada.

Para evaluar sus argumentos, primero veremos cómo llegan a tales conclusiones. Así que, mientras evaluamos estos criterios, tomaré dos ejemplos clave de las enseñanzas de Jesús e intentaré demostrar que «El Seminario de Jesús» no siempre aplica estos criterios de forma coherente. Además, incluso podemos usar esos criterios para defender los elementos clave de la enseñanza de Jesús. Si los dos ejemplos que vamos a ver son verdaderamente auténticas palabras de Jesús, entonces la enseñanza sobre su persona e identidad, y su obra salvífica, encuentran también su raíz en el mismo ministerio de Jesús. De este modo, probaremos que la Iglesia primitiva no añadió ninguna invención sobre él. La Iglesia primitiva transmitió la historia de Jesús que él mismo les había enseñado. Los evangelios nos dan una aproximación fiable a su enseñanza y a la fuerza central de su mensaje.

¿Cómo se hacía historiografía en la antigüedad?

La tradición histórica grecorromana

Para ver cómo practicaban su disciplina los historiadores de la antigüedad, analizaremos sus propias obras. Una famosa cita que ilustra el problema con el que las culturas antiguas se encontraban es de Tucídides (*Historia de la Guerra del Peloponeso*, 1.22.1), que representa a los historiadores grecorromanos. Este historiador griego del siglo V a.C. es muy sincero sobre los discursos que aparecen en su obra: «Me ha sido difícil recordar el contenido de los discursos que yo mismo escuché, y no sólo a mí, sino que a los que me han contado de otros discursos que escucharon también les ha sido difícil recordar». Pero eso no quiere decir que aprovechara esa circunstancia para contar lo primero que se le pasaba por la cabeza. Continúa:

> *He escrito los discursos de la mejor manera que me parece que los oradores originales habrían expresado lo que debía decirse sobre aquella situación interminable, pero me he ceñido lo máximo que he podido a la opinión expresada por las propias palabras de los discursos.*

Dicho de otra manera, la técnica griega característica para reproducir un discurso requería una preocupación por la exactitud a la hora de intentar plasmar la idea de lo que se había dicho, incluso en el caso de que no se recordaran las palabras exactas.[7] En la antigüedad también se reconocía el derecho que el autor tenía de resumir y enfatizar la pertinencia de los comentarios del orador. Es decir, el historiador buscaba informar, pero también edificar.

Esta tradición pasó a ser el modelo a seguir por todos los historiadores grecorromanos. En lugares donde podemos comparar lo que Tácito recoge de los discursos de Claudio con la redacción de dichos discursos en tablas, podemos ver cómo, en el siglo I d.C., este modelo aún existía. Como Tucídides, Tácito se sintió con la libertad de reordenar, condensar y resumir, pero aún así sentía la responsabilidad de presentar el contenido básico del discurso. Charles Fornara, un historiador de la modernidad, concluye: «Las pocas pruebas que tenemos indican que presentaba los

---

[7] Ver Charles Fornara, *The Nature of History in Ancient Greece and Rome* (Berkeley, University of California Press, 1983), páginas 143-168, donde se encontrará una útil discusión sobre este pasaje y sobre el tema de la historiografía grecorromana.

discursos de una manera responsable, que no los inventaba, y hacía todo tipo de investigación cuando ésta era necesaria y posible».[8] Este procedimiento es muy similar al descrito por Lucas en Lucas 1:1-4. Los evangelistas pudieron investigar sobre lo que Jesús hizo y dijo porque pudieron hablar con gente y con comunidades que le habían visto, y con algunos de sus seguidores más fieles.

Fornara continúa diciendo: «Por tanto, no podemos decir que los historiadores se veían con la libertad de inventarse el contenido de los discursos sobre los que informaban».[9] Fornara no es un experto en Biblia. No tiene ningún interés creado en cuanto a cuestiones teológicas. Simplemente describe el cuidado con el que los historiadores procuraban trabajar. Es decir, aunque no tenían tantas ventajas como ahora porque vivían en una cultura de tradición oral, los historiadores de la antigüedad sabían lo que era un trabajo bien hecho, y procuraban cumplir con el estándar establecido. Nosotros, actualmente, solemos desestimar la «tenacidad de la tradición oral de una sociedad preculturizada, y la importancia que la reminiscencia tenía en una sociedad de tales características».[10]

La cultura judía de la memorización

Si el papel de la tradición oral era importante para los historiadores de la antigüedad en general, mucho más importante lo era para la cultura judía. Ya en el libro de Deuteronomio se enfatiza la importancia de la instrucción oral y de la memoria aplicada a la enseñanza de la ley (Deuteronomio 6:4-9). Además, los rabíes judíos desarrollaron elaboradas técnicas para pasar la tradición oral de generación en generación; incluso la codificaron y la pusieron por escrito alrededor de 170 d.C. en lo que ahora conocemos como la Misná. Las escuelas rabínicas, cuya especialización es la ley, enseñaban la importancia de la memorización. Para los judíos, si algo reflejaba la Palabra de Dios o la sabiduría de Dios, valía la pena memorizarlo.[11]

---

[8] *Ibíd.*, 153, 154.
[9] *Ibíd.*, 154, 155.
[10] *Ibíd.*, 163.
[11] Rainer Riesner hace un resumen de la técnica de enseñanza judía en su artículo «Jüdische Elementarbildung und Evangelienüberlieferung», *Gospel Perspectives: Studies of History and Tradition in the Four Gospels*, vol. 1, ed. R.T. France y David Wenham (Sheffield, JSOT, 1980), páginas 209-23. Este artículo, aunque está escrito en alemán, resume los paralelos que hay entre la técnica de enseñanza judía en la cultura en general, y la tradición nemotécnica, de memorización, que formó parte de la formación de los evangelios. Yo

Había tres instituciones que promovían esta práctica de la reflexión y la memorización de la enseñanza: el hogar, la sinagoga, y la escuela primaria. En estos tres lugares los judíos utilizaban material memorizado. El historiador judío Josefo estaba orgulloso de su habilidad nemotécnica (*Vida* 8). Ciertamente, Josefo era dado a la autoalabanza, pero el hecho de que se jactase de esta habilidad nos muestra lo apreciada que era culturalmente. Los judíos leían o repetían a sus hijos largos pasajes de la ley (4º Macabeos. 18:10-16). O como declaraba Filón, historiador contemporáneo a Jesús:

> *Todos los hombres guardan sus propias costumbres, pero esto es cierto, sobre todo, del pueblo judío. Sostienen que las leyes son oráculos que Dios les ha concedido, y se forman en esa doctrina desde los tiernos años de la infancia; así, llevan la semejanza de los mandamientos grabada en sus corazones* (Embajada a Gayo *210*).

La mayoría de los grupos judíos tenían oraciones para pronunciar en comunidad y las recitaban de memoria, ya fuera la *shemah* de Deuteronomio 6:4-9, el decálogo (los Diez Mandamientos), o las *Dieciocho bendiciones*. Los Salmos, y también la Escritura, eran memorizados a través de la canción. Otra técnica de memorización era usar imágenes gráficas y paralelismos.[12] Gracias a los descubrimientos de Qumrán sabemos que el texto del Antiguo Testamento había sido copiado con tanta precisión y cuidado

---

lo resumo en este apartado. Los nombres que podemos asociar a esta perspectiva del trasfondo de los evangelios son Birger Gerhardsson y Harold Riesenfeld. Un segundo artículo que va en la misma línea –y del mismo autor, R. Riesner– y está publicado en inglés es «Jesus as Preacher and Teacher», *Jesus and the Oral Gospel Tradition*, JSNTMS 64, ed. Henry Wansbrough (Sheffield Academic Press, 1991), páginas 185-210.

[12] Riesner, «Jesus as Preacher», páginas 197-208. Riesner subraya el estilo tan vivo de Jesús, y lo fácil de memorizar sus discursos, ya que un 80% de su enseñanza está estructurada en paralelismos de uno u otro tipo. Además, los discípulos («discípulo» significa «aprendiz») fueron elegidos por Jesús para que aprendiesen de él, y luego continuaran su misión; así, es comprensible que su enseñanza era, para ellos, muy importante. Reisner también se muestra en contra de la comprensión que Werner Kelber tiene de la oralidad, visión igual a la de «El Seminario de Jesús», y lo hace argumentando que la oralidad en la tradición de los evangelios no es tan flexible o poco fiable como Kelber sugiere. Riesner destaca tres condiciones en las que se pudo dar transmisión verbatim: (1) si se cree que el autor es inspirado por Dios; (2) si el texto presenta una forma reconocida, como poesía o paralelismos; y (3) si el material es transmitido por un grupo que ha recibido algún tipo de formación al respecto. Y Jesús y sus discípulos encajan a la perfección en estas tres condiciones. Para acabar, diré que los que trabajan con los evangelios saben que las enseñanzas de Jesús están presentadas con la menor variedad, dentro de las posibilidades con las que contaban sus autores. Aunque a veces nos encontramos con que el contexto en el que aparece una misma sentencia no es el mismo, los contenidos apenas presentan variaciones.

que a pesar de que el proceso se fue repitiendo durante dos mil años, el texto no sufrió ninguna diferencia sustancial.[13] No estoy intentando probar que los judíos no cometían errores, pero lo que sí es cierto es que dedicaban mucho esfuerzo a comunicar los acontecimientos de su historia, especialmente los relacionados con su Dios, y lo hacían con mucha diligencia. Según Riesner, era una «cultura de la memoria».[14]

El Nuevo Testamento presenta la misma preocupación por que la enseñanza de Jesús se transmitiese de forma exacta. Ya hemos comentado cómo Lucas dice que la tradición que recibió estaba basada en el testimonio de testigos oculares y de ministros de la palabra (Lucas 1:1-4). Cuando Pablo escribe sobre el mensaje del evangelio o la tradición de la Última Cena que transmitió a la iglesia en Corinto, hace clara referencia a ese proceso de cuidadosa transmisión: «Os hago saber (el evangelio) que recibisteis» (1ª Corintios 15:1), y «Yo recibí del Señor lo mismo que os he enseñado» (1:23). Los términos «recibir» y «enseñar» son términos técnicos para hablar de la transmisión de la tradición.[15] De hecho, la versión de Pablo de este acontecimiento se parece mucho a lo que Lucas escribió en su Evangelio (22:14-23) al describir el mismo acontecimiento, siendo esto prueba de que la Iglesia «transmitía» o «enseñaba» lo que ocurría de la misma forma que el pueblo judío.[16] Muchos otros pasajes reflejan el uso de las formas de tradición judía, lo que sugiere que los apóstoles estaban inmersos en una labor de transmisión de la tradición; en algunos casos, a medida que la tradición oral iba siendo transmitida, fue adquiriendo una forma bastante establecida.[17]

Resumiendo, si nos fijamos tanto en la historiografía grecorromana como en la cultura judía, podemos ver que la cultura oral de aquella socie-

---

[13] El texto del profeta Isaías encontrado en Qumrán es casi idéntico –mil años después– al de los rabíes.

[14] Riesner, «Jüdische», 218.

[15] G. Fee, *The First Epistle to the Corinthians*, NICNT (Grand Rapids, Eerdmans, 1987), 548; G. Delling, «παραλαμβανω», *The Theological Dictionary of the New Testament*, ed. G. Kittel y G. Friedrich, trans. G.W. Bromiley (Grand Rapids, Eerdmans, 1964), 4:11-14.

[16] Es interesante ver que la versión lucana de este acontecimiento es levemente distinto a las versiones de Mateo y Marcos (Mateo 26:26-29; Marcos 14:12-17), mostrando así las «diferencias» a las que me refería al principio del capítulo. Sin embargo, cualquier persona que lea estas tres versiones puede ver que el contenido o sentido fundamental es el mismo, lo que refleja el principio por el que estamos abogando, a la hora de analizar cómo recoge la literatura antigua estos sucesos.

[17] El análisis de las formas de tradición judías dentro del Nuevo Testamento es un intento más reciente de corregir la gran cantidad de teorías críticas sobre estas formas más antiguas, críticas que basan sus observaciones en el contexto cultural del folklore

dad no trataba la enseñanza de la sabiduría divina a la ligera, como sugieren los que dicen que fue inventada, aún sin poder garantizar que aquellos escritores citaban palabra por palabra el material que transmitían. Su objetivo era transmitir fielmente la esencia de la enseñanza. Lo que significa que hay base histórica para poder acercarnos a los evangelios con la confianza de que son un resumen fiel de las palabras de Jesús. Pero, no podemos dejar este asunto aquí. Debemos realizar un examen detallado de los evangelios para ver si la Biblia misma da evidencias de esta posición.

¿Cómo se hizo historiografía en los evangelios?

Al reflexionar sobre la expectativa cultural del primer siglo, no podemos ignorar los evangelios. Un examen detallado de los textos debería indicar la forma en la que los evangelistas veían y realizaron su labor. Después de haber considerado cómo se hacía historiografía, veremos una serie de ejemplos que tienen que ver con el orden y la selección de las palabras en los evangelios. Lo que quiero demostrar es muy simple. Los textos históricos muchas veces van más allá de la narración precisa y cronológica de una secuencia de acontecimientos, y de la compilación de éstos usando siempre las mismas palabras y los mismos giros. Los autores de los evangelios no sólo escribieron para transmitir la historia de Jesús, sino también para revelar los diferentes significados de dicha historia. Si no, ¿por qué iba alguien a escribir de nuevo sobre un tema sobre el cual ya se había escrito? La historiografía presenta unos hechos, pero también los explica. Esto mismo ocurre con los evangelios.

---

islandés, bien diferente y mucho más tardío. E. Earle Ellis ha escrito dos ensayos sobre la transmisión de la tradición en la iglesia primitiva, ensayos caracterizados por una buena perspectiva histórica: «Gospels Criticism», *The Gospel and the Gospels*, ed. P. Stuhlmacher (Grand Rapids, Eerdmans, 1991), 26-52; y «New Directions in Form Criticism», *Prophecy and Hermeneutic*, ed. E. Earle. Ellis (Tübingen, Mohr, 1978), 237-53. Ellis cita muchos ejemplos de evidencias de formas de tradición judías que aparecen en todo el Nuevo Testamento. Una de las tesis principales de estos ensayos es que la enseñanza importante debió ser puesta por escrito muy pronto (ver Ellis, «Gospels Criticism», 39, y el artículo de Stuhlmacher en el mismo volumen, «The Theme: The Gospel and the Gospels», páginas 1-25, esp. páginas 2-12).

El clásico ensayo que defiende que desde muy temprano ya había una tradición de los evangelios bien formada es el de H. Schürmann, «Die vorösterlichen Anfänge der Ligientradition», en su *Traditionsgeschichtliche Untersuchungen zu den synoptischen Evangelien* (Düsseldorf: Patmos, 1968), páginas 39-65. El título del ensayo se refiere a los «orígenes prepascuales de la tradición de los dichos de Jesús». Este trabajo de investigación muestra que mucha de la tradición, en vez de ir pasando de boca en boca durante mucho tiempo, pronto se formalizó y apareció la preocupación por la exactitud con la que ésta era transmitida.

¿Cómo se hace historia?

La Historia no es una entidad estática. Ni tampoco los comentarios históricos que describen los acontecimientos acaecidos en el pasado. Los acontecimientos y los comentarios históricos no se escriben para quedar fosilizados con un significado estático. A medida que los acontecimientos van avanzando en la historia, van cambiando de significado debido a la conexión entre los acontecimientos que van haciendo que la historia avance. Los acontecimientos posteriores condicionan la forma en la que se interpretan y se aprecian los anteriores. Aunque los acontecimientos anteriores tuvieran una clara intención cuando ocurrieron, lo que ocurre a continuación determina cómo vemos no solamente el pasado, sino también lo que se dice sobre ese pasado.

La Historia escrita requiere que nos acerquemos a ella con perspectiva y, por ello, puede ser explicada desde diferentes perspectivas, ya sea cronológica o ideológica. La Historia también refleja el marco temporal desde el cual presenta y percibe los acontecimientos. Como la Historia en sí implica una línea temporal, las palabras y los acontecimientos tienen la capacidad de estar llenos de significado. A veces las palabras y los acontecimientos se entienden mejor después de un proceso de reflexión que en el momento en el que tuvieron lugar. Puede que el orden de las palabras no cambie, pero lo que puede cambiar es cómo se entienden dichas palabras. Por otro lado, el significado de ciertas palabras puede plasmarse mejor en un resumen descriptivo si los acontecimientos posteriores revelan su significado de forma más plena. Vivimos, casi inconscientemente, con esta comprensión del funcionamiento de la historia.

Voy a explicar dos cosas que me ocurrieron recientemente —con un mes de diferencia— que ilustran lo que ahora hemos comentado, y también demuestran lo normal que es.

Hace unas semanas, la institución en la que enseño hizo un homenaje al presidente saliente por sus servicios durante cuarenta años. Para la ocasión, levantaron en el campus una estatua que representaba su escena bíblica favorita. En la estatua había una placa dedicada al Dr. Donald K. Campbell, el tercer presidente de la institución. Fue un día inolvidable, y entre los invitados del homenajeado había dos de sus nietos —una niña de cinco años, y un niño de cuatro. Durante la ceremonia, la niña, preocupada de que su primito malinterpretara lo que allí estaba pasando, le dijo llena de instinto maternal: «No te preocupes. El abuelo no ha muerto. Sólo le han dado una estatua».

Tanto lo que ocurrió como la reflexión que la niña hizo refleja que esta ceremonia estaba –de forma inherente– cargada de significado. Allí se descubrió una estatua en honor a la vida y servicio de un distinguido compañero. Mientras dure la estatua, tanto los que la vean, como la misma placa conmemorativa que hay sobre la estatua recordará la vida de una figura histórica que significó mucho para la vida de nuestra institución. Lo que había producido la confusión fue una mezcla de las perspectivas que el acto en sí reflejaba. Aunque se estaba rindiendo homenaje al Dr. Campbell en el presente, cuando aún estaba en vida, se hizo para que trascendiese la historia. El acto estaba cargado de significado, y la nieta quería asegurarse de que no le crearía un trauma a su joven primito. En su mentalidad infantil, se había dado cuenta de lo que estas ceremonias significan. Los acontecimientos suelen tener este carácter complejo, y también los comentarios que sobre ellos se hacen.

El segundo ejemplo viene del mundo de los deportes. Mientras escribo, se están jugando los *play off* de la NBA. Mi equipo favorito, los Houston Rockets, ha tenido una semana un poco difícil mientras se enfrentaba con los Phoenix Suns en los cuartos de final. Entraron en la serie con ventaja de campo, porque de los siete partidos, cuatro los iban a jugar en casa. Y, como muchos saben, en un partido de baloncesto de la NBA, la ventaja de campo es un factor crucial. Por ejemplo, el equipo local ha ganado catorce veces consecutivas los séptimos partidos, algo que no ocurría desde hacía más de una década. Houston nunca ha ganado un campeonato importante y llegó a la serie con ventaja de campo. Es decir, tenía la garantía de que iba a jugar más partidos en casa que en el campo de sus contrincantes. Eso suponía que, por primera vez, Houston tenía la oportunidad de ganar un campeonato.

Los Rockets perdieron los dos primeros partidos en casa, desaprovechando así la ventaja de campo. Para colmo, ¡el segundo partido lo perdieron después de haber ido ganando por veinte puntos! En toda la historia de la NBA sólo ha ocurrido una vez que un equipo ganara la serie de siete después de haber perdido los dos primeros partidos en casa. Así que ese era el panorama ante el que se encontraban los Houston. Ahora tenían que ir a Phoenix a jugar dos partidos más; los seguidores de los Rockets estaban destrozados. Habían perdido toda esperanza.

Pero pasó lo inesperado. Y aquellos acontecimientos ilustran cómo una secuencia de eventos puede cambiar la perspectiva que uno tiene por completo. Los Rockets sorprendentemente ganaron en Phoenix los dos partidos. Volvieron a Houston empatados, y habiendo recuperado la ventaja de campo. Y volvieron a ganar el siguiente partido poniendo el marcador 3-2. ¡Los acontecimientos de una semana pueden modificar de forma increíble la cadena de acontecimientos de la que forman parte!

Mientras escribo, el drama no se ha acabado. Pero después del quinto partido uno de los jugadores de los Rockets dijo que lo que les había pasado en el segundo partido le había ido muy bien al equipo, ¡comentario que seguramente no habría hecho en aquel momento! Quería decir que la derrota les había hecho despertar. Entonces muchos relacionaron este comentario con lo que el mismo equipo había dicho la noche de la derrota del segundo partido: «¡Esperemos que la derrota sirva para despertarnos!». Visto desde el presente, es obvio que el contenido del segundo partido no ha cambiado; es la secuencia de sucesos que ocurrieron a continuación la que ha hecho que su significado cambie. El primer comentario que se hizo de que el partido *quizá* serviría para despertar al equipo, se hizo con incertidumbre, pero se convirtió en real a medida que fueron ganando los siguientes partidos. Visto a la luz de los acontecimientos posteriores, esa primera expresión de esperanza sigue teniendo el mismo contenido; sin embargo, gracias al paso del tiempo y a los acontecimientos posteriores gana un nuevo significado. Esta ilustración muestra lo dinámica, viva y compleja que puede ser la perspectiva histórica.

De esta ilustración deportiva podemos sacar otro aspecto sobre la perspectiva histórica. Cuando se publique este libro, ya sabremos el resultado del partido.[18] Como persona que pone el ejemplo, y con la posibilidad de corregir mis comentarios según los resultados de la serie y de los *play off*, tengo la posibilidad de explicar esta historia desde diferentes perspectivas. Podría dejarlo tal cual lo escribí la primera vez, manteniendo la tensión aun sabiendo que lo que ocurriría en breve resolvería dicha tensión; o podría poner al día la ilustración una vez supiera los resultados, y contar los acontecimientos de una manera retrospectiva. Entonces, según la perspectiva que eligiese, cambiarían los tiempos y los modos verbales, *pero aún así las dos narraciones serían exactas a la luz de la naturaleza dinámica en la que los acontecimientos se influyen entre sí.*

Este mismo tipo de interacción e interconexión histórica afecta también a los evangelios. En una cultura oral antigua en la que los acontecimientos relacionados con Jesús incluían el cambio de rumbo de las emociones y la comprensión, la variedad de perspectivas que aparecen en los

---

[18] De hecho, los Rockets ganaron aquella serie por 4-3, y consiguieron el primer triunfo profesional. Como puede comprobarse, ¡la perspectiva histórica de este pie de página es diferente a la del capítulo!

evangelios no es más que una muestra de la presencia de perspectivas complementarias inherentes a una presentación de acontecimientos relacionados.[19] Aunque los autores de los evangelios escribieron con una perspectiva que les permitía volver la mirada a acontecimientos pasados con una comprensión mayor, normalmente escogieron, aunque miraban a través de la comprensión que da esa amplia perspectiva, contar la historia original con algunos de los elementos y de la ambigüedad emocional e intelectual e incertidumbre que caracteriza la narración de los sucesos cuando son experimentados por primera vez. Vemos que a veces un evangelista decide contar un suceso con la ambigüedad del primer momento, mientras que otros lo interpretan a la luz de los acontecimientos posteriores, logrando así darle una fuerza significativa mayor. Pero la cuestión es que ambas presentaciones corresponden con la verdad histórica. Para entender cómo funcionan los evangelios es clave tener en cuenta esta naturaleza múltiple del significado y la representación histórica.

La Historia y los Evangelios

¿Esta comprensión de la Historia explica lo que ocurre en los Evangelios? El principio de la selección y de la ordenación en los documentos de los evangelios es evidente. Ya sea referente al orden, a los detalles que se incluyen, o a las palabras que se escogen, los siguientes ejemplos revelan la forma en la que los evangelios presentan a Jesús. Tratamos el tema de los sucesos y el orden, porque la cuestión sobre el contexto en el que ocurren las palabras de Jesús y su cronología dentro de su ministerio es un tema que mucha gente cree que no es más que una secuencia, tal como

---

[19] En los Evangelios tenemos un increíble giro debido a la resurrección de Jesús. No tiene ningún sentido pensar que al ponerse a escribir sobre la vida de Jesús y su ministerio, los discípulos ignorasen lo que habían llegado a comprender después de su resurrección. Pero tampoco tiene ningún sentido pensar que, a partir de las reflexiones sobre la resurrección de su maestro, inventasen lo que escribieron. Lo sorprendente sobre los evangelios es, de hecho, el honesto retrato que hacen de unos discípulos que, durante el ministerio de Jesús estaban confundidos constantemente. Si los Evangelios fuesen una invención, como algunos no cesan de decir, los discípulos se hubiesen presentado de una manera más heroica. Ya que se inventaban tantas cosas buenas sobre su maestro, ¿por qué no describir de forma positiva también a sus discípulos? Los escépticos deberían contestar a estas dos realidades: (1) la descripción tan humana de los discípulos y (2) el hecho de que, después de la crucifixión, los discípulos hicieron suya la misión de Jesús e incluso llegaron a arriesgar sus vidas por él. ¿A qué se debe este cambio? Los evangelios son una evidencia de que la resurrección reveló a los discípulos la completa identidad de Jesús y su misión. La transformación de los discípulos y el papel de la resurrección en esa transformación es una de las razones por las que la resurrección es el eje de la fe cristiana.

está escrito. Pero aunque estos textos presentan un bosquejo general del ministerio de Jesús, la diferente ordenación y selección de material nos revela lo difícil que es en algunos casos determinar cuál es la secuencia exacta. En los evangelios siempre hay algún momento en el que los evangelistas presentan la enseñanza de Jesús siguiendo más bien un criterio temático, y no tanto cronológico.

Evidencias de las intenciones de los evangelistas:
Ordenación y sucesos en los evangelios

El tema de la organización de la información es fácil de analizar. El relato de la tentación de Jesús es un ejemplo de reorganización dentro de la misma perícopa.[20] A continuación incluimos una tabla que compara el orden de las tentaciones en Mateo 4:1-11 y Lucas 4:1-13.

Mateo 4	*Lucas 4*
1. Piedras y pan (3-4)	1. Piedras y pan (3-4)
2. Lanzarse desde el templo (5-7)	2. Reinos del mundo (5-8)
3. Reinos del mundo (8-9)	3. Lanzarse desde el templo (9-12)

Como se ve, la segunda y la tercera tentación no aparecen en el mismo orden. Ahora bien, esta escena únicamente ocurrió una vez, y los dos evangelios describen la misma situación; en consecuencia, uno de los dos evangelistas ha cambiado el orden del material sobre las tentaciones.[21]

Los evangelios también se permiten reordenar las secuencias de acontecimientos distintos. La tabla siguiente muestra la distribución de los sucesos entre Mateo 8-9 y sus paralelos (seguiremos el orden de Mateo).

Suceso	*Mateo*	*Marcos*	*Lucas*
Curación de un leproso	8:1-4	1:40-45	5:12-16
Centurión	8:5-13	(no hay paralelo)	7:1-10
La suegra de Pedro	8:14-15	1:29-31	4:38-39
Jesús sana a enfermos	8:16-17	1:32-34	4:40-41
Demandas del discipulado	8:18-22	(no hay paralelo)	9:57-62
Jesús calma la tempestad	8:23-27	4:35-41	8:22-25
Endemoniados gadarenos	8:24-34	5:1-20	6:26-39
Paralítico	9:1-8	2:1-12	5:17-26
Llamamiento de Mateo	9:9-13	2:13-17	5:27-32
Pregunta sobre el ayuno	9:14-17	2:18-22	5:33-39
Jairo y la mujer inmunda	9:18-26	5:21-43	8:40-56

---

[20] «Perícopa» es un término que designa una unidad de tradición en un Evangelio. Normalmente coincide con los párrafos.

[21] Aunque aún se discute sobre quién es el responsable del cambio de orden, la mayoría cree que se trata de Lucas, porque para él, la ciudad de Jerusalén es un elemento central

De nuevo, una mirada rápida nos permite ver que los evangelistas optan por ordenar los sucesos de forma distinta. Y es que los evangelistas, muchas veces, tratan un problema concreto considerando la temática antes que la secuencia cronológica. Por ejemplo, los tres primeros sucesos de Mateo 8:1-15 son milagros, pero Lucas los ha colocado en un orden diferente. Si miramos Lucas 8:22-56 encontramos una secuencia de cuatro milagros, orden que también aparece en Marcos 4:35-5:43; sin embargo, Mateo 8-9 rompe con ese orden. Esto quiere decir que nunca podemos saber con exactitud cuándo tuvieron lugar las diferentes declaraciones de Jesús, y que, por tanto, no podemos establecer una cronología exacta de su ministerio. Para los evangelistas era más importante transmitir la enseñanza de Jesús, y de ahí ir intercalando los diferentes sucesos, que preocuparse por la secuencia cronológica en la que estos habían ocurrido. Estas diferencias en la ordenación de lo narrado no pueden usarse para decir que hay un error en la documentación; tenemos que ser capaces de ver que reflejan diferencias temáticas y de énfasis debido a la intencionalidad de cada presentación, de cada evangelio. Son prueba de que detrás de las diferentes ordenaciones de los eventos en los evangelios hay una elección y decisión conscientes.

A veces se hace el mismo tipo de análisis a partir de los detalles que los autores incluyen al narrar un mismo suceso. Si vemos las dos narraciones de la curación del criado del centurión (Mateo 8:5-13; Lucas 7:1-10) veremos que presentan diferencias importantes. En Mateo, la conversación es entre Jesús y el propio centurión. Pero en Lucas el centurión nunca habla directamente con Jesús, lo que se convierte en un detalle importante ya que revela la humildad del centurión, que le insiste a Jesús que no hace falta que vaya hasta su casa para llevar a cabo la curación. Pero vemos que son unos mensajeros judíos los que hablan en favor de este gentil, declarando así que es digno de recibir la ayuda de Jesús. Así que la elección que Lucas hace le permite enfatizar una cuestión que a Mateo no le interesaba tanto: el respeto entre judíos y gentiles. Una explicación muy común a esta diferencia es que Mateo ha simplificado la narración, dado que en la antigüedad si alguien enviaba a un mensajero en nombre propio, le confería toda su autoridad (bastante parecido a la forma en la que un embajador representa al presidente o monarca de su estado en la actualidad).

---

del ministerio de Jesús; así que para él la tentación climática es la de Jerusalén. Mateo también introduce marcas temporales y un lenguaje de rechazo bastante explícito (4:5, 10) para el que encontraríamos una explicación parecida.

Vemos, pues, que el desarrollo interno de los sucesos narrados en los diferentes evangelios tampoco coincide en todas las ocasiones.[22] Vemos que muchas veces los diálogos se resumen, en vez de aparecer palabra por palabra. Pero, volvemos a recalcar, esto no prueba la existencia de errores. El resumen, la paráfrasis es una técnica muy válida, que además practicamos hoy de forma oficial, nadie cuestiona al portavoz del gobierno cuando éste lee un comunicado del presidente, ¿no es cierto? A veces el resumen deja de lado el nombre y número de las personas presentes (por ejemplo, los nombres de las mujeres que descubrieron el sepulcro vacío en algunos de los evangelios, o el número de mensajeros que había en el sepulcro).

Reconocer que se daba una decisión consciente de cómo ordenar los sucesos nos ayuda a entender que el hecho de que haya diferencias entre los evangelios no es un argumento en contra de su fiabilidad. Cuando nos damos cuenta de que detrás de las diferencias lo que hay es una reordenación o resumen, podemos explicar desde varias perspectivas respetables tanto la naturaleza de esas diferencias, como la enseñanza que se pretendía transmitir al contar dicho suceso.

Más evidencias de las intenciones de los evangelistas:
Captando lo esencial de las palabras de Jesús

Ahora trataremos el tema de las palabras y de las declaraciones que se hacen en los evangelios. Escogeré varios ejemplos con interlocutores diferentes para demostrar que este principio de «transmisión de lo esencial» también los aplican los evangelistas a los diálogos. Al considerar el retrato de Jesús y sus palabras, también es muy importante ver cómo responde a las cosas que le dicen, ya que eso nos ayuda a ver también la forma en la que los evangelistas usan los diálogos.

La narración del bautismo de Jesús es una buena ilustración (Mateo 3:13-17; Marcos 1:9-1; Lucas 3:21-22). Las palabras importantes en este

---

[22] Mateo 8 y Lucas 7 narran el mismo episodio, ya que ocupan posiciones casi paralelas. Ambos siguen la enseñanza ética en la forma del Sermón del Monte (Mateo) o el Sermón del Llano (Lucas). Además, aún podemos fijarnos en otra característica. Si sólo leemos Mateo, nos queda la impresión concreta sobre lo que ocurrió, mientras que si leemos Lucas, tenemos otra impresión. Las diferencias narrativas de los evangelistas dan a sus textos perspectivas diferentes, y una fuerza particular, propia. Sin embargo, el evento en sí sigue siendo el mismo. Como veremos, todos los evangelios tratan los acontecimientos y las sentencias de Jesús de forma similar. Tales diferencias no afectan la base de los acontecimientos, sino que reflejan unas opciones literarias. En este caso, podríamos decir que el relato de Mateo está más comprimido porque quizá su intención principal era destacar las curaciones en sí, y no ofrecer una descripción detallada de las curaciones.

pasaje son las palabras que vienen del cielo. Para compararlas, he intentado mantener el orden de las palabras en la versión griega.

Mateo 3:17: «Éste es mi Hijo, el amado, en quien tengo complacencia».
Marcos 1:11: «Tú eres mi Hijo, el amado, en ti tengo complacencia».
Lucas 3:22: «Tú eres mi Hijo, el amado, en ti tengo complacencia».

¿Qué es lo que la voz dijo exactamente? Esta escena sólo se dio una vez, y los evangelistas solo recogen una declaración, así que, obviamente, se ha hecho algún tipo de selección semántica ya que las tres citas no son idénticas.[23] Según Marcos y Lucas, la voz va dirigida a Jesús mismo, mientras que en Mateo es una declaración general. Dicho de otra forma, es de suponer que Marcos y Lucas quieren informarnos de lo que se dijo, pero Mateo hace mucho más énfasis en la importancia que esa declaración tiene para los lectores. Lo que Dios estaba haciendo al dirigirse a Jesús era respaldarle, darle trascendencia a ese suceso, incluso si Jesús fue el único que escuchó tales palabras y los únicos que vieron al Espíritu Santo descender en forma de paloma fueran Jesús y Juan (Jn. 1:33-34).[24]

Esta diferencia es como la ilustración de baloncesto que hemos usado más arriba. Dos escritores deciden hacer una presentación intensa del suceso en cuestión, mientras que el tercero decide hacer un resumen de la cita para transmitir a sus lectores la importancia del suceso. Las versiones de Marcos y Lucas *podrían* haber servido de presentación pública de Jesús, mientras que la versión de Mateo sin duda alguna es, explícitamente, una declaración pública. Y, aunque diferentes, las tres son un reflejo verdadero del significado del suceso y de la misma declaración.

Podríamos dar muchos otros ejemplos, y para demostrar que el que hemos dado –la voz en la escena del bautismo– no es un caso excepcional, veremos dos ejemplos más. Otro suceso clave, en el que vemos otra voz, la encontramos en la confesión de Pedro en Cesarea de Filipo (Mateo 16:13-20; Marcos 8:27-30; Lucas 9:18-21). Aquí se ilustran dos cosas a la vez. Al principio de la escena, Jesús hace la siguiente pregunta:

---

[23] Es interesante ver que el evangelio apócrifo de los ebionitas resuelve el dilema de la ordenación de las palabras incluyendo las dos ideas: algo que los evangelios canónicos no hacen.

[24] Vemos que Marcos 1:10 y Mateo 3:16 son muy explícitos a la hora de identificar que Jesús es el único que ve la paloma. Ninguno de los relatos parece indicar que la multitud presente vio y oyó lo que describe. Sólo Juan 1 indica que Juan el Bautista sí sabía lo que allí había ocurrido.

Mateo 16:13: «¿Quién dicen los hombres que es el Hijo del Hombre?»
Marcos 8:27: «Quién dicen los hombres que soy yo?»
Lucas 9:18: «¿Quién dicen las multitudes que soy yo?»

Una vez más, nos encontramos con tres frases que, aunque distintas, tienen la misma esencia, el mismo sentido. Dado que Jesús se llamaba a sí mismo «Hijo del Hombre», no sorprende ver que se use «Hijo del Hombre» y «yo» indistintamente. Quieren decir lo mismo aunque lo más probable es que Jesús usara el título para referirse a sí mismo, ya que los evangelistas no lo introducirían si no fuera porque él mismo así lo dijo. En segundo lugar, nos preguntamos si Jesús dijo «hombres» o «multitudes». ¿No será que, al escribir en griego, los evangelistas tradujeron el vocablo arameo por dos palabras sinónimas en griego? ¿O fue una cuestión de estilo? ¿O uno de los evangelistas transcribe fielmente las palabras originales, y el otro parafrasea? Cualquiera de estas opciones es posible. Pero lo importante es ver que los textos mismos muestran que no hay necesidad de ser exactamente iguales, idénticos, ni tan siquiera en los diálogos.

Más adelante encontramos la respuesta de Pedro a la pregunta que Jesús hace a sus discípulos: «¿Quién decís que soy yo?». En este caso, la pregunta es igual en los tres Evangelios, pero lo que varía es la respuesta.

Mateo 16:16: «Tú eres el Cristo, el Hijo del Dios viviente»
Marcos 8:29: «Tú eres el Cristo»
Lucas 9:20: «El Cristo de Dios»

La respuesta de Mateo es la más completa, y la de Lucas, la más breve. La de Mateo es también la más ambigua. Mientras que Marcos y Lucas subrayan la confesión mesiánica, Mateo introduce la idea de «Hijo de Dios». Es interesante ver que la breve respuesta de Lucas sí incluye a Dios, pero simplemente lo une al título de Cristo. Al leer Mateo, la mayoría de cristianos llegan a la conclusión de que Pedro ha confesado a Jesús como único Hijo de Dios. Pero debemos recordar que el estatus de Hijo también era en Israel el término que se le daba a un personaje real (2º Samuel 7:6-16; Salmos 2:7). Así que aquí nos encontramos ante dos posibilidades. O bien Marcos y Lucas han simplificado mucho una confesión muy completa —como la que aparece en Mateo—, o bien Mateo ha usado unos términos ambiguos para presentar la confesión mesiánica más general de Marcos y Lucas.

De la manera que Mateo presenta la confesión de Pedro, ya se anticipa de parte de quién viene el Mesías, a quién viene a revelar. Es decir, aunque la confesión de Pedro reconoce a Jesús como «Hijo» real, Mateo interpreta sus palabras, cargadas de significado, de forma que ya apunta a todo aquello que el «Hijo del Hombre» iba a significar para la Iglesia. La interpretación es correcta, porque el título real mesiánico y el de Hijo de Dios sólo se encuentran en la misma persona: en Jesús. Pero concluimos que las tres confesiones son fundamentalmente iguales, ya que las tres presentan a Jesús como el Mesías.

Nuestro último ejemplo viene de las palabras que encontramos en la escena del juicio de Jesús (Mateo 26:57-68; Marcos 14:53-65; Lucas 22:54-71). Se ha discutido mucho si la escena lucana es la misma que la de Mateo y la de Marcos, dado que Lucas describe un juicio que tiene lugar por la mañana, cuando ya se había hecho de día, mientras que Mateo y Marcos dicen que ocurrió por la noche. Veamos cómo podemos entender esto. O bien Lucas está narrando el final del juicio ante el concilio, cuya importante decisión ya tuvo lugar a primera hora de la mañana, o bien lo que Lucas explica es un segundo juicio en el que se volvió a llegar a la misma conclusión. Fuese como fuese, los textos tienen tanto en común que vale la pena compararlos, aunque se pueda detectar alguna diferencia. Incluso si Lucas estuviera hablando de una escena diferente, debió hacerlo por algo. Al estudiar los evangelios no podemos olvidar que mucho de todo lo que se dice pudo ser dicho y repetido en diferentes ocasiones, una evidencia de la que solemos olvidarnos cuando comparamos textos paralelos. A pesar de todo, no hay duda alguna de que Mateo y Marcos son paralelos.

En la pregunta que se le hace a Jesús podemos volver a ver «el principio de lo esencial».

> Mateo 26:63: «Te conjuro por el Dios viviente que nos digas si tú eres el Cristo, el Hijo de Dios»
> Marcos 14:61: «¿Eres tú el Cristo, el Hijo del Bendito?»
> Lucas 22:67: «Si tú eres el Cristo, dínoslo»

Aquí se le pregunta a Jesús sobre su declaración mesiánica, y de nuevo tenemos diferentes formulaciones de la pregunta. Así que alguno de los evangelistas debe estar parafraseando o resumiendo. Y lo mismo ocurre con la respuesta de Jesús:

Mateo 26:64: «Tú mismo lo has dicho; sin embargo, os digo que desde ahora veréis al Hijo del Hombre sentado a la diestra del poder, y viniendo sobre las nubes del cielo».

Marcos 14:62: «Yo soy; y veréis al Hijo del hombre sentado a la diestra del poder y viniendo con las nubes del cielo».

Lucas 22:67b-70: «"Si os lo digo, no creeréis; y si os pregunto, no responderéis. Pero de ahora en adelante, el Hijo del Hombre estará sentado a la diestra del poder de Dios." Dijeron todos: "Entonces, ¿tú eres el Hijo de Dios?" Y Él les respondió: "Vosotros decís que yo soy"».

Lo que ya se ha comentado en los otros textos también es aplicable en esta ocasión. Aunque hay variación, el sentido de las diferentes respuestas es el mismo. Tanto si Jesús dijo «Yo soy» como si usó el modismo «Tienes razón al decir que yo soy» –expresión antigua que significa «Es como dices, pero con un sentido diferente al que tú le das»– lo cierto es que se identificó como el Mesías, el Hijo de Dios. También hizo referencia al Salmo 110:1 al explicar lo inmensa que es su autoridad. Lucas omite la parte del regreso en las nubes, quizá porque para él la autoridad de Jesús en aquel momento ya era obvia y era suficiente para defender lo que estaba diciendo.

¿Palabras de Jesús, o voz de Jesús?

Son este tipo de textos los que hacen que los intérpretes expertos distingan entre *ipsissima verba* («las palabras exactas» [de Jesús]) e *ipsissima vox* («la voz» [de Jesús]). Cuando se escribe historia, se puede usar tanto citas exactas como paráfrasis y resúmenes; y también se pueden combinar las dos técnicas, sin tener que poner en cuestión la fiabilidad ni la exactitud histórica. Así que las paráfrasis fiables de la enseñanza de Jesús, son tan históricas como una cita exacta de sus palabras; son tan sólo dos maneras distintas de transmitir la misma idea. Lo único que hace falta es que la paráfrasis sea fiable, y hay evidencias de que lo es: no sólo el carácter de los escritores y la naturaleza de sus convicciones religiosas, sino también la presencia de los oponentes y los testigos oculares, que se habrían revelado o pronunciado si lo que aparece en los documentos fuese una invención.[25]

---

[25] Al hacer esta conclusión, quiero que los lectores recuerden los argumentos presentados en el apartado sobre la paráfrasis (*vox*) y la citación textual (*verba*). Para que un relato

Esto me recuerda los avances informativos de televisión, que tan sólo duran cinco minutos. Muchas veces, los redactores se ven obligados a resumir en un minuto o menos un discurso del presidente que duró quince, o incluso una hora. En la actualidad sí que existe la posibilidad de volver a reproducir todo el discurso, si ha sido grabado. Pero el redactor también puede optar por resumir el mensaje central en unas cuantas frases de creación propia, o incluso introducirlas diciendo: «El Presidente ha dicho hoy que...». O puede mezclar las dos técnicas.

Los evangelistas también podían elegir, aunque la posibilidad de ser exhaustivos en la antigüedad estaba limitada por el contexto de transmisión oral que había. Los evangelios son resúmenes de las enseñanzas de Jesús. No siempre presentarán las palabras exactas del maestro, pero eso no quiere decir que la idea haya sido inventada como dice «El Seminario de Jesús». Esos historiadores de la antigüedad sabían cómo resumir, cómo hacerlo de una forma fiable, manteniendo intacto el sentido de la enseñanza.

Llegados a este punto, ya podemos examinar lo que «El Seminario de Jesús» ha hecho, y por qué. Espero demostrar incluso usando sus propios sistemas de análisis, que han exagerado las limitaciones de las culturas orales y la naturaleza de las variaciones que encontramos en los evangelios.

¿Por qué «El Seminario» dice lo que dice? ¿Tienen razón?

¿Qué criterio sigue «El Seminario de Jesús» para clasificar las palabras de Jesús por colores? Con el rojo indican las que consideran palabras exactas de Jesús; con rosa, lo que está cercano a lo que dijo; con gris, lo que se basa en algo que dijo, pero que no son palabras suyas; y con negro, aquello que no tiene nada que ver con él. Ahora bien, ¿cómo sabemos que están en lo cierto?[26] Vamos a ver los criterios que «El Seminario» usa

---

sea exacto, fiable, no precisa la citación exacta. La paráfrasis o el resumen pueden ser igual de fiables. Son sólo formas diferentes de presentar la historia. Creo que los autores de los evangelios pretendían resumir, y que los textos mismos revelan la forma en la que resumían. Deberíamos pues evaluar lo que intentaron hacer, y no evaluarlos porque no pretendieron hacer una citación literal. Dicho en términos puramente teológicos, uno podría decir que los textos bíblicos revelan la forma en la que Dios inspiró a los evangelistas para presentar sus narraciones sobre Jesús. En Juan 14-16, Jesús prometió que los que transmitiesen su historia serían dirigidos por el Espíritu en toda verdad. Estos textos demuestran que así fue.

[26] Por lo dicho hasta ahora, debería haber quedado claro que si «El Seminario» contara con la colaboración de algunos moderadores evangélicos, o si se preocupara de representar

para establecer la fiabilidad de las declaraciones de Jesús. Los analizaremos, y veremos cómo los aplican los eruditos de «El Seminario». ¿Por qué, según ellos, la mayoría de las enseñanzas de Jesús en los evangelios no fueron realmente palabras de Jesús?

Ya he mencionado y tratado la idea que «El Seminario» tiene sobre la naturaleza variable de la oralidad, dejando en evidencia su aproximación al tema. Pero podemos seguir haciendo tambalear sus ideas. Si no, ¿qué ocurre con los tests que aplicaron en casos específicos para concluir que el más del 50% de enseñanzas que los evangelios atribuyen a Jesús no son de él? Empezaremos examinando brevemente la valoración que hacen de una narración extrabíblica: el evangelio de Tomás. Luego veremos y valoraremos también tres criterios que usaron para determinar la autenticidad de las palabras de Jesús: desemejanza, autenticación múltiple, y coherencia. ¿Sirven estos criterios para probar que Jesús dijo menos de la mitad de lo que los evangelios afirman?

Material de otros evangelios

Es importante ver qué documentos usaron los investigadores de «El Seminario» para evaluar la tradición de Jesús. No sólo examinaron los evangelios canónicos de Mateo, Marcos, Lucas y Juan, sino que también estudiaron los evangelios de *Tomás* y de *Pedro*.[27] Sobre todo el de Tomás; lo analizaron con tanto detalle que titularon su libro *Los cinco evangelios*. Todos estos evangelios presentan un aspecto del desarrollo de la historia de la transmisión de la enseñanza de Jesús, así que todos son importantes. Sin embargo, los miembros de «El Seminario» han dado la misma importancia a los evangelios de Tomás y de Pedro que a los textos canónicos.

Pero al igualar estas obras a los evangelios canónicos se las ha sobrestimado. Recalquemos unos puntos básicos. Tomás y Pedro son documentos posteriores. Aunque «El Seminario» trate Tomás como si fuera una fuente tan antigua como el material común a Mateo y a Lucas (tradicionalmente llamado el documento «Q»), no se ha logrado probar que eso sea

la línea investigadora actual, la clasificación que hace por colores (rojo, rosa, gris y negro) cambiaría de forma radical, la mayoría de sentencias entrarían en las tres primeras agrupaciones. Para hacer justicia a toda la rama investigadora hemos de dejar claro que «El Seminario de Jesús» no es, ni mucho menos, una representación de los expertos en el tema, sino tan sólo la posición de unos cuantos. Ver una crítica de «El Seminario» en Richard Hays, «The Corrected Jesus», *First Things* 43 (1994), páginas 43-48, esp. páginas 47 y 48. Hays no es evangélico, así que no se le puede acusar de que su crítica esté condicionada por su creencia. Por lo tanto, creemos que su crítica es muy significativa.

cierto. Richard Hays dijo que eso es «exagerar la antigüedad del documento», «una afirmación altamente controvertida», y «un elemento que pone en evidencia su base metodológica».[28] La evaluación que «El Seminario» hace del valor del evangelio de Tomás cuenta con una representación y un apoyo muy pequeños; lejos está de representar el consenso del colectivo investigador. Dado que en Tomás y Pedro el material sobre Jesús presenta muchas más variaciones, tiran por tierra la valoración sobre el funcionamiento de la oralidad, sobre todo si se toman como prototipo de la etapa temprana de la tradición escrita.

Criterios de autenticidad

Al evaluar las declaraciones y enseñanzas de Jesús, los investigadores de casi todo el siglo XX han probado varios criterios que servían, supuestamente, para determinar su autenticidad.[29] Es importante reconocer que algunos de estos criterios sólo sirven para examinar el nivel conceptual de la enseñanza de Jesús —es decir, ¿en qué hacía énfasis al enseñar sobre este o aquel tema? Estos criterios no sirven para probar que esas fueron las palabras que usó. De hecho, es casi imposible crear cuestionarios que sirvan para hacer ese tipo de descubrimiento, y no sólo con los evangelios, sino con cualquier documento antiguo. El que no existieran grabadoras en aquellos tiempos tiene dos consecuencias: el desarrollo de la oralidad, y la dificultad de probar la presencia de una secuencia verbal concreta en base a los criterios formulados.

De hecho, uno de los problemas que surgen en ese debate ha recibido el nombre de «el peso de las pruebas». ¿Deberíamos concederle el beneficio de la duda a todos los dichos, a no ser que esté claro que no es auténtico, o deberíamos dudar de su autenticidad, hasta que no se consiga

---

[27] Sobre el Evangelio de Tomás, ver el capítulo escrito por Craig Blomberg en este mismo libro.

[28] Hays, «The Corrected Jesus», páginas 44-45.

[29] Robert Stein presta atención a todas estas propuestas de criterios en «The Criteria for Authenticity», *Gospel Perspectives*, páginas 225-63. Entre los diferentes criterios que cita que se usan menos que los tres que aquí tratamos están los siguientes: las evidencias de los fenómenos lingüísticos arameos, la presencia de elementos de ambiente palestino, la tendencia evolutiva de las tradiciones (criterio negativo que busca deshacerse del material oral), la tendencia del cristianismo judío a suavizar las afirmaciones más chocantes de la tradición, y las tradiciones cuyos patrones no concuerdan con el estilo narrativo de los evangelistas. De esta lista, los criterios más útiles son los dos primeros, pero todos muestran que la tradición concuerda con el contexto en el que Jesús vivió.

probar lo contrario? «El Seminario», con su principio poco científico sobre la oralidad, opta por la siguiente posición: hay que dudar, a no ser que se pruebe totalmente la autenticidad. Al tomar este rumbo, anulan automáticamente cualquier testimonio aislado; un solo testigo no es suficiente.[30] Pero si aplicáramos ese principio a otros documentos, ¡tendríamos que vaciar librerías enteras de historia antigua! La mayoría de acontecimientos de la antigüedad nos han llegado sólo a través de una única fuente. Podríamos argüir que el peso de la prueba debería aplicarse a la inversa, ya que la historiografía grecorromana y la cultura judía con su nemotécnica intentaron ser muy fieles en la presentación de la idea clave de este material.

El peso de la prueba suele sacar a la luz los prejuicios de la persona que examina el texto, pero aún así, los posicionamientos opuestos que se basan en el peso de la prueba siguen usando los criterios de autenticidad.[31] Ahora, definiré, ilustraré y evaluaré los tres criterios más importantes.

Desemejanza

Este criterio establece que solamente se considerarán palabras de Jesús lo que no sea como el judaísmo o como la práctica que se derivó de la

---

[30] Este criterio hace que tengamos que desestimar, por ejemplo, casi todo el Evangelio de Juan. Además, este criterio está respaldado por otro principio de «El Seminario», que dice que «sólo podremos decir que una sentencia ha sido pronunciada por Jesús si se puede probar que ésta ya formaba parte de la tradición oral entre los años 30-50» (Funk, Hoover y «El Seminario de Jesús», *The Five Gospels*, 25). Puesto que la mayoría cree que Juan fue escrito en los 90, y además mucho de su material no aparece en ningún otro lugar, no puede ser válido. Es cierto que la cristología del evangelio de Juan es más explícita que la de los sinópticos y que el estilo discursivo de Jesús que presenta es único, pero la mayor parte de la cristología se deriva del debate sobre el significado de las señales y lo que éstas sugieren. Juan explica abiertamente lo que estos acontecimientos muestran, y este tipo de debate se puede ver en muchísimas otras fuentes de la tradición. Dado que es posible que haya múltiples perspectivas históricas, estas sentencias y estilos discursivos pueden ser perfectamente resúmenes fiables de la enseñanza de Jesús. No se las debería excluir simplemente porque son únicas. D.A. Carson hace hace un estudio concienzudo sobre este tema y el evangelio de Juan, *The Gospel According to John* (Gran Rapids, Eerdmans, 1991), páginas 40-68.

[31] Hemos de fijarnos en la forma en la que denominamos los diferentes criterios. Al decir, por ejemplo, criterios *para la* autenticidad, estamos diciendo que una sentencia tiene que pasar los tests de este criterio para poder ser considerada como auténtica, como fiable. Pero cuando usamos el término «criterios *de* autenticidad», queremos decir que dichos tests pueden ayudarnos a defender la autenticidad de la sentencia en cuestión, lo que no quiere decir necesariamente que si pasa los tests es, sin duda alguna, auténtica. S.C. Goetz y C.L Blomberg han hecho un análisis más profundo y desde un ángulo más filosófico sobre el concepto del «peso de la prueba»: «The Burden of Proof», *JSNT* 11 (1981), páginas 39-83.

iglesia primitiva. Es cierto que siempre que se aplica este criterio a cualquier texto neotestamentario, muchas veces se presta más atención precisamente a aquello que se distancia del judaísmo. Así que se tiende a concluir que si hay reforma o alejamiento de la enseñanza judía, entonces la enseñanza en cuestión debe ser de Jesús. Por ejemplo, cuando Jesús enseña que ame-mos a nuestros enemigos, «El Seminario» no duda en usar el color rojo, porque es una enseñanza característica de Jesús. Es muy radical, va contracorriente, rompiendo con el sistema social establecido, así que debe ser de Jesús.

Este criterio es muy útil para determinar los puntos en los que Jesús difiere de su herencia cultural. Pero si lo aplicamos de forma muy rigurosa nos encontramos con dos problemas. En primer lugar, si se dan las dos desemejanzas, es decir, si se diferencia *tanto* del judaísmo *como* de la Iglesia primitiva, entonces Jesús se convierte en una figura muy extraña, totalmente desarraigada de su herencia cultural y separada ideológicamente del movimiento que, supuestamente, fundó. Nos preguntaríamos cómo alguien así llegó a ser tomado en serio. Y entonces lo único que le convierte en diferente y auténtico es su excentricidad. Este criterio puede ayudarnos a comprender los puntos en los que la enseñanza de Jesús es excepcional, pero nunca nos permitirá encontrar al verdadero Jesús.

En segundo lugar, «El Seminario» no aplica este principio de forma coherente. En el debate sobre el ayuno en Lucas 5:33-39 y textos paralelos, «El Seminario» defiende que aunque el comentario de Jesús se distancia del judaísmo y de la práctica de la Iglesia primitiva, no se puede decir con certeza que él dijera esas palabras.[32] Parece ser que incluso los dichos que pasan la prueba de la desemejanza tienen que pasar algún otro criterio escondido. Además, parece ser que la iglesia no quiso seguir la enseñanza de Jesús y se volvió a la práctica del ayuno, a pesar de que no reanudó del mismo modo otras prácticas propuestas por Jesús y diferentes al judaísmo, como el rechazo de la circuncisión.

Otro buen ejemplo de declaraciones desemejantes que tampoco han sido aceptadas como auténticas es el recurrente uso de «Hijo del Hombre» en todos los documentos de los evangelios. La mayoría de los eruditos no lo consideran como equivalente al título de Mesías en el judaísmo de los tiempos de Jesús, y la Iglesia primitiva no lo usó como un título que adjudicaban a Jesús. Sin embargo, a pesar de este reconocimiento de desemejanza doble, las declaraciones en las que aparece «Hijo del Hombre»

---

[32] Funk, Hoover y «El Seminario de Jesús», *The Five Gospels*, páginas 285-87.

no son consideradas como auténticas, excepto cuando describen a un ser humano como hijo del hombre, ¡ya que ese era el uso que el judaísmo daba a esa expresión desde el Salterio hasta Ezequiel! La única razón por la que se rechaza el título «Hijo del Hombre» es porque expresa una visión de Jesús altamente cristológica.

Quizá, lo que este ejemplo revela es que «El Seminario» juega con otro criterio debajo de la manga: si una declaración de Jesús va más allá de lo que diría un sabio ambulante que iba contando parábolas, entonces no es auténtica. Lo dan por sentado. Por un lado, si los investigadores de «El Seminario» no aplican los criterios de forma coherente, podemos justificar que hay parcialidad. Pero, si Jesús no es más que un sabio como ellos dicen, ¿por qué causó tanto revuelo? ¿De dónde venía la animosidad que le persiguió toda su vida?[33] ¿Cómo pueden estos eruditos explicar el rechazo que tuvo que sufrir, si niegan que Jesús hizo todas aquellas declaraciones sorprendentes y polémicas?

Resumiendo, el Jesús que nos queda después del uso extremo e incoherente del criterio de desemejanza que hace «El Seminario» no es un Jesús que el judaísmo hubiera crucificado. ¡Un Jesús así no les molestaba! El retrato que pintan de un maestro judío no coincide con lo que sabemos sobre la suerte que corrió. Ya que casi todos reconocen que Jesús fue crucificado porque los judíos estaban en contra de su enseñanza y declaraciones, quizá lo que debería revisarse no es el retrato que los evangelios hacen de Jesús, sino la forma en la que se usa este criterio para obtener un Jesús que no sirve para explicar por qué se le trató como recoge la historia.

Autenticación múltiple

La autenticación múltiple se da cuando una declaración aparece en más de una fuente (M, L, Q, Marcos) o en más de una forma (es decir, en la narración de un milagro, o de una parábola, o de un contexto apocalíptico).[34] Cuando «El Seminario» otorga el color rosa a lo que Jesús dice sobre Juan el Bautista en Mateo 11:7-8, se basa en este criterio. Como esas palabras aparecen tanto en Q como en Tomás, dicen que es muy probable

---

[33] Ver el capítulo 1 de este libro, escrito por Craig Blomberg.

[34] Una fuente hace referencia a un documento o línea de tradición que los evangelistas usaron al escribir los evangelios. Se trata de las compilaciones que Lucas menciona (Lucas 1:1-4) que, según él, ya había en la época. En términos técnicos, la sigla «M» hace referencia al material que sólo Mateo usó y «L» al que sólo Lucas empleó; «Q» son las enseñanzas que aparecen tanto en Mateo y Lucas, mientras Marcos es el nombre que recibe el material que se originó en dicho evangelio. Estos cuatro documentos son las diferentes líneas de tradición que conforman toda la tradición sinóptica.

que fueran dichas por Jesús. Este criterio es bastante útil, pero no hay que caer en el error de usarlo a la inversa: decir que si una frase no sale en varias fuentes, no es auténtica.

Igual que con el criterio anterior, «El Seminario» no aplica la autenticación múltiple de forma coherente. El capítulo de Scot McKnight ya analiza este criterio cuando evalúa las veces que Jesús dice «He venido...». Podríamos añadir a aquella lista las frases que empiezan con «He sido enviado...», ya que conceptualmente significan lo mismo. Este tipo de expresiones aparece en muchos niveles de la tradición («He venido»: Mateo. 5:17 [M]; 9:13 es como Mr. 2:17; Lc 5:32 [Marcos y/o Q]; 10:34-35 es como Lucas 12:45 [Q]; «He sido enviado»: Mateo 15:24 [M]; Lucas 19:10 es como Marcos 10:45 [Marcos]). Así que podemos ver que este tipo de declaración o afirmación cuenta con la autenticación de numerosas fuentes: ¡aparece en M, L, Q y en Marcos!

Pero aunque está claro que Jesús usaba una y otra vez la expresión «He venido» para hablar de su misión, parece ser que eso no es suficiente para aceptar un texto como el de Marcos 10:45: «Porque ni aun el Hijo del Hombre vino para ser servido, sino para servir, y para dar su vida en rescate por mucho».[35] «El Seminario» dice que esta afirmación es una «invención de Marcos», y le otorga el color gris.[36] ¿Por qué se niegan a creer que es auténtica? Según ellos, originalmente, esta afirmación hablaba simplemente del servicio, y no de la redención. Aseguran que el concepto del servicio sí que viene del mismo Jesús, pero no el concepto de la redención, que fue añadido por Marcos. Arguyen que la breve versión lucana evidencia que Marcos se permitió la licencia de hacer una versión más teológica de lo que inicialmente fue un simple proverbio. Pero, ¿no está comprobado que Marcos es anterior a los otros Evangelios?

De nuevo, vemos que «El Seminario» acaba por no aplicar el criterio de la autenticación múltiple, y se rige por ese criterio escondido de la negación de la cristología, que usan ¡aún cuando lo descubierto en las fuentes apunta a la autenticidad del objeto investigado! Creo que podríamos decir que el criterio más importante para ellos es el del «rechazo de toda cristología», mucho más importante –parece ser– que la historia o que la aplicación objetiva de criterios abstractos. Casi de forma circular, sólo aceptan

---

[35] Algunos se preguntan por qué esta sentencia se ha incluido en el grupo de frases «He venido...„ si se está refiriendo al Hijo del Hombre, y no a Jesús. La respuesta es que Jesús se llamaba sí mismo «Hijo del Hombre», así que se trata de una referencia indirecta a sí mismo. Semánticamente y conceptualmente sería equivalente a las frases «He venido».

[36] Funk, Hoover y «El Seminario de Jesús», *The Five Gospels*, 95.

las declaraciones que reflejan una cristología circunscrita, limitada, basada en prejuicios, y no en la aplicación coherente de criterios serios. Y sólo aceptan esa cristología limitada porque Jesús sólo era, según las declaraciones que consideran auténticas, un sabio y narrador de parábolas.

No sería justo sugerir que los investigadores del Nuevo Testamento aceptan, por unanimidad, la autenticidad de Marcos 10:45.[37] De hecho, es una declaración que ha levantado mucha polémica. Pero lo que está claro es que la forma y estilo de la declaración es muy similar a la forma en la que Jesús hablaba. Tanto, que no sería difícil defender su autenticidad. La idea de que Jesús murió «por muchos» se repite muchas veces en la misma tradición de los evangelios y también en la tradición de la Iglesia primitiva (Mateo 26:24; Marcos 14:24; Lucas 22:19-20; 1ª Corintios 11:24, 25). No todas las declaraciones que se refieren al «Hijo del Hombre» y hablan de la muerte de Jesús incluyen la idea de que «murió por muchos», un hecho que demuestra que la tradición distinguía entre diferentes tipos de declaraciones sobre el sufrimiento, y no insistía en que todas incluyeran la idea de que la muerte de Jesús servía para pagar por los pecados (Mr. 8:31; 9:12, 31; 10:33-34). Pero si Jesús, que se daba cuenta del creciente rechazo que le rodeaba, era consciente de que el momento de su muerte se estaba acercando, es normal que reflexionara sobre el valor de su sufrimiento, y lo considerara como una motivación para continuar su misión. ¿Qué otra cosa le hubiera llevado a seguir con su ministerio? Además, en el judaísmo ya existía el precedente o la idea de un mártir que muere en representación de otros, así que existían categorías culturales y teológicas a las que se podía hacer referencia (2º Macabeos. 7:37-38; 8:2-7; 4º Macabeos 6:26-30; 9:21-25; 17:20-22; 18:10-16).[38]

---

[37] Detalles sobre este debate, tanto a favor como en contra, ver Robert Gundry, *Mark: A Commentary for His Apology for the the Cross* (Grand Rapids, Eerdmans, 1993), 587-93. Se ha levantado el mismo tipo de debate alrededor de las sentencias sobre el «Hijo del Hombre». Sobre este tema, ver Darrell L. Bock, «The Son of Man in Luke 5:24», *BBR* 1 (1991), páginas 109-121. En ambos casos, la aplicación coherente de los criterios mencionados no lleva al rechazo de estas sentencias; es decir, que aquellos que las rechazan, lo hacen usando otros criterios o prejuicios.

[38] Gundry, *Mark*, 588, 590, también cita otros factores clave. En primer lugar, el carácter semítico de la sentencia revela su antigüedad y sus raíces palestinas. Al menos, es tan antigua como la iglesia primitiva. En segundo lugar, hay dieciséis textos epistolares que expresan esta idea usando terminología diversa, lo que muestra el impacto que la sentencia tuvo. ¿De quién vino la idea, sino de Jesús? Como dice Gundry: «Parece muy poco probable que una sentencia que sólo trata el tema del servicio, y está ubicada en una perícopa que sólo trata el tema del servicio, se convirtiera de repente en algo con significado soteriológico sin apoyo dominical [es decir, una sentencia asociada con Jesús], sobre todo porque indudablemente las formaciones cristianas que tienen que ver con la muerte de Jesús no usan un vocabulario de servicio».

Concluyendo, del mismo modo que con las declaraciones que se refieren al «Hijo del Hombre», existen buenas razones para defender la autenticidad del concepto de la redención en el ministerio de Jesús, ¡incluso usando el criterio de autenticidad que «El Seminario» utiliza! Al examinar estos criterios de forma individualizada, vemos claramente que se puede defender que el ministerio de Jesús incluyó los temas de la redención y de la cristología, por más que se hayan querido aplicar criterios discriminatorios. Y es que los criterios discriminatorios de «El Seminario» se contradicen con los mismos criterios de autenticidad que proponen, por lo que caen en la incoherencia y en la falta de seriedad.

Coherencia

Este criterio depende de la aplicación de los dos criterios anteriores. Establece que aquello que es coherente con la aplicación de los otros criterios tiene que ser aceptado como auténtico. Es difícil ilustrar este proceso, ya que requiere un análisis detallado de todas las declaraciones para establecer una base de enseñanza a partir de la cual poder juzgar aquellas declaraciones que no se pueden evaluar con los otros criterios. Si, tal como ha hecho «El Seminario de Jesús», se reduce la base de la enseñanza de Jesús a más de la mitad usando los otros dos criterios, entonces hay mucha menos base para usar como criterio de coherencia y poder así analizar el resto de declaraciones. De hecho, ha sido la rigurosa aplicación del criterio de la coherencia lo que ha llevado a «El Seminario» a ver a Jesús sólo como un sabio y un narrador de parábolas.

En los pocos ejemplos tratados en este capítulo, hemos visto que podemos defender que Jesús habló del concepto del Hijo del Hombre, que incluye el concepto cristológico, y de su muerte como un acto sacrificial y de rescate de muchos. Estos aspectos de su enseñanza conforman una base y un criterio de coherencia más amplio del que «El Seminario» establece, por lo que el número de declaraciones que es coherente con esta base más amplia es también mayor. Cuando Jesús dice en Marcos 14:24 en la Última Cena (de color gris para los de «El Seminario») que su muerte constituirá el pacto a través de su sangre, lo aceptamos como auténtico porque es coherente, ya que Jesús veía su vida como un sacrificio en rescate por muchos. De hecho, es muy probable que el pacto que aquí se cita sea el nuevo pacto del que se habla en Lucas 22:20, texto que «El Seminario» rechaza por completo (color negro). ¿A qué otro pacto podía estar refiriéndose Jesús? Si aplicamos «el principio de lo esencial» del que ya hemos hablado, es fácil comprender el paso que hay entre la interpretación de Marcos y la de Lucas.

Lo que muestra este repaso de métodos críticos que hemos hecho es que no podemos concluir que las palabras de Jesús son una invención de los evangelistas, aún cuando es evidente que lo que nos ha llegado tampoco debe corresponder con las palabras exactas que Jesús pronunció. Un uso equilibrado y serio de los criterios que acabamos de ver demuestra la autenticidad de la mayoría de los aspectos de la enseñanza cristológica y de la redención de Jesús. Una vez les damos a estos temas su lugar correcto, es más fácil comprender la razón por la que las autoridades judías veían en Jesús una amenaza, y por la que acabó asesinado en una cruz; crucificado por declarar que había sido enviado por Dios.

Conclusión

En la antigüedad no existían las grabadoras ni la tecnología con la que ahora contamos, pero eso no significa que la transmisión oral de las palabras de Jesús recogidas en los evangelios se hiciera al azar, de forma poco sistemática. En este capítulo hemos visto los temas en torno a la oralidad del primer siglo. La historiografía grecorromana, la cultura judía –que promovía la memorización de la enseñanza divina– y los mismos textos de los evangelios hablan en contra de los defectos de todas aquellas perspectivas que apuntan a que la oralidad de aquella sociedad antigua dio pie a la invención de lo que luego se constituyó como la enseñanza básica del cristianismo.

Resumiendo, el retrato que «El Seminario» hace de Jesús en su obra *Los cinco evangelios* no es del todo coherente en cuanto a la autenticación de las enseñanzas de Jesús se refiere. Su obra apenas deja ver al Jesús vivo y real. De hecho, uno se pregunta cómo un Jesús como el que presentan logró levantar la polémica que se nos dice que levantó entre los judíos, o la lealtad de aquellos que le siguieron. La tradición sobre Jesús no nos ha llegado palabra por palabra, pero eso no quiere decir que sea inventada. Los evangelios contienen la voz de Jesús, «a todo color». Nos ha llegado un resumen y una recopilación que son totalmente fieles al sentido original de la enseñanza de Jesús.

La forma en la que los Evangelios presentan las palabras de Jesús revela a una figura cuya enseñanza era muy radical: la gente tenía que definirse y seguirle o rechazarle: no valían las medias tintas. Era una figura que aseguraba que era el único camino a Dios. No trajo sabiduría, sino que Él mismo era sabiduría (Mateo 7:24-27). Ésa es la razón por la que la gente le admiraba hasta el punto de morir por su causa, o le odiaba hasta el punto de matarle (Lucas 9:18-26). Cualquiera que lea sus palabras en los evangelios debería darse cuenta de que la voz que corre por sus páginas no es ninguna invención ni modificación del original; es una voz clara y audible.

Preguntas para la reflexión

1. ¿Qué lengua hablaba Jesús y en qué lengua fueron escritos los evangelios?
2. ¿Qué argumentos afirman que los evangelios no son una invención, sino el reflejo veraz del más puro sentido de las palabras de Jesús, aunque no una grabación exacta de las mismas?
3. ¿Por qué, en ocasiones, las enseñanzas de Jesús no están recogidas por los evangelistas en un orden estrictamente cronológico?
4. ¿Qué enseñanzas fundamentales destaca la estructuración literaria de los evangelios?

Capítulo 4

¿QUÉ HIZO JESÚS?

Craig A. Evans

Craig A. Evans (Doctor, Claremont Graduate School) es profesor de Biblia en Trinity Western University. Es miembro activo de la «Society of Biblical Literature Historical Jesus Section» y también el jefe de redacción de libros como *Jesus, Life of Jesus Research: An Annotated Bibliography*, y (junto con Bruce Chilton) de *Studying the Historical Jesús: Evaluation of the State of Current Research*.

¿QUÉ HIZO JESÚS?

«El Seminario de Jesús» ya ha escrito sus conclusiones sobre la investigación que ha hecho de las declaraciones de Jesús;[1] ahora está trabajando en la investigación de lo que él hizo.[2] Este segundo tema es tan importante y serio como el primero. Después de todo, aunque Jesús hubiera dicho todo lo que los evangelios recogen como sus palabras (afirmación que «El Seminario» no comparte), esto no tendría ningún valor si todos los hechos y señales jesuanos no fueran verdad. ¿Hizo milagros? ¿Entró en Jerusalén como el rey mesiánico de Israel? ¿Se enfrentó a los líderes religiosos de Israel? ¿Predijo la destrucción de Jerusalén y del templo? ¿Le arrestaron e interrogaron los líderes religiosos? ¿Le entregaron luego a Poncio Pilato, el gobernador de Roma en Judea? ¿Le crucificó Pilato como «rey de los judíos»? ¿Su ejecución fue resultado de sus enseñanzas y actividades?

---

[1] Así se ve en la reciente edición «letras rojas» de los evangelios del Nuevo Testamento y el evangelio de Tomás; cf. R. W. Funk, R. W. Hoover y «El Seminario de Jesús», *The Five Gospels: What Did Jesus Really Say?* (New York, Macmillan, 1993). En el capítulo anterior, de Darrel Bock, aparece una crítica de este libro.

[2] La primera entrega de «El Seminario» es W. B. Tatum, *John the Baptist and Jesus: A Report of the Jesus Seminar* (Sonoma, Calif., Polebridge, 1994). El objetivo principal de este libro es averiguar lo que podemos llegar a saber de Juan el Bautista. La parte relevante para nosotros es el capítulo titulado «John the Baptist and Jesus» (páginas 145-157). «El Seminario» ha llegado a la conclusión de que Juan y Jesús ministraban en el mismo período y los mismo lugares, pero duda de que Jesús empezara su proclamación después del encarcelamiento de Juan. Cree que Juan bautizó a Jesús, aunque rechaza el relato evangélico sobre la visión de Jesús (de los cielos abiertos, y de la paloma). Además, defiende que lo más probable es que Jesús fuera un discípulo de Juan, que deliberadamente Jesús estableció un movimiento diferente al de Juan, y que algunos de los discípulos de Juan, creyendo que Jesús era su sucesor, pasaron a ser sus discípulos. Estas conclusiones no son particularmente importantes.

Sin embargo, la conclusión con la que estoy en profundo desacuerdo tiene que ver con la pregunta que Juan –encarcelado– le hace a Jesús: «¿Eres tú el que ha de venir, o esperamos a otro?» (Mateo 11:3 = Lucas 7:19). Tatum explica (páginas 153-55) que «El Seminario» le adjudica a esta sentencia el color gris, indicando así un alto grado de

Los miembros de «El Seminario de Jesús» dudan de que lo expresado en muchas de estas preguntas sea cierto. Quizá la tesis más controvertida hasta el momento sea la de Burton Mack en el libro que ha publicado recientemente: *A Myth of Innocence: Mark and Christian Origins*[3] Según Mack, los factores que llevaron a Jesús a la cruz no están nada claros:

> *Sólo podemos especular sobre lo que ocurrió (...) Jesús fue [a Jerusalén], probablemente durante la época de la peregrinación, le asociaron con unos alborotadores, y entonces le mataron (...) Algunos de los seguidores de Jesús creían que había una relación entre la actividad de Jesús en Galilea y la suerte que corrió en Jerusalén. Sin embargo, la forma en la que unen estas piezas del puzzle, y las conclusiones que de ahí sacan, apenas son reconstruibles.*[4]

Mack cree que la unión entre la enseñanza pública de Jesús y la narración de su muerte en el evangelio de Marcos, primero de los evangelios del Nuevo Testamento, no es más que una historia inventada.[5] Impresionado por este análisis, David Seeley, alumno de Mack, ha llegado a decir que «Marcos inventó la conspiración judía contra Jesús por conveniencia narrativa».[6]

---

escepticismo sobre su autenticidad (Ver también Funk, Hoover y «El Seminario de Jesús», *The Five Gospels*, 177-78, 301-302). Varios miembros de «El Seminario» creen que tanto la pregunta de Juan como la respuesta de Jesús son el resultado de la apologética de los primeros cristianos, y que refleja la rivalidad que había entre los discípulos de Juan y los de Jesús. No obstante, yo creo que esta pregunta nos sirve para defender la autenticidad de la respuesta y de la idea que ésta quiere transmitir, ya que considero que es absurdo decir que los primeros cristianos, por más que quisieran defender que Jesús verdaderamente era el cumplimiento de las profecías (como Isaías 35:5-5; 62:1-2; cf. Mateo 11:4-6 = Lucas 7:22-23), inventaron una pregunta en la que Juan duda de la identidad y del llamado de Jesús. El hecho de que, en sí, es un material bastante comprometedor, apunta a la autenticidad de esta sentencia: Juan tenía dudas, y Jesús intentó disiparlas declarando que su ministerio de curación era el cumplimiento de algunas profecías de las Escrituras. Lo que no sabemos es si la respuesta satisfizo a Juan o no. Si la pregunta y la respuesta hubiesen sido una invención intencionada de los primeros discípulos, ¿por qué no incluyeron si Jesús convenció a Juan o no?

[3] B. L. Mack, *A Myth of Innocence: Mark and Christian Origins* (Philadelphia, Fortress, 1988). Mack no es miembro de «El Seminario de Jesús», pero ha asistido a alguno de sus encuentros y está de acuerdo con algunas de las ideas que se han expuesto en dichos encuentros.

[4] *Ibíd.*, páginas 88, 89.

[5] *Ibíd.*, página 282.

[6] D. Seeley, «Was Jesus Like a Philosopher? The Evidence of Martyrological and Wisdom Motifs in Q, Pre-Pauline Traditions, and Mark», en *Society of Biblical Literature 1989 Seminar Papers*, ed. D.J. Lull (Atlanta, Scholars Press, 1989), 548.

Es difícil justificar un escepticismo tan radical. ¿Qué les lleva a decir que la relación que Marcos hace entre la enseñanza de Jesús en Galilea y la ejecución de Judea no es histórica? Si pensamos en la ejecución, donde se burlaban de él con aquel cartel que decía «rey de los judíos», y de su enseñanza sobre la venida del «Reino de Dios», ¿no parece haber una lógica relación? La mayoría de investigadores bíblicos aceptan estos datos como hechos históricos. Además, como veremos en breve, esta relación no sólo aparece en Marcos, sino en otras fuentes que nada tienen que ver con el documento escrito por el evangelista.

En una investigación muy importante que fue publicada hace una década, E. P. Sanders identificó cuáles eran los «hechos casi irrefutables» de la vida de Jesús:

1. Jesús fue bautizado por Juan el Bautista.
2. Jesús era un galileo que predicaba y sanaba.
3. Jesús llamaba a sus discípulos al seguimiento, y habla de doce de ellos.
4. Jesús limitó su actuación al territorio israelita.
5. La posición de Jesús ante el templo creó mucha polémica.
6. Las autoridades romanas crucificaron a Jesús a las afueras de Jerusalén.
7. Después de la muerte de Jesús, sus seguidores continuaron su movimiento.
8. Al menos un grupo de judíos persiguió a algunos grupos del nuevo movimiento (Gálatas 1:13, 22; Filipenses 3:6), y parece ser que esta persecución duró aproximadamente hasta el final de los días de Pablo (2ª Corintios 11:24; Gálatas 5:11, 6:12; cf. Mateo 10:17; 23:34).[7]

Aún podemos añadir algunos detalles complementarios a esta lista. Creo que muy probablemente el pueblo veía a Jesús como un profeta, que hablaba sobre el reino de Dios, que fue criticado por los sacerdotes a causa de la polémica en torno al templo, y que fue crucificado por los romanos como el «rey de los judíos». Veremos que muchas de las declaraciones y enseñanzas de Jesús concuerdan perfectamente con estos elementos históricos; en muchas ocasiones sirven para explicar estos elementos, y otras, son los elementos históricos los que explican las palabras de Jesús.

---

[7] E. P. Sanders, *Jesus and Judaism* (London: SCM / Philadelphia, Fortress, 1985), página 11.

Las actividades más importantes de Jesús pueden clasificarse en dos grupos: (1) la proclamación del Reino de Dios y el nombramiento de los doce apóstoles; y (2) la polémica con las autoridades religiosas y la ejecución al estilo romano. Las evidencias de que estas actividades tuvieron lugar son tan contundentes, como veremos más adelante, que con toda confianza podemos decir que son *hechos históricos*. También comprobaremos, además, que estas dos agrupaciones que hemos hecho están estrechamente relacionadas; la primera lleva, inexorablemente, a la segunda.

Mi propósito al centrarme en estos dos grupos de hechos históricos y ver su relación con la ejecución de Jesús es doble. En primer lugar, la historicidad de estos elementos es importante para los textos mismos, para que sean tomados en serio. Pero, en segundo lugar, si demostramos que estos hechos son históricos, habremos dado una respuesta al escepticismo de críticos como Mack y Seeley, que dudan de la historicidad del ministerio público de Jesús y de su muerte en Jerusalén tal como aparece en los evangelios. Si logramos nuestro doble propósito, deberemos evitar seguir el escepticismo (a)crítico, al menos, en cuanto a las conclusiones sobre los hechos de Jesús se refiere. Empecemos, pues, con las dos agrupaciones que he propuesto.

La proclamación del Reino de Dios y el nombramiento de los doce discípulos

De entre todas las enseñanzas de Jesús, los investigadores críticos aceptan, sin problema alguno, las parábolas. En cuanto al tema de la autenticidad, las parábolas han recibido el nombre de «la base de la tradición».[8] Los últimos estudios críticos también expresan esta opinión,[9] y las obras más completas e importantes recogen que casi todas las parábolas, si no todas, son enseñanzas de Jesús.[10] La importancia del consenso que hay

---

[8] J. Jeremias, *The Parables of Jesus* (London: SCM / New York: Scribner's, 1963), página 11.

[9] Ver P. B. Payne, «The Authenticity of the Parables of Jesus», *Gospel Perspectives: Studies of History and Tradition in the Four Gospels*, ed. R. T. France y D. Wenham (Sheffield, JSOT, 1981), páginas 329-344; B.B. Scott, «Essaying the Rock: The Authenticity of the Jesus Parable Tradition», *Forum 2*, n° 3 (1986), páginas 3-53; R.W. Funk, et al., *The Parables of Jesus: Red Letter Edition* (Sonoma, Calif., Polebridge, 1988).

[10] Ver B. B. Scott, *Hear Then the Parable: A Commentary on the Parables of Jesus* (Minneapolis, Fortress, 1989); C.L. Blomberg, *Interpreting the Parables* (Downers Grove, Ill., InterVarsity Press, 1990).

entre los investigadores radica en que alrededor del 50% de las parábolas de Jesús hablan del Reino de Dios. Estas parábolas intentan describir el Reino, cómo se puede acceder a él, y la forma en la que deberíamos estar preparados para su llegada. Al leerlas, las parábolas apuntan claramente a que Jesús estaba anunciando un cambio en la sociedad. La manera humana de hacer las cosas, de regir el estado y la sociedad, iba a ser sustituida por el reinado de Dios.

Uno de los dichos de Jesús cuya autenticidad ha sido aceptada por la mayoría de investigadores es la que encontramos en Lucas 11:20: «Pero si yo por el dedo de Dios echo fuera a los demonios, entonces el reino de Dios ha llegado a vosotros».[11] Es evidente que Jesús no solo estaba anunciando la llegada del Reino como algo futuro, sino que creía que, en algún sentido, ya había llegado. Esto se entiende mejor si vemos el Reino de Dios como el poder de la presencia de Dios [12]. Jesús no tenía en mente un reino con barreras territoriales y políticas, sino que su concepto era más bien el de una esfera de poder en el que Dios iba a reinar y transformar la sociedad. Esa esfera ya había irrumpido de una forma humilde, apenas perceptible, pero poco a poco iba a alcanzar a todo el planeta (cf. Marcos 4:30-32).

Lo que Jesús comenta sobre la expulsión de demonios probablemente explica el comentario del mismo Jesús sobre la fe, observación que muchas veces acompaña a otro tipo de señales. «Tu fe te ha sanado» (Marcos 5:34; 10:52; Lucas 7:50) no era simplemente una explicación de la forma en la que el enfermo había sido sanado, sino que implicaba que la persona sanada ya podía entrar en el reino de Dios.[13] Dicho de otra forma, igual que las expulsiones, las otras curaciones también demostraban el poder y la presencia del reino. El ministerio de Jesús de curaciones y expulsiones no estaba motivado simplemente por la compasión por los enfermos y los oprimidos, sino que era parte de la restauración de Israel y la preparación para la llegada del Reino de Dios. La asociación de los milagros de Jesús con el Reino de Dios explica por qué el ciego Bartimeo clamó a Jesús: «¡Jesús, Hijo de David, ten misericordia de mí!» (Marcos 10:47, 48).

Otro elemento que está muy relacionado con la proclamación del Reino de Dios es el llamamiento de los doce apóstoles. El hecho de que

---

[11] «El Seminario de Jesús cataloga esta sentencia de color rosa; cf. Funk, Hoover y El Seminario de Jesús», *The Five Gospels*, página 329.

[12] Ver B. D. Chilton, "Regnum Dei Deus Est", *SJT* 31 (1978), páginas 261-70.

[13] Algunos de los documentos de Qumrán ilustran la idea de que los discapacitados no podían participar de según qué privilegios y actividades asociadas con el reino.

fueran doce, y de que Jesús llamara «apóstoles» a aquellos doce discípulos es muy importante. Es fácil ver la relación numérica de este grupo de escogidos con las tribus de Israel, que también eran doce.[14] Eso no quiere decir que los doce apóstoles fueran miembros de las doce tribus.[15] Ni que nunca hubo fluctuación entre las diferentes tribus.[16] Sin embargo, hemos de entender este número doce como un símbolo: suponía la restauración de Israel, de *todo* Israel.

Quizá el momento en el que mejor se aprecia que Jesús tiene esa esperanza es cuando les hace a sus apóstoles la siguiente promesa: «En verdad os digo que vosotros que me habéis seguido, en la regeneración, cuando el Hijo del Hombre se siente en el trono de su gloria, os sentaréis también sobre doce tronos para juzgar a las doce tribus de Israel» (Mateo 19:28 = Lucas 22:28-30).[17] Muy probablemente, esta promesa es la que empujó a Jacobo y a Juan a pedirle a Jesús el privilegio de sentarse uno a la izquierda de Jesús, y otro a la derecha (Marcos 19:35-45).[18] Lo que estaban pidiendo estos discípulos era tener los cargos de más alto rango en el nuevo reinado de Jesús.

---

[14] Ver Sanders, *Jesus and Judaism*, páginas 95-106.

[15] No es posible, ya que algunos de los apóstoles eran parientes.

[16] Parece ser que así fue, ya que contamos con unos catorce o quince nombres.

[17] «El Seminario de Jesús» adjudica a esta sentencia el color negro, indicando así que cree que fue añadida/inventada por la iglesia primitiva (cf. Funk, Hoover y «El Seminario de Jesús», *The Five Gospels*, páginas 222, 223, 389). Rechazan esta sentencia porque «no tiene nada que ver con el auténtico pensamiento de Jesús», el cual (según ellos) no incluye con-ceptos sobre el juicio futuro o la venida del «Hijo del Hombre». Sin embargo, esta conclu-sión es el resultado de una malinterpretación atroz de la escatología y su relación con la enseñanza de Jesús. Ver la clarificación que hace B. D. Chilton, «The Kindom of God in Recent Discussion», en *Studying the Historical Jesús: Evaluations of the State of Current Research*, ed. B.D. Chilton y C.A. Evans, NTTS 19 (Leiden: Brill, 1994), páginas 255-280, esp. 265-270. Sanders (*Jesus and Judaism*, 98-102) arguye, con razón, que la iglesia primitiva, dolida y consciente de que uno de los doce (es decir, Judas Iscariote) había traicionado a Jesús, no habría inventado la escena en la que Jesús les dijo a los doce que se sentarían en los doce tronos para juzgar a Israel. Así que no hay ninguna razón para negar que tal sentencia sea de Jesús.

[18] De nuevo «El Seminario de Jesús» rechaza la autenticidad del pasaje en cuestión (Mr. 10:36-40 aparece en color negro; y 10:42-45, en gris); cf. Funk, Hoover y «El Seminario de Jesús», *The Five Gospels*, páginas 94, 95. Los miembros de «El Seminario» no conocen las ideas ni las frases hechas judías, y creen que el diálogo entre Jesús y sus discípulos es una invención de la iglesia primitiva. Pero los elementos principales de esta conclusión son la mala comprensión y los prejuicios que tienen ante el tema de la escatología. Defendiendo la autenticidad de la tradición, creo que deberíamos preguntarnos por qué inventaría la iglesia primitiva un diálogo que deja en evidencia y en ridículo a los discípulos que discuten quién será el mayor, y exigen estar en los puestos de honor. Así que este material aparece en los evangelios debido a la importancia que tiene la respuesta de Jesús.

Al darles a los doce el título de «apóstoles», Jesús estaba subrayando su propia autoridad real. Al enviarlos como embajadores, estaba actuando como un rey.[19] Sus apóstoles (que proviene del vocablo que significa «el enviado») tenían que actuar como heraldos proclamando tanto la llegada del Reino de Dios como a aquel que se iba a sentar en el trono de gloria de ese nuevo reinado. El pueblo de Israel estaba siendo llamado a arrepentirse y a prepararse para el Reino.[20]

Como resultado de la predicación del Reino y de las curaciones, mucha gente empezó a seguir a Jesús.[21] Muchos le siguieron a Jerusalén para celebrar la Pascua y allí le recibieron clamando «Hosanna» y hablando de la venida del reino de David (Marcos 11:1-10). Tanta expectación sobre el reino de Dios, junto con la llegada de Jesús sobre un pollino (algo que ya había hecho Salomón, hijo de David; cf. 1º Reyes 1:38-40), preparó el ambiente para el conflicto que se desarrolló entre Jesús y las autoridades religiosas de Jerusalén.

Polémica con los líderes religiosos y la ejecución al estilo romano

Según los cuatro evangelios del Nuevo Testamento, la relación de Jesús con las autoridades religiosas de Jerusalén fue muy polémica y controvertida, por lo que éstas acabaron entregándolo al gobernador romano para que le ejecutase. Como ya hemos dicho, David Seeley cree que esta presentación no es más que una invención literaria. Sospecha que Marcos, cuya narración es anterior a la de Mateo y la de Lucas (y posiblemente, también a la de Juan), quería contar la historia de forma que se viera que los judíos eran culpables, y para demostrar que los cristianos no tenían ningún tipo de culpa. O bien Marcos (volviendo a Burton Mack), en su deseo de exculpar a los cristianos, creó una historia ficticia que distanciara al movimiento cristiano de las ideas y actividades revolucionarias judías.

Obviamente, al menos durante un siglo entero, los intérpretes han observado que los evangelios tienden a exonerar a Pilato, ya que no fue él

---

[19] La misma terminología aparece en Pablo, quien se describe a sí mismo y a los otros apóstoles como «embajadores de Cristo» (2ª Corintios 5:20; cf Efesios 6:20). Ver Lucas 14:32, donde Jesús, en una de sus parábolas, describe a un rey que envía a sus embajadores para pedir condiciones de paz.

[20] Ver el capítulo 2 de este libro, «¿Quién es Jesús?», Scot McKnight.

[21] Ver Sanders, *Jesus and Judaism*, páginas 157-73.

quien tomó la iniciativa de matar a Jesús y era bastante pasivo e influenciable. Los evangelios también hacen hincapié en el papel que desempeñaron los líderes religiosos de Jerusalén. Pero, ¿el hecho de que haya estas tendencias nos llevan a concluir, tal como Mack dijo, «que lo único que podemos hacer es especular sobre lo que ocurrió?»

En mi opinión, Mack, Seeley y muchos otros no han hecho un estudio serio de Marcos, sobre todo teniendo en cuenta las importantes fuentes extracanónicas y la información que tenemos sobre la política romana. A continuación vamos a considerar tres textos que encontramos en los escritos de Josefo, historiador judío del siglo I y una de las fuentes extracanónicas más importantes. Nos interesa lo que recoge sobre dos personajes llamados Jesús: uno, el conocido Jesús de Nazaret, y el otro, el no tan conocido hijo de Ananías.[22]

Jesús de Nazaret en la obra de Josefo

La fuente extrabíblica que no es de tradición cristiana sobre el Jesús histórico es la obra *Antigüedades de los judíos* de Josefo, escrita en la última década del siglo I. A Jesús se le menciona en dos pasajes. El primero es el llamado *Testimonium Flavianum*. En este texto tan discutido y controvertido, Josefo describe a Jesús de la siguiente manera (*A.* XVIII, III, 3):

> *Por este tiempo vivió Jesús, un hombre sabio,* si es que se le puede llamar hombre. *Porque llevó a cabo obras extraordinarias y fue maestro de los que aceptan bien dispuestos la verdad. Se ganó a muchos judíos y a muchos de los griegos.*

---

[22] Además de los escritos de Josefo, existen muchos otros escritos que mencionan a Jesús y los orígenes del cristianismo. Entre las más famosas está la mención que hace Tácito (aprox. 110) sobre la ejecución de Jesús, decretada por Poncio Pilato (*Anales* 15.44). En una carta al emperador Trajano, Plinio el Joven (aprox. 110) describe un interrogatorio a cristianos que se reunían para cantar a «Cristo como a un dios» (*Epístolas* 10.96). En *Divus Claudius*, Suetonio (aprox. 120) probablemente hace referencia a Jesús cuando habla de un tal «Khrestos» que causaba alboroto entre los judíos. En muchos lugares en su *Contra Celsum*, Orígenes intenta rechazar los escritos de Celsus del siglo II porque éste decía, entre otras cosas, que Jesús realizaba milagros con el poder de la magia negra. Cuando Luciano de Samosata escribe sobre la muerte de Peregrino (aprox. 165) habla de la fe cristiana que había «en el hombre crucificado en Palestina» (*La muerte de Peregrino*, 11). Algunos escritos rabínicos contienen comentarios críticos sobre Jesús. Le tachan de mago, de falso maestro que, finalmente, tuvo su merecido: «Es tradición: la noche anterior a la pascua colgaron a Yeshu ha-Nosri [Jesús el nazareno]» (b. San. 43ª). Para leer más sobre los comentarios críticos de estas tradiciones, ver C.A. Evans, «Jesus in Non-Christian Sources», en *Studying the Historical Jesus*, páginas 443-478. Véase también el capítulo 8 de este libro, de E. M. Yamauchi.

Fue el Mesías. *Cuando fue acusado por los principales de entre nosotros y Pilato lo condenó a ser crucificado, los que le habían amado originalmente no dejaron de hacerlo;* porque se les apareció al tercer día, vuelto en vida, como los profetas de la Deidad habían profetizado, además de otras maravillas acerca de él. *Y la tribu de los cristianos, así llamada por él, no ha desaparecido hasta el día de hoy.*

Este pasaje ha suscitado un gran debate académico. Algunos investigadores han dicho que no es completamente auténtico y que ha sufrido interpolaciones cristianas, permitidas quizá por el historiador Eusebio en el siglo IV. Otros dicen que es auténtico y original. Hoy, la mayoría de los académicos creen que fue realmente escrito por Josefo, a excepción de las frases que aparecen en cursiva.[23]

La prueba principal de que este texto es realmente el que Josefo escribió la encontramos en otro comentario de su obra en el que hace, de nuevo, referencia a Jesús (*A.* XX, IX, 1):

(Anano) convocando a los jueces del Sanedrín, trajo ante ellos a un hombre llamado Jacobo, hermano de Jesús que es llamado el Cristo, y a otros. Le acusó de haber transgredido la ley, y los condenó a ser apedreados. Los habitantes de Jerusalén considerados los más rectos y estrictos en la obediencia de la ley se ofendieron ante esto. Apremiaron secretamente al rey Agripa a que ordenara a Anano que desistiera de más acciones de este tipo.

No hay ninguna razón poderosa que nos haga pensar que este breve párrafo no es auténtico. No hay ninguna señal de que se trate de una interpolación cristiana, ni ningún matiz positivo hacia las personas de Jacobo y Jesús. El único objetivo del texto era explicar por qué el sumo sacerdote Anano fue depuesto de su cargo. Además, que llame a Jacobo «hermano de Jesús» contrasta con la práctica cristiana de llamarle «hermano del Señor» (cf. Gálatas 1:19; Eusebio, *Historia eclesiástica*, II, XXIII, 4). Por lo tanto, no nos sorprende pues que, en palabras de Louis Feldman, experto en la obra de Josefo, «pocos han dudado de la autenticidad de estas líneas sobre Jacobo».[24]

---

[23] J. P. Meier ofrece una sucinta presentación de las evidencias en «Jesus in Joshephus: A Modest Proposal», *CBQ* 52 (1990), páginas 76-103; *ídem.*, *A Marginal Jew: Rethinking the Historical Jesus*, ABRL (New York: Doubleday, 1992), páginas 56-69.

[24] L. H. Feldman, *Josephus X*, LCL 456 (London, Heinemann / Cambridge, Harvard University Press, 1965), página 108, n.a, citado positivamente en Meier, *A Marginal Jew*, página 59.

Como ya hemos dicho, la autenticidad del segundo texto aboga por la del primero. La referencia a «Jesús que es llamado el Cristo» implica claramente una referencia anterior; y muy probablemente sea el texto *Testimonium Flavianum*.[25]

Este texto es importante para nuestra investigación ya que coincide con lo narrado en los Evangelios del Nuevo Testamento. Según Josefo, Pilato condenó a Jesús a la cruz después de que le acusaran los «dirigentes» judíos (lit. «los principales», es decir, los líderes religiosos; cf. *A*. XI, V, 3; XVIII, V, 3; Lc. 19:47). Esto refleja exactamente la secuencia y el desarrollo de la acción narrada en Marcos y en los otros evangelios canónicos. Así que Josefo reafirma la veracidad del relato neotestamentario de la Pasión, donde se dice que los líderes religiosos hicieron arrestar a Jesús y lo entregaron a Pilato.

Una pregunta que muchos se han hecho es de dónde o de qué fuente obtiene Josefo esa información sobre Jesús y Jacobo. Dado que Josefo no menciona la resurrección de Jesús, John Meier concluye que —y yo creo que está en lo cierto— no usó fuentes cristianas.[26] Lo que él recoge se refiere a la ejecución de ambos, lo que apunta a que quizá hizo uso de fuentes oficiales.[27] Fuese como fuese, está claro que el texto *Testimonium* no es una fuente cristiana y, aún así, corrobora la información que aparece en los evangelios.

Jesús ben Ananías en la obra de Josefo

Una segunda referencia de Josefo, que no menciona a Jesús de Nazaret pero que es interesante para nuestra investigación sobre él, tiene que ver con Jesús ben Ananías, que pronunció un oráculo profético antes de, y durante, la Primera Gran Guerra con Roma (*Las Guerras de los judíos*, VII, XII, 237):

> *Pero hubo otro portento aún más alarmante. Cuatro años antes de la guerra, mientras la ciudad gozaba de prosperidad y paz, un rudo campesino llamado Jesús, hijo de Ananías, vino a la fiesta de los Tabernáculos. Se levantó en el templo, gritando: «¡Una voz del este, una voz del oeste, una voz de los cuatro vientos, una voz contra Jerusalén y el santuario, una voz contra novios y novias, una voz contra*

---

[25] Ver Meier, *A Marginal Jew*, páginas 57-59.
[26] *Ibíd.*, páginas 67, 68.
[27] L. H. Feldman, «The Testimonium Flavianum: The State of the Question», *Christological Perspectives*, ed. R. F. Berkey y S. A. Edwards (New York, Pilgrim, 1982), páginas 179-199, 288-293 (aquí 194-195).

todo el pueblo!». Día y noche andaba por las calles con este clamor. Algunos de los principales arrestaron a este hombre y lo azotaron, pero él proseguía como antes con este clamor. Los magistrados lo trajeron ante el gobernador romano, que lo hizo azotar hasta llegar a los huesos, pero no pidió misericordia ni derramó una lágrima, sólo gritaba a cada golpe: «¡Ay de Jerusalén!». Cuando Albino, gobernador, le preguntó quién era, de dónde venía, y por qué gritó este lamento, no respondió, pero sólo repitió su endecha: «¡Ay de Jerusalén!». Durante siete años y cinco meses, continuando a lo largo de la guerra, prosiguió con este clamor, hasta que, haciendo su vuelta por las murallas durante el asedio, gritó con su penetrante voz: «¡Una vez más, ay de esta ciudad, de su pueblo y del templo!». Y luego añadió repentinamente: «¡Y ay de mí también!», y fue inmediatamente golpeado en la cabeza con una piedra arrojada por una catapulta. [Así fue como murió].[28]

Esta narración tiene mucho valor porque nos ayuda a comprender la secuencia del arresto, la interrogación y la ejecución de Jesús, y también los motivos por los cuales le arrestaron, interrogaron y ejecutaron. Existe una increíble similitud entre lo que le ocurrió a Jesús de Nazaret y lo que Josefo dice que le ocurrió a Jesús ben Ananías. Los dos entraron en el recinto del templo (Marcos 11:11, 15, 27; 12:35; 13:1; 14:49; *Las Guerras de los judíos* VII, XII, 237) durante una celebración religiosa (Marcos 14:2; 15:6; Juan 2:23; *G* VII, XII, 237). Los dos hablaron del destino de Jerusalén (Lc. 19:41-44; 21:20-24; *G* VII, XII, 237), del santuario (Marcos 13:2; 14:58; *G* VII, XII, 237), y del pueblo (Marcos 13:17; Lucas 19:44; 23:28-31; *G* VII, XII, 237). Parece ser que los dos citaron o hicieron referencia a Jeremías 7, donde el profeta condena a los líderes del templo de sus días («cueva de ladrones»: Jeremías 7:11 en Marcos 11:17; «cesará la voz del novio y de la novia»: Jeremías 7:34 en *G* VII, XII, 237). Los dos fueron «arrestados» por las autoridades judías,[29] no por los romanos (Marcos 14:48; Juan 18:12; *G* VII, XII, 237). Los dos fueron azotados por las autoridades judías (Mateo 26:68; Marcos 14:65; *G* VII, XII, 237) Los dos

---

[28] Las referencias bibliográficas de las obras de Josefo corresponden a la traducción de Santiago Escuain de P. L. Maier, *Josefo, los escritos esenciales* (Grand Rapids, Portavoz, 1992). [N. del T. Sin embargo, la última línea (entre corchetes) es traducción propia, ya que en Santiago Escuain no aparece, pero sí consta en la traducción usada en el original inglés: H. St. Thackeray, *Josephus*, vol. 3, LCL 210 (London, Heinemann; Cambridge, Harvard University Press, 1928), 463-67].

[29] R. A. Horsley («"Like One of the Prophets of Old": Two Types of Popular Prophets at the Time of Jesus», *CBQ* 47 [1985], 435-63, esp. 451) hace hincapié en el hecho de que los únicos que intentaron silenciar a Jesús, hijo de Ananías, fueron los de la aristocracia sacerdotal.

fueron entregados al gobernador romano (Lucas 23:1; *G* VII, XII, 237), y éste les interrogó (Marcos 15:4; *G* VII, XII, 237). Los dos se negaron a dar una respuesta sobre su identidad al gobernador (Marcos 15:5; *G* VII, XII, 237) y como consecuencia fueron azotados (Jn. 19:1; *G* VII, XII, 237). El gobernador Pilato podría haber liberado a Jesús de Nazaret, pero no lo hizo; el gobernador Albino liberó a Jesús, hijo de Ananías (Marcos 15:9; *G* VII, XII, 237).[30]

Vemos que en Josefo encontramos una importante corroboración con respecto a la mayoría de componentes del relato de la suerte que corrió Jesús en Jerusalén. Gracias a él sabemos con certeza que los que le arrestaron fueron las autoridades judías, tal como dicen los Evangelios, y que el proceso judicial fue llevado a cabo tal como era la práctica en aquellos días de la Palestina romana, de nuevo, tal como describen los evangelios. Podríamos mencionar otros textos de Josefo para clarificar las acciones de Jesús y las reacciones de los líderes religiosos. Por ejemplo, aquél en el que la gente devota lanzaba limones contra el Sumo Sacerdote (y «rey») Alejandro Janeo, justo antes de que ofreciera sacrificio (*A*. XIII, XIII, 5), o aquél en el que unos doctores de la ley incitaron a un grupo de jóvenes a que derribaran una gran águila de oro que adornaba la puerta del templo (*G*. I, 167; *A*. XVII, VI, 2-4). En todas estas ocasiones vemos que la visión particular de las funciones del templo llevó a una denuncia pública y a la muerte por venganza.[31]

Concluyendo, no hay ninguna razón para rechazar la narrativa presentada en los evangelios del Nuevo Testamento sobre el arresto de Jesús

---

[30] ¿Estos paralelos verbales son prueba de una relación literaria entre el texto de *Las Guerras de los judíos* y la tradición de la Pasión que encontramos en los Evangelios canónicos? En mi opinión, hay dos razones por las que esta relación literaria es imposible. (1) Los «paralelos» sólo contienen sustantivos de lugar y contexto y verbos que marcan los diversos pasos del proceso judicial y penal. Es decir, los paralelos son predecibles, tal cual se describían estos actos rutinarios. (2) Los paralelos, aparte de tener en común la raíz de un verbo, una preposición y el emperador romano como complemento, no contienen ningún indicio de frases o proposiciones paralelas. Se habla de relaciones literarias cuando los textos llamados «paralelos» comparten un alto grado de vocabulario, especialmente proposiciones o frases enteras. Resumiendo, creo que el vocabulario compartido al que se hace referencia más arriba indica un mismo proceder discursivo, pero no una relación literaria. No hay ninguna indicación de que la historia de un Jesús influyera la composición de la del otro Jesús. Más debate sobre el tema de los textos paralelos y sus implicaciones en C. A. Evans, «Jesus and the «Cave of Robbers»: Toward a Jewish Context for the Temple Action», *BBR* 3 (1992), páginas 93-110.

[31] Para consultar una convincente valoración de estas y otras tradiciones, ver Chilton, *The Temple of Jesus* (University Park, Pa., Pennsylvania State University Press, 1992), páginas 100, 111.

y la decisión de los judíos de entregar a su detenido al gobernador Pilato. La razón por la que los líderes religiosos hicieron tal cosa aparece explicada, en parte, en la descripción que Josefo hace de la reacción de los líderes religiosos cuando Jesús ben Ananías empezó a predicar la destrucción de la ciudad y del templo en la Fiesta de los Tabernáculos: le arrestaron, le azotaron, y le llevaron ante el gobernador romano. El gobernador mandó que fuera azotado de nuevo, y le interrogó. Y cuando ya se convenció de que Jesús ben Ananías no era más que un lunático inofensivo, mandó que lo liberasen. Es sorprendente la gran similitud que hay entre esta historia y la de Jesús de Nazaret. De todos modos, a nosotros nos sirve para ver que actuar de tal modo era la práctica tanto de los líderes judíos como de los gobernadores romanos, lo que le da más credibilidad a la información que aparece en los evangelios.

¿Cómo provocaba Jesús a las autoridades?

Ya hemos dicho que Jesús provocaba a las autoridades judías con las declaraciones que hacía sobre el templo y el funcionamiento de éste. Pero, ¿por qué iba a crucificar Poncio Pilato a Jesús por criticar el uso que los judíos hacían del templo, siendo que el hijo de Ananías había sido puesto en libertad? ¿Por qué crucificó a Jesús como «rey de los judíos»? Llegados a este punto, encontramos grandes diferencias entre Jesús de Nazaret y Jesús ben Ananías. (1) El segundo era tan sólo un profeta que anunciaba un destino funesto, pero no necesariamente criticaba la corrupción de los líderes del templo, mientras que el primero expresaba una denuncia clara y vehemente. (2) Jesús de Nazaret contó con muchos seguidores; el hijo de Ananías no. (3) A diferencia del hijo de Ananías, Jesús de Nazaret habló del reino de Dios, (4) hizo milagros, dando evidencia de la presencia del poder del reino de Dios. (5) Por último, Jesús de Nazaret denunció y criticó públicamente a las autoridades en el recinto del templo, cosa que el hijo de Ananías no hizo.

En mi opinión, puede que esta denuncia que Jesús hizo de las autoridades judías fuera suficiente para provocarlas hasta el punto de que quisieran matarle; o puede que no. Puede que fuera suficiente para convencer a Pilato de que debía ser ejecutado; o puede que no. Pero aún en el caso de que la crítica que hizo de los líderes del templo, y el anuncio que hizo sobre la destrucción del templo, hubieran sido los detonantes que causaron la muerte de Jesús, ¿cómo se explica que crucificaran a Jesús como *rey de los judíos* (Marcos 15:26 y paralelos), tradición aceptada por la mayoría de los académicos?[32] Los líderes judíos sabían muy bien por qué en aquel cartel ponía «rey de los judíos». Así que la respuesta es bien sencilla: no sólo entregaron a Jesús porque les criticaba o porque fuera una amenaza, sino también porque decía ser el Mesías de Israel, el rey del reino que fue proclamando durante todo su ministerio.

La dimensión mesiánica de la visita de Jesús a Jerusalén queda muy clara en varios momentos. Por un lado, vemos la entrada triunfal (Marcos 11:1-10), donde Jesús entra montado en un pollino y donde las multitudes gritaban: «Bendito el reino de nuestro padre David que viene». Por otro, la purificación del templo (11:15-18), donde Jesús critica la conducta de los sumos sacerdotes, probablemente tal como anunció el autor de los *Salmos de Salomón* 17:21-18:9, que esperaba que el hijo de David, «el Señor Mesías», purificara el templo.[33] El tema de la corrupción se vuelve a tratar en la advertencia contra los escribas (Marcos 12:38-40) y en el ejemplo la viuda que dio todo lo que tenía a un templo que, de hecho, era un establecimiento opresor (12:41-44).[34]

La próxima sección (Marcos 13:1, 2) es la predicción de la destrucción del templo, lo que implica que la corrupción de la política dirigente de los sumos sacerdotes va a tener que enfrentarse al juicio de Dios. La autoridad *mesiánica* de Jesús es, quizá, lo que los sumos sacerdotes estaban cuestionando (11:27-33). Volvemos a ver la misma idea en la parábola de los labradores malvados (12:1-12), donde Jesús apunta a que él es el hijo (es decir, el Hijo de Dios davídico), quien, a pesar de ser rechazado por los «labradores» (es decir, las «autoridades religiosas») será la figura principal de la venida del Reino. La dimensión mesiánica se vislumbra también en la pregunta sobre el pago del impuesto al César (12:13-17). Si Jesús era el Mesías, el rey de Israel, no era correcto pagar impuestos al César, sino que debían pagarse a Jesús el Mesías. Al menos, eso es lo que los opo-nentes de Jesús esperaban que dijera. La interpretación del Salmo

---

[32] N. A. Dahl, «The Crucified Messiah», *The Crucified Messiah and Other Essays* (Minnneapolis, Augsburg, 1974), 1-36; E. Bammel, «The Titulus», *Jesus and the Politics of His Day,* ed. Bammel y C. F. D. Moule (Cambridge, Cambridge University Press, 1984), 353-364; R. H. Gundry, *Mark: A Commentary on His Apology for the Cross* (Grand Rapids, Eerdmans, 1993), páginas 958, 59.

[33] La expectativa de Qumrán de que el Mesías ayudaría al sumo sacerdote a instaurar un gobierno sacerdotal es también relevante para entender la reacción de Jesús.

[34] Contrariamente a la interpretación popular del pasaje de la viuda, no creo que la intención de Jesús fuera alabarla. Pudo usarla como ejemplo de persona marginada cuya «casa» había sido «devorada» por el establecimiento religioso (como denuncia el pasaje anterior). El establecimiento o sistema del templo no buscaba ayudar a gente como ella; es más, le quitó la última moneda que le quedaba o, como Jesús dijo, «todo lo que tenía para vivir».

110:1 (Marcos 12:35-37) hace más hincapié aún en esta dimensión mesiánica. Lo más probable es que fuera también esta identidad mesiánica de Jesús la que llevara a la mujer del capítulo 14 a ungirle con perfume (14:3-9). Jesús interpretó que esta acción apuntaba a su muerte y sepultura, y que su intención había sido mostrar fe y lealtad a ese rey de Israel que su pueblo tanto había esperado. Todos estos elementos concuerdan con la secuencia de acontecimientos finales: el arresto de Jesús, las vistas ante el Sanedrín y el gobernador romano, y su ejecución como «rey de los judíos». Como era el Mesías de Israel esperado, Jesús asumió su papel y anunció el juicio contra aquel gobierno injusto del templo.[35] Como era el Mesías, Jesús era el Hijo de Dios (igual que David; cf. 2º Samuel 7:12-16; Salmos 2:7), por lo que le fue dado poder para hablar de un nuevo gobierno del templo y de un nuevo orden social.

Seguramente las falsas acusaciones contra Jesús («Nosotros le oímos decir» Marcos 14:58) tenían que ver con su profecía sobre la destrucción del templo (13:2) y con su promesa de que establecería un nuevo orden (12:10, 11).[36] La dimensión mesiánica de las acciones y declaraciones de Jesús durante la visita a Jerusalén, junto con la percepción popular de su autoridad sobre el recinto del templo la vemos de nuevo, claramente, en la pregunta de Caifás: «¿Eres tú el Cristo, el Hijo del Bendito?» (Marcos 14:61). Jesús respondió: «Yo soy; y veréis al Hijo del Hombre sentado a la diestra del poder y viniendo con las nubes del cielo» (14:62). La expresión «a la diestra de» alude al Salmo 110:1: las expresiones «Hijo del Hombre» y «viniendo con las nubes del cielo» aluden a Daniel 7. Jesús afirmó que él era el Mesías, el Hijo de Dios, y que era el ser humano de Daniel 7 («hijo del hombre» = ser humano), que recibe el reino y el poder. «*Sentarse* a la diestra» y «*venir* con las nubes» no es una contradicción –aunque la primera indique una posición estática y la segunda una acción dinámica– porque estas palabras se refieren a la entronización de Jesús en el trono llameante de Dios (ver Daniel 7:9, donde se ve que el trono de Dios tiene ruedas de un fuego abrasador). Así que Jesús ha corroborado que se sentará en el trono de Dios y juzgará a los que le acusaron.

Caifás se horrorizó al escuchar las palabras de Jesús. Por blasfemar, merecía la muerte.[37] Todos estaban de acuerdo. Jesús no solamente había

---

[35] Probablemente esto suponía (1) la opresión de los marginados y (2) desacuerdos en el proceso de compraventa de los animales sacrificiales.

[36] Quizá refiriéndose a su propia resurrección (Marcos 8:21).

[37] Sobre la discusión en torno a los aspectos legales de la blasfemia de Jesús, ver Gundry, *Mark*, 914-18.

afirmado que sus acciones e insinuaciones mesiánicas demostraban que él era el Mesías esperado, sino que había herido la sensibilidad religiosa de los que le estaban juzgando. Así, Jesús fue allanando el camino para que, por fin, le sentenciaran a muerte, tanto las autoridades religiosas judías (por blasfemia capital) como las autoridades romanas (por traición y sedición).

Los detalles que aparecen tanto en Marcos como en los otros Evangelios completan la historia que Josefo recoge. Jesús, llamado el Mesías, fue acusado por los dirigentes judíos y sentenciado a muerte por Poncio Pilato. No hay ninguna razón para decir, tal como hace Mack, que «lo único que podemos hacer es especular sobre lo que ocurrió» y que las piezas de la Pasión de Jesús «no son, ni mucho menos, suficientes para reconstruir lo que aconteció». La dimensión mesiánica de las acciones de Jesús es innegable. Su crucifixión como «rey de los judíos» fue la consecuencia directa de sus hechos y enseñanzas, con las que buscaba proclamar y avanzar el Reino de Dios.

La credibilidad de la narración de la muerte de Jesús en los evangelios debería ser un elemento más de respaldo a la fiabilidad de estos documentos del siglo I. Aunque los cuatro evangelistas hicieron una labor de compilación recogiendo material que ya estaba en circulación y que había sido redactado varias veces con el fin de transmitir la información que contenía, no hay motivos suficientes para tomar una posición escéptica ante la información que los evangelios recogen sobre los hechos y las enseñanzas de Jesús. La presentación que éstos hacen del ministerio de Jesús y de su ejecución es coherente y totalmente creíble.

Preguntas para la reflexión

1. ¿Qué parte de las enseñanzas de Jesús asume la práctica totalidad de los investigadores críticos como auténtica?
2. ¿De qué tema tratan la mitad de las parábolas que Jesús enseña?
3. ¿Qué evento futuro simboliza la elección de los doce apóstoles?
4. Recuerda varios escritos históricos que hagan mención a Jesús y los orígenes del cristianismo.
5. ¿A qué tipo de personas puede ayudar a creer la comprobación histórica de las enseñanzas y crucifixión de Jesús?

Capítulo 5
¿HACÍA JESÚS MILAGROS?

Gary R. Habermas

Gary R. Habermas,
doctorado por Michigan State University,
es catedrático de Filosofía y Apologética
en Liberty University (EE.UU.).
Es coautor de *Why Believe? God Exists:
Rethinking the Case for God*
y ha escrito varios libros y artículos sobre el aspecto
histórico de la persona y la resurrección de Jesús.

¿HACÍA JESÚS MILAGROS?

A la hora de realizar un análisis histórico de la vida de Jesús, los milagros de los evangelios son un elemento crucial. Jarl Fossum empieza su estudio sobre este tema diciendo: «Que Jesús hiciera milagros es básico para la cristología de los evangelios y de Hechos».[1] En este capítulo investigaremos si se puede decir que Jesús hacía milagros.

Empezaremos con una introducción al tema de los milagros y pasaremos a considerar algunos personajes no cristianos de la antigüedad que decían hacer maravillas parecidas a las que encontramos en el Nuevo Testamento. Entonces nos acercaremos a los hechos narrados en los evangelios, y para ello tendremos en cuenta consideraciones tanto históricas como filosóficas.

Las posturas críticas

Nos será útil hacer un breve resumen histórico de los posicionamientos que las diferentes corrientes de pensamiento adoptan en cuanto al tema de los milagros. El liberalismo alemán del siglo XIX[2] produjo una gran cantidad de biografías de Jesús. Esto fue debido al gran interés por la búsqueda del Jesús histórico. Pero toda la investigación realizada fue afectando a dos elementos de los evangelios: lo sobrenatural y la teología. Dicho de otro modo, el pensamiento liberal antiguo redactó una biografía de Jesús que constituía un ejemplo de conducta, pero que dejaba a un lado los milagros y muchos componentes doctrinales.

---

[1] Jarl Fossum, «Understanding Jesus' Miracles», *BR*, 10:2 (Abril 1994), página 17.
[2] Brevemente, el liberalismo del siglo pasado seguía algunos de los aspectos de la filosofía idealista alemana. Va desde el tratado de Friedrich Schleiermacher *On Religion: Speeches to Its Cultured Despisers* (1799) hasta la crítica teológica de Karl Barth en *The Epistle to the Romans* (1918).

En cuanto a los milagros, el liberalismo temprano ofrecía sobre todo una perspectiva racionalista. Por ejemplo, la biografía de Jesús de Heinrich Paulus publicada en 1828 aceptaba algunos textos del Nuevo Testamento, pero para explicar los milagros desarrollaba razonamientos naturales en vez de los hechos sobrenaturales. Pero la publicación de *Life of Jesus* (La Vida de Jesús) de David Strauss en 1835 fue todavía más radical. Strauss propuso una crítica del mito, cuestionando gran parte de las enseñanzas de los evangelios sobre el Jesús histórico. En definitiva, el mito servía para cubrir el pensamiento religioso con un atuendo de apariencia histórica para así poder explicar verdades que eran, de hecho, inexplicables.

No deberíamos subestimar las diferencias entre la perspectiva racionalista y la postura crítica del mito. De hecho, esta última, como niega la historicidad de los textos de los evangelios, tira por tierra los argumentos que la perspectiva racionalista basa en datos objetivos. Es entonces cuando se empieza a separar al Jesús histórico del Cristo más teológico e incluso a sustituir el segundo por el primero. Albert Schweitzer dijo: «La diferencia entre Strauss y los que le precedieron ya en la misma línea consiste en que antes de Strauss la concepción de "mito" no había sido totalmente entendida ni aplicada de forma coherente».[3]

El siglo XX ha sido testigo de diversas interpretaciones de la historicidad de la persona de Jesús, que están tanto a favor como en contra. Uno de los movimientos, por ejemplo, rechazaba la investigación histórica que habían hecho sus predecesores, pero presentaba también una modesta crítica de los mitos contemporáneos y sus estrategias.[4] Un movimiento reciente más positivo se acerca al Jesús histórico enfatizando su trasfondo judío y el contexto de su vida y enseñanzas.[5] Sin embargo, la mayoría de los estudiosos más críticos se identifican más con el método de crítica del mito de Strauss. Como veremos, la cuestión sobre las similitudes de ciertos

---

[3] La perspectiva clásica del liberalismo del siglo XIX está representada por la obra de Albert Schweitzer: *The Quest of the Historical Jesus: A Critical Study of Its Progress from Reimarus to Wrede*, trans. W. Montgomery (1906; reprint, New York, Macmillan, 1968), página 78.

[4] El representante de esta estrategia es James M. Robinson, *A New Quest of the Historical Jesus: Studies in Biblical Theology* (London: SCM, 1959). Otro ejemplo lo encontramos en Günther Bornkamm, *Jesus of Nazareth*, trans. Irene y Fraser McLuskey con James M. Robinson (New York, Harper & Row, 1960).

[5] Algo más variadas son algunas de las siguientes obras clave: Geza Vermes, *Jesus the Jew: A Historian's Reading of the Gospels* (New York, Macmillan, 1973); E. P. Sanders, *Jesus and Judaism* (Philadelphia, Fortress, 1985); James H. Charlesworth, *Jesus Within Judaism* (Garden City, N.Y., Doubleday, 1988); John P. Meier, *A Marginal Jew: Rethinking the Historical Jesus*, vol. 1 (Garden City, N.Y., Doubleday, 1991).

personajes antiguos con la narrativa neotestamentaria y todos los debates que se vienen realizando desde finales del siglo XIX han contribuido mucho a la panorámica moderna.

Paralelos en la Antigüedad

Los milagros que se cuenta que realizaban personajes no cristianos de la antigüedad es un tema enigmático. La antigüedad está llena de narraciones de milagros, y es normal que se las compare con Jesús, ya que existen escritos que cuentan que otras figuras religiosas realizaban el mismo tipo de maravillas que Jesús (estos eran los hombres santos judíos, los magos, y los «hombres divinos» helenistas.)[6] Algunos críticos defienden que estos paralelos de la antigüedad han influido en los evangelios, ya sea en la presentación de los milagros de Jesús (siendo inspiración de episodios enteros), o en el desarrollo de sus ideas y acciones.

¿Cuál debe ser nuestra posición ante estos paralelos? Vamos a detenernos en este tema, viendo algunos de los grupos que decían hacer milagros.

Los hombres santos judíos

Josefo escribe sobre un hombre piadoso llamado Onías (o Honi) quien en tiempo de sequía oró para que Dios enviara lluvia, y Dios contestó su oración concediéndole su petición.[7] Aún de forma más detallada, la Misná recoge que Dios no contestó enseguida, así que Onías —conocido como «El hombre que hacía círculos»— dibujó en tierra un círculo, se metió en él, y le dijo a Dios que no se movería de allí hasta que lloviera: y llovió.[8]

Josefo habla también de un judío llamado Eleazar que echaba demonios poniendo una raíz delante de la nariz de la persona poseída y sacando al demonio ¡por las fosas nasales! Entonces Eleazar repitiendo un conjuro le prohibía al demonio que volviera en el nombre de Salomón. Para acabar,

---

[6] En este capítulo no consideramos las maravillas y milagros que los evangelios apócrifos atribuyen a Jesús, sobre todo porque son documentos escritos mucho después, y porque no son paralelos contemporáneos a los milagros de Jesús. En general, estos documentos son mucho más tardíos que los evangelios canónicos, y de una calidad muy inferior. Además, los reclamos que hacen apenas cuentan con evidencias históricas.

[7] Josefo, *Antigüedades de los judíos*, XIV, II, 1, 2 en *Los Escritos Esenciales de Josefo* (Grand Rapids, Michigan, 1992).

[8] *Misná*, Taanith 3:8. Este texto también aparece en C.K. Barrett, ed., *The New Testament Background: Selected Documents* (New York, Harper and Brothers, 1956), páginas 150, 151.

ordenaba al demonio que derramara un recipiente de agua como prueba de que había abandonado el cuerpo poseído. El objetivo de estas hazañas era demostrar la grandeza de Salomón.[9]

En los tiempos de Jesús, muchos judíos creían que algunos rabinos podían hacer milagros. Por ejemplo, Hanina ben Dosa podía sanar incluso a distancia. Una vez oró por la curación de un chico que tenía una fiebre muy alta y acto seguido anunció que se encontraba bien, lo que fue posteriormente confirmado por el padre.[10]

¿Puede ser que la narración de los milagros de Jesús se inspirara (o inventara) en los hechos de estos santos judíos?[11] No podemos negar que la curación a distancia de Hanina ben Dosa nos recuerda la curación del siervo del centurión que Jesús realizó (Mate 8:5-13; Lucas 7:1-9). No obstante, estos ejemplos antiguos presentan aspectos distintos, como el hecho de que Eleazar tuviera que utilizar una raíz, sacar el demonio por las fosas nasales del poseído y proferir el conjuro salomónico, y que Honi tuviera que dibujar un círculo mágico.

Sí cabe decir que los evangelios presentan reminiscencias del Antiguo Testamento y de la tradición judía. De hecho, Jesús mismo fue llamado rabí.[12] ¿Pero se puede llegar a decir que las similitudes que vemos en Josefo y la Misná explican los milagros de Jesús y los escritos que de éstos se conservan? En primer lugar, no hay pruebas concretas de que los relatos de los evangelios sean una imitación de estas tradiciones judías y, de hecho, las fuentes escritas donde están recogidas dichas tradiciones son posteriores a ellos.[13] Además, los líderes judíos de los evangelios reconocían que Jesús hacía milagros,[14] lo que es comprensible a la luz de las maravillas que ellos también realizaban.[15]

---

[9] *Antigüedades*, VIII, II, 5.

[10] Israel W. Slotki, ed. *The Babylonian Talmud*, trans. S. Daiches (n.o., Rebecca Bennet Publications, 1959), Berakot 34b; cf. Fossum, «Understanding Jesus'Miracles», donde podrá encontrar un ejemplo más (página 18).

[11] Vermes, *Jesus the Jew*, describe a Jesús como un famoso rabí judío y como un hombre santo de Galilea.

[12] Juan 1:38, 49; 3:2; 6:25.Este título también se usaba para Juan el Bautista (Jn. 3:26).

[13] El más antiguo de estos escritos, *Antigüedades de los judíos* de Josefo se puede ubicar al final del reino del emperador romano Domiciano, entre el 93-94 d.C. Vemos que es posterior a los evangelios sinópticos, y bastante contemporáneo al Evangelio de Juan. Las porciones más antiguas de la Misná no se pueden fechar antes del 200 d.C., por ser entonces cuando fue completada por el Rabí Judá, para más tarde pasar a formar parte del Talmud. Para más detalles ver Barrett, *New Testament Background*, páginas 141, 143, 145, 190.

[14] Ver Marcos 2:1-12; 3:22; Lucas 13:10-17; Juan 11:47.

[15] Aparte de consultar los relatos de Josefo y del Talmud, consultar Mateo 12:27-28.

Pero nuestro tema principal es la historicidad de los milagros de Jesús. Jesús era judío, y es verdad que los escritores de los evangelios estaban influidos por innumerables conceptos judíos. Pero este elemento judío no presenta ningún problema para la historicidad que estamos tratando, a no ser que se demostrara que los milagros de Jesús fueran todos una invención o que el elemento sobrenatural hubiera sido acentuado debido a la influencia de tales tradiciones. Volveremos a tratar este tema más adelante, cuando nos centremos en las razones que respaldan la historicidad de los milagros de los evangelios.

Magos

Los dos ejemplos de Josefo nos muestran que algunas características de los santos judíos coinciden con las de los magos. Parece ser que los santos judíos utilizaron medios relacionados con la magia para conseguir sus objetivos (por ejemplo, la raíz y el conjuro salomónico). Cabe decir que en el caso de Onías, Josefo recoge que Simeon ben Shetah le denunció, acusándole de no ser nada ortodoxo al utilizar el círculo mágico.[16]

En la antigüedad encontramos muchos otros relatos mágicos. Edwin Yamauchi dice que existen unos mil textos cuneiformes de la antigua Mesopotamia que describen la curación de enfermedades mediante la magia. Muchas de estas enfermedades eran atribuidas a demonios, y la curación consistía en echar a dichos demonios usando diversas fórmulas.[17] ¿Existen pruebas contundentes de que estos relatos no cristianos inspiraran o, lo que es más, dieran pie a la invención de algunos de los milagros que encontramos en los evangelios? Los milagros y exorcismos de Jesús, ¿pueden concebirse como la obra de una mago?

El estudio detallado de Yamauchi trata de forma extensa las diferentes respuestas a este debate. La tendencia que apunta a que Jesús era un mago se encuentra con el siguiente obstáculo: el concepto de magia mismo, el cual era bastante negativo en la antigüedad. Tanto la tradición cristiana como la no cristiana recogen que la magia incluía elementos como la

---

[16] Ver Barrett, *New Testament Background*, páginas 150, 151, para ver tanto el texto original como los comentarios.

[17] Ver el fantástico escrito de Edwin Yamauchi «Magic or Miracle? Diseases, Demons and Exorcisms» en *Gospel Perspectives*, vol. 6, *The Miracles of Jesus*, ed. David Wehnham y Craig Blomberg (Sheffield, JSOT, 1986), páginas 89-183. Barrett, *New Testament Background*, páginas 31-35, incluye un ejemplo antiguo de encarnación que aparece en el Papiro Mágico de París.

brujería, demonios, conjuros, hechizos y engaño, y era practicada por gente de moral cuestionable.[18] Incluso Morton Smith, quien mantiene que Jesús era un mago, dice que «a algunos magos se les atribuía actos de canibalismo, incesto y promiscuidad sexual».[19] Relaciona a Jesús y a los primeros cristianos con la magia, sobre todo porque Jesús hacía milagros y porque decía que era el enviado de Dios. Afortunadamente, Smith también habla del amor fraternal de los primeros cristianos, el uso de los apelativos «hermano» y «hermana», de que tenían en común todas las cosas, y de la costumbre de celebrar la cena del Señor (considerada por algunos críticos antiguos como una forma de canibalismo).[20]

¡No comprendo como a alguien con estas características se le podía tachar de mago! Si a todos los que hacían milagros, un grupo de gente que se amaban los unos a los otros, y compartían todas sus posesiones, se les puede describir como devotos de la *magia*, ¡entonces hemos desprovisto a esta palabra de todo su significado inicial! Y aunque es verdad que algunos individuos incrédulos interpretaron la cena del Señor de forma perversa, ¡no existe prueba alguna de canibalismo cristiano!

Pero si miramos el desarrollo de la teoría de Smith, algunos de sus otros argumentos son aún más discutibles. ¡Propone que Jesús fue a Egipto para formarse en el arte de la magia, que las marcas en el cuerpo de Pablo (Gálatas 6:17) eran tatuajes mágicos, que cuando el historiador romano Tácito recoge que a los cristianos se les acusaba de «odiar a la raza humana» se estaba refiriendo probablemente a la práctica de la magia, y un largo etcétera más![21] No hace falta molestarse en refutar estos argumentos porque son absurdos, están faltos de pruebas y no coinciden con los datos históricos que tenemos de aquella época. Por ejemplo, no hay ningún testimonio de la época que recoja que Jesús estudiara magia ni en Egipto, ni en ningún otro lugar,[22] y las marcas en el cuerpo de Pablo eran debidas a los sufrimientos físicos que él mismo enumera de forma clara y explícita (2ª Corintios 11:23-28).

Así, si tenemos en cuenta la definición de magia que se hacía en la antigüedad, Jesús no es un mago, ya que no presenta ninguna de las

---

[18] Yamauchi, *Miracle of Jesus*, páginas 89-91, 97.
[19] Morton Smith, *Jesus the Magician* (New York, Harper & Row, 1978), página 66.
[20] *Ibíd.*, páginas 46, 64-67.
[21] *Ibíd.*, páginas 47, 48, 50-53.
[22] Para realizar una investigación de lo que llamo la tesis del «Jesús itinerante y viajero», ver Gary R. Habermas, *Ancient Evidence for the Life of Jesus: Historical Records of His Death and Resurrection* (Nashville, Thomas Nelson, 1984), páginas 72-78.

características relacionadas con dicho concepto. Por otro lado, si ampliamos la definición de magia e incluimos a Jesús, tal como hace Smith, el concepto pierde todo su significado característico.[23] Pero aún nos tenemos que preguntar si los relatos de magia recogidos en la antigüedad inspiraron los milagros de Jesús. Enseguida pasaremos a tratar directamente el tema de la historicidad de dichos relatos.

«Hombres divinos» helenistas

Aparte de los santos judíos y los magos, otro de los paralelos de los milagros de los evangelios es los «hombres divinos» helenistas. Si se pudieran establecer unos criterios para describir a estos «superhéroes», podríamos decir que se centraron sobre todo en dos tipos de fenómenos: la adivinación y los milagros.[24]

Los hombres divinos helenistas más conocidos fueron Apolonio de Tiana, un poeta y neopitagórico ambulante del primer siglo, conocido por sus poderes especiales, que incluían los milagros.[25] En cierta ocasión, Apolonio ordenó a un demonio salir de un joven y demostrar que le había obedecido con una señal visible. El demonio respondió que tumbaría una estatua que allí había, y acto seguido la estatua calló al suelo. El joven se restregó los ojos como si se acabara de despertar, y se dio cuenta de que estaba totalmente curado.[26]

Aunque el exorcismo de Apolonio nos recuerda la historia de los evangelios en la que Jesús echa al espíritu inmundo del gadareno (Marcos 1:5-17), Graham Twelftree comenta que aunque los demonios entraron en los cerdos, eso no fue una señal para demostrar que habían salido del gadareno, sino que fue tan solo que Jesús les permitió habitar otros cuerpos porque ellos así se lo habían rogado.[27]

---

[23] Sobre otros temas que no podemos tratar aquí, ver el capítulo de Yamauchi, que está muy bien documentado.

[24] Ver el espléndido ensayo de Barry L. Blackburn, «Miracle Working ΘΕΙΟΙ ΑΝΔΡΕΣ in Hellenism (and Hellenistic Judaism)», *The Miracles of Jesus*, páginas 185-218. Blackburn presenta una tabla con los representantes pre y postcristianos (página 187).

[25] Su vida aparece detallada en una biografía, escrita en la primera mitad del siglo III d.C. por Flavio Filóstrato, *La vida de Apolonio de Tiana,* trans. F. C. Conybeare, 2 vols. LCL (Cambridge, Mass.: Harvard Universiy Press, 1912).

[26] *Ibíd.*, 4.20. De hecho, los exorcismos o expulsiones no eran algo común entre los hombres divinos helenistas/helénicos/helenistas. Este caso es el único que conservamos de este tipo de relatos.

[27] Ver Graham H. Twelftree, «ΕΙ ΔΕ ... ΕΓΩ ΕΚΒΑΛΛΩ ΤΑ ΔΑΙΜΟΝΙΑ...», en *The Miracles of Jesus*, páginas 381-84.

En otra ocasión, en Alejandría, Apolonio estaba contemplando cómo iban a ejecutar a doce hombres. Adivinó que uno de ellos era inocente, lo que fue confirmado posteriormente por un mensajero que aportó nuevas pruebas.[28] Esta facultad de poseer un conocimiento especial nos recuerda las muchas veces que Jesús demostró poseer una sabiduría sobrenatural.[29] Pero los evangelios nunca apuntan a que esta habilidad de Jesús estuviera relacionada con la adivinación o lo oculto. Como la adivinación era «el poder más extendido» entre los hombres divinos helenistas, Blackburn enfatiza la diferencia abismal que encontramos aquí entre estos personajes de la antigüedad y las narraciones de los evangelios.[30]

¿Se puede decir que los milagros de Jesús que vemos en los evangelios fueron inspirados en los hombres divinos helenistas?[31] La verdad es que no es fácil definir a este grupo, ya que no existía un prototipo fijo o una lista de características comunes.[32] Lo único que podemos decir es que eran «superhéroes» clásicos, que decían poder curar y adivinar. Es pues difícil sostener la postura de que los milagros de Jesús fueron concebidos a partir de un grupo del cual no existía una clara definición. Pero incluso si se quisiera defender tal idea, en las narraciones de los evangelios encontramos muchos elementos diferentes y casi opuestos: los milagros siempre están descritos de una manera muy discreta, y nunca aparecen los elementos mágicos que caracterizaban a los helenistas.[33]

Además, aunque pueda ser verdad que haya algunas similitudes entre los evangelios y las fuentes helenistas, casi todos los motivos o símbolos

---

[28] Filóstrato, *La vida de Apolonio de Tiana*, 5.24.

[29] Ver Lucas 5:4-10; Juan 1:47-49; 2:24-25; 4:17-19; 6:64; 11:11-15; 18:4.

[30] Blackburn, «Miracle Working», página 190.

[31] La expresión clásica de una asociación positiva entre los hombres divinos y Jesús es W. Bousset y su *Kyrios Christos* (1913; reprint, Nashville: Agingdon Press, 1970). Otto Pfleiderer y su *The Early Christian Conception of Christ: Its Significance and Value in the History of Religion* (London, Williams and Norgate, 1905) sería un predecesor de esta idea. Este autor pertenece a la escuela de la Historia de las Religiones (*Religionsgeschichte*), y en el capítulo 3 de la obra citada trata algunos paralelos de los milagros de Jesús. El teólogo actual que más respalda esta idea es el conocido Rudolf Bultmann. Ver su *Teología del Nuevo Testamento* (Salamanca, Sígueme, 1981). Encontrará una crítica a alguna de estas posiciones en Reginald Fuller, *Foundations of New Testament Christology* (New York, Scribner's 1965), páginas 68-72, 86-101; Oscar Cullmann, *The Christology of the New Testament*, rev. ed., trad. Shirley C. Guthrie y Charles A. M. Hall (Philadelphia, Westminster, 1963), páginas 195-199, 239-245, 270-272.

[32] Blackburn, «Miracle Working», páginas 188-92, 205; cf. Fuller, *Foundations*, 97.

[33] Ver Rudolf Bultmann, «The Study of the Synoptic Gospels», *Form Criticism; Two Essays on New Testament Research*, trans. Frederick C. Grant (New York, Harper & Row, 1962), 38, donde curiosamente se elige como ejemplo comparativo el caso de Eleazar que aparece en Josefo.

que aparecen en los evangelios aparecen en el Antiguo Testamento y en la literatura rabínica o judeopalestina. Este dato nos basta para demostrar la poca lógica que hay en empeñarse en que los milagros de los evangelios provienen del género helenista.[34] También la mayoría de estos escritos son posteriores al Nuevo Testamento. Reginald Fuller escribe: «No se puede negar que la mayoría de pruebas que la escuela de Historia de las Religiones ha presentado en defensa del concepto helenista de hombre divino son posteriores al Nuevo Testamento».[35] Y después de realizar un concienzudo estudio de los milagros helenistas, Blackburn concluye: «De hecho, de todas las tradiciones precristianas tan solo he encontrado tres historias que nos recuerdan los relatos de los evangelios».[36]

Por último, el elemento central del cristianismo –la muerte propiciatoria y la resurrección de Jesús– es único, y es obvio que no está inspirado en ningún motivo helenista. Después de escribir ampliamente sobre la naturaleza única de la muerte y resurrección de Jesús, Fuller subraya: «El concepto de la resurrección según el sentido bíblico no tiene ningún antecedente en la historia antigua».[37] Del mismo modo, I. Howard Marshall se refiere a la deidad de Cristo diciendo que "la influencia de los conceptos de tradiciones paganas es mínima».[38]

---

[34] Blackburn, «Miracle Working», 196-99; Fuller, *Foundations*, 70-72, 97, 98; Cullmann, *Christology*, páginas 199-217, 241-245, 272-275.

[35] Fuller, *Foundations*, 98. Analizando un tema parecido, Fuller llega a la conclusión de que el mito gnóstico del redentor «no aparece de forma directa en ninguna fuente precristiana, sino que es una reconstrucción posterior» (página 93). Añade: «No hay ninguna evidencia de que existiera antes del cristianismo un redentor que se encarna. La figura del redentor encarnado no entra en la tradición gnóstica hasta el siglo II, y lo hace a través del gnosticismo "cristiano"».

[36] Blackburn, «Miracle Working», páginas 199-202.

[37] Fuller, *Foundations*, 90; cf. 142-144. Acerca de la propiciación, véase Martin Hengel, *The Atonement: The Origins of the Doctrine of the New Testament*, trans. John Bowden (Philadelphia, Fortress, 1981), páginas 31-31, 65-75. Sobre la singularidad de la resurrección, ver Hengel, *The Atonement*, páginas 34-39, y Sir Norman Anderson, *Christianity and World Religions: The Challenge of Pluralism* (Downers Grove, Ill., InterVarsity Press, 1984), páginas 48-81.

[38] I. Howard Marshall, *The Origins of New Testament Christology*, edición revisada (Downers Grove, Ill. InterVarsity Press, 1990), página 128; ver páginas 112-123, 126-129. Sobre la deidad de Jesucristo en relación con las opciones helenistas, ver Cullmann, *Christology*, 203-237, 270, 275-290; cf. 150-64; Martin Hengel, *The Son of God* (Philadelphia: Fortress Press, 1976). Blackburn, «Miracle Working», página 189, dice que no ha encontrado ningún otro caso en el que se llamara Hijo de Dios a alguien que hacía milagros, ni en el que esos milagros se usaran para defender o probar la divinidad de tal persona. Fuller, *Foundations*, páginas 69-72, añade que en el judaísmo helenista nunca se usa el título «Hijo de Dios» para hablar de los hombres divinos, sino que tiene sus raíces en el Antiguo Testamento.

Así, concluiremos que lo que los evangelistas escribieron sobre los milagros no está basado en las historias helenistas. Resumimos las pruebas que se alzan en contra de esta tesis sobre la influencia helénica: la falta de claridad en la definición del hombre divino, las áreas de divergencia con los evangelios, los paralelos que encontramos en el Antiguo Testamento y la tradición judía, la falta de escritos helenistas precristianos, y el hecho de que la tradición helenista no puede explicar el concepto clave del cristianismo.

Según Blackburn, «no hay justificación alguna» para llevarnos a creer, como a veces se defiende, que las fuentes helenistas hayan «influido grandemente» los evangelios. Probar la existencia de tal influencia en casos concretos es «cuestionable», así que tal teoría no debería ser postulada con tanta confianza y seguridad.[39]

Aún diríamos más: atacar el origen de una idea en vez de tratar el concepto mismo es caer en la mentira conocida como falacia genética. Aunque se pudiera demostrar algún tipo de relación, no significaría que los relatos de los milagros de Jesús fueran falsos.

Historicidad de los milagros en la tradición no cristiana de la antigüedad

Tan sólo hemos estudiado tres de los relatos que supuestamente inspiraron los milagros de Jesús. La historicidad de estos relatos de milagros que tuvieron lugar en la antigüedad es un aspecto que los estudios contemporáneos suelen pasar por alto. El debate no acaba al descubrir que no se puede probar que los relatos de tradición no cristiana inspiren los milagros de Jesús o la narración que los evangelios hacen de estos. Aún falta ver si los textos del Nuevo Testamento recogen correctamente los acontecimientos sucedidos. Sin embargo, antes de empezar el estudio sobre este tema, haremos algunos comentarios sobre la historicidad de esos relatos de tradición no cristiana.

Pocos de ellos (o ninguno) pueden aportar pruebas de la veracidad de los milagros que describen.

Fijémonos concretamente en *La vida de Apolonio de Tiana,* de Filóstrato, el relato que cuenta con más pruebas fiables. Con todo, esta obra presenta algunos problemas:

---

[39] Blackburn, «Miracle Working», páginas 198, 199, 205, 206.

- La narración de Filóstrato, que fue contemporáneo del siglo III, fue escrita más de un siglo después de la muerte de Apolonio. Aunque en historia antigua un siglo no supone un intervalo muy grande, es suficiente para obligarnos a hacer un estudio prudente de dicha narración.
- En esta obra de Filóstrato hallamos muy a menudo serias imprecisiones históricas, como la larga duración de los viajes de Apolonio a ciudades como Nínive y Babilonia. En el primer siglo, estas ciudades no solo se hallaban en ruinas, sino que además Nínive llevaba en ruinas al menos cientos de años, lo que despierta serias dudas sobre las conversaciones de Apolonio con los reyes de estas dos ciudades.
- Puede que la fuente de información más importante de Filóstrato, un discípulo de Apolonio llamado Damis, sea un personaje ficticio. Se nos dice que Damis procedía de la inexistente ciudad de Nínive, lo que nos hace dudar de su existencia.[40]
- Muchos estudiosos creen que la obra de Filóstrato es básicamente ficción romántica, un género de literatura popular del siglo II d.C. Varios indicios apuntan a que su intención primera no era presentar con exactitud la vida de Apolonio.[41] Aunque eso no debe hacernos dudar de todos los escritos antiguos en general, tal como Darrell Bock defiende en su capítulo, porque algunos historiadores de la Antigüedad escriben con mucha exactitud y objetividad. No podemos juzgarlos a todos porque Filóstrato no lo hiciera así.
- Las similitudes entre Apolonio y Jesús pueden ser pura coincidencia. Filóstrato escribió esta obra por encargo de Julia Domna, mujer del emperador romano Septimio Severo, y se sabía que lo hizo para tramar una «conspiración contra Jesús».[42]
- Se sabe también que el informador de Filóstrato idealizó la persona de Apolonio, especialmente en lo que se refiere a sus poderes sobrenaturales. Los milagros son algunos de los elementos que el

---

[40] Ver Howard Kee, *Miracle in the Early Christian World* (New Haven, Yale University Press, 1983), página 256; James Ferguson, *The Religions of the Roman Empire* (Ithaca, N.Y., Cornell University Press, 1970), página 182; Charles Bigg, *The Origins of Christianity* (Oxford, Clarendon, 1910), página 306.

[41] Más detalles, en Kee, *Miracle*, 253; S.A. Cook, ed., *The Cambridge Ancient History*, vol. 12 (Cambridge, Cambridge University Press, 1965), página 611.

[42] Ferguson, *Religions of the Roman Empire*, página 51; cf. Cook, *Cambridge Ancient History*, página 613.

informador se inventó. Así, se puede decir que el texto «no es... muy creíble»[43] Una prueba más es que no existen otros escritos históricos que recojan las hazañas milagrosas de Apolonio.

Es verdad que las inexactitudes que encontramos en Apolonio de Tiana no invalidan otros relatos antiguos sobre milagros. Pero sí que es cierto que de la misma manera que algunos estudiosos escépticos se empeñan en analizar la naturaleza de los textos del Nuevo Testamento, tendrían que hacerse las mismas preguntas al tratar textos de tradición no cristiana. No es suficiente *afirmar* que todas las tradiciones recogen relatos sobre milagros. Se debe examinar todos los datos: la fecha y las circunstancias en las que se escribieron, la posición y las fuentes del autor, las pruebas que se presentan, y ver si hay otras propuestas alternativas que expliquen mejor dichos datos.[44] Ahora nos centraremos en los relatos de los evangelios.

Los milagros de Jesús

Los milagros de Jesús se suelen clasificar en tres categorías diferentes: curaciones, exorcismos y milagros sobre la naturaleza. Los dos primeros reciben un mejor trato en los estudios contemporáneos, aunque no son considerados como sinónimos. Marcus Borg explica que «en los evangelios se establece una clara diferencia entre los exorcismos y las curaciones; no todas las curaciones eran exorcismos, y no todas las enfermedades eran causadas por espíritus malignos».[45] Sin embargo, los relatos en los que Jesús actúa sobre la naturaleza son de otro tipo, el ejemplo por antonomasia es la resurrección de Jesús.[46]

La teología crítica del siglo XX adopta una actitud más o menos positiva hacia las curaciones y los exorcismos de Jesús. Esta actitud va desde la afirmación general a la aceptación explícita. Rudolf Bultmann señala

---

[43] En cuanto a estos problemas, ver Conybeare, «Introduction» a *La vida de Apolonio de Tiana* de Filóstrato, 1.vii-x.

[44] Gary R. Habermas, «Resurrection Claims in Non-Christian Religions», *Religious Studies* 25 (1989), páginas 167-177. Aquí encontrará más información sobre el texto de Filóstrato y otras fuentes paralelas.

[45] Marcus J Borg, *Jesus: A New Vision: Spirit, Culture, and the Life of Discipleship* (San Francisco, Harper San Francisco, 1987), páginas 61, 62.

[46] John Dominic Crossan, *The Historical Jesus: The Life of a Mediterranean Jewish Peasant* (San Francisco, Harper San Francisco, 1991), página 404.

que «no hay duda» de que Jesús en verdad «curó a enfermos y echó a demonios».[47] Günther Bornkamm también apunta: «Sería difícil dudar de los poderes de curación física que emanaban de Jesús, y también que él mismo interpretaba los exorcismos que realizaba como señales de que el Reino de Dios estaba cerca».[48]

A. M. Hunter nos da más detalles sobre las curaciones:

> *Ningún cristiano, por respeto que tenga por su integridad intelectual, debe poner en duda que Jesús dio vista a los ciegos, oído a los sordos, ayudó a los cojos a andar, curó a leprosos y a gente poseída por espíritus malignos, y devolvió la vida a aquellos que parecían haber muerto. Existen pruebas históricas suficientes para dar fe de estos sucesos.*[49]

Incluso los teólogos escépticos han adoptado esta actitud de aceptación. Marcus Borg, miembro de «El Seminario de Jesús», dice: «Aunque es difícil para la mente moderna creer en los milagros, los datos históricos demuestran que prácticamente no hay duda de que Jesús curaba y realizaba exorcismos».[50]

John Dominic, cofundador de «El Seminario de Jesús», añade: «No podemos ignorar las curaciones y exorcismos de Jesús», y «Jesús realizaba curaciones y exorcismos entre la gente corriente».[51]

Así, vemos que los estudiosos escépticos afirman que las curaciones y exorcismos tuvieron lugar. Sin embargo, no los suelen describir como acontecimientos sobrenaturales. Los definen sobre todo de las dos siguiente maneras.[52]

---

[47] R. Bultmann, *Jesus* (Tübingen. Mohr, 1926), página 146 (citado en Fossum, «Understanding Jesus'Miracles», página 23).

[48] Bornkamm, *Jesus of Nazareth*, 130-31.

[49] M. A. Hunter, *Jesus: Lord and Saviour* (Grand Rapids, Eerdmans, 1976), página 63.

[50] Borg, *Jesus, A New Vision*, página 61.

[51] John Dominic Crossan, *Jesus: A Revolutionary Biography* (San Francisco, Harper San Francisco, 1994), páginas 93 y 177, respectivamente. (En esta bibliografía nos referiremos a este libro como *Jesus*, para diferenciarlo del libro del mismo Crossan *The Historical Jesus*).

[52] Consultar otros ejemplos aparte de Crossan y Borg: Bultmann, *Teología del Nuevo Testamento*, 1.7; Fuller, *Foundations*, 105-7; Reginald Fuller, *Interpreting the Miracles* (London, SCM Press, 1963), páginas 18-29; Wolfhart Pannenberg, *Jesus –God and Man*, trans. Lewis L. Wilkens y Duane A. Priebe (Philadelphia, Westminster, 1968), páginas 63-65; Fossum, «Understanding Jesus'Miracles», página 23. Según «El Seminario de Jesús», las palabras de Jesús reflejan sus expulsiones al menos en un texto (Mateo 12:27-29 = Lucas 11:17-22); ver Robert W. Funk, Roy W. Hoover y «El Seminario de Jesús», *The Five Gospels: What Did Jesus Really Say?* (New York, Macmillan, 1993), páginas 186, 330.

1. Siendo verdad que Jesús sanaba, la curación no era biológica, sino cognitiva y psicosomática. Según Bultmann, ya que lo sobrenatural no existe, «tanto las enfermedades como la curación de éstas solo pueden ser atribuidas a causas naturales».[53] Hunter atribuye las curaciones de Jesús al poder de la mente, es decir, a la fe en la curación.[54] Crossan asegura que Jesús nunca provocó en los enfermos ningún tipo de alteraciones físicas, sino que trató las enfermedades sociales que iban de la mano de las verdaderas enfermedades.[55] De la misma manera, y tampoco cree en la existencia de los demonios, defiende que para lo único que servían los exorcismos era para curar los síntomas de fondo, especialmente de aquellos que creían en los demonios.[56]
2. Había otros personajes en la antigüedad que también curaban y sacaban «demonios», quizás aún con mayor frecuencia (ver Mateo 12:27, 28; Marcos 9:38-40). Así, los milagros que Jesús realizaba no eran tan excepcionales.[57]

Ya hemos comentado antes que la interpretación que todos estos expertos hacen del tercer tipo de milagros, los realizados sobre la naturaleza, es bastante diferente, y la razón es que estos tienen que ver de una manera más directa con lo sobrenatural. Fossum resume la posición de la mayoría de ellos: «El objetivo de la narración de dichos milagros no es ser un documento histórico, narrar algo que de verdad ocurrió, sino transmitir un mensaje religioso».[58] Por ejemplo, el objetivo de las historias en las que Jesús calma la tempestad y camina sobre las aguas es indicar que Dios tiene el control de nuestras vidas y que los creyentes no deberían tener temor, y que Jesús es tanto «el Señor de la salvación como el Señor de

---

[53] Rudolf Bultmann, «New Testament and Mythology», *Kerygma and Myth: A Theological Debate*, ed. Hans Werner Bartsch, rev. trans. por Reginald H. Fuller (New York, Harper & Row, 1961), páginas 4, 5.

[54] Hunter, *Jesus: Lord and Saviour*, página 63.

[55] Crossan diferencia entre las enfermedades a secas, cuya Naturaleza es biológica, y las enfermedades o males sociales, cuya naturaleza es sociológica (*Jesus*, páginas 80-82). Para él, Jesús no sanaba físicamente, sino que «sanaba a los pobres rechazando los rituales de impureza y rechazando también el ostracismo social... Así que los milagros no eran cambios en el mundo físico, sino cambios en el mundo social» (página 82).

[56] Crossan presenta un ejemplo actual para explicar la forma en que un psiquiatra aconsejó el exorcismo a una adolescente, que se recuperó totalmente (*Jesus*, página 85).

[57] Borg, *Jesus, A New Vision*, páginas 60-62, 70.

[58] Fossum, «Understanding Jesus'Miracles», páginas 21.

la creación». Así, los milagros de las alimentaciones sirven para explicar que «los seguidores de Jesús participaremos de los banquetes mesiánicos que están por venir».[59]

Crossan interpreta los milagros sobre la naturaleza que Jesús realiza antes de su muerte juntamente con las apariciones que tienen lugar después de ella, y dice que buscan dar un mensaje sobre la autoridad eclesiástica. Cree que el texto trata sobre el poder espiritual de líderes concretos, de grupos de liderazgo, y de la comunidad.[60]

Otros siguen una líneadistinta. Borg, por ejemplo, se aleja del dogmatismo y propone que la narración de estos acontecimientos «podría tener un propósito simbólico, y no un propósito histórico». Según él, «no sabemos» si esos hechos sobrenaturales tuvieron lugar. «Es imposible desarrollar un juicio histórico claro», así que debemos acercarnos a dichos hechos sobre-naturales con incertidumbre. Borg ni siquiera ve claro lo de las curaciones de Jesús. Ya hemos visto que otros concluían que las curaciones eran resultado de la fe que los enfermos tenían. Sin embargo, en muchos casos «la fe de la persona curada no interviene en absoluto». Las curaciones de Jesús eran realizadas con «poder», un poder difícil de medir y clasificar.[61]

Defensa de los Milagros de Jesús

¿Qué podemos decir de la historicidad de los milagros de Jesús y, en particular, de los milagros que realizó sobre la naturaleza? Vamos a tratar este tema centrándonos en dos áreas de investigación: las diferentes interpretaciones de la realidad y las pruebas objetivas existentes.

Interpretaciones de la realidad

Los expertos muchas veces hablan como si se pudiera separar los datos objetivos de las diferentes maneras de interpretar o entender la realidad. Es imposible estudiar la Historia de una manera totalmente imparcial, objetiva, o dejando a un lado las creencias globales. Y es que todos sabemos que cada uno tiene una concepción concreta de la realidad y normalmente analiza toda información a través de ese prisma.

---

[59] *Ibíd.*, páginas 21-23.
[60] Crossan, *The Historical Jesus*, página 404; *Jesus*, páginas 169-70, 175, 181, 186, 190.
[61] Borg, *Jesus, A New Vision*, páginas 66-71.

Sin embargo, aunque esto sea verdad, los datos objetivos siguen siendo cruciales. No bastan las opiniones basadas en nuestras presuposiciones para justificar las ideas preconcebidas que tenemos. Hemos de tener en cuenta los datos y pruebas que se nos ofrecen. Así, a veces las pruebas existentes sobre cierto tema nos hacen olvidar las dudas que teníamos e incluso abandonar la posición y opiniones contrarias que sosteníamos.[62]

La influencia de nuestra manera de entender la realidad

Empezaremos comentando cómo la manera que tenemos de entender la realidad afecta nuestra posición ante los milagros de Jesús. Muchos escritores, tanto a favor como en contra, reconocen que al tratar el tema de los milagros de Jesús están condicionados, al menos parcialmente, por su concepción de la realidad. Tal como afirma «El Seminario de Jesús», «La controversia religiosa contemporánea (...) *gira* en torno a si la comprensión de la realidad que aparece en la Biblia puede extrapolarse a esta era científica y conservarse como un producto de la fe».[63] Y aplican esta manera de pensar a la persona de Jesús:

> *Jesús está en el centro de este debate. El Cristo de credo y dogma (...) ya no puede recibir la aprobación de aquellos que han visto los cielos a través del telescopio de Galileo, la lente del cual ha hecho desaparecer del firmamento a los viejos dioses y demonios. Copérnico, Kepler y Galileo han echado por tierra las moradas mitológicas de los dioses y Satanás, y nos han dejado el legado de los cielos seculares.*[64]

Con esta declaración, «El Seminario de Jesús» establece su radical opinión sobre la información contenida en los evangelios. Los avances de la ciencia demuestran que no se puede ver a Jesucristo como una deidad ni creer en la existencia de un mundo sobrenatural de demonios y espíritus.[65] «El Seminario» tiene razón al decir que el debate depende en gran

---

[62] Si le interesan los libros sobre criterios del establecimiento de las cosmovisiones, y sobre cuál es la relación entre los hechos y las presuposiciones, ver Ronald H. Nash, *Worldviews in Conflict: Choosing Christianity in a World of Ideas* (Grand Rapids, Zondervan, 1992); Norman L. Geisler y William D. Watkins, *Worlds Apart: A Handbook on World Views*, 2d ed. (Grand Rapids, Baker, 1989); J. P. Moreland, *Scaling the Secular City: A Defense of Christianity* (Grand Rapids, Baker, 1987); Winfried Corduan, *Reasonable Faith: Basic Christian Apologetics* (Nashville, Broadman & Holman, 1993), esp. capítulos 4 y 5.

[63] Funk, Hoover y «El Seminario de Jesús», *The Five Gospels*, 2; la cursiva es mía.

[64] *Ibíd.*, página 2.

[65] Nos recuerda a un comentario de Bultmann en «New Testament and Mythology», página 5: «Es imposible que en una era en la que tenemos luz eléctrica y toda una serie

medida de saber qué interpretaciones de la realidad son correctas. Sin embargo, están equivocados si creen que los avances de la ciencia convierten lo sobrenatural en obsoleto.

De hecho, Hunter, al igual que un creciente número de estudiosos escépticos, piensa que los científicos de hoy en día están más abiertos al tema de lo sobrenatural que en el pasado: «Ya han pasado los días en que los científicos podían declarar dogmáticamente que los milagros no pueden existir porque "violan las leyes de la naturaleza"».[66] Hunter escribe que nuestras conclusiones sobre los milagros dependerán de nuestra interpretación de la realidad y de la valoración que hagamos de Jesús:

> *Todo gira en torno a la opinión que tengamos de él. Si Jesús era, y es, lo que los cristianos siempre han creído, el Hijo de Dios (…) hay lugar para creer que alguien como Jesús podía tener autoridad sobre la misma naturaleza.*
>
> *Es decir, si se concede que el «gran milagro» de la encarnación es verdad, que Dios se hizo hombre en Jesús, desaparecen la mayoría de objeciones a los milagros que realizó.*[67]

Resulta interesante que «El Seminario de Jesús» y Hunter estén de acuerdo en que el debate «gira» en torno a la verdad de la postura global que uno adopta.[68] ¡Pero cada postura lleva a conclusiones diferentes!

Entonces, ¿cuál es la postura correcta? ¿Creer en lo sobrenatural está pasado de moda? ¿O puede que los relatos de los milagros de Jesús del Nuevo Testamento sean documentos válidos? Podemos extraer dos conclusiones.

1. Simplemente *declarar* que la postura propia es la correcta no prueba nada, por muy alto que uno lo diga.
2. También es ilegítimo rechazar *a priori* la postura o las pruebas que otros presenten; antes de llegar a conclusiones, se debe hacer una investigación meticulosa de dicha postura.

---

de tecnología, y en la que nos beneficiamos de un sinfín de avances médicos y quirúrgicos, aún creamos en el mundo espiritual y de milagros del Nuevo Testamento».

[66] A. M. Hunter, *Bible and Gospel* (Philadelphia, Westminster, 1969), página 63.

[67] *Ibíd.*, página 93; la cursiva es mía.

[68] Otros eruditos están de acuerdo con esta postura. Por ejemplo, en *The Miracles of Jesus*, ver los comentarios de Edwin Yamauchi, «Magic or Miracle? Desease, Demons and Exorcisms», páginas 143, 144, 147; B.D. Chilton, «Exorcism and History, Mark 1:21-28», página 263; Murray J. Harris, «"The Dead are Restored to Life": Miracles of Revivification in the Gospels», página 310; Stephen T. Davies. «The Miracle at Cana: A Philosopher's Perspective», página 435; Craig L. Blomberg, «concluding Reflections on Miracles and Gospel Perspectives», página 445.

Estas dos reacciones son incorrectas porque no analizan los datos y así no pueden dar lugar a una conclusión razonable. Obviamente, aquí no podemos encontrar una solución a la problemática de las diferentes interpretaciones de la realidad, pero al menos podemos intentar no caer en algunos de los errores típicos.

También hemos de ser realistas, porque todos pecamos, cayendo en dichos errores en alguna ocasión. Pero parece ser que los escépticos radicales con mucha frecuencia hacen juicios de valor que dejan ver un rechazo *a priori* de los milagros, al menos de los milagros sobre la naturaleza. Y se sabe que muchos de esos escritores han descartado lo sobrenatural sin ningún tipo de investigación. Por ejemplo, después de declarar que la ciencia moderna ha desbancado la creencia en espíritus y demonios, Bultmann va más allá al hablar sobre la resurrección de Jesús: "¿Y la resurrección? ¿No se trata tan solo de un simple mito? Obviamente no se trata de un acontecimiento histórico (...)».[69]

John Macquarrie, uno de los mejores comentaristas de Bultmann, critica el rechazo que este teólogo alemán hace de lo sobrenatural, describiéndolo como «una desestimación totalmente arbitraria (...) debida a sus presuposiciones condicionantes». Continúa:

> *La falacia a la que lleva tal razonamiento es obvia. La única forma válida de determinar si un acontecimiento concreto tuvo lugar no consiste en aportar una presuposición demoledora que busque demostrar que aquello no pudo tener lugar(...) Pero Bultmann no se molesta en examinar si existen pruebas que demuestren que la resurrección fue un acontecimiento objetivo e histórico. Da por sentado que es un mito.*[70]

«El Seminario de Jesús» y lo sobrenatural

Después de un intervalo sin debate teológico, parece ser que vuelven a resurgir opiniones en la línea de Bultmann. Crossan asegura que Jesús «no curó ni podía curar ninguna enfermedad...».[71] Más adelante añade: «No creo que nadie, en ningún lugar y en ningún momento, haya resucitado a gente de entre los muertos».[72] Fossum desarrolla esta última idea, atacando abiertamente a los conservadores: «O algunos pueden decir que

---

[69] Bultmann, «New Testament Mythology», página 38.
[70] John Macquarrie, *An Existentialist Theology: A Comparison of Heidegger and Bultmann* (New York, Harper & Row, 1965), páginas 185, 186.
[71] Crossan, *Jesus*, página 82.
[72] *Ibíd.*, 95.

Jesús sí resucitó a la niña de entre los muertos, lo que constituye una muestra de pura ingenuidad fundamentalista».[73]

«El Seminario de Jesús» también hace algún comentario en contra de los acontecimientos sobrenaturales. Por ejemplo: «Cuando estos estudiosos descubren en las enseñanzas y parábolas de Jesús información detallada sobre acontecimientos que tendrían lugar después de su muerte, se inclinan a pensar que tales cosas debieron ser dichas después de que el acontecimiento tuviera lugar».[74] Pero no es tan sólo esta «inclinación» la que intenta acabar con todo fenómeno postmortem de la vida de Jesús. «El Seminario» establece por principio que las enseñanzas de los evangelios a partir de la resurrección no pueden haber sido dichas por Jesús ya que, «por definición, las palabras que se le atribuyen no pueden ser verificadas históricamente».[75]

Como ya hemos dicho, Macquarrie creía que la postura de Bultmann era arbitraria y condicionada por sus suposiciones. ¿Son acaso mejores las conclusiones a las que llega «El Seminario de Jesús»? Cierto que proporcionan más de treinta de las que ellos llaman «reglas sobre las pruebas escritas»[76] y a menudo informan de que algunas de las cosas que recogen son tan solo resúmenes de editorial.

Tampoco podemos pedir que nos proporcionen, en cada caso, las razones que les hacen llegar a sus conclusiones. Además, son honestos y no intentan ocultar que creen que Jesús ya no puede considerarse una divinidad y que la ciencia moderna ha «tirado por tierra las moradas mitológicas de los dioses y Satanás, y nos han dejado el legado de los cielos seculares».[77]

Sin embargo, rara es la vez que los seguidores de «El Seminario de Jesús» dan las *razones* que les hacen llegar a sus conclusiones, o justifican su forma de interpretar la realidad. Tan sólo en alguna ocasión intentan justificar sus reglas por las pruebas, porque lo que suelen hacer es anunciar que ya dan por hecho ciertas cosas. Y esos que rechazan lo sobrenatural, como por ejemplo la resurrección, a menudo lo hacen condicionados por sus suposiciones. En todo momento, al igual que Bultmann, están condicionados por su método teológico, lo que da pie a otras interpretaciones.

---

[73] Fossum, «Understanding Jesus' Miracles», página 50.
[74] Funk, Hoover y «El Seminario de Jesús», *The Five Gospels*, página 25.
[75] *Ibíd.*, página 398.
[76] *Ibíd.*, páginas 19-35
[77] *Ibíd.*, página 2.

Por ejemplo, a veces vemos cómo a un escritor cierto pasaje le va bien para desarrollar su tema según su línea teológica, y lo usa diciendo que lo que allí aparece no fue dicho por Jesús.[78] Pero, ¿es lícito que un escritor niegue que tales o cuales palabras fueran dichas por Jesús tan sólo porque le interesa utilizar el texto en cuestión? Según el método crítico mismo, eso solamente mostraría que el escritor está cogiendo una enseñanza de Jesús y parafraseándola o adaptándola para su conveniencia. ¿Por qué se nos pide que ignoremos un documento con autoridad histórica y nos fijemos en una derivación inventada del sentido del mensaje?

No nos atrevemos a olvidar la falacia mencionada anteriormente. Que simplemente observen el posible origen de una declaración o acontecimiento concreto, sin intentar averiguar si existen datos que les apoyen, no les da la razón, sino todo lo contrario. Dicho de otra manera, si alguien dice que los relatos de los evangelios derivan de antiguas creencias y Jesús está inspirado en personajes antiguos, o atribuye todo lo escrito al estilo del autor, y cree que con eso ya tienen suficiente para justificar su investigación, nos encontramos frente a un error lógico.[79] Que ellos hagan un análisis superficial no anula la historicidad de estos documentos.

Pero también debemos observar que no todos los miembros de «El Seminario de Jesús» reaccionan de la misma manera. Aunque Crossan se muestra rotundo en cuanto a la inexistencia de los demonios,[80] Bruce Chilton, dejando a un lado su opinión personal, subraya sabiamente que aunque el rechazo de los demonios sea muy atractivo para la mente racional, «estaría reduciendo la historia a sus propias presuposiciones de lo que es posible».[81] Por un lado, Crossan asegura que Jesús nunca realizó milagros ni actuó sobre el mundo físico, y que nadie en la historia ha resucitado a los muertos.[82] Por otro lado, Borg reconoce que no está tan

---

[78] *Ibíd.*, páginas 199, 200, 270, 399, 400, 439, 468, 469.

[79] Después de este comentario sobre la «ingenuidad fundamentalista» mencionada anteriormente, Fossum explica que «en la antigüedad se concebía la posibilidad de la resurrección de los muertos» («Understanding Jesus' Miracles», 50), pensando quizá que es suficiente explicación de la resurrección de Jesús. Sin embargo, sea la que sea nuestra opinión sobre los milagros de Jesús, éste es un ejemplo de la llamada falacia genética. Podría ser que todos los documentos antiguos fueran verdad, o podría ser que unos fueran verdad, y otros no. Las similitudes no refutan ni una posibilidad ni la otra. (Cabe decir que la respuesta de Fossum sólo se usa como un ejemplo; no es un miembro oficial de «El Seminario de Jesús».)

[80] Crossan, *Jesus*, página 85.

[81] B.D. Chilton, «Exorcism and History, Mark 1:21-28», en *The Miracles of Jesus*, página 263.

[82] Crossan, *Jesus*, páginas 82, 95.

seguro y, de hecho, precisamente usa ese último ejemplo, la resurrección de los muertos, para decir que no podemos saber a ciencia cierta si Jesús actuó o no sobre la naturaleza.[83]

Nuestro principal objetivo en este apartado ha sido recalcar la importancia de las diferentes maneras que tenemos de interpretar la realidad y la influencia que éstas ejercen sobre nosotros. La verdad o falsedad de estas interpretaciones constituye un tema demasiado extenso para poder tratarlo aquí. No obstante, ha quedado claro que no podemos pronunciar conclusiones sobre el tema de los milagros simplemente centrándonos en nuestras opiniones y rechazando otras posibilidades sin antes analizarlas. Se debe tener en cuenta todos los datos para poder determinar si hay pruebas fehacientes de que las narraciones de los milagros de Jesús que vemos en los evangelios son ciertas. Y si se llega a tal conclusión, no debe rechazarse tan sólo por las ideas preconcebidas que se tengan. Este es el tema en el cual nos vamos a centrar a continuación.

Pruebas que corroboran los milagros

Borg da tres razones por las que la vasta mayoría de los expertos escépticos no dudan de la historicidad de las curaciones y exorcismos de Jesús. Los «documentos de la antigüedad» ya dan fe de estos sucesos. Además, eran «relativamente comunes en el mundo en el que Jesús se movía». Por último, los enemigos de Jesús, no sólo no negaban que hiciera milagros, sino que «decían que sus poderes provenían del señor de los espíritus inmundos». Así, vemos que tanto sus seguidores como sus enemigos admitían que tenía ese poder.[84]

Pero esto únicamente es aplicable a las curaciones y a los exorcismos. ¿Qué ocurre con los milagros que Jesús hace sobre la naturaleza, milagros que muchos de estos expertos rechazan? A continuación ofrecemos siete pruebas a favor de los milagros de Jesús y, en particular, de su poder sobre la naturaleza.

---

[83] Borg, *Jesus, A New Vision*, páginas 66, 67, 70, 71.

[84] *Ibíd.*, página 61. El segundo punto de Borg, que las curaciones y los exorcismos eran algo común en la antigüedad, depende de la postura que uno tenga sobre los paralelos, tema que ya hemos tratado. Aunque pueda sorprender a más de uno, no hemos de sostener que todos esos relatos no cristianos sean falsos. Por ejemplo, las Escrituras recogen que Dios hacía maravillas y milagros entre los que no eran israelitas ni cristianos, y lo mismo podría ocurrir en el presente.

Fuentes históricas

En primer lugar, contamos con los evangelios, que dan fe de los milagros de Jesús. «El Seminario de Jesús» reconoce cuatro textos independientes que respaldan los evangelios sinópticos: el documento Q, Marcos, M (fuente del Evangelio de Mateo) y L (fuente del Evangelio de Lucas).[85] En todos ellos encontramos los relatos en los que Jesús hacía milagros.

Además, todas estas fuentes recogen la autoridad de Jesús sobre la naturaleza, incluyendo un pasaje en el documento Q, anterior a los evangelios, donde Jesús alude a algunas de las curaciones que realizó entre los discípulos de Juan el Bautista. Esta lista acaba con «la resurrección de los muertos».[86] Las otras tres fuentes (Marcos, M y L) también recogen múltiples milagros sobre la naturaleza.

Los enemigos de Jesús

En segundo lugar, los enemigos de Jesús en los evangelios no sólo fueron testigos de sus curaciones y exorcismos (Marcos 2:1-12; 3:22; Lucas 13:10-17), sino que también sabían de sus milagros sobre la naturaleza (Mateo 28:11-15; Marcos 5:40-42; Juan 11:47-48). Estos espectadores no diferenciaron entre dos tipos diferentes de milagros, ni tampoco trataron de justificar ninguno de estos tipos.[87]

Antes de continuar, comparemos estas dos primeras pruebas con dos de los argumentos que Borg daba unas líneas más arriba. Si las fuentes

---

[85] También incluyen otras fuentes importantes como el evangelio de Tomás, de Juan (que, según ellos, «apenas sirve para la investigación de las auténticas declaraciones de Jesús»), y las cartas de Pablo y la *Didaché?* Consideran que son fuentes independientes (Funk, Hoover y «El Seminario de Jesús», *The Five Gospels*, páginas 16, 18, 128). Más detalles sobre el uso que hace «El seminario» de los Evangelios como criterio de autenticidad en el capítulo de Darrel Bock.

[86] Según Burton Mack este pasaje es el QS 16 de la reconstrucción de Q, *The Lost Gospel: The Book of Q and Christian Origins* (San Francisco, Harper San Francisco, 1993), página 86. El lector o lectora debería tener presente que muchos expertos cuestionan tanto Q como su reconstrucción. William Farmer afirma en su «The Church's Stake in the Question of "Q"», *The Perkins Journal of Theology*, 39:3 (Julio 1986), página 14:

La existencia de Q, fuente de todas estas especulaciones, no está probada, y hoy, más que en ningún otro momento, los investigadores la ponen en tela de juicio (...) Creemos que en general, los teólogos que están escribiendo sobre la teología de la comunidad «Q» forman una escena parecida a...

Ver también Farmer, «Order Out of Chaos», *The Perkins Journal of Theology* 40:2 (Abril 1987), páginas 1-16.

[87] Es interesante que a veces se pueda ver en Crossan alguna reminiscencia de algunos de los viejos intentos liberales de encontrar una explicación natural a los milagros de Jesús (*The Historical Jesus*, páginas 405, 407).

anteriores a los Evangelios y el testimonio de los enemigos de Jesús muestran a los estudiosos la historicidad de las curaciones y exorcismos de Jesús, ¿por qué no podrían valer también como pruebas de los milagros sobre la naturaleza? Es decir, si la historicidad de dichas fuentes da veracidad al primer tipo de milagros, ¿por qué no tomarlas en cuenta para el segundo tipo? Y si aceptamos el testimonio de sus enemigos para el primer tipo, tal como hace Borg, es difícil excluirlo cuando consideramos el segundo tipo.[88] Los ataques contra estas dos pruebas provienen de interpretaciones sesgadas que resultan más bien en argumentos artificiosos y falaces.

La historicidad de las curaciones y milagros de Jesús

En tercer lugar, varios investigadores han destacado diversas marcas de historicidad en las narraciones de las curaciones y exorcismos de Jesús. No se suelen cuestionar estas narraciones, pero de todos modos sería útil analizar algunas razones más, aparte de las tres que ofrece Borg.

La coherencia del cuadro total que presentan los evangelios –la manera en la que los milagros de Jesús concuerdan con su persona y mensaje– deja impresionados a muchos estudiosos. Según Fuller, que Jesús enseñara con autoridad e hiciera milagros y maravillas demuestra que «Dios está presente de forma directa en las palabras de Jesús» cuando ofrece la salvación y habla del juicio; sus curaciones y exorcismos son prueba de la presencia del Reino de Dios.[89]

Bornkamm también defiende esta congruencia entre las enseñanzas y las acciones de Jesús. Especialmente eran los milagros los que atraían a la gente, pero también muchos se acercaban por la autoridad con la que hablaba. Lo que predicaba y lo que hacía encajaban perfectamente, lo que prueba la influencia de Jesús.[90]

Graham Twelftree, quien empieza su investigación de diferente manera, pero acaba llegando a la misma conclusión, también descubre ciertas marcas de autenticidad en los exorcismos de Jesús. A diferencia de otros casos de la antigüedad, Jesús no usaba ningún tipo de amuleto. Tampoco le hacía falta que el demonio diera señales de que había obedecido, ni

---

[88] La acusación de los adversarios de Jesús de que expulsa a los demonios con el poder del príncipe de los demonios aparece en QS 28, pero en todo el documento Q no hay ninguna otra acusación relacionada con los milagros de Jesús. Entonces, aparte de esta única excepción, la valoración crítica de los milagros de Jesús es similar con respecto a las curaciones y también con respecto a los milagros sobre la Naturaleza.

[89] Fuller, *Foundations*, páginas 103-108.

[90] Bornkamm, *Jesus of Nazareth*, 54-63, 64-69, 130-132, 169, 170.

utilizó ninguna fórmula típica como por ejemplo «te ordeno que». Por último, ni siquiera oró para sacar a los espíritus ni invocó a autoridades por encima de él. Entonces, Twelftree concluye que aunque encontremos personajes paralelos en documentos anteriores, él es el único que sacó demonios utilizando su propia autoridad. Al igual que hacen Fuller y Bornkamm, Twelftree interpreta ese poder como prueba de la presencia del Reino de Dios. Resume diciendo que «Jesús fue el primero en creer que los exorcismos constituían la destrucción de Satanás y la llegada del Reino de Dios».[91]

Bruce Chilton, miembro de «El Seminario de Jesús», ha encontrado en el exorcismo de Marcos 1:21-28 elementos que indican que dicho acontecimiento sí que tuvo lugar antes de que Marcos escribiera su evangelio: que el demonio intentara controlar a Jesús usando su nombre, y la violencia que usó antes de abandonar el cuerpo poseído apuntan a la autenticidad de los sucesos.[92]

La historicidad de los milagros sobre la naturaleza

En cuarto lugar, los estudiosos han aislado muchos elementos históricos de los milagros de Jesús sobre la naturaleza. Murray Harris recoge dichos componentes en su estudio de las resurrecciones que Jesús realizó. Cuando resucitó al hijo de la viuda de Naín (Lc. 7:11-17), la viuda iba caminando delante del féretro, ¡lo cual era costumbre en Galilea, pero no en Judea! Otros indicios bien claros son la información sobre la situación exacta –información que muchas otras veces no se nos ofrece en el evangelio de Lucas–, y el hecho de que el acontecimiento se narra de forma muy reservada (el hijo no hace ningún comentario sobre la naturaleza de la vida de ultratumba).[93]

En la resurrección de la hija de Jairo,[94] Harris escribe sobre la presencia de detalles innecesarios: Jairo postrándose a los pies de Jesús, el avasallamiento de la multitud, que Jesús no hiciera caso del mensaje que traían los siervos de Jairo, que echara dos veces de la habitación a los que lloraban el cadáver, la burla de los que allí estaban, que Jesús dijera que la niña solo dormía, y que pidiera que le diesen de comer. La presencia de estos

---

[91] Twelftree, «EI AΔ ... EΓΩ EKBAΛΛΩ TA ΔAIMONIA...», páginas 361-400. Ver la conclusión a la que llega en las páginas 383-386, 393.

[92] B.D. Chilton, «Exorcism and History. Mark 1:21-28», páginas 260, 261.

[93] Murray J. Harris, «The Dead Are Raised», páginas 298, 299.

[94] Este es la única vez que Jesús resucita a alguien de los muertos que aparece en los tres Sinópticos (Mateo 9:18-19, 23-26; Marcos 5:21-24, 35-43; Lucas 8:40-42, 49-56).

elementos, y la ausencia de los elementos extraños que normalmente aparecen en las narraciones de milagros de los evangelios apócrifos, apuntan, según Harris, a una clara autenticidad.[95]

En la resurrección de Lázaro (Juan 11:1-44), Harris sugiere que la historicidad va respaldada por la riqueza de detalles circunstanciales, como los detalles geográficos, los nombres de personas, y el trasfondo familiar. Además, se trata de nuevo de una narración breve y precisa, en la que no aparecen detalles sobre la experiencia de ultratumba de Lázaro, o comentarios de los espectadores.[96]

En la misma línea, Stephen Davis analiza tres factores que respaldan la racionalidad de otros de los milagros sobre elementos naturales: cuando Jesús convierte el agua en vino (Juan 2:1-11). Sería raro que la Iglesia primitiva hubiera inventado una historia que podía dar pie a que los enemigos de Jesús le acusaran de glotón y bebedor (Mateo 11:19). Además, es difícil explicar la dureza con la que Jesús parece dirigirse a su madre, y él mismo tiene en este pasaje un papel bastante modesto.[97]

Paul Barnett realizó un estudio sobre la alimentación de los cinco mil, en el que compara cuidadosamente el relato de Marcos (Marcos 6:30-46 y otros paralelos) con el de Juan (Juan 6:1-15). Después de encontrar tanto similitudes como diferencias, Barnett coincide con varios expertos contemporáneos al concluir que las dos versiones se derivan de diferentes interpretaciones del mismo suceso, «interpretaciones que probablemente procedían de diferentes testigos del suceso».[98]

Craig Blomberg empieza su artículo con las parábolas del Reino de Jesús, aceptadas por casi todo el mundo. Luego aplica el bien reconocido principio de la coherencia, que dice que la mejor manera de saber si algo es auténtico es «que sea totalmente coherente con otros documentos que otros criterios ya reconocidos han declarado auténticos». La mayor parte de este ensayo busca demostrar que los milagros sobre la naturaleza simbolizan la llegada de reino de Dios. Acaba diciendo: «Resumiendo, los milagros sobre la naturaleza y las parábolas guardan una relación coherente... De aquí que quepa decir que los escritos sobre estos tipos de milagros deberían también ser reconocidos como históricos».[99]

---

[95] Harris, «The Dead Are Raised», esp. página 310.
[96] *Ibíd.*, páginas 313-14.
[97] Stephen T. Davies, «The Miracle At Cana», página 429.
[98] P.W. Barnett, «The Feeding of the Multitude», páginas 273-293.
[99] Craig Blomberg, «The Miracles as Parables», páginas 327-359. Encontrará la sucinta conclusión de Blomberg en las páginas 347, 348.

Así, igual que en las curaciones y los exorcismos de Jesús, en los milagros sobre la naturaleza también encontramos marcas de historicidad que les otorgan credibilidad.

Fiabilidad de los Evangelios

En quinto lugar, muchos estudiosos escépticos rechazan los milagros sobre la naturaleza porque ponen en duda la fiabilidad de los evangelios. A veces es porque dicen que los escritores de los evangelios no fueron testigos oculares,[100] o porque los relatos no están basados en el testimonio de testigos.[101] Aunque aquí no vamos a entrar en el debate de la fiabilidad de los evangelios, (ya lo hizo Craig Blomberg en el primer capítulo de este libro), diremos que cualquier prueba que apoya la veracidad de los evangelios y más en concreto de los milagros respalda nuestros argumentos a favor de la historicidad de los milagros.[102]

Para acabar, también tiene que quedar claro que nada cambiaría si en vez de que los escritores de los evangelios hubieran sido testigos oculares, tan solo hubieran escrito bajo la dirección de testigos oculares; de hecho, tal conclusión seguiría apoyando nuestros argumentos. Aunque dice que cree en los autores de los evangelios que ya están tradicionalmente aceptados, R. T. France también comenta que tampoco importaría tanto si no supiéramos su identidad. Deberíamos juzgar estos libros de la misma manera en que la mayoría de los historiadores juzgan la fidelidad histórica: por su antigüedad y por la tradición que arrastran.[103]

La resurrección de Jesús

En sexto lugar, aunque las razones hasta ahora desarrolladas son más que suficientes para probar la historicidad de los milagros de Jesús, en el próximo capítulo de este libro William Lane Craig recoge pruebas rotundas y contundentes de un milagro en concreto: la resurrección de Jesús. Si este milagro es verdad, es probable y aún más fácil creer que el resto también tuviera lugar.

---

[100] Funk, Hoover y «El Seminario de Jesús», *The Five Gospels*, página 16.

[101] Fossum, «Understanding Jesus' Miracles», página 23.

[102] Ver diferentes posturas sobre este tema en Craig Blomberg, *The Historical Reliability of the Gospels* (Downers Grove, Ill. InterVarsity Press, 1987), cap. 3; F. F. Bruce, *The New Testament Documents: Are They Reliable?* 5ª ed. (Grand Rapids, Eerdmans, 1960), cap. 5. Encontrará un estudio más breve en Hunter, *Jesus: Lord and Saviour*, cap. 5; Moreland, *Scaling the Secular City*, cap. 5; Corduan, *Reasonable Faith*, capítulo 10.

[103] R. T. France, *The Evidence for Jesus* (Downers Grove, Ill., InterVarsity Press, 1986), páginas 124, 125.

¿Hacía Jesús milagros?

La resurrección es un milagro sobre la naturaleza; es, como Crossan lo llamó, «el milagro supremo sobre la naturaleza».[104] Si este increíble milagro ocurrió, tenemos una respuesta afirmativa a la pregunta que estamos tratando en este capítulo sobre la posibilidad de los milagros de Jesús.[105]

Confirmación de la ciencia moderna

En séptimo lugar, normalmente se cree que si la ciencia médica moderna pudiera investigar los milagros de los evangelios se resistiría a creer en causas sobrenaturales. Además, algunos argumentan que como hoy en día no se ven milagros del mismo tipo, deberíamos mantenernos escépticos ante los relatos bíblicos.[106]

Pero quizá deberíamos hacernos una pregunta diferente: ¿Podrían otros estudios actuales hacernos cambiar de parecer y hacer que nos inclinemos por los textos del Nuevo Testamento? ¿Puede ser que no veamos tales milagros en la actualidad porque no buscamos en los sitios correctos? Veamos dos ejemplos que nos pueden dar algún indicio.

Un experimento médico reciente (experimento en el que ni el analizador ni el sujeto conocían las características) estudió si la oración podía actuar sobre la curación física. El misterioso resultado indicó que según las estadísticas la oración tenía un efecto positivo en las recuperaciones de los enfermos por los que se oró, la recuperación de los cuales fue mejor en 21 categorías de las 26 que se estaban observando. Casi ninguno de los cuatrocientos pacientes con enfermedades coronarias sabía que se estaba orando por ellos. Así que los resultados no pueden atribuirse a que los pacientes tuvieran fe en la curación.[107]

Además, Borg advierte a sus lectores de la naturaleza provocadora de algunos de los casos contemporáneos de «posesión». Cita el testimonio del psiquiatra M. Scott Peck, quien se vio envuelto en dos casos de posesión y exorcismo que ni él ni un equipo de profesionales fueron capaces de explicar mediante parámetros puramente médicos.[108]

---

[104] Crossan, *The Historical Jesus*, página 404.
[105] En *Miracles and the Critical Mind* (Grand Rapids, Eerdmans, 1984), página 289, Colin Brown arguye que la resurrección muestra que todas las actividades de Jesús habían sido obra de Dios...
[106] Ver Crossan, *Jesus*, páginas 80-82, 84-86; cf. Borg, *Jesus, A New Vision*, página 63.
[107] Randolph C. Byrd con John Sherrill, «On a Wing and a Prayer», *Physician*, 5:3 (Mayo-Junio, 1993), 14-16. El escrito original fue publicado en el *Southern Medical Journal* (Julio 1988), por Randolph C. Byrd, M.D.
[108] Borg, *Jesus, A New Vision*, 72, n.16; M. Scott Peck, *People of the Lie* (New York, Simon y Schuster, 1983), páginas 182-211.

Resumen y conclusión

Según describen los evangelios la vida de Jesús, los milagros eran una parte integral de su vida. Pero los escépticos han respondido a estos hechos de diversas maneras. Cuando comparamos los estudios que defendían a otros personajes históricos (santos judíos, magos, y «hombres divinos» helenistas), encontramos tanto coincidencias como diferencias, siendo más numerosas éstas últimas.

También analizamos otros dos aspectos de los relatos sobre dichos personajes: su influencia y su historicidad. Argumentábamos que no puede probarse que éstos hayan inspirado los relatos de los evangelios. No sólo probamos que tanto su influencia como su historicidad son imposibles, sino que además es ilegítimo suponer que las similitudes entre los dos relatos quieran decir que los evangelios se tuvieron que inspirar en los personajes antiguos mencionados. También, consideramos el factor histórico. No basta con decir que los milagros ocurrieron o no, sino que hay que examinar todos los datos tanto de tradición no cristiana como de tradición cristiana.

Nuestro principal objetivo en este capítulo ha sido explorar el fundamento de la creencia en que Jesús hacía milagros. Los estudiosos escépticos suelen reconocer la historicidad de las curaciones y los exorcismos de Jesús, aunque normalmente creen que no se trataban de hechos genuinamente sobrenaturales. Generalmente rechazan los milagros sobre la naturaleza, porque presuntamente están más relacionados con lo sobrenatural.

Examinamos los argumentos a favor de los milagros en dos partes: viendo el papel de las interpretaciones de la realidad, y analizando las pruebas históricas. Queda así claro que no podemos pronunciar conclusiones sobre el tema de los milagros simplemente centrándonos en nuestras opiniones y rechazando otras posibilidades sin analizarlas. También debemos tener en cuenta los datos históricos para determinar si hay pruebas fehacientes que defiendan los milagros de Jesús. Y si existen tales datos, no podemos ignorarlos a causa de nuestras ideas preconcebidas.

Por último, ofrecimos siete razones que prueban la veracidad de los milagros de Jesús, y en especial, de los milagros que hizo sobre la naturaleza. Estos milagros aparecen en todas las fuentes de los evangelios, y los enemigos de Jesús reconocen haber sido testigos de ellos. Existe un número de marcas de la historicidad de los milagros de Jesús, no sólo de las curaciones y de los exorcismos, sino también de los milagros sobre la naturaleza. Hay otras pruebas que dan cuenta de la fiabilidad de los evangelios en general y de los milagros. Si la resurrección de Jesús es un milagro histórico, eso quiere decir que el milagro por excelencia sí tuvo lugar y, por ello, es fácil creer en los otros milagros. Al final vimos cómo unos estudios médicos sobre fenómenos «sobrenaturales» revelan que aún no somos capaces de explicar tales incidentes en términos puramente naturalistas.

La gran cantidad de argumentos presentados demuestra que los evangelios tienen razón al decir que Jesús hacía milagros. Los textos no distinguen tres tipos diferentes de milagros y, básicamente, los mismos tipos de pruebas sirven para todos los milagros. Así, de la misma manera en que los expertos escépticos reconocen que Jesús sanaba y sacaba demonios (según Borg es «casi indiscutible»[109]), también deberían reconocer que hizo milagros que actuaban sobre la naturaleza. El no hacerlo demuestra que prefieren dejarse influir por su forma de interpretar la realidad en vez de hacer caso de los datos históricos. Y aunque Jesús no hubiera realizado tales milagros, también deberíamos estar abiertos a analizar su manera de interpretar la realidad.

Preguntas para la reflexión

1. ¿Qué tipo de personajes de la antigüedad aparece en algunas narraciones de la época, realizando milagros?
2. ¿Cuál debe ser nuestra posición ante estos paralelos?
3. ¿Qué milagro de Jesús no tiene ningún antecedente literario, es decir, es único?
4. La mayoría de los críticos de «El Seminario de Jesús» acepta la autenticidad de las sanaciones y exorcismos realizados por Jesús, pero no los considera acontecimientos sobrenaturales. ¿Cómo los describe?
5. Cita algún argumento que esté a favor de los milagros de Jesús sobre la naturaleza.

---

[109] Borg, *Jesus, A New Vision*, página 61.

Capítulo 6
¿RESUCITÓ JESÚS DE LOS MUERTOS?

William Lane Craig

William Lane Craig,
doctorado por la Universidad de Birmingham,
es actualmente profesor visitante
en Emory University.
Es autor de *Assessing the New Testament Evidence
for the Historicy of the Resurrection of Jesus*
y de *The Historical Argument for the Resurrection of Jesus.*

Introducción

El año pasado leí un artículo en la revista *Time* sobre «El Seminario de Jesús» que me dejó horrorizado: según el codirector de «El Seminario», John Dominic Crossan, después de la crucifixión, el cuerpo de Jesús fue enterrado en una tumba poco profunda, cubierto con desperdicios, y luego devorado por perros salvajes; la historia sobre el entierro y la resurrección de Jesús no es más que el resultado de la ilusión de sus seguidores.[1]

Debido a mi extensa investigación sobre la historicidad de la resurrección de Jesús,[2] sé a ciencia cierta que la mayoría de críticos del Nuevo Testamento reconocen la historicidad de que, como cuentan los evangelios, el cuerpo de Jesús fue enterrado en la tumba de un miembro del Sanedrín judío, José de Arimatea. Por eso me sorprendió que un prominente experto como Crossan llevara la contraria al consenso que hay entre los estudiosos del tema. Me surgieron un sin fin de preguntas: ¿qué pruebas ha descubierto, que se les habían escapado al resto de los expertos?; ¿qué tipo de pruebas podía haber que le dieran la razón a él, y se cargaran todas las ya existentes que habían llevado a tantos críticos a creer en la fiabilidad histórica de las narraciones que hallamos en los evangelios sobre el entierro de Jesús?

---

[1] Richard N. Ostling, «Jesus Christ, Plain and Simple», *Time*, 10 enero 1994, páginas 32, 33.

[2] De 1978 a 1980 tuve el privilegio de ser miembro del la «Alexander von Humboldt Foundation», donde estudié la historicidad de la resurrección de Jesús con Wolhart Pannenberg en la Universidad de Munich. Durante la década de los 80 continué con mi investigación, y por fin publiqué dos volúmenes en *The Historical Argument for the Resurrection of Jesus*, Text and Studies in Religion 23 (Lewiston, N.Y., Edwin Mellen, 1985); y *Assessing the New Testament Evidence for the Historicy of the Resurrection of Jesus*, Studies in the Bible and Early Christianity 16 (Lewiston, N.Y., Edwin Mellen, 1989). En estos escritos podrá encontrar un debate más detallado de lo que aquí explicamos de una forma más resumida. También he escrito un libro dirigido a gente no especializada titulado *The Son Rises* (Chicago, Moody Press, 1981).

Es fácil imaginar cuál fue mi decepción cuando, al estudiar la obra de Crossan, descubrí que no poseía ningún tipo de pruebas para respaldar la afirmación que había hecho. Se trataba tan sólo de su presentimiento.[3] Como Crossan no acepta la historicidad del descubrimiento de la tumba vacía (y ya no hablemos de la resurrección), supone que el cuerpo de Jesús fue enterrado en una tumba reservada para criminales. Además, no acepta las pruebas que llevan a casi todos los críticos a aceptar la historicidad del entierro de Jesús. Todo lo contrario, busca desprestigiar la credibilidad del relato que encontramos en los evangelios haciendo un análisis general de los evangelios y de las tradiciones tan extraño y artificial que la gran mayoría de críticos del Nuevo Testamento tachan de poco convincente e inverosímil.[4] Que miles de lectores de una revista como *Time* lleguen a creer que una especulación idiosincrásica de este tipo representa lo mejor de la investigación contemporánea sobre el Nuevo Testamento y el Jesús histórico da mucho que pensar.

---

[3] John Dominic Crossan, *Jesus: A Revolutionary Biography* (San Francisco, Harper San Francisco, 1994), cap. 6; ídem., *The Historical Jesus: The Life of a Mediterranean Jewish Peasant* (Edinburgh, Clark, 1991), páginas 392-93; ídem., *The Cross that Spoke: The Origins of the Passion Narrative* (San Francisco, Harper & Row, 1988), páginas 21, 235-40; ídem., *Four Other Gospels* (Minneapolis, Winston, 1985), páginas 153-64.

[4] Cuesta mucho entablar un debate sobre las evidencias de la resurrección de Jesús con Crossan porque las presuposiciones de las que parte sobre la formación de los evangelios no están de acuerdo con la opinión académica general. Si las cuestiones fundamentales no se resuelven, es imposible entrar en debate.

La teoría de Crossan sobre la formación de los evangelios es la siguiente: el evangelio de Pedro, evangelio apócrifo del siglo II, que es sobre todo una compilación de elementos de los cuatro evangelios canónicos, está basado en el evangelio más antiguo de todos, al que llama «evangelio de la Cruz» –porque recoge la crucifixión, la sepultura y la resurrección. El autor del evangelio de Marcos sólo contaba, para el relato de la pasión y de la resurrección, con este evangelio de la Cruz, pero se inventó algunos detalles tanto en la pasión como en la sepultura basándose en pasajes del Antiguo Testamento– a este proceso le llama «historización de la profecía». Por lo que al relato de la resurrección se refiere, en el Antiguo Testamento aparece muy poca cosa, así que se basa en su convicción teológica de que a la pasión le iba a seguir inmediatamente su venida en gloria, sin que hubiera una resurrección de por medio, para decir que Marcos reflejó la aparición de la resurrección del evangelio de la Cruz de forma anticipada en la transfiguración de Jesús. Pero el evangelio canónico de Marcos no es la forma original de dicho documento. Crossan acepta la teoría de Morton Smith: el evangelio canónico de Marcos está basado en un documento más antiguo llamado «El evangelio secreto de Marcos»; según Crossan, este evangelio finalizaba con la confesión del centurión en 15:39. El evangelio canónico, aparte de edulcorar los textos ofensivos del evangelio secreto de Marcos, también añadió del 15:40 al 16:8. Y los otros evangelios canónicos están basados tanto en el evangelio de la Cruz como en el evangelio canónico de Marcos. A partir de esta teoría de la reconstrucción de los evangelios, Crossan establece que había varios estratos de tradición y, para reconstruir al Jesús histórico, adopta el principio metodológico de rechazar todo pasaje que no

Poniendo a prueba las diferentes explicaciones históricas

Naturaleza y valoración de las explicaciones históricas

¿Qué evidencias hay que prueben la resurrección de Jesús, y cuál es la mejor explicación de dichas pruebas? Antes de intentar contestar esta pregunta, debemos decir algo sobre la naturaleza de las explicaciones históricas y sobre la experimentación de las hipótesis históricas. Para ello utilizaremos un método de inferencia común a todas las formas de pen-

---

aparezca en más de una fuente, incluso si ese pasaje ya aparece en la primera capa o estrato de la tradición. Esto hace que se vea la sepultura de Jesús y la resurrección con escepticismo, ya que –como apunta Crossan– no contamos con muchas fuentes que narren la misma secuencia de los sucesos ocurridos al final de la vida de Jesús.

Conociendo un poco más la idiosincrasia de esta teoría, no sorprende que Crossan llegue a unas conclusiones tan diferentes a las de la mayoría de los críticos, que niegan la existencia del hipotético evangelio de la Cruz, rechazan la idea de que el evangelio canónico de Marcos esté basado en el evangelio secreto, sostienen que la tradición de los evangelios sobre la sepultura y el sepulcro vacío están basadas en la historia y no en el Antiguo Testamento, ven el evangelio de Pedro como un documento basado, sobre todo, en los evangelios canónicos, y mantienen que no hace falta que un relato salga en más de una fuente para determinar que es auténtico. Sería pretencioso intentar hacer, en este espacio, un análisis crítico y serio de las presuposiciones de Crossan, pero creo que, al menos, debemos mencionarlas porque (1) reflejan la pretensión de «El Seminario de Jesús» de representar la crítica del Nuevo Testamento actual, y (2) muestra que el escepticismo de Crossan sobre la resurrección de Jesús se basa en presuposiciones que para la mayoría de expertos no son serias. La mejor ilustración del escepticismo de Crossan podría ser, por ejemplo, su firme creencia de que Jesús fue crucificado bajo Pilato ¡porque Josefo (93-94 d.C.) y Tácito (110/120 d.C.) –«dos testimonios no cristianos diferentes» (*Historical Jesus*, página 372)– recogen su crucifixión! Sorprendente, ¿no es cierto? Por un lado, contamos con una gran cantidad de textos neotestamentarios provinentes de fuentes diferentes y antiguas que hablan de la crucifixión de Jesús, incluyendo la mención que Pablo hace de lo que ya era tradición para ellos (1ª Corintios 15:3); por otro lado, contamos con la referencia de Josefo, escrita medio siglo más tarde, y la cita de Tácito, que seguramente estaba basada en la tradición cristiana. Y sin embargo, ¡Crossan acepta la crucifixión basándose en las evidencias más tardías! La única manera de explicar lo que aquí ocurre es reconocer que Crossan tiene unos prejuicios increíbles contra los documentos del Nuevo Testamento, prejuicios que sólo pueden tacharse de históricamente irresponsables.

Sobre el «evangelio secreto de Marcos» ver F. F. Bruce, *The «Secret» Gospel of Mark* (London: Athlone Press, 1974); Robert H. Gundry hace una crítica de la hipótesis de Crossan sobre la reconstrucción del evangelio canónico de Marcos en *Mark: A Commentary on His Apology for the Cross* (Gran Rapids, Eerdmans, 1993), páginas 613-23; sobre el evangelio de Pedro y que éste no está basado en ningún «evangelio de la Cruz», ver Raymond E. Brown, «The Gospel of Peter and Canonical Gospel Priority», *NTS* 33 (1987): páginas 321-343, tratado de forma más detallada en el Apéndice 1, «The Gospel of Peter –A Noncanonical Passion Narrative», en *The Death of the Messiah: A Commentary on the Passion Narratives in the Four Gospels*, 2 vols., ABRL (New York, Doubleday, 1994).

samiento inductivo, como por ejemplo las ciencias naturales, conocido como *inferencia para obtener la mejor explicación*.⁵ Según este planteamiento, se parte de las pruebas existentes. Luego, a partir de un grupo de opciones determinadas por nuestras propias creencias, seleccionamos la mejor de entre varias explicaciones que justificará por qué las pruebas son así y no de otra manera. Para el científico, la explicación escogida será su teoría; para el historiador, una propuesta de reconstrucción del pasado. Entonces, el científico pone a prueba su teoría mediante una serie de experimentos; el historiador pone a prueba su reconstrucción de la historia analizando si ésta aclara las pruebas.

La tarea de juzgar qué reconstrucción histórica es la mejor explicación requiere el arte y la destreza del historiador. C. Behan McCullagh enumera en su libro *Justifying Historical Descriptions*⁶ los factores que los historiadores suelen tener en cuenta a la hora de poner a prueba sus hipótesis históricas:

1. Las hipótesis, al igual que cualquier declaración verdadera, tienen que partir de declaraciones que describan datos actualizados y observables.
2. Las hipótesis deben tener más *alcance explicativo* que las hipótesis contrarias (es decir, contar con más variedad de datos observables).
3. Las hipótesis deben tener más *poder explicativo* que las hipótesis contrarias (es decir, contar con datos observables que sean más probables).
4. Las hipótesis deben ser más *verosímiles* que las hipótesis contrarias (es decir, partir de una mayor variedad de verdades aceptadas, y que la negación de la hipótesis cuente con el apoyo de pocas verdades aceptadas).
5. Las hipótesis deben ser *menos ad hoc* que las hipótesis contrarias (es decir, contar con un menor número de nuevas suposiciones sobre el pasado que no parten del conocimiento ya existente).
6. Las hipótesis deben asegurarse de que las *niega una cantidad de creencias aceptadas* más pequeña que la que niega las hipótesis contrarias (es decir, que al unirla con verdades aceptadas, el resultado de declaraciones falsas sea menor).

---

⁵ Ver Peter Lipton, *Interference to the Best Explanation* (London, Routledge, 1991).
⁶ C. Behan McCullagh, *Justifying Historical Descriptions* (Cambridge, Cambridge University Press, 1984), página 19.

7. Las hipótesis deben cumplir estas 6 condiciones muy por encima de lo que lo hagan sus hipótesis contrarias y así hacer imposible que si se hiciera otra investigación ninguna hipótesis contraria cumpliera todas estas condiciones.

Como algunas reconstrucciones no cumplen todas las condiciones, determinar cuál es la mejor explicación requiere mucha habilidad y suele ser muy difícil y laborioso. Pero si una explicación cuenta con un gran alcance y puede aportar más cantidad y variedad de datos que cualquier otra explicación, McCullagh establece que lo más seguro es que sea verdad.

La explicación histórica y lo sobrenatural

Si aplicamos todo lo dicho al caso de la resurrección de Jesús, uno se topa de inmediato con la cuestión clave: ¿tengo que limitar mis explicaciones a las explicaciones naturalistas? El naturalismo, a diferencia del sobrenaturalismo, defiende que todo efecto sobre el mundo es causado por elementos que son parte del orden natural (el mundo espacio-temporal de la materia y la energía). Así, los naturalistas no pueden aceptar la historicidad de los milagros que vemos en los evangelios, como por ejemplo la resurrección de Jesús; negarán ya sea su naturaleza milagrosa o su historicidad. Esta presuposición del naturalismo afectará la declaración que el historiador haga de las pruebas de los evangelios. El británico R. T. France, crítico del Nuevo Testamento, comenta lo siguiente:

> *Según el carácter literario e histórico de los evangelios, tenemos buenas razones para verlos como serias fuentes de información sobre la vida y enseñanzas de Jesús y, por ello, sobre los orígenes históricos del cristianismo (...) Luego, la decisión que el experto tome de aceptar o no aceptar dichos relatos estará más condicionada por su concepción del mundo "sobrenatural" que por las consideraciones estrictamente históricas.*[7]

Como ya hemos visto, al intentar averiguar cuál es la mejor explicación, uno escoge de entre una gran variedad de opciones la que mejor le va para explicar las pruebas que le interesan. El crítico naturalista del Nuevo Testamento que se encuentra frente a las pruebas de la tumba vacía, ni

---

[7] R. T. France, «The Gospels as Historical Sources for Jesus, the Founder of Christianity», *Truth 1* (1985), página 86.

siquiera considerará la opción de que Jesús resucitó de los muertos. Y si un crítico sobrenaturalista se mostrara a favor de dicha explicación, su colega naturalista tacharía tal declaración de inverosímil.

Éste es un punto de división entre los miembros de «El Seminario de Jesús» y los críticos cuyas mentalidades están abiertas a lo sobrenatural. El naturalismo implícito de la metodología de «El Seminario» se deja entrever en la Introducción a *Los cinco Evangelios (The Five Gospels)*:

> *La controversia religiosa contemporánea (...) gira en torno a si la interpretación del mundo que aparece en la Biblia puede mantenerse en esta era científica como un artículo de fe (...) El Cristo de credo y dogma (...) ya no puede recibir la aprobación de aquellos que han visto los cielos a través del telescopio de Galileo.*[8]

Esta declaración es característica del pensamiento naturalista científico, que mantiene que la interpretación de la realidad de un sobrenaturalista no se tiene en pie a la luz de los avances de la ciencia moderna.

Para los de «El Seminario de Jesús», el Jesús histórico debe ser *por definición* un Jesús no sobrenatural. La Introducción, que analiza la crítica bíblica moderna nos recuerda lo siguiente:

> *Strauss hizo distinción entre «el mito» (todo lo legendario y sobrenatural) en los evangelios y lo histórico (...) Así, Strauss plantea que al acercarnos a los evangelios tenemos dos opciones: el Jesús sobrenatural –el Cristo de la fe– y el Jesús histórico.*[9]

Los miembros de «El Seminario de Jesús» se ponen del lado de Strauss: «la distinción entre el Jesús histórico (...) y el Cristo de la fe» es el primer pilar de «la sabiduría de la investigación» y de «la crítica bíblica moderna».[10] Para ellos, la resurrección de Jesús no es una opción válida, ni siquiera para explicar los datos relevantes;[11] una explicación naturalista, por más disparatada que sea, *siempre* será preferible a una explicación sobrenatural (según el criterio núm. 4 que aparece anteriormente). Pero ¿está justificado este veredicto?

---

[8] R. W. Funk, R. W. Hoover y «El Seminario de Jesús», *The Five Gospels: What Did Jesus Really Say?* (New York, Macmillan, 1993), página 2.

[9] *Ibíd.*, página 3.

[10] *Ibíd.*, páginas 2, 3.

[11] Este hecho se hace explícito cuando «El Seminario» se tiene que enfrentar a las palabras del Jesús resucitado: «Por definición, las palabras que se atribuyen a Jesús después de su muerte no cuentan con la verificación histórica» (*ibíd.*, páginas 398). Pero como en

En un comentario fascinante sobre los criterios para probar las hipótesis históricas, McCullagh observa la hipótesis cristiana de la resurrección de Jesús y concluye: «Esta hipótesis cuenta con mucho más alcance y poder explicativo que otras que intentan explicar las pruebas, pero es menos verosímil y más *ad hoc* que las demás. Por ello, es difícil determinar, según las pruebas, si debería aceptarse o rechazarse».[12] Vamos a dejar para más adelante la discusión sobre si la hipótesis de la resurrección es más *ad hoc* que las hipótesis contrarias, pero por ahora nos preguntaremos por qué se dice que ésta es menos verosímil que otras.

McCullagh define el *grado de verosimilitud* según la aceptación que el conocimiento general hace de una hipótesis, es decir, tanto 1. nuestro *conocimiento tangible* (todo el conjunto de conocimiento que se puede investigar) y 2. las *pruebas concretas* que están a favor de la hipótesis. Por lo que a nuestro conocimiento tangible se refiere, los sobrenaturalistas coinciden con los naturalistas en que la hipótesis de la resurrección no es nada verosímil si seguimos los parámetros de McCullagh, pues no poseemos ningún conocimiento tangible que nos haga suponer que la resurrección tuvo lugar.[13] Pero de la misma manera, la hipótesis que dice que los discípulos robaron el cuerpo o la que dice que Jesús no llegó a morir tampoco son nada verosímiles según el conocimiento tangible, ya que no poseemos ninguna información que nos haga suponer que estos acontecimientos ocurrieron de verdad. Todo esto indica que el grado de verosimilitud debe derivarse de las *pruebas concretas*, y no del conocimiento tangible. Pero las pruebas concretas no confieren más verosimilitud a las hipótesis naturalistas que a la hipótesis de la resurrección; al contrario, normalmente las pruebas concretas sacan a la luz la inverosimilitud de estas hipótesis contrarias a la resurrección.

Quizá McCullagh debería haber utilizado el concepto contrario, y así debería haber dicho que la hipótesis de la resurrección es más inverosímil

---

varias ocasiones se toman palabras que Jesús pronunció en vida y se extrapolan al Jesús resucitado, «El Seminario» en ciertas ocasiones evalúa esas palabras *como si hubieran sido pronunciadas por la figura histórica*» (*ibíd.*, la cursiva es mía). Queda claro que «El Seminario» niega la posibilidad de que el Jesús resucitado sea una figura histórica, y lo hace, no sobre la base de las evidencias, sino *por definición*.

[12] McCullagh, *Justifying Historical Descriptions*, página 21.

[13] Para que el argumento tenga más valor, dejo a un lado las experiencias que los cristianos tuvieron de la presencia del Jesús resucitado entre ellos. El filósofo danés Søren Kierkegaard mantenía que era precisamente esta experiencia la que libera a los creyentes de la tiranía del método histórico y hace que toda generación se pueda sentir contemporánea a los discípulos.

que el resto de hipótesis. El *grado de inverosimilitud* se mide según la falsedad que el conocimiento actual confiere a una hipótesis. Si volvemos a dividir el conocimiento actual en conocimiento tangible y pruebas concretas a favor de la hipótesis, no puede ser que las pruebas concretas conviertan la hipótesis de la resurrección en más inverosímil que las otras hipótesis, ya que dichas pruebas no llevan a pensar que la hipótesis de la resurrección es falsa. Así, debe ser algo que tenemos en nuestro *conocimiento tangible* lo que convierte la hipótesis de la resurrección en más inverosímil que las otras hipótesis. Me imagino que la razón por la cual los naturalistas creen que la resurrección no es verosímil es porque el concepto de que «los muertos no resucitan» ya va incorporado en nuestro conocimiento tangible, lo que es incompatible con la resurrección de Jesús.

Hemos de reconocer que nuestro conocimiento tangible no favorece precisamente la hipótesis de la resurrección, ya que los poderes causales de la naturaleza son insuficientes para resucitar a un cadáver; pero tales consideraciones son irrelevantes ya que según la hipótesis que estamos tratando fue Dios quien levantó a Jesús de los muertos. Entonces, la hipótesis de que Dios resucitó a Jesús es totalmente verosímil en relación con *nuestro* conocimiento tangible. Así, el naturalista podría justificar que la hipótesis de la resurrección es inverosímil sólo si tiene razones independientes para creer que la existencia de Dios o su actuación en el mundo es inverosímil.

A fin de cuentas lo que «El Seminario de Jesús» llama el primer pilar de la sabiduría de la investigación no es más que el prejuicio filosófico que impide la justa valoración de las pruebas de la resurrección de Jesús. A continuación, pues, dejo abierta la posibilidad de adoptar una explicación sobrenatural si los datos así lo requieren.

Pruebas a favor de la resurrección de Jesús

¿Cuáles son pues las pruebas de la resurrección de Jesús? Se pueden agrupar bajo tres encabezamientos diferentes: 1) la tumba vacía, 2) las apariciones post mortem de Jesús, y 3) el origen de la creencia de los discípulos en la resurrección de Jesús. Acto seguido veremos unos resúmenes de los argumentos a favor de estas pruebas y después, a modo de conclusión ya que no disponemos de mucho espacio, las compararemos con las objeciones presentadas.

La tumba vacía

Vamos a ver diez argumentos que apuntan a que la tumba de Jesús estaba vacía. Después, de forma breve, consideraremos algunas explicaciones naturalistas.

La tumba vacía: hecho histórico
¿Qué pruebas tenemos a favor del hecho histórico de que la tumba estaba vacía?
1. *La credibilidad histórica del relato del entierro apoya que la tumba estaba vacía.* Si el relato del entierro es cierto, es lógico creer que la tumba estaba vacía. Si el relato del entierro contiene información exacta, entonces tanto judíos como cristianos conocían la ubicación de la tumba, lo que quiere decir que la creencia en la resurrección no habría sobrevivido si el cadáver hubiese estado en la tumba. Los discípulos no podrían haber creído en la resurrección de Jesús; aunque lo hubieran hecho, nadie más les habría creído cuando estos predicaban la resurrección de Jesús; y sus enemigos judíos podrían haber atacado mostrando el cuerpo, tal como un polémico judío medieval cuenta que ocurrió (*Toledot Yeshu*). Por lo tanto, como Crossan tiene que reconocer, si se afirma la historicidad del relato del entierro no se puede negar la historicidad de la tumba vacía.
Y, como ahora veremos, el relato del entierro está reconocido como un hecho histórico creíble, debido a las siguientes razones:
a) El testimonio de Pablo es una prueba... a favor de la historicidad del entierro de Jesús. En 1 Corintios 15:3-5, la enseñanza que había recibido y que así mismo él enseñaba hace referencia al entierro del Jesús:

> ... *que Cristo murió por nuestros pecados, conforme a las Escrituras,*
> *y que fue sepultado,*
> *y que resucitó al tercer día, conforme a las Escrituras,*
> *y que apareció a Cefas, y después a los doce.*

La mención del entierro no sólo busca subrayar la muerte de Cristo; también hace referencia a que Jesús fue colocado en la tumba tal como cuentan los evangelios.[14] Prueba de todo esto es el uso innecesario de la

---

[14] Tal como Peter Carnley, Arzobispo de Perth, propuso en su *The Scripture of Resurrection Belief* (Oxford, Clarendon, 1987), 52. J. C. O'Neill, profesor de Nuevo Testamento en Cambridge, cree que Pablo sólo habría dicho «y que fue sepultado, y que al tercer día apareció a Cefas» si no hubiera habido ninguna tumba vacía y el entierro sólo hubiera

fórmula «y que» cuatro veces, la sucesión cronológica de los acontecimientos y, en especial, la increíble concordancia entre lo que Pablo enseña en relación al orden de acontecimientos (muerte-entierro-resurrección-apariciones) y lo relatado en Hechos 13 y en los evangelios. Así, es difícil negar la historicidad del entierro en la tumba por estas razones: i) debido a la época en que se extendía esta enseñanza (30-36 d.C.) no habría dado tiempo a que se creara una leyenda; ii) las mujeres que fueron testigos del entierro (ver a continuación) eran conocidas en la comunidad cristiana primitiva en la que se formuló dicha enseñanza, así que su testimonio apoya esa enseñanza; iii) Sin duda alguna, Pablo conocía los acontecimientos que apoyaban las enseñanzas que predicaba (ver por ejemplo 1ª Corintios 11:23-26), incluido el acontecimiento del entierro. Lo que dice se ve apoyado por su visita a Jerusalén en el año 36 d.C. (Gálatas 1:18).

b) *El relato del entierro forma parte del relato de la Pasión anterior al relato de Marcos, lo que quiere decir que es muy antiguo.* Normalmente se cree que el relato del entierro es parte del material que Marcos usó para escribir sobre la pasión de Jesús.[15] Ésta es una buena razón para creer en la historicidad del relato del entierro, por razones similares a las expuestas en el punto anterior: i) no habría habido tiempo de que se creara una leyenda sobre el entierro y la consiguiente resurrección; ii) la presencia de testigos oculares que podían confirmar lo ocurrido; y iii) Pablo seguramente sabía de la existencia del relato de la Pasión, anterior al evangelio de Marcos.

c) *El relato en sí es bien simple; no presenta ninguna reflexión teológica ni ningún desarrollo apologético.* La mayoría de estudiosos coincide con Bultmann en cuanto a este respecto.[16] El relato en que vemos que José pide el cuerpo de Jesús para enterrarlo, lo envuelve en una sábana, y lo pone en un sepulcro no es que esté precisamente cargado de teología y apologética.

---

servido para subrayar la muerte (J. C. O'Neill, «On the Resurrection as an Historical Question», *Christ, Faith and History*, Cambridge Studies in Christology, ed. S.W. Sykes y J. P. Clayton (Cambridge, Cambridge University Press, 1972), página 208.

[15] Incluso el evangelio de la Cruz inventado por Crossan recoge que Jesús fue sepultado en un sepulcro y no en la fosa común de los malhechores (Evangelio de Pedro, 8:30-33). Aparte del requisito metodológico de la aparición en más de una fuente, Crossan no da ninguna razón para explicar por qué presupone que, en este tema, no nos podemos fiar de esta fuente premarcana.

[16] Rudolf Bultmann, *The History of the Synoptic Tradition*, 2ª ed., trans. John Marsh (Oxford: Basil Blackwell, 1900), 274. Por otro lado, Crossan afirma que la narración de la sepultura es un relato ficticio sacado de Deuteronomio 21:22-23 y Josué 10:26-27. Sin embargo, esta hipótesis no tiene mucho sentido si el evangelio de la Cruz no contiene ningún relato de la sepultura, dado que Crossan atribuye Pedro 6:23-24 (José entierra a

d) *José de Arimatea probablemente fue un personaje histórico.* Aun los estudiosos más escépticos admiten que no es nada probable que la figura de José de Arimatea, como miembro del Sanedrín, fuera una invención de los cristianos.[17] Raymond Brown, uno de los más prestigiosos expertos de la

Jesús) a un estrato posterior basado en los evangelios canónicos. Entonces, ¿se supone que el evangelio de Marcos se basa en esos textos del Antiguo Testamento y el evangelio de la Cruz? Aún si los primeros cristianos se hubieran inventado lo que contaban, pasando por alto la fiabilidad histórica, la hipótesis de Crossan seguiría presentado dos problemas: (1) Este tipo de tratamiento de los evangelios puede cometer con los textos judíos el mismo error que el movimiento de la Historia de las Religiones infligió a los textos paganos. Este movimiento del siglo XIX quería encontrar en las religiones paganas paralelos a las creencias cristianas, y algunos de sus expertos explicaban las creencias cristianas como producto de las influencias paganas. Sin embargo, el movimiento fracasó, sobre todo porque no se podía mostrar una relación genealógica entre las creencias paganas y las creencias cristianas. Del mismo modo, los paralelos judíos a los que Crossan hace referencia están desprovistos de importancia y significado a menos que haya una conexión casual con los sucesos narrados en los evangelios. En el caso que estamos tratando esto no ocurre, ya que sólo veremos los paralelos si leemos los textos relevantes a la luz de los evangelios, es decir, teniendo previo y pleno conocimiento de lo que estos narran. Decir que son paralelos es muy forzado, tanto, que es imposible que un cristiano del siglo I cuyo conocimiento acaba en la crucifixión de Jesús relacionara esos textos veterotestamentarios con el destino de Jesús. (2) Las desemejanzas entre la sepultura que aparece en Josué 10:26, 27 evidencia que el relato de Marcos no se basa en él. En Josué se menciona una cueva, mientras que en Marcos se habla más bien de un sepulcro cavado en una peña (cf. Isaías 11:16); en Josué hay un guarda y en Marcos no; y la referencia que Marcos hace a José de Arimatea y la escena con Pilato, y la sábana no tienen paralelo en el texto de Josué. Los detalles como la piedra a la entrada del sepulcro, y que el entierro se efectuara antes de que cayera la noche son elementos del contexto histórico judío por lo que no nos ofrecen ninguna pista genealógica. Crossan cree que el evangelio de la Cruz ya dio por sentado que fueron los judíos los que enterraron a Jesús, pero que el texto de Josué menciona el cadáver, la piedra y los guardas para el guarda que aparece en el relato del entierro en el evangelio de la Cruz. Pero de hecho, el cadáver se cita por las costumbres de crucifixión y entierro judías; los descubrimientos arqueológicos han demostrado que en la Palestina del siglo I se colocaba una piedra en la entrada del sepulcro de las figuras importantes; y el detalle del guarda, lo más probable es que provenga de Mateo y no de Josué, sobre todo porque el evangelio de Pedro recalca la presencia del guarda mencionando que era un guarda romano (incluso dice cómo se llamaba el comandante), que vigilaba desde el viernes –y no desde el sábado– lo que apunta a que el sepulcro siempre estuvo vigilado, y hace hincapié en que los soldados no se durmieron en ningún momento, sino que estuvieron vigilando constantemente.

[17] De nuevo, Crossan discrepa, afirmando que Marcos se inventó a José de Arimatea para hacer que el entierro de Jesús no estuviera en manos de sus enemigos, sino de sus amigos. Pero lo hace sin dar ninguna evidencia. Y podríamos decir, en contra de esa teoría de Crossan, que ni el evangelio de la Cruz ni Marcos dejan claro si Jesús fue enterrado por sus enemigos o si José de Arimatea era amigo de Jesús. Así que si Marcos hubiera inventado esta información, ¿por qué creó una figura como José en vez de decir que fueron los discípulos los que le enterraron? Y si estuviese buscando la máxima verosimilitud históricamente hablando, lo más lógico hubiera sido decir que lo enterraron sus enemigos o su familia.

actualidad en el Nuevo Testamento, explica que el hecho de que José fuera el responsable de enterrar el cuerpo de Jesús es «muy probable», ya que es «casi inexplicable» que los cristianos hubieran creado un personaje ficticio, miembro del Sanedrín judío, que ayudara a Jesús, dada la hostilidad que muestran los antiguos escritos cristianos hacia los líderes judíos, responsables de la muerte de Jesús.[18] Sobre todo, Marcos no hubiera inventado el personaje de José, después de decir que todo el Sanedrín votó a favor de la condenación de Jesús (Marcos 14:55, 64; 15:1).

Las descripciones que los evangelios hacen de José contienen detalles que, aunque de forma no intencional, confirman lo que venimos diciendo; por ejemplo, que fuera rico (muy posible, debido a la ubicación de la tumba), y que viniera de Arimatea (ciudad sin ninguna connotación ni simbolismo escritural). Vemos que debía ser simpatizante de Jesús no sólo en los relatos de Mateo y Juan, sino que en el evangelio de Marcos vemos que se da un tratamiento especial al cuerpo de Jesús, si lo comparamos con el que se da a los cuerpos de los malhechores.

e) *Es muy probable que el que José colocara el cuerpo de Jesús en su propio sepulcro sea un hecho histórico*. Si tenemos en cuenta la descripción del sepulcro como una *acrosolia*, tumba-banco, y los descubrimientos arqueológicos de que los nobles eran los que usaban dichas tumbas, es fácil creer que Jesús fuera depositado en la tumba de José. El detalle de que se trataba de un sepulcro nuevo y de que estaba destinado a José es bastante probable, ya que no le habrían dejado enterrar el cadáver de un criminal en cualquier tumba, puesto que tal cosa contaminaría los cuerpos de cualquier familiar allí enterrado.

f) *Jesús fue enterrado en el Día de la Preparación, a una hora avanzada.* La hora del entierro de Jesús, según lo que sabemos a partir de fuentes extrabíblicas sobre las regulaciones judías de los procedimientos de entierro de criminales ejecutados, debió ser el viernes antes de que apareciera la estrella de la noche. Seguro que no estaba permitido que el cuerpo permaneciera en la cruz toda la noche, ya que había que purificar la tierra, y como era la víspera del Sabat, el cuerpo tenía que ser enterrado antes de que cayera la noche. Con ayuda, José habría podido celebrar un simple entierro justo antes de que comenzara el Sabat, tal como cuentan los evangelios.

g) *Es un dato histórico que algunas mujeres fueron testigos del entierro.* Los evangelios cuentan cómo algunas mujeres fueron testigos oculares de la

---

[18] Brown, *Death of the Messiah*, 2:1240.

crucifixión y el entierro de Jesús, y de que la tumba estaba vacía. A no ser que eso fuera cierto, no tiene sentido que fueran ellas y no los discípulos (ver más abajo). Además, el papel que desempeñan tanto en el entierro como al ver la tumba vacía se confirman mutuamente, ya que es poco probable que estuvieran presentes en uno de los acontecimientos y no en el otro. Así que si alguna de las listas de mujeres que fueron testigos (Marcos 15:40) es fiable, las otras deberían ser fiables también. No sería normal que los nombres de estas mujeres, bien conocidas en la comunidad cristiana primitiva, hubieran sido asociados con esos acontecimientos, a no ser que éstos hubieran ocurrido de verdad.

h) *Las tumbas de los hombres santos judíos eran cuidadosamente preservadas.* En los tiempos de Jesús había un interés extraordinario por las tumbas de los mártires y santos judíos, y se las cuidaba y honraba de forma muy respetuosa. Esto hace pensar que también se habría prestado el mismo tipo de interés a la tumba de Jesús. Los discípulos no creían aún en la resurrección, salvo en la resurrección del día postrero, así que no hubieran dado importancia al entierro de su Maestro. Este interés o preocupación también convierte en verosímil que las mujeres se quedaran a ver el entierro y que quisieran ungir el cuerpo de Jesús con especias aromáticas y ungüentos (Lucas 23:55, 56).

i) *Es la única manera tradicional de entierro que se conoce.* Si el entierro de Jesús en el sepulcro de José de Arimatea es legendario, entonces es extraño que aparezcan tradiciones que lo contradigan, incluso tradiciones polémicas judías. El hecho de que no haya relatos que den otra versión apunta a que lo que nos cuentan los evangelios sea lo que realmente ocurrió.[19]

---

[19] Crossan intenta buscar otras tradiciones sobre entierros en obras como la *Epístula Apostolorum* 9.20 (un documento copto del siglo II) y en las *Instituciones divinas* 4.19 de Lactancio (principios del siglo IV). Mucho tiene que decirnos sobre la metodología de Crossan el hecho de que confíe más en estos textos tardíos y a veces estrafalarios que en los documentos del Nuevo Testamento. De todos modos, estos textos no constituyen una alternativa a los evangelios. La *Epístula Apostolorum* cuenta que el cuerpo de Jesús fue bajado de la cruz a la vez que los cuerpos de los malhechores, pero luego dice que el de Jesús fue enterrado en un lugar llamado «calavera», donde fueron Sara, Marta y María Magdalena para ungirle. El pasaje tiene las características de un resumen, pero eso no excluye la posibilidad que José de Arimatea enterrara a Jesús, al igual que tampoco la excluye el Credo Apostólico. Ocurre lo mismo con el resumen que encontramos en Lactancio, que dice en referencia a los judíos: «Bajaron el cuerpo de la cruz, lo pusieron a salvo en un sepulcro, y colocaron una guardia alrededor para que vigilara el sepulcro». El deseo de argumentar en contra de los judíos lleva a Lactancio a incluir a José de Arimatea bajo esa rúbrica general de «los judíos». El mismo motivo aparece en Hechos 13:27-29, al que Crossan también se aferra. Finalmente, en Juan 19:31 sólo aparece una petición, pero no la escena del entierro. El hecho de que Crossan tenga que aferrarse a textos como el mencionado subraya lo desesperado que está por encontrar otras tradiciones sobre entierros.

Estas nueve consideraciones nos permiten subrayar la fiabilidad histórica del entierro de Jesús, un hecho reconocido por la mayoría de críticos del Nuevo Testamento. Según Wolfgang Trilling, «dudar del honorable entierro de Jesús no tiene fundamento, sobre todo si se intenta apoyar con hechos históricos».[20] Y la conclusión de que la tumba estaba vacía va de la mano de lo que acabamos de decir. Aunque los discípulos se marcharan a Galilea y tardaran en volver a Jerusalén para predicar la resurrección, si la tumba no hubiera estado vacía habrían permanecido callados.

2. *El testimonio de Pablo apunta a que la tumba estaba vacía.* Ahora llegamos al segundo grupo de pruebas a favor de la historicidad de la tumba vacía. No hay duda de que Pablo aceptó no solamente el relato del entierro de Jesús, sino también el de la tumba vacía, como vemos en a) la secuencia que aparece en 1 Corintios 15:3-5 (muerte-entierro-resurrección); b) el concepto judío de resurrección, c) su lenguaje y trasfondo farisaico; d) la expresión «al tercer día»; e) el sintagma «de los muertos» de Romanos 4:24; f) su doctrina de la resurrección y la transformación del cuerpo (1ª Corintios 15:35-50); y g) su creencia en la segunda venida del Señor (2ª Tesalonicenses 4:14-17). Todo esto apunta a una resurrección física y, así, a que la tumba estaba vacía. Así que queda claro, pues, que Pablo creía que la tumba apareció vacía.[21]

Y llegados a este punto, sólo nos cabe preguntar: ¿podría Pablo haber creído en la tumba vacía si la tumba no hubiese estado vacía? Seguro que

---

[20] Wolfgang Trilling, *Fragen zur Geschichlichkeit Jesu* (Düsseldorf: Patmos Verlag, 1966), página 157. Ver también Raymond E. Brown, «The Burial of Jesus (Mark 15:42-47)», *CBQ* 50 (1988), páginas 233-245.

[21] Carnley lo niega, arguyendo lo siguiente: (1) 1ª Corintios 15:4 sólo sirve para subrayar la realidad de la muerte de Jesús; (2) 2 Co. 5:1 muestra que no es posible que Pablo hablara de una reanimación del cuerpo en la resurrección; (3) 1ª Corintios 15:51 excluye la idea de que hubiera una tumba vacía dado que el cuerpo resucitado no está compuesto por «carne y sangre»; y (4) Baruc 49-51 muestra que la restauración de la carne y de los huesos no era parte del concepto judío de la resurrección (Carnley, *Structure of Resurrection Belief*, 52-53). El punto (1) ya lo hemos tratado. En cuanto al (2), la forma verbal en presente «tenemos» de 2ª Corintios 5:1 no implica que el cuerpo resucitado ya nos está aguardando en los cielos, sino que expresa la certidumbre de una posesión futura, exactamente igual que cuando dice que tiene una herencia en el cielo. Este concepto de un cuerpo resucitado inanimado que ya está aguardándonos en el cielo es una contradicción, ya que en tanto que cuerpo espiritual (cf. 1ª Corintios 15:44), está imbuido de vida. Como dice Pablo en 2 Co. 5:4, el cuerpo terrenal se transformará en cuerpo resucitado (cf. 1ª Corintios 15:54). Los puntos (3) y (4) no son relevantes aquí, dado que aún en el caso de que el cuerpo resucitado fuese inmaterial, en los dos pasajes citados es el producto de la transformación del cuerpo terrenal, así que las tumbas sí quedarían vacías una vez tuviésemos el cuerpo resucitado. Sobre la materia del cuerpo resucitado, ver más adelante.

Pedro, Jacobo y los otros cristianos en Jerusalén con los que Pablo habló poco después de convertirse (Gálatas 1:18) también creían que la tumba estaba vacía, y que debía estar vacía desde la resurrección. Si no hubiera sido así, la teología paulina habría tomado otro rumbo, intentando explicar cómo había sido posible la resurrección si el cuerpo aún estaba en el sepulcro. Pero ni la teología cristiana ni la apologética han tenido que enfrentarse a este problema.

Además, el tercer elemento que aparece en la enseñaza de Pablo (1ª Corintios 15:3-5) se corresponde con los relatos de los evangelios sobre la tumba vacía: «resucitó», que es lo mismo que «ha resucitado». La tradición que mantiene la idea de la tumba vacía se sostiene gracias a este elemento, al igual que la teoría a favor del entierro se sostiene gracias al segundo. De aquí sacamos las dos conclusiones siguientes. a) La tradición a favor de la tumba vacía es fiable. Antes de la realización de la fórmula no hubo tiempo suficiente para que se creara una leyenda sobre una tumba vacía, y la presencia de testigos en la iglesia cristiana primitiva lo habría impedido. b) No hay duda de que Pablo conocía la tradición de la tumba vacía tal como resume en la fórmula de 1ª Corintios 15 y por tanto su testimonio confiere credibilidad a dicha tradición. Si el descubrimiento de la tumba vacía no es histórico, entonces es imposible explicar cómo es que Pablo y los testigos antiguos la aceptaron.

3. *La presencia del relato de la tumba vacía en el documento anterior a Marcos narrando la pasión apoya su fiabilidad histórica.* Es normal que la historia de la tumba vacía (Marcos 16:1-8) figurara en la narración de la Pasión que aparece en el documento anterior a Marcos ya que a) el relato de la tumba vacía va unido al contexto inmediato del entierro y de los acontecimientos de la pasión; b) las dos narraciones presentan similitudes sintácticas y verbales; c) la historia de la Pasión no se habría extendido si no hubiera acabado en victoria; y d) la correspondencia entre los hechos de la Pasión y la fórmula de 1ª Corintios 15:3-5 confirma que el relato de la Pasión en el documento anterior a Marcos contiene la narración de la tumba vacía.

Debido a la naturaleza de los acontecimientos, esta conclusión tiene mucho sentido. No existe un relato ordenado de las apariciones de Jesús porque éstas fueron inesperadas y esporádicas; además, se apareció a gente diferente y en diferentes lugares y momentos. La historia de la tumba vacía, por otro lado, relataba un hecho que era "propiedad común" de la Iglesia cristiana primitiva.

Según Rudolf Pesch,[22] las referencias geográficas, los nombres de personas, y el uso que se hace de Galilea como horizonte, todo apunta a que la historia de la Pasión del documento anterior a Marcos tiene como fuente Jerusalén. Pesch razona que la enseñanza de Pablo sobre la Cena del Señor (1ª Corintios 11:23-25) presupone la narración del documento anterior a Marcos; así, este último debió ser confeccionado en los primeros años de existencia de la Iglesia de Jerusalén. Esto lo confirma el hecho de que el relato del documento anterior a Marcos habla del «Sumo Sacerdote» sin usar ningún nombre (14:53, 54, 60, 61, 63), lo que apunta a que Caifás ya era el sumo sacerdote cuando se escribió el relato anterior a Marcos, y por eso Marcos no vio necesario repetir el nombre. Como Caifás fue sumo sacerdote desde el año 18 al 37 d.C., el relato del que venimos hablando podría haber sido escrito, como muy tarde, en el año 37 d.C.[23]

4. *El uso de «el primer día de la semana» (Marcos 16:2) en vez de «al tercer día» apunta la antigüedad del relato*. La narración del descubrimiento de la tumba vacía debe de ser muy antigua porque no contiene el motivo de «al tercer día», tan importante en la predicación de la iglesia primitiva, tal como resume 1ª Corintios 15:3-5. Si el relato de la tumba vacía fuese posterior, tal como subraya Bode en su importante estudio sobre este tema, lo más normal es que hubiera copiado el antiguo y estereotipado motivo «al tercer día».[24] Dicho de otra manera, los escritos sobre la tumba vacía preceden al mismo motivo de «el tercer día».

---

[22] Rufolf Pesch, *Das Markusevangelium*, 2 vols., HTKNT 2 (Freiburg: Herder, 1977), 2:21; cf. 2:364-377.

[23] Si es así, es inútil interpretar el relato del sepulcro vacío como una leyenda no histórica. Parece increíble que el mismo Pesch (*ibíd.*, 2:522-36) intente convencernos de que el relato premarcano del sepulcro vacío es una fusión de tres obras literarias y no fiables de la historia de las religiones: milagros en los que se abrían puertas, epifanías, y relatos sobre la búsqueda infructuosa de personas que han sido teletransportadas a los cielos. Según él, que la piedra de la entrada del sepulcro se moviera recibe la influencia de los relatos de los milagros en los que se abrían puertas. Cuando se confronta a Pesch con la realidad de que en Marcos no aparece ningún milagro de ese tipo, ¡éste defiende su teoría diciendo que se trata de un milagro de apertura de puertas implícito! Cree que la aparición del ángel es influencia de las epifanías, aunque no ofrece una lista de paralelos. Finalmente, para explicar el origen del relato en el que no hallan el cuerpo de Jesús, hace referencia a una larga lista de textos irrelevantes (p.ej. 2º Reyes 2:16-1; Salmos 37:36; Ezequiel 16:21), a una serie de fuentes postcristianas o que tienen una clara influencia cristiana (el evangelio de Nicodemo 16:6; el testamento de Job 39-40) e incluso a varios textos del mismo Nuevo Testamento. Ni siquiera lucha con la temprana datación que él mismo confiere a la tradición, y tampoco demuestra cómo podría una leyenda tomar forma en un período tan breve en presencia de testigos que conocían la verdadera historia.

[24] Edward Lynn Bode, *The First Easter Morning* (Rome, Biblical Institute Press, 1970), 161. Brown está de acuerdo: «La referencia temporal del descubrimiento de la tumba se

5. *La naturaleza del relato mismo no contiene adornos teológicos ni apologéticos.* No aparece una descripción de la resurrección, ni tampoco motivos teológicos posteriores, comunes en las leyendas que se escriben con posterioridad. La comparación de lo relatado en Marcos con los evangelios apócrifos, como por ejemplo el *Evangelio de Pedro*, subraya la sencillez del relato de Marcos. El *Evangelio de Pedro* introduce el relato de la resurrección entre el entierro y la visita de María Magdalena el domingo por la mañana. En este relato, la tumba está custodiada no sólo por los soldados romanos, sino también por los fariseos y líderes judíos, y una multitud de los pueblos vecinos. De repente, por la noche se oye una potente voz desde el cielo, y dos hombres descienden del cielo a la tumba. Acto seguido, tres hombres salen de la tumba, dos de ellos sostienen al tercero. Las cabezas de los dos hombres están tapadas por las nubes, pero la cabeza del tercer hombre se ve por encima de las nubes. Entonces, una cruz sale de la tumba y una voz desde el cielo pregunta: «¿Les has contado lo del sueño?». Y la cruz responde, «Sí».

Con este ejemplo podemos ver las características de las leyendas: siempre van adornadas de elementos teológicos y de otros tipos.[25] Sin embargo, la narración del descubrimiento de la tumba vacía que encontramos en Marcos es un informe sencillo, claro y directo de lo que ocurrió.

fijó en la memoria de la historia cristiana antes de que se estableciera el posible simbolismo que tiene el cálculo de los tres días» (Raymond C. Brown, *The Gospel According to John*, ABRL 29ª [Garden City, N.Y.: Doubleday, 1970], 980). El hecho de que «el primer día de la semana» pueda ser un semitismo también habla a favor del antiguo origen de la frase.

[25] Crossan está de acuerdo en que el relato que aparece en el evangelio de la Cruz (= evangelio de Pedro 9:35-10:42)está determinado teológicamente, pero además asegura que lo mismo ocurre con el relato de Marcos. La forma en que Marcos une la pasión de Jesús y el retorno en gloria le obliga a suprimir el colorido relato de la resurrección y del guarda que aparece en el evangelio de la Cruz. Para Marcos, «la resurrección era simplemente la marcha de Jesús, que estaba pendiente de volver en gloria de forma inminente» (Crossan, *Historical Jesus*, página 296). La aparición del evangelio de la Cruz se convirtió en la Transfiguración, que sirve de anticipo de la venida en gloria de Jesús, y no de su resurrección. La hipótesis de Crossan parte de la idea de que Marcos no sugiere que hubiera apariciones después de la resurrección, sino que sólo habla de la aparición de Jesús en su segunda venida (Marcos 13:26; 14:62) –idea rechazada por la mayoría de los expertos. Claramente, las predicciones de Jesús sobre su venida gloriosa no tienen por qué excluir las apariciones después de la resurrección, que también había predicho (Marcos 8:31; 9:9, 31; 10:34. Además, en 14:28; 16:7, Marcos sugiere claramente que esas apariciones tendrán lugar. Como Marcos menciona que Jesús va delante de los discípulos a Galilea y hace referencia al restringido círculo de testigos, queda claro que cree que la segunda venida de Jesús sea en Galilea. Crossan no puede volver a la posición de que esos versículos no formaban parte del texto original del evangelio secreto de Marcos, porque el problema está en la sencillez de Marcos 16:1-8, que supuestamente fue añadido al evangelio canónico. Pero si el evangelio canónico contempla las apariciones posteriores a la resurrección, ¿por qué no ofrece un relato de la resurrección parecido al del evangelio de Pedro? Por lo que

6. *La tumba vacía fue descubierta por mujeres.* Dado el bajo estatus social que los judíos conferían a las mujeres, el cual no les permitía ser testigos oculares de ningún proceso jurídico, la explicación más verosímil –dado que los discípulos estaban en Jerusalén durante el fin de semana de la Pascua según los Evangelios– de por qué fueron mujeres y no hombres quienes descubrieron la tumba vacía, es que fueron las mujeres en verdad las que hicieron el descubrimiento.[26] Además, ¿por qué iba la Iglesia cristiana a humillar a sus líderes diciendo que estaban escondidos en Jerusalén de forma cobarde, mientras las valientes mujeres estaban pendientes del cuerpo de Jesús hasta el final, a no ser que fuera cierto? Por último, la

---

a la transfiguración se refiere, la mayoría de los críticos creen que este relato está tan enraizado en su contexto que no puede considerarse como un relato apuntando a la resurrección. Crossan confiesa que los paralelos entre el relato marcano de la transfiguración y el relato de la resurrección del evangelio de Pedro (por ejemplo, la *altura* de las cabezas que alcanzaba hasta los cielos se convierte en una montaña *alta*) «no son muy convincentes», aunque añade que es culpa de Marcos quien «refundió totalmente» el relato (Crossan, *Four Other Gospels*, 173). Sea como sea, Marcos 16:1-8 no contiene ninguna referencia teológica a la venida gloriosa de Jesús ni a ningún otro motivo teológico, como por ejemplo el descenso de Jesús al infierno y la victoria sobre sus enemigos, detalle que, de nuevo, habla a favor de su antigüedad.

[26] Llegado este punto las especulaciones de Crossan son completamente insostenibles. Según él, el evangelio secreto de Marcos daba pie a una interpretación erótica de la cual el autor del evangelio canónico se deshizo. Éste, en vez de simplemente prescindir del fragmento erótico, lo descuartizó y fue introduciendo frases sueltas en diferentes secciones del evangelio. Por ejemplo, la figura angélica del sepulcro (Marcos 16:5) deriva de la figura de un hombre joven que en el evangelio secreto se acerca a Jesús para preguntarle sobre el misterio del reino de Dios. También dice que las tres mujeres que descubren el sepulcro vacío (Marcos 16:1) son una reminiscencia del evangelio secreto de Marcos 2r 14-16, que dio pie a Marcos 10:46ª y dice así: «Estaban allí la hermana del joven a quien Jesús amaba y su madre y Salomé, y Jesús no les recibió». Pero, ¿por qué iba Marcos a introducir estos textos en vez de eliminarlos si pensaba que eran ofensivos? ¡El ingenioso de Crossan contesta que lo hizo por si alguien cotejaba su escrito con el evangelio secreto de Marcos, para que los cristianos ortodoxos pudieran decir que esos textos obscenos no eran más que un *collage* aleatorio de diversos elementos del evangelio de Marcos! Es inaudito que un erudito dé una respuesta de este tipo. No sólo le atribuye a Marcos presciencia del criticismo narrativo/redaccional, sino que además intenta convertir la hipótesis de Crossan en infalseable, ya que reinterpreta las evidencias no confirman su teoría para que acaben respaldándola –cf. psicología freudiana, según la cual el hecho de que alguien no haya experimentado el complejo de Edipo es prueba de que esa persona está reprimiendo ese tipo de experiencias. Es decir, Crossan diría lo siguiente a los críticos que aseguran que el evangelio secreto de Marcos no es original, sino una amalgama de fragmentos de Marcos: «¡Aja! ¡Justo lo que Marcos quería que creyerais!». Sea como sea, no le funcionaría la respuesta porque algunas partes de la amalgama son del evangelio de Juan (el discípulo amado, la resurrección de Lázaro), que supuestamente es posterior al evangelio secreto de Marcos. Por lo que a las mujeres se refiere, la hipótesis sigue sin explicar por qué iba Marcos a interpolar la aparición de estas mujeres en ese pasaje y no en otro, cuando podría haberse inventado que fueron hombres, y no mujeres, los que descubrieron el sepulcro vacío. Encontrará una crítica a esta posición de Crossan en Gundry, *Mark*, páginas 613-621.

aparición de los nombres de las mujeres es un dato de peso para probar que no se trata de una leyenda, ya que dichas mujeres eran bien conocidas en la Iglesia cristiana primitiva, lo que hace difícil relacionarlas con un relato falso.

7. *La investigación que Pedro y Juan realizaron de la tumba vacía es muy probable que tuviera lugar.* El cuarto evangelio cuenta con el testimonio directo del discípulo amado (Juan 21:24), con toda probabilidad Juan el hijo de Zebedeo, cuyas declaraciones prueban todo lo relatado. La visita de los discípulos a la tumba vacía está apoyada tanto por los relatos tradicionales (Lucas 24:12, 24; Juan 20:3) como por Juan mismo. Otro dato que otorga historicidad a la visita de los discípulos es el relato de la negación de Pedro (Marcos 14:66-72), ya que como estaba en Jerusalén, seguro que quiso comprobar la historia que las mujeres contaban sobre la tumba vacía. La ausencia de pruebas de que los discípulos huyeron a Galilea también hace suponer que aún estaban en Jerusalén, lo que aumenta la posibilidad de que visitaran la tumba.[27]

8. *Habría sido casi imposible para los discípulos proclamar en Jerusalén la resurrección si la tumba no hubiera estado vacía.* Que la tumba estuviera vacía es una condición *sine qua non* para la resurrección. La idea de que Jesús podría haber resucitado de los muertos con un cuerpo nuevo, mientras que su antiguo cuerpo permaneció en la tumba, es un concepto muy moderno. La mentalidad judía nunca habría aceptado la existencia de dos cuerpos. Aunque los discípulos no hubieran ido a comprobar si la tumba estaba vacía, no puede ser que las autoridades judías no fueran a cerciorarse. Así, dado que los discípulos empezaron a predicar la resurrección en Jerusalén

---

[27] Crossan no duda en aceptar la hipótesis sobre la fuga de los discípulos, cuyo único entendimiento es que su líder había sido crucificado, una hipótesis que es para la mayoría de eruditos, y en palabras de von Campenhausen, «una ficción de los críticos» (Hans F. von Campenhausen, *Der Ablauf der Osterereignise und das leere Grab*, 3ª ed. [Heidelberg, Carl Winter, 1966], 44-49). Es curioso ver que «El Seminario de Jesús» también respalda esta hipótesis (Funk, Hoover y «El Seminario de Jesús», *The Five Gospels*, 468). Carnley dice que la hipótesis de la fuga a Galilea explica el hecho de que sean las mujeres las que descubren el sepulcro vacío (Carnley, *Structure of Resurrection Belief*, 60). La forma en la que explica su presencia en la crucifixión y en el entierro es lo que luego hace que se las mencione en el pasaje del descubrimiento del sepulcro no es muy convincente, no sólo porque selecciona arbitrariamente cuáles son los roles históricos de la mujer, sino también porque si Marcos se inventó la negación de Pedro a pesar de la huída hacia Galilea, también se habría visto con la libertad de inventarse que fue Pedro o cualquier otro hombre el que descubrió el sepulcro. Crossan dice que el relato sobre la visita de Pedro al sepulcro es una invención de Lucas (de donde sugiere que no hay ningún tipo de fiabilidad histórica). Vea una crítica sobre esas acusaciones al documento de Lucas en William Lane Craig, «The Disciples' Inspection of the Empty Tomb (Luke 24, 12. 24; Juan 20, 2-10», en *John and the Synoptics*, BETL 101 (Leuven, Bélgica, Leuven University Press, 1992), páginas 614-19.

y la gente se unía a ellos, y dado que las autoridades no podían hacer nada, debe ser cierto que la tumba estaba vacía.[28] El simple hecho de que la iglesia cristiana, fundada sobre la creencia de la resurrección de Jesús, naciera y floreciera en la misma ciudad donde fue ejecutado y enterrado, es una prueba aplastante de la historicidad de este relato del sepulcro vacío.

9. *Los polémicos judíos contemporáneos a la resurrección presuponen que la tumba estaba vacía.* Vemos en Mateo, de forma incidental (Mateo 18:15b) que los judíos enemigos del cristianismo no negaban que la tumba de Jesús estuviera vacía. En cambio, acusaron a los discípulos de haber robado el cuerpo de Jesús. De aquí surgió la controversia sobre los guardas que custodiaban la tumba. Fijémonos en la respuesta que los polémicos judíos daban a la declaración de los discípulos de que «resucitó de entre los muertos» (27:64). ¿Qué respondieron los judíos antagonistas? ¿«Su cuerpo aún está en la tumba» o «Jesús fue enterrado en una tumba para criminales y luego devorado por perros?» No. Respondieron: «Sus discípulos vinieron de noche, y lo hurtaron» (28:13). Toda esta polémica levantada por los judíos fue un intento de encontrar una explicación diferente a la tumba vacía. Lo que prueba, entonces, que la tumba estaba de hecho vacía.[29]

---

[28] Carnley objeta que este argumento da por sentado que la proclamación de la resurrección ocurrió rápidamente después del entierro, por lo que la tumba de Jesús pudo ser identificada; pero plantea que quizá no fue así (Carnley, *Structure of Resurrection Belief*, 55). Si aceptamos la fiabilidad de la tradición en este punto, en el relato del entierro, como Carnley parece hacer, esta objeción no tiene ningún sentido ya que se sabía cuál era el lugar del entierro. Sea como sea, parece poco probable que no se puede identificar la tumba de Jesús. Carnley cree que podríamos inferir de Mateo 27:61; Marcos 15:47; Lucas 23:55 que cuando los discípulos proclamaban que Jesús había resucitado los judíos respondían que lo que ocurría era que las mujeres, al ir a ungir a Jesús, debían haberse equivocado de tumba. Pero estos versículos no conforman un contexto polémico (cf. Mateo 27:63; 28:15), sino que sirven de anticipo a la visita de las mujeres para ungir el cuerpo; además, apelar a la poca importancia del testimonio de las mujeres (ver punto 6) sería una respuesta contraproducente al alegato judío. Aún podríamos decir más: el alegato de las autoridades de que las mujeres se habían equivocado de tumba no implica que supieran dónde estaba, porque aún en el caso de que lo hubieran sabido, las autoridades podrían haber insistido en que las mujeres ciertamente se equivocaron de lugar. Este alegato sería mucho más eficaz si supiéramos dónde estaba el sepulcro (donde habían puesto el cuerpo de Jesús). Por último Carley admite que las autoridades no sabían dónde estaba, lo que está en contra de la postura que dice que sí hicieron el alegato mencionado, ya que por sí sólo no hubiera tenido mucha credibilidad.

[29] De nuevo, Carnley intenta explicar la polémica judía mediante la hipótesis de que no se conocía o se había olvidado el lugar exacto de la tumba (*Structure of Resurrection Belief*, 55-56). Pero a esta observación se le escapa que la acusación de que el cuerpo había sido robado *implica* (y no sólo no logra negar) que la tumba estaba vacía. Contrariamente a lo que Carnley piensa, los acusadores no afirmaban que «si la tumba estaba vacía, (...) la única opción posible era que el cuerpo había sido robado»; sino que el cuerpo había sido robado, lo que sugería que, de hecho, la tumba estuviera vacía.

10. *El hecho de que la tumba no fuera venerada como un lugar sagrado también indica que la tumba estaba vacía.* Ya hemos visto anteriormente que en el judaísmo era costumbre venerar las tumbas de los profetas o de los hombres piadosos como lugares sagrados. Se creía que los huesos del profeta enterrados en la tumba conferían al lugar un valor religioso. Si los restos del profeta no se encontraban allí, la tumba perdía el valor religioso que la convertía en lugar sagrado. En el caso de la tumba de Jesús, no encontramos, según palabras de Dunn, «ningún indicio» que haga pensar que el sepulcro de Jesús fue venerado.[30] A la luz de la reverencia de los discípulos por Jesús, la ausencia de veneración se tiene que deber a que la tumba estaba vacía.

Estas diez consideraciones constituyen un cuerpo de pruebas importantes que demuestran que un pequeño grupo de mujeres encontró la tumba de Jesús vacía aquel domingo por la mañana. Como ha destacado Van Daalen, dadas las pruebas históricas es difícil oponerse al hecho de que la tumba estaba vacía; la mayoría de gente que se opone lo hace basándose tan sólo en consideraciones de tipo teológico o filosófico.[31] Pero no pueden cambiar los hechos empíricos. Parece ser que los críticos del Nuevo Testamento están cada vez más aceptando este hecho; según Jacob Kremer, austriaco investigador de la resurrección, «la mayoría de los exegetas reconocen (...) la fiabilidad de los escritos bíblicos sobre el sepulcro vacío de Jesús».[32]

Explicación de los hechos históricos de la tumba vacía
Pero si el sepulcro de Jesús fue encontrado vacío el primer día de la semana, debemos preguntarnos: ¿cómo ocurrió? Aunque debió ser muy sorprendente, ambiguo, y casi increíble para los propios discípulos, hoy en día sabemos que la mayoría de las otras explicaciones o justificaciones son aún más difíciles de creer que la resurrección misma (por ejemplo, que los discípulos robaran el cuerpo, que Jesús no estuviera muerto, que las mujeres se equivocaran de tumba, etc.). Las viejas justificaciones racionalistas no han podido ofrecer explicaciones históricas verosímiles

---

[30] James D. G. Dunn, *Jesus and the Spirit* (London, SCM, Collins, 1975), página 120.
[31] D. H. Van Daalen, *The Real Resurrection* (London, Collins, 1970), página 41.
[32] Jacob Kremer, *Die Osterevangelien: Geschichten um Geschichte* (Stuttgart, Katholisches Bibelwerk, 1977), 49, 50. Quizá lo más destacable es que dos eruditos judíos, Vermes y Lapide, debido a las evidencias históricas, está convencidos de que la tumba de Jesús fue encontrada vacía.

que concuerden con los hechos.³³ Hoy en día no existe ninguna explicación naturalista verosímil que pueda dar cuenta de que la tumba de Jesús estaba vacía.

Las apariciones postmortem

Volviendo a la segunda categoría de pruebas a favor de la resurrección de Jesús, es decir, las apariciones postmortem, nos preguntamos con qué pruebas contamos que demuestren que Jesús se apareció a sus discípulos después de su muerte. De nuevo, empezaremos analizando las pruebas que demuestran la historicidad de las apariciones y luego examinaremos de forma breve las explicaciones que los naturalistas dan.

La historicidad de las apariciones
Hay cuatro líneas diferentes que apuntan a la historicidad de estas apariciones.
1. *El testimonio de Pablo deja claro que los discípulos vieron a Jesús.* La fórmula que hemos estado viendo antes de 1ª Corintios 15:3-5 incluye referencias a cuando Jesús se apareció a Pedro y a los doce. Y continúa diciendo en los versículos 6-8:

> *Después apareció a más de quinientos hermanos a la vez, de los cuales muchos viven aún, y otros ya duermen. Después apareció a Jacobo; después a todos los apóstoles; y al último de todos, como a un abortivo, me apareció a mí.*

La fecha de las enseñanzas de 1ª Corintios 15, que se sitúa sobre los primeros cinco años después de la resurrección, excluye la hipótesis de que las apariciones que estamos tratando sean solamente legendarias.³⁴ Un

---

³³ Craig, *Historical Argument for the Resurrection*, páginas 321-350, 522-524.

³⁴ El mismo Crossan dice que se tardaría entre cinco y diez años en descubrir los motivos del Antiguo Testamento necesarios para inventar solamente el relato de la pasión (Crossan, *Jesus*, 145); sin embargo, la tradición que Pablo nos transmite antecede a los textos que Crossan apunta y, además de incluir la predicción veterotestementaria de la pasión, incluye la resurrección subrayando que las Escrituras ya habían augurado que tenía que ocurrir. Es increíble que Crossan apenas menciona 1ª Corintios 15:1-11 (ver *Historical Jesus*, 397-98), y que adopta la vieja interpretación de von Harnack: la lista de testigos refleja que había dos bandos rivales, que tomaron a Cefas y a Jacobo como sus respectivos líderes. Es interesante notar que «El Seminario de Jesús» adopta la interpretación de Crossan para explicar la negación de Pedro (Funk, Hoover y «El Seminario de Jesús», *The Five Gospels*, 199). Sobre las apariciones después de la resurrección, Crossan dice, «No se trataba (...)

dato muy importante también, es el contacto personal que Pablo había tenido con Pedro y Jacobo, y el hecho de que conocía a algunos de los quinientos creyentes de los que habla. Esto supone que tenemos información directa de un hombre que habló con el hermano pequeño de Jesús y su discípulo principal, quienes decían haber visto a Jesús vivo y quienes murieron a causa de dicha convicción.

La aparición a los quinientos creyentes, que ya parece imposible por la gran cantidad de personas implicadas, seguro que fue positivo para recordar aquel incidente histórico, no solamente porque Pablo les conociera personalmente, sino también porque la mayoría de ellos estaban vivos y se les podía interrogar. Además, contamos con la aparición al mismo Pablo, la cual cambió su vida completamente hasta el punto de que él también murió por su fe en el Jesús resucitado, que es un hecho histórico. Si queremos, podemos explicar estas apariciones diciendo que fueron alucinaciones, pero no podemos negar que tuvieron lugar. Tal como subraya Norman Perrin: «Cuanto más estudiamos las enseñanzas sobre las apariciones, más firmes se hacen las pruebas sobre las que se basan».[35] La lista que Pablo hace deja claro que en varias ocasiones y personas diferentes cada vez, tanto individuos como grupos, vieron a Jesús vivo después de su muerte.

2. *Los relatos de los Evangelios que narran las apariciones después de la resurrección son fiables desde un punto de vista histórico.* Aunque parezca imposible probar que las narraciones de las apariciones sean correctas históricamente hablando, existen buenas razones para apelar a la historicidad de los Evangelios en general, y también de los relatos de las apariciones más concretamente, dada su amplia tradición y presencia en los Evangelios. Trilling lo explica de la siguiente manera:

---

de ilusiones, alucinaciones, visiones o apariciones. Eran una afirmación simbólica de la continua presencia de Jesús con la comunidad, con los grupos de liderazgo e, incluso, con los líderes, por más que estuvieran enfrentados» (*Historical Jesus*, 507). La interpretación de que la lista refleja que había líderes confrontados ha sido rechazada por casi todos, por no decir todos, los comentaristas contemporáneos, no sólo porque no hay evidencias de que en el siglo I existieran facciones opuestas lideradas por Cefas y Jacobo, sino también porque el orden cronológico de la lista y la antigüedad de la tradición a la que Pablo remite hace imposible una interpretación de este tipo. Casi todos los eruditos contemporáneos del Nuevo Testamento están de acuerdo en que los primeros discípulos vieron a Jesús vivo después de la crucifixión. Sobre el tema de que la resurrección no es más que una afirmación simbólica, ver más abajo, cuando trato el tema del origen de la fe de los discípulos en la resurrección.

[35] Norman Perrin, *The Resurrection According to Matthew, Mark, and Luke* (Philadelphia, Fortress, 1977), página 80.

> *Ahora podemos interpretar lo ocurrido en los Evangelios a la luz de la lista de acontecimientos en 1ª Corintios 15. Para ello nos puede servir lo que dijimos sobre los milagros de Jesús. Es imposible «probar» la historicidad de un milagro en particular. Pero la totalidad de las narraciones de milagros no dejan duda alguna de que Jesús sí hacía «milagros». Esto también se puede aplicar a las apariciones. No podemos asegurar, históricamente hablando, ningún acontecimiento concreto. Pero la totalidad de las apariciones no deja duda alguna de que Jesús sí se apareció a muchos testigos.*[36]

Queda claro que las pruebas que aseguran la historicidad de los Evangelios son suficientes para afirmar que lo que en ellos se enseña sobre las apariciones, lejos de ser simples leyendas, son creíbles desde un punto de vista histórico. Se pueden exponer al menos tres consideraciones básicas que apoyan esta afirmación. Las exponemos a continuación.

a) *No hubiera dado tiempo de que se creara ninguna leyenda en torno a las apariciones.* Desde que D. F. Strauss creó la teoría de que lo que los evangelios narraban sobre la vida y resurrección de Jesús era producto del desarrollo de leyendas y mitos, se ha tenido que enfrentar a la realidad de que la distancia geográfica y temporal entre los acontecimientos y los documentos escritos no es suficiente para tal desarrollo.

A. N Sherwin-White, especialista en historia romana, cuenta que en historiografía clásica las fuentes suelen estar sesgadas y trasladadas al menos una o dos generaciones o incluso siglos de cuando los acontecimientos tuvieron lugar; aún así, los historiadores reconstruyen lo que ocurrió.[37] Pero, en el caso de los evangelios, dado el corto período de tiempo, es imposible creer que se diera lugar a una leyenda; para ello haría falta que pasaran más generaciones.[38] Los escritos de Herodoto nos permiten ver cuánto tiempo hace falta para que se cree una leyenda o mito, y vemos

---

[36] Trilling, *Geschichtlichkeit Jesu*, 153. Según Trilling, ya no se cuestiona el hecho de que los milagros en general pertenecen al Jesús histórico, sino que es algo muy extendido y aceptado. Aquí se refiere al hecho histórico de los milagros que los evangelios atribuyen a Jesús, y no a la interpretación de los milagros como sucesos sobrenaturales.

[37] A. N. Sherwin-White, *Roman Society and Roman Law in the New Testament* (Oxford, Clarendon, 1963), páginas 188-191.

[38] *Ibíd.*, 189. Esta consideración tiene mucha fuerza sólo si se sigue en la línea de críticos como Guthrie, Reicke y Robinson, que fecha Lucas y Hechos antes del año 70 (Donald Guthrie, *New Testament Introduction*, 3ª ed., rev. [London, Inter-Varsity Press, 1970], páginas 340-345; Bo Reicke, «Synoptic Prophecies on the Destruction of Jerusalem», en *Studies in New Testament and Early Christian Literature*, ed. D. E. Aune [Leiden. Brill, 1972], páginas 121-34; John A. T. Robinson, *Redating the New Testament* [London, SCM, 1976], páginas 13-30, 66-117).

que *ni siquiera dos generaciones son suficientes para que algo que tiende a convertirse en leyenda sobreviva más allá de la tradición oral*.³⁹ Volviendo a los evangelios, un intervalo así nos llevaría al siglo II, justo cuando se empezaron a escribir los Evangelios apócrifos.

b) *La presencia y el control de testigos oculares retrasaría la aparición de una leyenda*. Juntamente con la primera consideración contamos con la presencia de testigos oculares que sabían lo que había pasado y lo que no había pasado. Vincent Taylor, eminente comentarista del evangelio de Marcos, se ha burlado de los estudiosos escépticos del Nuevo Testamento que rechazan este factor, diciendo que si tuvieran razón, los discípulos «habrían sido teletransportados al cielo inmediatamente después de la resurrección».⁴⁰ Los testigos que aparecen en 1ª Corintios 15 aún vivían y participaban en la iglesia primitiva, por lo que se asegurarían de controlar que las enseñanzas sobre las apariciones se entendieran de forma correcta. Del mismo modo, si gente como María Magdalena y las otras mujeres no hubieran visto a Jesús, no se entendería que se extendiera la noticia de las apariciones ya que esta primera generación de creyentes habría estado en contra.

c) *La autoridad y reconocimiento de los apóstoles les ayudaría a controlar el desarrollo de cualquier posible leyenda*. Como los discípulos eran los transmisores y guardas de las enseñanzas sobre Jesús y dirigían la Iglesia cristiana, hubiera sido muy difícil que aparecieran historias ficticias incompatibles con las experiencias de los apóstoles y que florecieran, al menos mientras ellos vivieran.⁴¹

Podían existir discrepancias en cuanto a detalles secundarios, y la teología de los evangelistas podía afectar a cómo se contaba la historia, pero es imposible que lo que es la historia principal en sí fuera una leyenda. Los relatos sustancialmente no históricos sobre Jesús no aparecieron hasta el siglo II, e incluso entonces fueron rechazados por la totalidad de la Iglesia.

Estas tres consideraciones aseguran que la historia central detrás de los evangelios no es leyenda ficticia. Por tanto, los relatos sobre las apariciones, que son una parte importante de los Evangelios, son relatos fiables y sustancialmente exactos de lo que ocurrió.

---

³⁹ Sherwin-White, *Roman Society*, página 190.
⁴⁰ Vincent Taylor, *The Formation of the Gospel Tradition*, 2ª ed. (London, SCM, 1935), página 41.
⁴¹ Ver Walther Künneth, *The Theology of the Resurrection*, trans. J. Leitch (London, SCM, 1965), páginas 92, 93.

3. *Las diferentes apariciones tienen, de forma particular, credibilidad histórica.* Además de las consideraciones generales que acabamos de hacer, algunas de las apariciones después de la resurrección tienen, por sí mismas, marcas de credibilidad histórica y las resumimos a continuación:

a) *La aparición a las mujeres.* El hecho de que Jesús, para su primera aparición, eligiera a mujeres y no a sus discípulos, confiere credibilidad al incidente. Si no fuera cierto, nadie habría inventado que el Jesús resucitado eligiera a unas mujeres sin calificación alguna como las primeras testigos de su resurrección. De hecho, seguro que la fórmula de Pablo no las menciona por el bajo estatus legal que se le confería a la mujer en aquellos días. Entonces, ¿por qué los evangelios sí recogen este incidente? Fuera cual fuera el propósito de Jesús al aparecerse habría sido más favorable que se hubiera aparecido a Pedro en la tumba.

b) *La aparición a Pedro.* Aunque esta aparición no aparece registrada en los evangelios, casi todos los estudiosos del Nuevo Testamento aceptan su historicidad. Dicha historicidad se ve apoyada por la historia que se narraba en aquellos tiempos y que Pablo y también Lucas (Lucas 24:34) recogen. Además, Pablo contactó personalmente con Pedro en su visita el año 36 d.C., así que, recogiendo esta aparición en la fórmula de 1 Corintios 15, afirma su veracidad.

c) *La aparición a los doce.* No se puede tratar de una leyenda que apareciera posteriormente, puesto que ya encontramos este incidente en las historias anteriores a Pablo, y también en la de Pablo mismo, quien conocía personalmente a los discípulos. Tanto Lucas como Juan utilizan fuentes independientes para recoger este incidente. Juan cuenta con el testimonio del discípulo amado, uno de los doce, lo que le da aún una mayor garantía de exactitud. Según lo que vemos, en Lucas y Juan, esta aparición debió de tener lugar en Jerusalén, el primer domingo después de la resurrección.

d) *La aparición en el mar de Tiberias.* En el documento anterior a Marcos ya vemos que tanto Jesús como unos ángeles predicen la aparición de Jesús a los discípulos en el mar de Galilea. Como este documento apareció ya en los primeros momentos de la comunidad cristiana, probablemente conserva la memoria de un incidente real.

f) *La aparición a más de quinientos hermanos.* Al igual que el caso comentado en b), los evangelios no recogen esta aparición, pero su fiabilidad se basa en que Pablo debía conocer a algunas de estas personas y las menciona como testigos oculares de la resurrección de Jesús. La aparición probablemente tuvo lugar en Galilea, al aire libre, antes de que los discípulos volvieran a Jerusalén.

g) *La aparición a Jacobo.* Dada la antipatía que Jacobo sentía por Jesús cuando éste aún estaba vivo (Marcos 3:21, 31-32; Juan 7:1-15) y dado que se convirtió en líder de la Iglesia después de la crucifixión (Hechos 15:13ss.; Gálatas 1:19; 2:9), su cambio de actitud tuvo que deberse a una aparición de Jesús. El hecho de que Pablo viera a Jacobo en Jerusalén en el año 36 d.C. y de que le nombre en la lista de testigos, es una prueba concluyente.

h) *La aparición a Pablo.* En las cartas de Pablo tenemos información de primera mano sobre esta aparición de Jesús, incidente que revolucionó la vida de aquel docto fariseo. Nadie puede poner en duda que este acontecimiento tuvo lugar, y la mayoría de los estudiosos reconocen la credibilidad fundamental e histórica de lo relatado en Hechos 9:1-9.

Así, dejando a un lado la credibilidad histórica general de los relatos de las apariciones que consideramos al principio, estos incidentes particulares por sí solos también cuentan con características que les confieren credibilidad histórica. Podemos concluir pues que Jesús se apareció a los discípulos primero en Jerusalén y luego en Galilea, que se apareció tanto a grupos como a individuos, y que las apariciones tuvieron lugar en condiciones o situaciones diferentes. Consideraremos la naturaleza de estas apariciones de forma más detallada en el punto siguiente.

4. *Las apariciones fueron apariciones físicas y corpóreas.* Existe un amplio consenso entre los críticos del Nuevo Testamento sobre la veracidad de que «los discípulos vieron a Jesús» después de muerto, y un número considerable defiende la corporeidad de dichas apariciones. Sin embargo, existe otro grupo de críticos que mantiene que como se trataba de un cuerpo «espiritual», las apariciones del Cristo resucitado eran visiones celestiales que no tenían nada que ver con la realidad física. Por ejemplo, McDonald afirma: «Las experiencias de "ver al Cristo resucitado" podrían ser para las personas que las experimentaron fenómenos físicos con un significado concreto, pero para el experto en psicología, tan sólo la descripción de un momento».[42] A veces las apariciones son descritas como «visiones objetivas» para diferenciarlas de meras alucinaciones (o visiones subjetivas). Así, según esta extendida opinión, los relatos sobre las apariciones *físicas* no son fiables.

No obstante, hay dos buenas razones para corroborar la corporeidad de las apariciones de Jesús:

---

[42] J. I. H. McDonald, *The Resurrection: Narrative and Belief* (London, SPCK, 1089), página 29.

a) *Pablo supone que las apariciones de Jesús fueron acontecimientos físicos.* Los que creen que las apariciones no son más que meras visiones proponen una división de opinión sobre la naturaleza del cuerpo del Cristo resucitado entre Pablo y los evangelistas. Creen estar en la línea de lo que ellos creen que son las enseñanzas de Pablo y, como éste enseña que cuando resucitemos, nuestros cuerpos serán como el cuerpo del Cristo resucitado y que serán cuerpos espirituales (1ª Corintios 15:42-45), esto apunta a que el cuerpo resucitado de Cristo era un cuerpo espiritual (es decir, inmaterial, intangible, invisible, etc.).

Pero, si bien es cierto que Pablo enseña que nuestros cuerpos resucitados seguirán el modelo del cuerpo resucitado de Cristo y que nuestros cuerpos serán espirituales, no es válido concluir que nuestros cuerpos no serán físicos. Una exégesis de la enseñanza paulina no estaría a favor de tal interpretación. Si entendemos la expresión *soma pneumatikon* («cuerpo espiritual») como cuerpo intangible o inmaterial, entonces es falso afirmar que Pablo enseña que tendremos un cuerpo resucitado inmaterial. Los comentaristas del Nuevo Testamento están de acuerdo en que *pneumatikos* quiere decir «espiritual» en el sentido de orientación, y no sustancia (cf. 1ª Corintios 2:15; 10:4). La transformación del cuerpo terrenal en un *soma pneumatikon* nos rescata no de la materialidad, sino de la mortalidad.[43]

Un *soma* («cuerpo») que es intangible hubiera sido para el apóstol contradictorio. El cuerpo resucitado será un cuerpo inmortal, poderoso, glorioso, espiritual, capacitado para habitar una creación renovada. Todos los comentaristas coinciden en que Pablo no enseñaba la inmortalidad sólo del alma; pero esta definición de la resurrección del cuerpo solamente tiene sentido si se está refiriendo a una resurrección física y tangible.[44] Así, las

---

[43] Crossan intenta usar la afirmación de Pablo de que «la sangre y la carne no pueden heredar el reino de Dios» (1ª Corintios 15:50) para desbancar la posibilidad de la resurrección física (Crossan, *Historical Jesus*, 404-405). Pero Pablo no se contradecía. «Carne y sangre» es una expresión semítica que hace referencia a la naturaleza humana, frágil y mortal (cf. Gálatas 1:16; Efesior 6:12), así que la segunda mitad del versículo 50 expresa la misma idea: «ni la corrupción hereda la incorrupción». Pablo no está hablando en términos anatómicos.

[44] Así, McDonald se equivoca al apelar a la creencia del judaísmo helenista en la mortalidad del alma para negar la resurrección material del cuerpo; también confunde la resurrección con la translación (ver más abajo; McDonald, *Resurrection*, 141). McDonald cree que «el aspecto corpóreo del Jesús resucitado encuentra su expresión en el concepto de "el cuerpo de Cristo" del que participan todos los creyentes, y no en la noción de un cadáver reanimado» (*ibíd.*). Parece ser que reduce la resurrección a la inmortalidad del alma de Jesús. Porque decir *literalmente* que somos el cuerpo de Cristo no tiene sentido si pensamos en la descripción que Pablo hace del cuerpo en 1ª Corintios 15 e implica una

pruebas exegéticas no apoyan esta división de opinión entre Pablo y los evangelistas por lo que a la naturaleza del cuerpo resucitado se refiere.

Aún podríamos decir más; hay pruebas claras para creer que Pablo se está refiriendo a apariciones físicas.

i) Pablo, al igual que todo el resto del Nuevo Testamento, hace una distinción conceptual (si no lingüística) entre una aparición y una visión de Jesús. Las visiones siguieron teniendo lugar en la historia de la iglesia, pero las apariciones sólo tuvieron lugar en un período inicial muy concreto, y no se volvieron a repetir. Una visión, ya fuera «subjetiva» (no verídica) u «objetiva» (verídica) ocurría tan sólo en la mente de la persona, mientras que una resurrección implicaba que algo tenía que ocurrir en el mundo externo. Si este es el caso, Pablo, al enumerar las apariciones en 1ª Corintios 15, presupone que se trataban de acontecimientos extra-mentales, no visiones. La experiencia que él mismo vivió de camino a Damasco, aunque cuenta con un carácter semi-visionario, cuenta también con fenómenos extra-mentales (la voz audible y el resplandor de luz; cf. Hechos 9:7; 22:9; 26:13, 14); por eso sabe de lo que habla y se puede añadir a la lista. Además, como Pablo creía en la resurrección de un cuerpo material, físico, si dice que Jesús «resucitó» y «se apareció» (1ª Corintios 15:4, 5) quiere decir que se apareció de forma física y corpórea. Así, para Pablo, las apariciones de Jesús fueron físicas y corpóreas.

ii) Al considerar la otra cara de la moneda, vemos más detalles sobre la creencia de Pablo a este respecto. Si al principio sólo hubieran habido visiones de Jesús, y ninguna aparición física y corpórea, el desarrollo de las enseñanzas de Pablo sobre la resurrección sería muy difícil de explicar. No podría haber enseñado que tendremos un cuerpo resucitado como el de Cristo, ya que Cristo aparentemente no tuvo un *soma* resucitado. Así que vemos cómo es imposible que unas simples visiones hubieran llevado a Pablo a hablar de la resurrección. Es decir, una simples visiones de Jesús después de su muerte no son suficientes para explicar o justificar la dirección y el desarrollo de la doctrina paulina sobre la resurrección del cuerpo.

b) *Los evangelios confirman que las apariciones eran físicas y corpóreas*. Aunque algunos consideran el debate sobre las apariciones físicas de Jesús en los evangelios como pura apologética, tal consideración es difícil de sostener

---

negación de nuestras características individuales como persona. Pero si los creyentes están en Cristo de una manera *metafórica*, lo que parece estar muy lejos del pensamiento de Pablo, McDonald puede concluir que Cristo no tiene literalmente un cuerpo resucitado, lo que se contradice con el testimonio paulino.

y hay consideraciones de peso que apuntan a lo contrario.[45] En la doctrina paulina vemos que ya existía la creencia en el cuerpo físico resucitado de Cristo, creencia que no puede ser atribuida a una apologética antidoceta, ya que esto habría sido contraproducente contra sus enemigos corintios, los cuales rechazaban el concepto de la resurrección física. Además, existen razones de peso para afirmar la credibilidad histórica de estos relatos de los evangelios.

i) Todas las apariciones narradas en los evangelios son físicas y corpóreas. Si tenemos en cuenta que las apariciones tuvieron lugar en diferentes lugares y momentos, que son historias independientes, recogidas por distintas personas, es impresionante la unanimidad que se ve en los evangelios en cuanto a este tema. Así, las diferentes tradiciones o relatos apuntan a que Jesús se apareció vivo, y de forma física y corpórea a un buen número de testigos. No hay en los relatos ningún indicio que nos haga pensar que eran visiones no físicas, requisito necesario para que se tratara de visiones en vez de apariciones. No se podría haber corrompido el relato de tantas visiones celestiales para producir todo un compendio de apariciones físicas.

ii) Como hemos visto, queda claro que los relatos sobre lo que pasó después de la resurrección son históricamente fiables. La corporeidad de las apariciones es una característica tan presente en estas narraciones, y no preparada, que no puede pasar desapercibida en estas consideraciones generales. No se puede explicar cómo una secuencia de visiones podría pasar a tener la característica de la corporeidad que presentan las narraciones de los evangelios en un período tan corto de tiempo, y en la mismísima presencia de los que fueron testigos de tales apariciones, y bajo la mirada de los apóstoles, responsables de prevenir cualquier tipo de corrupción.

Por tanto, las pruebas de los evangelios confirman la perspectiva de Pablo. Aunque parezca increíble, las pruebas de que las apariciones fueron físicas y corpóreas no pueden ser rebatidas con argumentos históricos.

---

[45] Por ejemplo, Carnley dice que las «tendencias» de Lucas y Juan están claramente motivadas por «aspectos apologéticos», pero no ofrece ninguna evidencia que respalde su punto de vista (Carnley, *Structure of Resurrection Belief*, 68). Las consideraciones contrarias incluyen: (1) el docetismo era una reacción teológica a la corporeidad de los evangelios, y no viceversa; (2) el docetismo negaba la encarnación física, no la resurrección física; (3) la tradición de los evangelios es anterior a la aparición del docetismo; (4) los relatos de apariciones no dan señales de una apologética rigurosa contra el docetismo; (5) si era verdad que las visiones eran reales, el docetismo no tenía por qué ser una amenaza para la fiabilidad de las apariciones.

Explicación de los hechos históricos de las apariciones
Resumiendo, las pruebas muestran que los discípulos fueron testigos de las apariciones físicas y corpóreas de Jesús después de su muerte. ¿Cuál es la mejor explicación de este hecho sin precedentes? Aunque algunos estudiosos consideran que las apariciones son meras visiones o alucinaciones, esta hipótesis se enfrenta a dificultades insuperables. 1) Los puntos 2, 3 y 4 que acabamos de discutir reducen la posibilidad de esta hipótesis. 2) La cantidad y variedad de circunstancias en que ocurren las apariciones descritas por Pablo también reducen la posibilidad de pensar en una hipótesis sobre visiones subjetivas. 3) Las visiones subjetivas habrían hecho que los discípulos creyeran en la traslación y exaltación de Cristo, pero no en su resurrección, ya que tal creencia no concuerda con la concepción judía de la resurrección (véase más abajo). 4) Esta hipótesis no puede explicar en su totalidad todas las pruebas ya que no puede explicar por qué la tumba estaba vacía.

Después de examinar las pruebas que apoyan que la tumba estaba vacía, y las apariciones post-mortem de Jesús, nos centraremos en la última categoría de pruebas de la resurrección.

Origen de la creencia de los discípulos en la resurrección de Jesús

La creencia en la resurrección: un hecho
Incluso los estudiosos más escépticos, crean lo que crean de la resurrección, admiten que al menos la *creencia* de que Jesús resucitó de los muertos era una de las características principales de la fe cristiana primitiva. De hecho, los primeros creyentes lo basaban todo en esta creencia. La resurrección era la condición *sine qua non* para creer en Jesús como el Mesías y en su muerte como base del perdón de los pecados.

No podríamos exagerar el efecto devastador que la crucifixión debió tener en los discípulos. No habían entendido que el Mesías iba a morir, y mucho menos que luego iba a resucitar, ya que él iba a reinar para siempre (cf. Juan 12:34). Sin una previa creencia en la resurrección, era imposible que creyeran en Jesús como el Mesías a la luz de su muerte. Pero la resurrección convirtió la catástrofe en una victoria. Como Dios resucitó a Jesús de los muertos, éste podía ser proclamado como el Mesías (Hechos 2:32, 36). Y gracias al significado de la cruz, la resurrección hace que la vergonzosa muerte de Jesús sea interpretada en términos salvíficos. Sin la resurrección, la muerte de Jesús solamente habría supuesto una gran humillación y una maldición de Dios; pero gracias a la resurrección, podemos ver la muerte de Jesús como el acto por el cual obtenemos el perdón de pecados. Sin la resurrección, el camino cristiano nunca habría nacido. Aunque los discípulos hubieran continuado recordando a Jesús como su maestro amado, no podrían haber creído en él como Mesías, y mucho menos como Dios.[46]

---

[46] La posición de Crossan a este respecto es ambigua. Por un lado, parece que está de acuerdo con el hecho innegable de que los primeros discípulos proclamaban la resurrección de Jesús y que esa doctrina era crucial para el origen de la fe cristiana. Por otro lado, reinterpreta la creencia en la resurrección de Jesús diciendo que ésta es una afirmación simbólica de la presencia de Jesús con los creyentes. «En eso consiste la resurrección, en que la comunidad experimenta la continuada presencia de Jesús, de una forma radicalmente innovadora y trascendental, y que abarca la existencia presente y la futura» (Crossan, *Historical Jesus*, 404); el problema al que los discípulos se enfrentaban era «cómo *expresar* ese fenómeno». Crossan cree que para expresar esa presencia invisible y continuada de Jesús en medio de ellos, los cristianos optaron por utilizar el lenguaje de la resurrección de los muertos. Lo explica de la siguiente manera:

Aquellos que habían experimentado el poder divino al verle y contemplar su ejemplo, siguieron haciéndolo después de su muerte. Los seguidores de Jesús, que originalmente habían huido del peligro de la crucifixión, con el paso del tiempo dejaron de hablar desde el afecto y la admiración por la persona de Jesús, para hablar de su resurrección. Intentaron transmitir lo que sentían contando, por ejemplo, historias como la del viaje a Emaús. Estaban decepcionados y dolidos. Jesús se une a ellos en el camino, pero ellos no le reconocen, y les explica que las Escrituras hebreas «les tendrían que haber preparado para este final». Más tarde, le reconocen cuando comen juntos. Así que vuelven a Jerusalén muy emocionados. El simbolismo que aquí encontramos es obvio, al igual que lo es la condensación metafórica de los primeros años del pensamiento y la práctica cristiana en la parábola que recoge los sucesos de una sola tarde (ibíd., xii).

Así que, según Crossan, los primeros cristianos no creían de forma literal en la resurrección de Jesús.

Esta afirmación de Crossan suscita dos preguntas: (1) Cuando los primeros cristianos decían que Jesús había resucitado de entre los muertos, ¿lo decía de forma literal? (2) ¿Se podría decir que basan su creencia en una reflexión de las Escrituras hebreas?

Por lo que al punto (1) se refiere, no hay duda alguna de que los primeros cristianos hablaban de una resurrección literal. Las declaraciones que Pablo hace en 1ª Corintios 15:12-23; 29-32 sobre la importancia de que Jesús había resucitado de la muerte y, sobre todo, la forma en que une esa afirmación con nuestra propia resurrección (que no puede interpretarse en términos de una presencia continuada) muestran la literalidad y seriedad con que se había tomado este tema. Lo mismo ocurre con las disquisiciones de Pablo sobre la naturaleza del cuerpo resucitado cuando responde a «¿Cómo resucitarán los muertos? ¿Y con qué clase de cuerpo vienen?» (1ª Corintios 15:35). Los sermones del libro de Hechos también presentan la resurrección de Jesús como un suceso literal, lo que suponía un obstáculo para los oyentes (ver Hechos 17:31, 32). Además, la tradición sobre la resurrección no tendría ningún sentido si no estuvieran hablando de un hecho literalmente real, ya que para concluir que la resurrección no es más que la presencia espiritual de Jesús con los creyentes, no hace falta que haya una tumba vacía. Aún podemos decir más; los primeros cristianos eran perfectamente capaces de expresar la idea de la presencia espiritual de Jesús en medio de ellos sin tener que recurrir al lenguaje de la resurrección (cf. 1

Explicación de la creencia en la resurrección

Llegados a este punto nos preguntamos: ¿Qué causó esta creencia? Aunque Bultmann protesta por la presentación de cualquier otra prueba histórica que defienda la fe de los discípulos, incluso los críticos más escépticos deben establecer una misteriosa X para poder continuar con la argumentación.[47] Ahora bien, ¿qué es esta X?

Si uno niega que esta X fue el acontecimiento histórico de la resurrección, aún podría encontrar algo en el judaísmo antiguo para explicar el origen de la creencia de los discípulos en la resurrección.[48] La doctrina judía sobre la resurrección aparece al menos tres veces en el Antiguo Testamento (Isaías 26:19; Ezequiel 37; Daniel 12:2) y se desarrolló en el período intertestamentario. En los tiempos de Jesús, la resurrección del cuerpo se había convertido en una esperanza para muchos, defendida por

---

Corintios 5:3; Colosenses 2:5). Ciertamente, gracias al Espíritu Santo de Cristo los cristianos contaban con el vehículo perfecto para expresar de forma teológica la idea de la presencia de Jesús entre ellos y en ellos (p. ej., Romanos 8:9-11). Pero no tenían bastante con hablar de la presencia de Cristo a través del Espíritu; también creían en la resurrección de Jesús de entre los muertos, la garantía de su propia resurrección (Romanos 8:11, 23).

Con respecto al punto (2), hoy en día casi todo el mundo cree que la fe de los discípulos en la resurrección de Jesús no se debe a una reflexión sobre las escrituras del Antiguo Testamento. Tal como admite Crossan mismo (Crossan, *Four Other Gospels*, página 174), el Antiguo Testamento apenas contiene material que podría relacionarse con la resurrección de Cristo, y mucho menos que den pie a ese tipo de creencia ya que no hay ninguna aparición o tumba vacía. Cuando Crossan dice que las Escrituras hebreas tendrían que haber preparado a los discípulos para aceptar la suerte que Jesús corrió, se está refiriendo a la muerte de Jesús; porque no encontramos nada que les prepare para la resurrección de Jesús. La mayoría de los críticos están de acuerdo en que las referencias a la resurrección de Jesús que podrían verse en textos del Antiguo Testamento no podrían haberse establecido hasta que los discípulos empezaron a creer que Jesús había resucitado, es decir, no antes, sino *después*.

En su obra *Jesus*, un libro más reciente, 163, 165, Crossan toma una línea aún mucho más radical: los primeros cristianos no usaron la resurrección para hablar de esa presencia continuada de Jesús en medio de ellos, sino que sostenían que sólo creían en la pasión de Jesús y en la segunda venida. «¿De dónde venía, pues, todo ese énfasis en la resurrección? En dos palabras: de Pablo. (...) Para Pablo (...) la resurrección corpórea es la única manera de expresar la presencia continuada de Jesús". Pero, con tener en cuenta tan sólo la tradición que Pablo ha recibido y transmitido en 1ª Corintios 15:3-5, ya se ve que la posición de Crossan no tiene sentido, como tampoco lo tiene decir que Pablo no sabía cómo explicar la presencia continuada de Jesús, y que la única solución que encontró fue usar el lenguaje de la resurrección.

[47] Ver Reginald H. Fuller, *The Formation of the Resurrection Narratives* (London, SPCK, 1972), página 2.

[48] Las únicas alternativas serían influencias griegas o cristianas. Pero casi todo el mundo hoy en día reconoce que los relatos de la resurrección de Jesús no tienen influencias paganas (ver Künneth, *Theology of the Resurrection*, páginas 50-63), ni se pueden atribuir a la iglesia, ya que la resurrección es la causa del origen de la iglesia.

los fariseos, a quienes Jesús se unía en este respecto y hacían frente a los saduceos (Mateo 22:23-33). Así, el concepto de la resurrección del cuerpo formaba parte de la mentalidad religiosa judía.

Pero el concepto judío de la resurrección difería de la creencia en la resurrección de Jesús en dos aspectos básicos:

1) *La creencia judía concebía la resurrección en el día postrero, no en mitad de la historia.* En el Antiguo Testamento había ejemplos de revivificaciones de muertos; pero estos consistían en la vuelta a la vida terrenal, y los que habían resucitado acababan muriendo de nuevo. La resurrección a la gloria y la inmortalidad no ocurriría hasta que Dios determinara que era el fin de la historia del mundo. Esta era la tradición judía, por lo que era lo que los discípulos de Jesús creían (Marcos 9:9-13; Juan 11:24). La noción de una resurrección antes de que el mundo se acabara era para ellos inconcebible. Una vez Jesús había sido crucificado, los discípulos estarían anhelando la llegada de la resurrección en el día postrero, y honrarían la tumba de su maestro como lugar sagrado, donde sus huesos descansarían hasta el día de la resurrección.

2) *La creencia judía concebía una resurrección general de todo el pueblo judío, y no de un solo individuo.* La resurrección en la mentalidad judía hacía referencia a una resurrección general, ya fuera sólo de los justos, de todo Israel, o de toda la humanidad. Además, nadie creía que esta resurrección general dependía de la resurrección previa del Mesías. En este sentido, la concepción judía contrasta totalmente con la creencia de los discípulos en la resurrección de Jesús. De nuevo, a la luz de la mentalidad judía, después del entierro de Jesús los discípulos habrían esperado aquel día cuando Jesús, juntamente con los justos de Israel, Dios la resucitaría de los muertos para que viviera en la gloria.

Vemos que la creencia de los discípulos en la resurrección de Jesús no puede ser explicada en términos de la creencia judía. Según C. F. D. Moule de la Universidad de Cambridge, esta creencia de los discípulos no puede ser explicada en términos de factores históricos previos.[49] «El nacimiento y el rápido crecimiento de la Iglesia cristiana... sigue siendo *un enigma sin resolver para todo historiador que rechaza tomar en serio la única explicación que la misma iglesia ofrece*».[50] La resurrección de Jesús es pues la explicación más verosímil del origen del camino cristiano.

---

[49] C. F. D. Moule y Don Cupitt, «The Resurrection: A Disagreement», *Theology* 75 (1972), páginas 507-519.

[50] C. F. D. Moule y Don Cupitt, *The Phenomenon of the New Testament*, SBT 2ª ser., 1 (London, SCM, 1967), página 13.

Pero, como algunos suelen argumentar, a lo mejor los discípulos llegaron a tal conclusión debido a algunos acontecimientos que tuvieron lugar después de la resurrección y el entierro de Jesús. Algunos estudiosos han sugerido, por ejemplo, que los discípulos vieron visiones del Hijo del Hombre escatológico, y lo interpretaron a la luz de la anticipación judía de la resurrección de los muertos, y que la historia de la tumba vacía es una leyenda que surgió como consecuencia de su creencia de que Jesús había sido resucitado. Aunque todo este argumento va en contra de las pruebas; pero, aunque no fuera así, ¿podrían haber hecho tales experiencias que los discípulos creyeran en la resurrección?

Para contestar esta pregunta, tenemos que volver a abordar el tema de las alucinaciones. Como proyecciones de la mente que son, lo único que contienen es elementos que ya existen en ella. Así que si los discípulos tuvieron visiones, estas habrían proyectado el modelo judío de la resurrección. Pero como acabamos de ver, la resurrección de Jesús contiene al menos dos aspectos que no forman parte de la mentalidad judía: fue una resurrección dentro de la historia, y fue una resurrección de un solo individuo.

De aquí que podamos decir que, aún cuando los discípulos hubieran visto visiones o alucinaciones de Jesús, su mente no habría proyectado una resurrección literal. Dada la creencia judía del primer siglo sobre la inmortalidad, su mente habría proyectado visiones de Jesús en la gloria, es decir, en el paraíso o en el seno de Abraham, lugar donde los justos que morían aguardaban el día de la resurrección.

Pero, en tal caso, hace falta preguntar si los discípulos habrían llegado a la doctrina de la resurrección de Jesús.[51] Incluso si reconociéramos que se encontraron con la tumba vacía, lo que habrían interpretado es que había sido trasladado directamente al cielo, al igual que Enoc y Elías (Génesis 5:24; 2º Reyes 2:11-18). *El Testamento de Job* 40 muestra que la traslación era una categoría aplicable tanto a gente que había muerto recientemente como a los vivos. Para la mentalidad judía la traslación y la resurrección eran dos fenómenos diferentes. Una traslación es tomar a una persona

---

[51] La insistencia de Crossan en que la mente judía tenía que expresar la victoria de Jesús sobre la muerte a través del lenguaje de la resurrección no es correcta, porque sabemos de otros modelos judíos que se podrían haber usado. Sin embargo, sí que podemos decir que como no había la expectativa de una resurrección dentro de la historia, debe ser por algo bien fundamentado que se eligiera hablar de una resurrección (Raymond E. Brown, *The Virginal Conception and Bodily Resurrection of Jesus* [London, Geoffrey Chapman, 1973], 76). Cf. Dunn, *Jesus and the Spirit*, 132.

de este mundo y llevarla al cielo, mientras que la resurrección es resucitar a una persona de los muertos en el mundo espacio-temporal y conferirle la vida eterna. Así, incluso si los discípulos vieron visiones de Jesús en la gloria después de encontrar la tumba vacía, no es nada probable que concluyeran que Jesús había resucitado de los muertos; en cambio, habrían concluido que Dios le había trasladado al cielo, desde donde se les había aparecido.

Es extraño ver cómo algunos críticos creen que estas consideraciones tienen suficiente peso, y argumentan que el modelo muerte-exaltación es lo que ocurrió en primer lugar y que a partir de él se desarrolló el modelo muerte-resurrección. Entonces interpretan el relato de la tumba vacía como una traslación, y las apariciones, como visiones de Cristo en la gloria celestial.

Pero esta hipótesis no se aguanta. Si en un principio los discípulos hubieran creído en el modelo muerte-traslación, entonces no se entiende que luego predicaran la resurrección. Además, no hay pruebas de que en un principio los discípulos creyeran en un modelo de muerte-exaltación que no incluyera una resurrección literal. Gerald O'Collins, especialista en estudios de resurrección, escribe:

> *La idea de la resurrección no deriva de la afirmación —menos específica— que Dios ha exaltado a Jesús en su muerte (...) no vemos que haya textos en el NT que digan que al principio se creía en la muerte-exaltación, y que el modelo de muerte-resurrección (o muerte-resurrección-exaltación) apareciera con posterioridad. De hecho, en el caso de que existiera algún desarrollo de una idea previa, sería totalmente a la inversa.*[52]

El hecho de que los discípulos proclamaran, no la traslación de Jesús (de acuerdo con la mentalidad judía), sino su resurrección (contraria a la mentalidad judía) indica que el origen de su creencia en la resurrección de Jesús no puede derivarse de una experiencia de visiones de Cristo. Según el uso más estricto del criterio de desemejanza, la única manera razonable de explicar le fe de los discípulos es el hecho histórico de la resurrección, ya que no se puede explicar ni desde el judaísmo ni desde la iglesia.

---

[52] Gerald O'Collins, *The Easter Jesus*, 2º ed. (London, Darton, Longman & Todd, 1980, páginas 50, 51.

Valoración final

Pruebas a favor de la resurrección y criterios de autenticidad

Hemos resumido las pruebas que demuestran la historicidad de la resurrección de Jesús. Si observamos bien estas pruebas, es sorprendente la forma en que los materiales históricos que sostienen la resurrección física de Jesús pasan las pruebas de autenticidad empleadas por los miembros de «El Seminario de Jesús». Evans ha dicho recientemente que algunos de los criterios usados para establecer la autenticidad de las enseñanzas de Jesús pueden ser utilizados también para autentificar sus hechos y milagros.[53] Lo que nos intriga es que una sola mirada a las pruebas de la historicidad de la resurrección de Jesús basta para ver que la mayoría de ellas están basadas en una aplicación implícita de los mismos criterios. Por ejemplo:

1. *Testimonio múltiple.* Las apariciones cuentan con muchos testimonios tanto en la tradición paulina como en la de los evangelios, y estos últimos son testimonio a su vez de que aparecen en diversos documentos, (tanto en los sinópticos como en Juan). Y, obviamente, todo el Nuevo Testamento es testimonio de que los discípulos llegaron a creer en la resurrección de Jesús.
2. *Desemejanza.* El origen de la creencia de los discípulos en la resurrección de Jesús es un ejemplo claro de la aplicación de este criterio, ya que su creencia no puede ser explicada ni como el resultado de la influencia judía ni como una proyección de la teología cristiana.
3. *Vergüenza.* El peso del argumento basado en el descubrimiento que las mujeres hicieron de la tumba vacía se deriva en gran parte de este criterio, ya que la declaración de las mujeres en aquel entonces era inútil, por no decir negativo, para la iglesia primitiva; le habría sido más útil que hubieran sido hombres los que hubieran hecho tal descubrimiento.
4. *Contexto y expectación.* De nuevo, diremos que la fe de los discípulos no puede ser explicada como resultado de la expectación judía de un Mesías que iba a morir, y mucho menos resucitar, ya que tal creencia no existía.

---

[53] Craig A. Evans, «Life-of-Jesus Research and the Eclipse of Mythology», *TS* 54 (1993), páginas 21-33.

5. *Efecto*. Según este criterio, debe haber una causa adecuada que llegara a producir el efecto que conocemos. La conversión de Jacobo y de Pablo, la polémica que los judíos levantaron diciendo que el cuerpo había sido robado, y la transformación de los discípulos después de la crucifixión, son todos efectos o consecuencias que apuntan a las apariciones, la tumba vacía, y la creencia de los discípulos en la resurrección de Jesús como causas suficientes.
6. *Principios de adorno*. El relato de la tumba vacía en Marcos, que carece de todo tipo de adorno apologético o teológico, no debería verse como una leyenda, debido al criterio de que la falta de ornamentación hace que una determinada narración sea más auténtica y creíble.
7. *Coherencia*. Los tres hechos independientes que apoyan la resurrección de Cristo, es decir, la tumba vacía, las apariciones y el origen de la creencia de los discípulos de que Jesús había resucitado, presentan una coherencia común y forman un argumento muy convincente a favor de la historicidad de la resurrección. Además, también hay coherencia entre la enseñanza de Pablo y sobre la naturaleza de la resurrección del cuerpo, las apariciones corpóreas postmortem de Jesús, y la tumba vacía.

Así, estos hechos a favor de la historicidad de la resurrección de Jesús superan las mismas pruebas de autenticidad usadas por «El Seminario de Jesús» para establecer la autenticidad de las enseñanzas de Jesús. Se ha de dar la misma credibilidad que les dimos a las enseñanzas de Jesús.

Valoración de la resurrección como mejor explicación histórica

Pero, ¿la resurrección de Jesús es la mejor explicación o justificación para este grupo de pruebas? No podemos suponer de manera automática que simplemente porque todas las explicaciones naturalistas son inverosímiles la hipótesis de la resurrección es, por defecto, la mejor explicación. Para contestar esta pregunta, veamos los siete criterios que McMullagh da para poner a prueba las hipótesis históricas y apliquémoslos a la hipótesis de la resurrección de Jesús.

1. *Las hipótesis, juntamente con otras declaraciones verdaderas, deben partir de más declaraciones que describan datos presentes y observables.* Los datos observables son principalmente los textos históricos del Nuevo

Testamento que forman la base de la reconstrucción que hacen los historiadores de los acontecimientos de la Semana Santa. Además, nos encontramos con la misma fe cristiana, cuyos orígenes también deben ser explicados. Si la hipótesis de la resurrección es cierta, es la explicación a estos dos acontecimientos.

2. *Las hipótesis deben tener un mayor alcance explicativo que las hipótesis contrarias.* La hipótesis de la resurrección prueba ser más veraz que las explicaciones contrarias como las alucinaciones o que las mujeres se equivocaran de tumba, y lo hace precisamente dando explicación a *los tres* hechos centrales del debate (la tumba vacía, las apariciones y el origen de la fe de los discípulos), mientras que las otras hipótesis sólo pueden explicar uno o dos de estos hechos.

3. *Las hipótesis deben tener un mayor poder explicativo que las hipótesis contrarias.* Éste es probablemente el criterio con más peso a favor de la hipótesis de la resurrección. La teoría de la conspiración o la de la muerte aparente no explican de forma convincente los tres hechos que estamos debatiendo. Y si se quisieran mantener estas teorías no habría manera de explicar ciertos hechos como la transformación de los discípulos, la conversión de Jacobo y la corporeidad de las apariciones.

4. *Las hipótesis deben ser más verosímiles que las hipótesis contrarias.* Ya hemos visto que una vez se abandonan los prejuicios filosóficos en contra de lo sobrenatural, la resurrección es tan verosímil como las hipótesis contrarias.

5. *Las hipótesis deber ser menos* ad hoc *que las hipótesis contrarias.* Recordemos que aunque McCullagh pensaba que la hipótesis de la resurrección tenía mayor poder y alcance explicativo, decía que era una hipótesis *ad hoc*, que él define en términos del número de nuevas suposiciones hechas por una hipótesis que no se podrían haber deducido a partir del conocimiento existente. Aunque lo definamos así, es difícil ver por qué la hipótesis de la resurrección es increíblemente *ad hoc*. Tan sólo requiere *una* nueva suposición: que Dios existe. Seguro que las hipótesis contrarias también requieren al menos una nueva suposición. Por ejemplo, la teoría de la conspiración requiere que supongamos que el carácter moral de los discípulos era deficiente, porque no se encuentra en nuestro conocimiento existente. La teoría de la muerte aparente requiere la suposición de que la lanza que el soldado clavó en el costado de Cristo solamente le produjo una herida superficial o que tal incidente no ocurrió; de

nuevo hemos de ir más allá del conocimiento existente. La teoría de las alucinaciones requiere que supongamos que los discípulos tuvieron algún tipo de preparación emocional que les predispuso a que tuvieran visiones, detalle que tampoco pertenece a nuestro conocimiento existente. Y podríamos seguir dando ejemplos. Además, para los que ya son teístas, la hipótesis de la resurrección ni siquiera introduce la nueva suposición de que Dios existe, ya que eso ya forma parte de su conocimiento existente. Así que no se puede decir que la hipótesis de la resurrección sea *ad hoc* por el número de nuevas suposiciones que introduce.

Las hipótesis científicas suelen incluir la suposición de entidades nuevas, normalmente no observables, como el quark, cuerdas/cadenas, graviton, agujeros negros, y otros, sin que tales teorías sean consideradas *ad hoc*. ¿Por qué se debería tratar de forma diferente la suposición de que Dios existe? Para los filósofos de la ciencia es muy difícil determinar exactamente qué es lo que hace que una hipótesis sea *ad hoc*. En una hipótesis tachada de *ad hoc* los científicos experimentados pueden percibir, si no describir, un cierto aire de artificialidad. Muchos, *incluidos los teístas*, dudan en apelar a Dios para explicar una hipótesis sobre cualquier fenómeno precisamente porque hacerlo encierra ese aire de artificialidad. Ante algunos fenómenos tan difíciles de explicar, parece demasiado sencillo exclamar: «¡Dios lo hizo!». La desaprobación universal del llamado «Dios de las lagunas» y el impulso que la ciencia y la historia están tomando hacia el naturalismo metodológico nacen del sentido de ilegitimidad que comporta tanta mención de Dios. La hipótesis de que «Dios resucitó a Jesús de los muertos» ¿es *ad hoc* en este sentido?

Creo que no. Una de las contribuciones más importantes de los defensores tradicionales de los milagros de Jesús fue dar importancia al contexto histórico-religioso en el cual el milagro tenía lugar. Dar una explicación sobrenatural para justificar la tumba vacía, las apariciones, y el origen de la fe de los discípulos no resulta *ad hoc* porque estos acontecimientos tuvieron lugar en el contexto y como contexto del clímax de la vida de Jesús, su ministerio y todo eso que dijo ser, todo ello sin precedentes, ámbito en el cual es válida una hipótesis sobrenatural.[54]

---

[54] Ver Wolfhart Pannenberg, *Jesus —God and Man*, trans. L. L. Wilkens y D. A. Priebe (London, SCM, 1968), 67; ídem, «Jesu Geschichte un unsere Geschichte», *Glaube und Wirklichkeit* (Münche, Chr. Kaiser, 1975), página 92.

También gracias a este contexto histórico la hipótesis de la resurrección no parece *ad hoc* si se la compara con explicaciones sobrenaturales de otro tipo: por ejemplo, que tuvo lugar un «milagro psicológico», que hizo que hombres y mujeres normales se convirtieran en conspiradores y mentirosos que estuvieron dispuestos a morir martirizados; o que tuvo lugar un «milagro biológico» que impidió que Jesús muriera en la cruz o en la tumba. Son este tipo de hipótesis sobrenaturales las que suenan artificiales, y no la hipótesis de la resurrección, la cual tiene mucho sentido en el contexto del ministerio de Jesús y de las declaraciones radicales que hacía de sí mismo.

6. *Las hipótesis deben tener menos creencias aceptadas que las nieguen que las hipótesis contrarias ser confirmadas.* No se me ocurre ninguna creencia aceptada que niegue la hipótesis de la resurrección, a no ser que uno piense que la creencia de «que los hombres muertos no resucitan» la niega. Pero en tal caso nos volvemos a encontrar con el mismo problema que cuando tratamos los milagros. Esta creencia negaría una hipótesis de revivificación naturalista, pero no niega la hipótesis de que Dios resucitó a Jesús de los muertos. Sin embargo, las teorías contrarias no son aceptadas por creencias sobre, por ejemplo, la inestabilidad de las conspiraciones, la enorme probabilidad de muerte después de la resurrección, las características psicológicas de las visiones, etc.

7. *Las hipótesis deben superar a las hipótesis contrarias cumpliendo las condiciones 2 a 6, y asegurarse de que las hipótesis contrarias no las cumplan.* La verdad es que hay muy pocas posibilidades de que las hipótesis contrarias a la hipótesis de la resurrección cumplan las condiciones mencionadas hasta ahora. La estupefacción de los estudiosos que se dan cuenta de la veracidad histórica de la tumba vacía, de las apariciones y del origen de la fe de los discípulos en la resurrección de Jesús, deja claro que no hay ningún rival peligroso para esta hipótesis. Es difícil negar que la resurrección es la mejor explicación para entender lo que históricamente ocurrió.

Por lo tanto, vemos que el escepticismo que los miembros de «El Seminario de Jesús» como Crossan han expresado ante el hecho de la resurrección de Jesús no solo no representa el consenso de los críticos y expertos en el tema, sino que no está justificado.

Comentarios finales

–Este año no habrá Semana Santa– me dijo una vez un amigo del Instituto.
–¿Por qué no?– repliqué incrédulo.
–Han encontrado el cuerpo.

Aunque se trata de un sentido del humor un poco irreverente, mi amigo mostró una conclusión lógica que los miembros de «El Seminario de Jesús» no parecen ver. Mantienen que aunque Jesús murió y se descompuso, la resurrección sigue teniendo validez como símbolo de la "continua presencia" de Cristo entre nosotros, para que el cristianismo pueda continuar como si nada hubiera cambiado. Por otro lado, el chiste de mi amigo sugiere que, sin la resurrección, la fe cristiana no tiene ningún sentido.

Los primeros cristianos habrían estado de acuerdo con mi amigo (1ª Corintios 15:14, 17, 19). Si la resurrección no tuvo lugar, Jesús sólo habría sido como mucho un profeta más que tuvo un destino desafortunado como otros que le precedieron, y creer en él como Mesías, Señor, o Hijo de Dios hubiera sido una estupidez. No hubiera valido la pena salvar la situación e interpretar la resurrección como un símbolo. Los hechos fríos y contundentes de que Jesús estaba muerto habrían pesado más.

Creo que hoy en día ocurre lo mismo y que la gente tiene demasiado sentido común como para dejarse impresionar por las salvajes operaciones teológicas como las que defiende «El Seminario de Jesús».

Después de todo, ¿por qué tendría yo que dejar que un mito cristiano sobre un hombre muerto determinara el rumbo o el sentido que le doy a mi vida? ¿Y por qué no un mito no cristiano? Pero, ¿por qué debería seguir a un mito?

Afortunadamente, la fe cristiana no nos llama a nuestras mentes, a dejar a un lado el sentido común y la historia, o a depositar una fe ciega en algo inseguro. La persona racional, totalmente convencida por las pruebas, puede creer que en aquella mañana de la primera Semana Santa tuvo lugar un milagro divino.

Preguntas para la reflexión

1. ¿Cuál es la diferencia fundamental entre los naturalistas y los sobrenaturalistas?
2. ¿Qué tres tipos de pruebas existen a favor de la resurrección de Jesús?

3. ¿Qué condiciones históricas tienen que darse para que se desarrolle una leyenda? ¿Se han producido éstas en torno a la resurrección de Jesús?
4. Dado que los discípulos eran judíos, ¿habrían creído en la resurrección de Cristo de no haber sucedido realmente? ¿Por qué?

Capítulo 7
¿ES JESÚS EL ÚNICO CAMINO?

R. Douglas Geivett

«Creéis en Dios, creed también en mí»
(Jesús, en Juan 1:14)

R. Douglas Geivett,
doctor por la University of Southern California,
es Profesor Asociado de Filosofía
en Talbot School of Theology.
Es el autor de *Evil and the Evidence for God:
The Challenge of John's Hick's Theodicy*
y codirector de redacción de
Contemporary Perspectives on Religious Epistemology

El debate sobre Jesús

¿Es Jesús el único camino para obtener una relación salvadora con Dios? Debemos volver a hacer la pregunta con mayor sinceridad y gravedad. Lo que hace que mucha gente hoy en día no se haga esta pregunta de forma sincera y paciente es que las presuposiciones que hay detrás de esta pregunta ya han sido rotundamente rechazadas. ¿Cuáles son estas presuposiciones? En primer lugar, la pregunta da por sentado la posibilidad de que solamente hay una forma correcta de organizar nuestras vidas religiosas y la manera en que las concebimos. Esa es la fuerza que tiene la palabra «único» en nuestra pregunta. En segundo lugar, la pregunta da por sentado que, si sólo hay un camino correcto, nosotros también podemos encontrar ese camino. No tendría sentido darle vueltas a la pregunta si no aceptáramos esta segunda presuposición: que existe algo llamado *conocimiento* religioso.

El problema radica en que estas dos presuposiciones no son muy populares entre los relativistas poco refinados de nuestro mundo moderno. La simple mención de que Jesús pudiera ser el *único* camino para alcanzar la auténtica satisfacción religiosa es tachada de exclusivismo rígido y de estrechez intolerante. Estas son las características que solemos asociar con los obtusos fanáticos religiosos, pero ni mucho menos podemos tachar de lo mismo a la humanidad en general, ni a Dios mismo, en el caso de que existiera. También es una pretensión demasiado grande decir que los humanos pueden adquirir un conocimiento religioso específico que sea clave para toda la condición humana. Es una actitud incompatible con la noción progresista que establece que tenemos limitaciones cognitivas.

En este clima de desconfianza de la verdad y reticencia hacia las declaraciones absolutas, es normal que las afirmaciones religiosas exclusivistas parezcan intolerantes e inflexibles. Es normal que si decimos que Jesús es el camino, la verdad y la vida, el único y adecuado remedio para la condición espiritual humana, topemos con la desconfianza y resistencia de aquellos que no han experimentado la liberación espiritual personal que va unida a la aceptación de esta declaración. Y dado el clima actual religioso e intelectual, incluso los que han experimentado esa liberación reciben constantemente la presión de la cultura que les rodea a que renuncien a ese exclusivismo religioso.

Este capítulo será posiblemente el más controvertido de este libro, ya que cuestiona la importancia religiosa de Jesús. Pero mucha gente lo ignorará porque ya están predispuestos a contestar la pregunta sin analizar las pruebas existentes. Casi siempre que se responde a la pregunta pasando por alto las pruebas se suele dar una respuesta negativa. A lo mejor, después de leer los capítulos anteriores, el lector ya ha quedado impresionado con las pruebas a favor de Jesús y decide arriesgarse a mirar con mayor atención el debate que ahora vamos a tratar: ¿Es Jesús el único camino? Llamémosle «el debate sobre Jesús».

Llegados a este punto, al lector ya le resultará familiar el perfil de dos perspectivas muy diferentes sobre Jesús. Una perspectiva adopta, de forma directa, la imagen del Jesús que encontramos en las páginas no deconstruidas de la Biblia. Este es el Jesús de la fe cristiana ortodoxa. Esta forma de ver a Jesús cuenta con una larga y prestigiosa historia y hoy en día tiene el apoyo de un grupo de defensores muy capaz, tanto dentro como fuera del mundo académico. La otra perspectiva, representada por «El Seminario de Jesús» entre otros, interpone una imagen muy diferente. Su estrategia es eliminar muchas de las líneas del texto de la Biblia y luego leer entre las relativamente pocas líneas que quedan para reconstruir una imagen «históricamente responsable» de Jesús. Por desgracia, la imagen que obtienen no es ni históricamente responsable ni religiosamente aceptable.

Como otros autores de este libro ya han expuesto las deficiencias de la metodología de «El Seminario de Jesús», me centraré en la cuestión de la importancia religiosa de Jesús. Concretamente, desarrollaré un argumento para contestar de manera positiva al debate sobre Jesús. Sin embargo, estoy de acuerdo en un punto con «El Seminario de Jesús». Si el retrato que hacen de Jesús es históricamente satisfactorio, entonces no se puede creer que él sea el único camino. Por otro lado, si tratan las pruebas existentes de forma defectuosa, entonces sí que cabe la posibilidad de que Jesús sea el único camino. Y si la representación que se hace de él en los evangelios es históricamente fiable, aumentan las posibilidades de que en verdad sea el único camino. La verdad es que las contundentes pruebas de la fiabilidad histórica del Nuevo Testamento deberían animar a la gente a tomarse en serio el debate sobre Jesús y a llegar a dar una respuesta afirmativa.

El debate sobre Dios

Hemos de ser realistas a la hora de ver cuáles son los factores importantes para hacer una valoración del debate sobre Jesús. Sea cual fuere la conclusión a la que lleguemos sobre el Jesús histórico, nuestras creencias sobre otros temas inevitablemente influirán en cómo juzguemos la *importancia religiosa* de Jesús. Concretamente, nuestra comprensión de Jesús dependerá fundamentalmente de lo que creamos sobre Dios.

Esto tendrá grandes consecuencias, y lo vamos a ilustrar de forma muy sencilla. Pensemos en un ateo. Para todo aquel que niega la existencia de Dios, no tiene mucho sentido creer que Jesús es el Hijo de Dios. Sin embargo, un ateo podrá mostrar un cierto respeto por Jesús si lo ve como un hombre de una moral ejemplar que sufrió la indignidad de ser deificado por los confundidos admiradores del primer siglo (quienes, a su vez, soportaron una severa persecución causada por sus imaginaciones y caricaturas engañosas de Jesús). O una persona puede creer en Dios y no creer en la deidad de Jesucristo. Esta es la postura que adoptan los judíos y los musulmanes.[1] Lo que nos puede sorprender más es encontrar a alguien que se autodefina como cristiano, y cuya visión de Jesús sea parecida a la del ateo respetuoso o a la del judío o musulmán tradicional. Y eso es precisamente lo que encontramos en algunos círculos, en particular, entre los miembros de «El Seminario de Jesús».[2]

Pero no perdamos de vista el punto principal. Lo que creemos sobre Dios y su relación con el mundo establece las condiciones a través de las cuales determinaremos lo que es psicológicamente posible y racionalmente permisible en cuanto a Jesús. Cuando alguien que no conocemos nos dice que cree en Dios, aún nos falta mucho que saber sobre esa persona. Esto se debe a que la palabra «creencia» se usa hoy en día de forma muy

---

[1] Hay muchos cristianos judíos –a quienes se llama judeocristianos–, pero no hay cristianos musulmanes.

[2] No estoy queriendo sugerir que todos los miembros de «El Seminario de Jesús» dicen ser cristianos, ni que los que dicen ser cristianos están de acuerdo con la forma de ver a Jesús histórica o religiosamente.

ligera. Para algunos, decir «creo en Dios» significa poco más que «aún no he llegado a negar la existencia de Dios». Pero aún hay otra razón por la cual vemos que saber que una persona cree en Dios tampoco nos dice mucho sobre ella. Esto se debe a que dos personas que creen en Dios pueden creer cosas radicalmente diferentes e incompatibles; dicho de otra manera, el teísmo de una persona puede ser el ateísmo de otra. Decir «creo en Dios», pues, no quiere decir casi nada.[3]

Por eso, los cristianos de tradición apostólica no se conforman con decir tan sólo eso. No importa si fueron los apóstoles los que establecieron directamente o no el Credo Apostólico; el Credo es un bosquejo completo que recoge toda la creencia ortodoxa del Nuevo Testamento:

> *Creo en Dios Padre Todopoderoso,*
> *creador del cielo y de la tierra;*
> *y en Jesucristo*
> *su único hijo, nuestro Señor,*
> *que fue concebido por obra y gracia del Espíritu Santo,*
> *y nació de Santa María Virgen,*
> *padeció bajo el poder de Poncio Pilato,*
> *fue crucificado, muerto y sepultado:*
> *descendió a los infiernos;*
> *resucitó al tercer día de entre los muertos;*
> *ascendió a los cielos,*
> *y está sentado a la diestra de Dios Padre Todopoderoso;*
> *y desde allí ha de venir a juzgar a vivos y a muertos.*
> *Creo en el Espíritu Santo;*
> *la santa iglesia católica;*
> *la comunión de los santos;*
> *el perdón de los pecados;*
> *la resurrección de la carne,*
> *y la vida eterna.*

Afirmar la existencia de Dios es tan sólo la punta del iceberg. Es decir, creer en Dios es simplemente el principio, aunque un buen principio. La fe cristiana continúa añadiendo, entre otras cosas, el señorío de Jesucristo.

---

[3] Esta impresión está respaldada porque la extendida «creencia en Dios» no ha conseguido la mejora de la sociedad que se supone que tendría que tener lugar si la gente realmente *creyera en* Dios.

¿Es Jesús el único camino?

Algunas concepciones de Dios se acercan bastante a esta idea o retrato de Jesucristo; otras, sin embargo, son bien diferentes (por ejemplo, el politeísmo o la Nueva Era).[4] Así, no deberíamos suponer nunca que dos personas que afirman la existencia de Dios dan la misma importancia a la persona de Jesús. Mientras que una persona puede tener un concepto de Dios completado y confirmado por la representación bíblica de Jesús, otra puede tener un concepto de Dios que repudia al Jesús presentado en la Biblia.[5]

Vemos, pues, que *el debate sobre Jesús está enormemente relacionado con el debate sobre Dios*. ¿Dios existe? Y si existe, ¿cómo interpretar su naturaleza y su relación con nuestro mundo y nuestras necesidades? Si queremos tener creencias religiosas que sean verdaderas, debemos tener cuidado con la forma en que llegamos a ellas. Si lo que buscamos es más bien una realidad teológica, en vez de un placebo o muleta religiosa, debemos cuidar la forma en la que llevamos a cabo nuestra investigación. Y el primer paso es tener claro cuál es el punto de partida y la progresión lógica de nuestro estudio. Por tanto, antes de valorar la importancia de Jesús, debemos considerar qué concepto de Dios será más razonable que adquiramos. Una concepción errónea de Dios podría llevarnos a un juicio equivocado sobre la importancia religiosa de Jesús. Y un juicio erróneo sobre la importancia que Jesús tiene para nuestras vidas cristianas podría ser, espiritualmente hablando, bastante arriesgado. No podemos encontrar una respuesta, ni positiva ni negativa, al debate sobre Jesús, hasta que no evaluemos nuestras creencias específicas sobre Dios.

El debate sobre Jesús es el punto principal del gran debate que une tres grupos de temas relacionados entre sí. El primer grupo es la existencia y naturaleza de Dios. El segundo tiene que ver con los datos históricos que tenemos sobre Jesús de Nazaret. Y por último tenemos el debate sobre

---

[4] La afirmación de que Jesús es el único camino no es incompatible con el Credo Apostólico, donde se expresa que Jesucristo es la única revelación completa de Dios y la única fuente de salvación. Esto puede verse de forma más detallada en los estudios sobre el Credo. Ver especialmente las exposiciones evangélicas de J. I. Packer, *The Apostles' Creed* (Wheaton, Ill., Tyndale, 1977), y R.C. Sproul, *Basic Training: Plain Talk on the Key Truths of the Faith* (Grand Rapids, Zondervan, 1982). Comparar con Wolfhart Pannenberg, *The Apostles' Creed in the Light of Today's Questions* (Philadelphia, Fortress, 1987). Gerald Bray hace una comparación entre las traducciones tradicionales y las modernas del Credo en *Creeds, Councils and Christ* (Leicester, Inter-Varsity Press, 1984), páginas 204-206.

[5] N. T. Wright ilustra esta posibilidad comparando las creencias en Dios judías y cristianas en el siglo I (*The New Testament and the People of God* [Minneapolis, Fortress, 1992], páginas 471-476).

el mismo Jesús y el reto de compromiso religioso personal que representa. A la luz de la crucial conexión entre estos tres temas, el resto de mi presentación procederá de la siguiente manera:

En el apartado siguiente examinaremos el concepto de Dios tal y como lo presenta un destacado miembro de «El Seminario de Jesús». Veremos cómo el concepto que tiene de Dios determina los objetivos y metodología de su proyecto. A continuación ofreceré un acercamiento opuesto al debate sobre Dios, acercamiento que preparará el camino para una respuesta al debate sobre Jesús más satisfactoria en términos intelectuales, religiosos y de realismo histórico, una respuesta que toma la forma de un contundente: «¡Sí, Jesús es el único camino!».

El debate sobre Jesús y «El Seminario de Jesús»

«Un cuento de hadas es algo que nunca ocurrió hace muchos años.»[6] El estudiante que un buen día dijo este sinsentido no sabía que acababa de definir el veredicto que algunos estudiosos contemporáneos hacen del Jesús bíblico. Para «El Seminario de Jesús», el Jesús histórico, que vivió hace casi veinte siglos, no es el Jesús de la Biblia (al menos no sin reservas). El Jesús de la Biblia es una invención, aunque perfectamente inocente y comprensible, pero sigue siendo una invención. Los escritores de los evangelios, Mateo, Marcos, Lucas y Juan, describen una serie de acontecimientos que no ocurrieron hace muchos años, de la vida de alguien que no vivió hace muchos años.[7]

Resumiendo, el Jesús de la Biblia es pura fantasía, y el Cristo de la fe cristiana no es el Jesús histórico. Esto apareció en una publicación oficial de «El Seminario»:

La distinción entre las dos figuras es la diferencia entre un personaje histórico que vivió en un período y lugar concretos y estaba sujeto a las limitaciones de la existencia finita, y una figura a la que se le ha asignado el papel de mito, mito

---

[6] Richard Lederer, *More Anguished English* (New York, Dell); en *Current Books* 2 (Spring 1994), página 35.

[7] Algunos miembros de «El Seminario» sostienen que es cierto que alguien llamado Jesús vivió en el primer siglo. Pero, según ellos, no hay evidencias suficientes para relacionar a ese Jesús histórico con el Jesús bíblico, así que tampoco se puede asegurar que el Jesús bíblico existiera. Esta posición ha abierto una brecha entre el Jesús de la Historia y el Jesús de la Biblia.

que cuenta que desciende del cielo para salvar a la humanidad y, por descontado, acaba por volver a su lugar de origen.[8]

Después de investigar durante seis años la pregunta «¿Qué dijo Jesús exactamente?», «El Seminario de Jesús» ha concluido que «el 82% de las palabras atribuidas a Jesús en los evangelios no fueron dichas por él».[9] ¿Puede haber alguna duda de que la valoración que realicen en los próximos años sobre los hechos de Jesús también dará como resultado una lista muy reducida?

El barco cuya delicada carga es un Jesús de oscuras proporciones históricas navegará por las tempestuosas aguas de los críticos escépticos sin la más mínima resistencia. No es posible que el común denominador más bajo de un consenso crítico liberal y selectivo sobre Jesús actúe con objetividad profesional, pero «El Seminario de Jesús» cree que ellos sí lo pueden hacer.[10] Lo que es más, creen que el lector sencillo está aguardando, manteniendo la respiración, ansioso por descubrir sus esfuerzos «científicos» y votar a favor de que esa imagen fiable del Jesús de la historia pase a formar parte del conocimiento colectivo.

Un perfil moderno del Jesús histórico

El objetivo expreso de «El Seminario de Jesús» es determinar quién fue Jesús.[11] ¿A qué conclusión han llegado? Su libro *The Five Gospels* (Los cinco evangelios) no ofrece un recopilatorio del perfil de Jesús tal y como lo conciben en general los liberales. Dicho perfil lo encontramos, sin embargo, en escritos de miembros de «El Seminario».[12]

En un libro titulado *Meeting Jesus Again for the First Time* (Reencontrándonos con Jesús por primera vez), Marcus Borg, una de las figuras más célebres del grupo, presenta un esbozo del «Jesús pre-Semana Santa» que puede ser reconstruido, según él, a partir de los datos históricos

---

[8] Robert W. Funk, Roy W. Hoover y «El Seminario de Jesús», *The Five Gospels: What Did Jesus Really Say?* (New York: Macmillan, 1993), página 7.
[9] *Ibíd.*, 5.
[10] Ver, por ejemplo, *ibíd.*, ix y 34.
[11] Ver *ibíd.*, página 35.
[12] Richard B. Hays, en su comentario crítico de *The Five Gospels* identifica varios elementos de un retrato del Jesús que aparece en el libro (ver «The Corrected Jesus», *First Things* [May 1994], 47). Pero Hays también observa «que los miembros de «El Seminario de Jesús» lo único que hacen es ofrecernos una antología de sus sentencias jesuanas favoritas» (página 46).

disponibles.[13] Esta etiqueta, «Jesús pre-Semana Santa», no hace referencia al Jesús de la Biblia de antes de la resurrección, sino al Jesús de la historia que sufrió una transformación radical a través de la influencia cristianizadora de la tradición que se creó después de su muerte y entierro; sí, mucho después de su muerte y entierro.

Para Borg, si tuvo lugar algún acontecimiento en Semana Santa, el Jesús histórico no tiene nada que ver con él. La Semana Santa no fue un acontecimiento de un sólo día, sino una serie de acontecimientos que duraron un período de tiempo, cuando los seguidores de Jesús empezaron a verle como «una realidad espiritual, ya no como una persona de carne y hueso, limitada por el tiempo y el espacio, como lo había estado Jesús de Nazaret».[14]

Según esta interpretación, la pre-resurrección de Jesús relatada en la Biblia es el producto de la concienciación post-Semana Santa. Borg reconoce que el Cristo resucitado que los cristianos de todas las generaciones han experimentado es real; pero no debemos creer que ese Jesús es el mismo que Jesús de Nazaret. Esto equivale a pronunciar la trivial concesión de que cuando los cristianos describen su experiencia del Señor resucitado, están describiendo una experiencia real, que tiene una importancia religiosa para ellos.

Quizá nos ayude ver una ilustración. Imaginemos que los platillos volantes no existen. Luego, imaginemos a un grupo de personas que informan no sólo de que han visto platillos volantes, sino de que han visto a los extraterrestres. En otras palabras, han tenido una experiencia de algún tipo, y la interpretan como que han visto platillos volantes y extraterrestres. Además, van a vivir sus vidas en torno a ese mensaje que creen haber recibido de las inteligencias extraterrestres. Alguien como Marcus Borg admitirá que esas personas son honestas (de verdad creen lo que dicen) y que su creencia está basada en una experiencia que han tenido. Y si los cambios en su estilo de vida son inofensivos o les benefician, seguro que pensará: «¡pues bien por vosotros!» Pero no creerá literalmente lo que esa gente cuenta. Sin embargo, siempre se gana algo de una experiencia así, aunque en verdad no ocurriera lo que estos entusiastas de los ovnis creen que ocurrió. Su testimonio es como el del Evangelio de Juan: «El evangelio

---

[13] Marcus Borg, *Meeting Jesus Again for the First Time: The Historical Jesus and the Heart of Contemporary Faith* (San Francisco, Harper San Francisco, 1994), cap. 2. Elabora más detalles de la presentación que hace en este libro en una de sus obras anteriores –anterior también a «El Seminario»– *Jesus: A New Vision* (San Francisco, Harper &Row, 1987).

[14] Borg, *Meeting Jesus Again*, página 16.

de Juan es un testimonio perfecto de la realidad y la importancia del Jesús post-Semana Santa, el Cristo vivo de la experiencia cristiana. El evangelio de Juan es 'verdad', aunque lo que cuenta sobre la vida de Jesús no sea, en su mayoría, históricamente objetivo».[15]

Es interesante ver que, aunque «los Evangelios no son directamente documentos históricos»,[16] para reconstruir al Jesús histórico nos debemos fiar de lo que en los evangelios es históricamente fiable. Pero como, según Borg, el porcentaje del material históricamente fiable es tan bajo, cualquier reconstrucción estará partiendo de conjeturas y suposiciones. Y al indicar «conjeturas y suposiciones» estoy queriendo decir «ir más allá de las pruebas». Las conjeturas de Borg siguen una trayectoria de dos etapas. Primero, aísla y acumula datos históricos usando las fuentes disponibles, básicamente los evangelios canónicos. Luego, construye una hipótesis por la cual los datos podrían ser entendidos y adornados coherentemente dentro de los límites de la imaginación investigadora responsable. Es como la labor que llevan a cabo algunos paleontólogos cuando reconstruyen todo el esqueleto de un fósil homínido (por no decir nada de la musculatura, el cabello, y el color de la piel) a partir de un simple fragmento de un hueso que fue descubierto en una capa sedimentaria del Rift Valley. Nos hacemos una idea, ¿no? Porque hace falta dar rienda suelta a la imaginación, ¿verdad?[17]

La reconstrucción que Borg hace de la vida adulta de Jesús puede desarrollarse en seis puntos, dos negativos y cuatro positivos.[18] 1) Jesús no se veía a sí mismo en términos mesiánicos. 2) No podemos decir que Jesús esperaba «que en sus días tendría lugar la venida sobrenatural del Reino de Dios y el fin del mundo». Dicho de otro modo, la antigua doctrina liberal de la «escatología realizada» ha sido relegada por los descubrimientos de investigación más recientes. Después de estos dos puntos tenemos cuatro amplias y positivas características que Borg concede a la persona

---

[15] *Ibíd.*, página 17.
[16] *Ibíd.*, página 20.
[17] Otra ilustración sería la forma en que los paleontólogos han construido dinosaurios de manera cuestionable sobre la base de la atención selectiva de las evidencias observables. El filósofo científico Rom Harré usa este ejemplo para mostrar que «las declaraciones aceptadas como expresiones de creencias con fundamento quizá deberían revisarse, o incluso, abandonarse, según la teoría que uno sostenga y también según las experiencias vividas» (*Varieties of Realism: A Rationale for the Natural Sciences* [London, Basil Blackwell, 1986], página 36). Se puede aplicar la misma idea a los «descubrimientos» de «El Seminario de Jesús».
[18] Ver Borg, *Meeting Jesus Again*, páginas 29-31.

histórica de Jesús: era 3) una persona-espíritu, 4) un maestro de sabiduría, 5) un profeta social, y 6) el fundador de un movimiento.

Dentro del ámbito de estos cuatro puntos obtenemos varias impresiones sobre Jesús: poseía una gran capacidad verbal e inteligencia; normalmente actuaba con una importancia simbólica deliberada ante la aclamación pública; desafió a las instituciones sociales y políticas de entonces, normalmente a favor de los que no tenían derecho a defenderse; ejercía un profundo efecto en la gente; y consiguió tal influencia en un período muy corto de tiempo, que terminó quizás sólo un año después de ser reconocido como figura pública.

Según Marcus Borg, ¿qué importancia religiosa tiene una figura de tales características? Antes de pasar a ver su teoría sobre la importancia religiosa de Jesús, debemos examinar su punto de vista sobre el debate de la existencia y la naturaleza de Dios.

Borg y el debate sobre Dios

Borg explica que de joven mantenía unas creencias bastante tradicionales sobre Dios, Jesucristo y la Biblia. Aún en el estado de «ingenuidad precrítica», tal y como él lo define, Borg creía que «Jesús es el divino salvador en el que se debe creer para obtener la vida eterna».[19] Fue la creencia sobre Dios, y no sobre Jesús, lo que empezó a cambiar y le adentró en un proceso que le llevó a la incredulidad total. En la adolescencia empezó a dudar de la existencia de Dios. Curiosamente, eso no afectó inicialmente su creencia sobre Jesús. Fue después, estudiando en una universidad luterana, cuando abandonó su imagen infantil del Jesús del cristianismo. Luego asistió a un seminario donde, para su sorpresa, «descubrió» que el retrato de Jesús del Nuevo Testamento era un producto del desarrollo de la tradición. Así, la actitud de incredulidad religiosa de Borg fue aumentando. Pasó de ser un «agnóstico no declarado» a ser un «ateo no declarado». Al mismo tiempo, quedó cautivado por la búsqueda del Jesús histórico y se embarcó en una interminable investigación sobre la tradición cristiana.

Borg reconoce con franqueza que su «incertidumbre sobre Dios hizo que en algún momento le prestara más atención a esa cuestión que al centro de (su) investigación: Jesús».[20] Pero esta incertidumbre de Borg no duró mucho, ya que al cabo de unos años tuvo unas experiencias místicas

---

[19] *Ibíd.*, página 6.
[20] *Ibíd.*, página 13.

que transformaron su comprensión de Dios y, en cambio, afectaron su comprensión de Jesús y del cristianismo. Tal y como él lo explica, aquellas experiencias «me dieron una nueva comprensión del significado de la palabra *Dios*. Me di cuenta de que *Dios* no hace referencia a un ser sobrenatural que está "ahí fuera" (que es donde siempre había puesto a Dios, debido a las historias infantiles sobre el Dios que está "arriba en el cielo"). Empecé a entender que *Dios* se refiere, en cambio, a lo sagrado de la existencia, el misterio santo que está a nuestro alrededor y en nuestro interior».[21] Nótese la seguridad de Borg en su nuevo *descubrimiento*: gracias a una *experiencia* personal, ahora tiene «una nueva compresión» de Dios, y se ha dado cuenta de lo que el término *Dios* quiere decir.

Basándose en la impresionante autoridad que le confiere su experiencia personal, Borg continuó estudiando las experiencias religiosas de personas de diferentes culturas y tradiciones religiosas. Cuando llegó a la conclusión de que podía obtener una concepción general de Dios que uniera el variado abanico de experiencias místicas y no místicas de «Dios», estableció que la naturaleza de Dios es la característica común a todas las experiencias religiosas. Dicho de otra manera, «Dios» se ve reducido a las características que comparten las experiencias religiosas de hombres y mujeres de diferentes culturas y religiones.

Como las experiencias religiosas de tradiciones dispares son las fuentes en las que Borg se basa para crearse una concepción de Dios, no es sorprendente que la descripción que consigue sea altamente amorfa e inexacta: Dios es «lo sagrado de la existencia, el misterio santo que está a nuestro alrededor y en nuestro interior».[22] Dichas con un tono de convencimiento, las descripciones de Borg pueden hacernos pensar que ha descubierto algo definitivo y liberador sobre la naturaleza de Dios. Pero si las analizamos detalladamente, lo que Borg ofrece deja bastante que desear: «Dios es más que todas las cosas, y, sin embargo, todas las cosas están en Dios».[23]

Si le dicen a uno que eso es todo lo que se puede saber sobre Dios, uno se queda —en el tema de la religión— casi en cueros. Pero el método de investigación de Borg no es sólo religiosamente inexacto; también es intelectualmente impulsivo. Ofrece un reduccionismo religioso basado en experiencias subjetivas, totalmente desprovisto de controles externos de pruebas accesibles al público. No queda claro por qué Borg mismo, cuando alcanzó el nadir de su «ateísmo no declarado», consideró que sus

---

[21] *Ibíd.*, página 14.
[22] *Ibíd.*
[23] *Ibíd.*

sentimientos religiosos eran fiables; queda todavía menos claro por qué *los demás* deberíamos poner nuestra confianza en su tipo de sentimiento religioso.

Borg y el debate sobre Jesús

Sin duda alguna, tanto la nueva creencia de Borg sobre Dios como la metodología que usó en su redescubrimiento de Él influyeron en su forma de interpretar la importancia religiosa de Jesús. De la misma manera que su agnosticismo/ateísmo temprano le empujaba a limitar su investigación sobre Jesús a «las piezas de la tradición que tenían sentido a parte del debate sobre Dios»,[24] la última transformación de su modo de entender a Dios afecta la forma en la que ve a Jesús.[25]

Para poder ir más allá de las condiciones limitadoras de los escasos materiales históricos sobre Jesús y llegar a la probable figura histórica que además tiene una importancia religiosa contemporánea, Borg presenta dos consideraciones básicas. En primer lugar, resalta que Jesús inspiró un movimiento de amplio alcance y duración, lo que incluye la transformación de innumerables vidas a lo largo de los siglos. Esto es una buena base para ver la grandeza de este hombre. En segundo lugar, Borg supone que la grandeza de Jesús radica en sus habilidades como persona-espíritu (una persona con poderes espirituales inusuales, que sabe que los posee, y con una moral superior). Por lo tanto, Jesús queda encasillado como miembro de una élite espiritual de individuos que incluye a los fundadores de las otras grandes religiones del mundo.

La valoración que Borg hace de la importancia religiosa de Jesús está basada en una «tipología de figuras religiosas». Esta tipología le permite construir un marco interpretativo dentro del cual puede ir desenredando, dado que cuenta con muy pocos hechos históricos, más detalles sobre la persona de Jesús.[26] Su análisis se reduce a una investigación de la experiencia religiosa de Jesús y la formulación de un perfil de la consciencia religiosa de Jesús. Este método le lleva a realizar una comparación de la vida religiosa de Jesús y las vidas de otras figuras religiosas importantes. Este enfoque describe a Jesús como una figura que estaba tan en contacto con la realidad religiosa que su experiencia puede actuar de mediadora entre nosotros y lo sagrado.

---

[24] *Ibíd.*, página 13.
[25] *Ibíd.*, página 15.
[26] Ver *ibíd.*, páginas 31-39.

Mientras Borg es muy impreciso sobre la manera en que Jesús puede ser el mediador entre nosotros y lo sagrado, es sin embargo muy preciso sobre lo que niega.

Pensar que Jesús es un ejemplo concreto de un tipo de personalidad religiosa conocida en diferentes culturas, demuestra la imposibilidad de la creencia cristiana de que Jesús es único, lo que se suele unir a la noción de que el cristianismo es la única verdad y Jesús, «el único camino». La imagen que he esbozado representa a un Jesús diferente: no es la revelación exclusiva de Dios, sino que es uno de los muchos mediadores entre nosotros y lo sagrado. Sin embargo, aunque esta representación priva a Jesús y al cristianismo de su singularidad, en mi opinión, también les proporciona mayor credibilidad.[27]

Resumiendo, Borg crea un informe «creíble» sobre Jesús (y sobre el cristianismo que fundó) recreando al «Jesús histórico» según la imagen que en los 90 tenemos de un ideólogo políticamente correcto. Jesús fue un visionario y un reformador social radical, movido por una «política de la compasión» para trastornar las estructuras sociales del momento que oprimían a los pobres y a las mujeres. Le vemos como un consumado igualitarista de la Palestina del primer siglo, un iconoclasta dedicado a la reforma de la política pública.[28] Borg ve en la persona pública de Jesús un «espíritu de compasión» del que podemos extraer la aceptación de la homosexualidad y la defensa de los derechos de los gays.[29] Transformando la compasión de Jesús en un paradigma social, Borg sugiere que seguir el ejemplo de Jesús en nuestros días «impone como objetivo inmediato la salud pública universal».[30] También se define a Jesús como un maestro de «la sabiduría que trastorna al mundo», como la que encontramos en los sabios religiosos orientales como Lao-tze o Buda. Su mensaje apuntaba a la transformación espiritual personal mediante experiencias de iluminación espiritual en las que Dios aparece como un ser compasivo, que no juzga.[31] Ésta es la imagen de Jesús, la cual hace que fuera único en sus días y su cultura.[32]

---

[27] *Ibíd.*, página 37.
[28] Ver *ibíd.*, páginas 47-58.
[29] *Ibíd.*, página 59.
[30] *Ibíd.*, página 60.
[31] Ver *ibíd.*, capítulos 4 y 5.
[32] Hace algunas décadas, C. S. Lewis predijo que las nuevas reconstrucciones del «Jesús histórico» seguirían la tendencia de conformarse a las ideologías existentes. Dado que las ideologías son efímeras, lo mismo ocurre con las reconstrucciones del «Jesús histórico», y la consecuencia es que «todos los retratos del «Jesús histórico» no son históricamente

Pero, aunque Jesús fue una figura muy singular, Borg cree que se ha exagerado mucho enfatizando tanto su singularidad como su exclusividad.

> *Jesús es único en el sentido de que no es exactamente como las demás figuras religiosas, pero también son únicos Buda, Mahoma, Lao-tze y, en definitiva, todas las personas del mundo. Pero según el uso cristiano de dicho término, la «exclusividad» de Jesús va unida a la noción de que es la única y verdadera revelación de Dios. Y yo niego esta definición de su exclusividad.*[33]

Dicho de otra manera, cree que no se puede decir que Jesús es el mediador entre Dios y la Humanidad tal como los cristianos han interpretado tradicionalmente el papel de mediador.

> *La noción de que el único hijo de Dios vino a este planeta a ofrecer su vida como sacrificio por los pecados del mundo, que Dios no podía perdonarnos si no era a través de ese sacrificio, y que somos salvos creyendo esta historia, es totalmente increíble... tener que interpretarlo de forma literal, ya es un gran obstáculo para que alguien acepte el mensaje cristiano. Para muchos, no tiene ningún sentido.*[34]

Borg reconoce que en sus tiempos Jesús se convirtió en una figura espiritual casi ideal. Desgraciadamente, sus seguidores le identificaron con Dios mismo. Es en este umbral de la creencia cristiana tradicional donde Borg se detiene y no lo quiere atravesar. Las razones que da son esclarecedoras. De hecho, *tiene poco que ver con las limitaciones de la investigación histórica sobre Jesús, y más con las propias creencias de Borg sobre la naturaleza de Dios.*

¿Por qué para Borg son tan importantes las experiencias religiosas de los demás a la hora de valorar la importancia religiosa de Jesús? Según él, estas experiencias constituyen *nuestro único acceso a la comprensión de la realidad divina.* Sólo podremos valorar la importancia religiosa de personas y acontecimientos concretos, que nos son familiares porque forman parte de la historia, si lo hacemos dentro del marco de esta abierta interpretación del mundo. Borg rechaza de forma explícita que se pueda inferir con seguridad la existencia y naturaleza de Dios a partir de pruebas que están a nuestra disposición. Aún es más; dice que hacer tal cosa no nos permitiría

fiables». Lewis también describió los efectos nocivos –religiosamente hablando– de esta tendencia. Ver C. S. Lewis, *Cartas del diablo a su sobrino* 8ª ed. [Madrid, Ediciones Rialp, 1999 (1942)], Carta XXIII.

[33] Borg, *Meeting Jesus Again*, páginas 44, 45, n. 42.
[34] *Ibíd.*, página 131.

ver todos los detalles de la realidad religiosa. «La sinceridad me obliga a reconocer que las experiencias de lo sagrado no prueban la realidad de Dios (aunque creo que son más interesantes y convincentes que cualquiera de las "pruebas" a favor de la existencia de Dios).»[35]

Desgraciadamente, aunque las experiencias religiosas de diversas personas apuntan a una realidad divina, partir tan sólo de experiencias religiosas no es suficiente para establecer con precisión la naturaleza de la realidad divina. Lo que sucede es que las experiencias religiosas de personas y comunidades diferentes resultan en relatos muy opuestos sobre la realidad religiosa. No obstante, Borg intenta reconstruir un marco de referencia para comprender la naturaleza específica de la realidad religiosa confiando exclusivamente en los datos sacados de tales experiencias. Así, deja a un lado una cantidad de pruebas mucho mayor, también presentadas en la experiencia, que podrían ser relevantes para tener una perspectiva religiosa de la realidad en general, y sobre todo para entender la importancia religiosa de Jesús.

La estrategia de Borg no tiene en cuenta que la gente vive sus experiencias de lo divino (esto es, de la realidad divina putativa) a través de sus propios marcos conceptuales, ni que lo que la gente hace es determinar la importancia o significado específico de tal experiencia religiosa a partir de esos mismos marcos conceptuales. Dos personas pueden encontrarse con la misma realidad en una experiencia religiosa, pero a lo mejor concebirán creencias bien distintas sobre dicha realidad. Esto será debido a las diferencias en las creencias personales sobre la realidad religiosa que cada uno lleva a sus espaldas cuando tiene la experiencia religiosa.[36] Así, la única justificación que una persona puede alegar para explicar las creencias y prejuicios con los que se acerca a esa experiencia está en las convicciones y las experiencias religiosas personales. No obstante, negando el papel de las otras pruebas existentes, Borg excluye una posible justificación de las creencias que la persona ya tiene, que son cruciales para juzgar correctamente el valor y la importancia de la experiencia religiosa.

La cuestión es que, nuestros amplios marcos conceptuales desempeñan un *papel regulador* en las valoraciones que hacemos de la importancia religiosa de Jesús. Cierto es que incluso lo que creemos que se puede o

---

[35] *Ibíd.*, página 38.
[36] Ver Wayne Proudfoot, «Explaining Religious Experience», en *Contemporary Perspectives on Religious Epistemology*, ed. R. Douglas Geivett y Brendan Sweetman (New York, Oxford University Press, 1992), páginass 336-352.

no decir sobre el Jesús histórico está determinado por el concepto que ya tenemos sobre la realidad de Dios, su naturaleza, y su posible relación con el mundo y la experiencia humana. Los naturalistas repudiarán todo suceso relacionado con Jesús y relatado en la Biblia que requiera una explicación sobrenatural. Por ejemplo, el nacimiento virginal, o la resurrección de los muertos serán excluidos *a priori*. En cambio, los teístas sí que estarán dispuestos a considerar estos y otros acontecimientos sobrenaturales si van respaldados por pruebas históricas y fiables. Ya que los marcos conceptuales tienen esta función tan importante, la de desempeñar un papel regulador, debemos tener cuidado a la hora de elegir entre los diversos marcos conceptuales. Como estamos buscando la verdad, deberíamos, en primer lugar, intentar creer la respuesta que sea más razonable por lo que se refiere a temas principales como la existencia de Dios.[37]

En cuanto a este tema, Marcus Borg reconoce la prioridad lógica del debate sobre Dios por encima del debate sobre Jesús. Desdichadamente, en su investigación del debate sobre Dios, se limita a las pruebas que aportan las experiencias religiosas privadas y a los modelos de experiencias religiosas observados en diferentes culturas. Este enfoque deja mucho que desear porque da como resultado una teología conceptualmente vacía. El término *Dios* es tan impreciso que no puede superar a los incompatibles conceptos de Dios de otras tradiciones religiosas. Es difícil ver cómo este concepto podría dar pie a una definición concreta de la naturaleza de Dios, y aún más difícil, de la importancia o significado religioso de Jesús.[38]

La estrategia de Borg es también excesivamente pesimista. Enfatiza que las llamadas «pruebas» a favor de la existencia de Dios no son ni convincentes ni interesantes.[39] De forma errónea hace referencia a la rica tra-

---

[37] No creo que los esquemas conceptuales en sí mismos sean inconmensurables, o que nuestras vidas cognitivas estén controladas por conceptos que operan en nuestros subconscientes. Yo opto por una visión fundacionalista de la percepción; por ejemplo, los contenidos preconceptuales de la experiencia sensorial, que son no proposicionales por lo que no requieren justificación, ofrecen una justificación de los juicios perceptuales. Encontrará defensas contemporáneas de este tipo de posicionamiento en Reinhardt Grossmann, *The Fourth Way: A Theory of Knowledge* (Bloomington, Indiana University Press, 1990); Paul K. Moser, *Knowledge and Evidence* (Cambridge, Cambridge University Press, 1989); y Roderick M. Chisholm, *Theory of Knowledge*, 3ª ed. (Englewood Cliffs, N.J., Prentice Hall, 1989). Muchos creen que la objetividad es imposible en todos los niveles de la investigación, pero creo que esta opinión es exagerada y desalentadora.

[38] Encontrará una crítica sobre el tipo de pluralismo religioso presente en los escritos de Borg en mi artículo «John Hick's Approach to Religious Pluralism», *Proceedings of the Wheaton College Theology Conference* 1 (Spring 1992), páginas 39-55.

[39] Borg, *Meeting Jesus Again*, página 38.

dición de la teología natural. La *Teología natural* denota que hay que hacer una formulación sistemática de las razones que llevan a creer que Dios existe, que tiene una naturaleza concreta, y que tiene una relación con el mundo sin recurrir a textos sagrados. Es ilógico dar a la teología natural tanta o más importancia que a las teologías asociadas con pruebas deductivas y rigurosas a favor de la existencia de Dios, tal como hace Borg. Lo que hace el modelo de la teología natural no es buscar «pruebas» a favor de la existencia de Dios, sino realizar inferencias sobre la realidad de Dios, que es la mejor explicación de un diverso y amplio abanico de fenómenos, que incluyen el origen del universo, los innumerables ejemplos de diseño que hay en él, la presencia de personas finitas en el Universo y su naturaleza espiritual, la capacidad del lenguaje y de la autodeterminación, etcétera.

La experiencia religiosa putativa solo es uno de tantos otros tipos de fenómeno que aún no han encontrado una explicación. El teólogo natural mantiene que la explicación de estos fenómenos está en la actividad y objetivos de un creador personal del universo. Además, el grado de riqueza de detalles sobre una concepción adecuada del ser del Creador es proporcional a la cantidad de datos que se investiguen a la luz de esta explicación. Es decir, cuantos más fenómenos se puedan explicar confiriéndole atributos e intereses específicos, más precisa será nuestra concepción de la naturaleza de Dios.[40]

---

[40] Caroline Franks Davis describe una forma de ver el papel de la experiencia religiosa como parte de una defensa exhaustiva del teísmo, que incluye una amplia gama de teología natural (*The Evidential Force of Religious Experience* [Oxford, Clarendon, 1989], páginas 239-250). Incluso William P. Alston, un filósofo conocido por enfatizar el valor cognitivo de la experiencia religiosa, reconoce el valor de la teología natural para reforzar la justificación de la fe cristiana: «El cristiano puede recurrir a la teología natural para obtener razones metafísicas que apuntan a la posibilidad del teísmo; también, en el campo de las religiones teístas, dice que las evidencias históricas respaldan más los reclamos del cristianismo que los de las otras religiones teístas (…) Creo que hay muchas posibilidades de respaldar una metafísica teísta, y que una de las formas de hacerlo es recomendando las "evidencias del cristianismo"» (Alston, *Perceiving God: The Epistemology of Religious Experience* [Ithaca, N.Y., Cornell University Press, 1991], página 270).

Y William J. Wainwright, otro defensor del valor de la experiencia religiosa a la hora de justificar la creencia propia, escribe que «si existen evidencias independientes (de una experiencia religiosa) para respaldar la existencia de Dios o de otras realidades sobrenaturales, el argumento a favor de la validez cognitiva de la experiencia religiosa es aún más poderoso» (*Philosophy of Religion* [Belmont, Calif., Wadsworth, 1988], página 128). El filósofo británico Richard Swinburne es muy claro sobre la importancia de relacionar la experiencia religiosa con el marco más amplio de la teología natural (ver *The Existence of God* [Oxford, Clarendon, 1979]).

No podemos dar más importancia ni seguir desarrollando el argumento que acabo de dar. La manera en la que uno interpreta a la persona de Jesús depende fundamentalmente de la interpretación que uno haga de la existencia y naturaleza de Dios.

El debate sobre Jesús y la realidad de Dios [41]

Marcus Borg sostiene que el mensaje de Jesús «no decía que se creyera en él», pero no niega que la Biblia represente a un Jesús que esperaba que la gente creyera en él. Simplemente afirma que hay discrepancia entre el mensaje que se le atribuye en los evangelios, y el verdadero mensaje de Jesús.[42] Pero todo el que crea que la Biblia es un documento de conocimiento religioso fiable llega a la conclusión de que creer en Jesucristo es el requisito básico para ser aprobado por Dios. (Trataremos más este tema en el próximo apartado). Una respuesta afirmativa al debate de Jesús presupone que la Biblia es un documento de conocimiento histórico fiable sobre el mundo espiritual. Por lo tanto, debemos ver que es racional creer que Dios ha preparado la salvación del ser humano tal como la Biblia lo describe.

En este apartado consideraremos las pruebas a favor de la existencia de Dios y del modelo general de la actividad divina que encontramos en la esfera de la realidad creada, incluyendo tanto el mundo natural de los objetos físicos como el reino intangible de lo espiritual. Demostraré que estas pruebas revelan a un Dios de dimensiones personales que preparó la creación de la humanidad y que, por lo tanto, es normal que trate de forma concreta las características más oscuras de la condición humana en las que la intervención divina es necesaria.[43]

Para ver si la afirmación de que Jesús es el único camino tiene sentido habrá que ver si es racional creer que hay un creador del universo benévolo, sabio y personal al que le debemos nuestra existencia como personas, y que está interesado en la condición humana. Si cabe esperar una solución para el problema humano, es porque

---

[41] El material de este apartado es paralelo al material que he escrito para el libro *Religious Pluralism, Four Views*, ed. Timothy L. Phillips y Dennis R. Okholm (Grand Rapids, Zondervan, 1995).

[42] Borg, *Meeting Jesus Again*, página 29.

[43] Como esta evidencia habla de la forma en que Dios actúa por el bien de los seres humanos más allá de lo que la Biblia enseña, para referirse a este tipo de evidencia, muchos teólogos usan la frase «revelación general».

hay buenas razones para pensar que hay un Dios lo suficientemente poderoso y compasivo como para darnos la solución.

La búsqueda religiosa

¿Qué pruebas hay que demuestren que hay un Dios, que se preocupa por sus criaturas, y que tiene un plan para cubrir nuestras necesidades y aspiraciones más profundas?

Empezaremos considerando qué es lo primero que nos empuja a iniciar una investigación religiosa.

Por regla general, iniciamos la búsqueda religiosa debido al deseo natural de encontrar el sentido de la existencia humana dentro del amplio marco de la realidad. Este deseo se manifiesta de diferentes maneras. A veces simplemente tenemos curiosidad por conocer un significado más amplio de la vida. Otras, nos vemos perseguidos por las preguntas sin respuesta y estamos impacientes por encontrar las piezas que nos faltan para completar el puzzle de la vida. Y otras veces, cuando experimentamos las características desastrosas de este mundo, nos quedamos casi paralizados ante las paradojas de nuestra existencia.

Veamos esta muestra de preocupaciones triviales que tenemos los humanos. Somos criaturas morales con deberes morales hacia los demás, pero no entendemos cuál es la fuente de la autoridad que la moral tiene sobre nuestras vidas, dudamos de nuestros propios juicios sobre lo que es correcto o incorrecto y, curiosamente, nos vemos incapaces de practicar nuestra moralidad de forma coherente.

Aunque sabemos de la brevedad de la vida, y algunos incluso hacen buen alarde de aceptar la finitud de nuestra existencia, todos tenemos un inevitable y misterioso anhelo de trascendencia. Podemos decir con Woody Allen: «No es que tenga miedo a morir; simplemente, no quiero estar presente cuando ocurra». Reflexionamos sin llegar a ninguna conclusión sobre el significado cósmico y personal de los tantos males de la experiencia humana. Y nos sorprendemos de ver que los peores impulsos humanos merodean en el lugar más desagradable: en lo más oculto de nuestros corazones. Aunque tengamos suerte y logremos escapar de las grandes desgracias de la vida (guerras, hambre, plagas, etcétera), nos corroe la monotonía que acompaña a la vida de relativo bienestar y comodidad, lo que nos hace volver a la rueda de la búsqueda del significado de la vida.

El origen del universo

Bajo la presión de la preocupación universal de encontrar cuál es la razón de nuestra existencia, nuestra atención se dirige al todo del que somos parte, es decir, el universo, y nos preguntamos: ¿Cómo explicar el sorprendente diseño (tanto biológicamente como en tantos otros sentidos) que vemos a nuestro alrededor? ¿Hay alguna manera de saber cuál es el origen último de las cosas?

El Universo tuvo que tener un principio.[44] Muchos científicos creen que éste explotó con un gran ¡big bang! dando paso abruptamente a la existencia, y que de la misma manera podría dejar de existir en un momento dado en el futuro. Los avances de la astronomía de los últimos años dejan bastante claro que el universo tiene una duración finita. La observación de la mutación roja de las galaxias lejanas, que indican que el universo se está expandiendo, juntamente con el descubrimiento de la radiación ya existente, ha hecho pensar a muchos cosmólogos en la existencia de un estado primitivo del universo que es infinitamente denso. Además, como el ritmo de expansión continúa disminuyendo, parece ser que el universo se originó en un lejano pasado finito, hace aproximadamente dieciséis o veinte mil millones de años.

Algunos han rechazado la idea de que el universo tiene un comienzo, en parte por las implicaciones religiosas de la hipótesis del big bang y en parte por la falibilidad de las teorías científicas. Pero hay otros datos que indican que el universo no puede haber existido siempre. Pensemos que el universo es una serie de acontecimientos ordenados en una secuencia temporal. Y pensemos que la publicación de este libro, *Jesús bajo sospecha*, es un acontecimiento reciente de la larga cadena de acontecimientos que forman la historia del universo. Ahora bien, si el universo ha existido siempre y si el tiempo no tiene un principio sino que se remonta a un pasado infinito, entonces no existe un primer acontecimiento en la cadena que forma la historia del universo. Esto significa que antes de la publicación de este libro ha ocurrido un número infinito de acontecimientos.

Resulta un poco extraño ¿no?, ya que si tuviera que haber tenido lugar una infinidad de acontecimientos antes de la publicación del libro, nunca se habría publicado, y usted no estaría leyéndolo ahora mismo. Pero como es obvio que usted está leyendo el libro, todos los acontecimientos que

---

[44] Al usar el vocablo *universo* quiero decir las galaxias, estrellas y otros cuerpos que conforman la realidad física.

han tenido que pasar antes de que usted empezara a leerlo tienen que haber tenido lugar. Entonces, parece que podemos ponerle punto y final a la idea de lo infinito, a la idea de que hay una secuencia infinita de acontecimientos anteriores a la publicación de este libro que forman el total de la historia del universo. La fecha de publicación del libro es un límite absoluto sobre la secuencia de acontecimientos que tenían que ocurrir antes de que el libro fuera publicado. Pero una infinidad de acontecimientos, organizados en una secuencia temporal, no puede tener límite.

Es difícil evitar llegar a la conclusión de que el número de acontecimientos que forman la historia del universo no es después de todo infinito, sino finito. *Y si la serie temporal completa es finita, entonces el universo tiene un principio*, un principio comienza con el primero de una serie finita de acontecimientos que forman el total de la historia del universo, independientemente de si ese acontecimiento tuvo la forma de *big bang* o no.[45]

Si el universo tuvo un principio, este tuvo que tener una causa, puesto que todos los acontecimientos que consisten en la creación o aparición de un objeto tienen una causa. No se puede argüir que el primer acontecimiento del universo pudo ser una excepción. Un acontecimiento sin causa es un hecho crudo que, simplemente, no tiene explicación. Las dos opciones que tenemos son buscar la causa del origen del universo, o concluir que no hay ninguna causa. Pero, ¿cómo vamos a preferir optar por la no-explicación si hay una explicación a disposición de todo el mundo?

Alguien puede decir que el primer suceso de una secuencia causal no necesita una causa porque no puede tenerla, ya que la única cosa que podría ser una causa sería un suceso anterior, y ningún suceso anterior puede preceder al primer suceso de una secuencia. Este argumento tampoco es válido, porque la cadena de acontecimientos físicos del universo no es la única cadena causal con un primer suceso. Las secuencias causales se crean de forma normal y sin esfuerzo cada vez que un agente humano realiza un acto voluntario. Sabemos que somos agentes con voluntad propia de

---

[45] Este tipo de argumento ha recibido el nombre de «argumento cosmológico *kalam* en defensa de la existencia de Dios». William Lane Craig expone y defiende este argumento en *The Kalam Cosmological Argument* (London, Macmillan, 1979); William Lane Craig y Quentin Smith, *Theism, Atheism, and Big Bang Cosmology* (Oxford, Clarendon, 1993); R. Douglas Geivett, *Evil and the Evidence for God* (Philadelphia, Temple Universtiy Press, 1993), cap. 6; y J. P. Moreland, *Scaling the Secular City* (Gran Rapids, Baker, 1987), cap. 1. Ver también Dallas Willard, «The Three-Stage Argument for the Existence of God», en *Contemporary Perspectives on Religious Epistemology*, ed. R. Douglas Geivett y Brendan Sweetman (New York, Oxford University Press, 1992), páginas 212-224.

forma directa e introspectiva, y el conocimiento de nuestra libertad va de la mano del conocimiento de la realidad de la «causa primera» o «causa agente».[46]

Esta es una consideración importante, ya que ahora nos encontramos ante la posición de ver qué tipo de causa es la responsable del origen del universo: ha de ser un agente de orden personal, y, sin embargo, de mayor grandeza que las personas humanas. Y este agente deber ser una persona de un enorme poder y medios porque habría creado el indescriptible espectáculo de nuestro universo ¡sin utilizar ningún material físico! Aunque haya muchas más cosas que sean verdad sobre el Creador, sin duda alguna esto ya es suficiente para que lo podamos llamar Dios.

Si nuestro primer interrogante, la razón de la existencia humana, nos lleva a una consciencia de la existencia de Dios, querremos saber todo lo que podamos sobre Dios. El hecho de que debemos nuestra existencia a un Creador personal tan poderoso puede causar en nosotros, bien una gran preocupación, o una gran expectación, dado que nuestras vidas están dentro de un contexto cuyas condiciones iniciales fueron establecidas por el Creador del universo. Como dijo el apóstol Pablo a los atenienses en el areópago: «Porque en él vivimos, y nos movemos, y somos; como algunos de vuestros propios poetas han dicho: Porque linaje suyo somos» (Hechos 17:28). Aunque no seamos impotentes, sí somos vulnerables. Como lo que creamos sobre nuestro origen está condicionado por los parámetros y ordenación de la realidad establecida por nuestro Creador, da igual que prefiramos que todo esté organizado de otra manera. Seguro que lo mejor es que deseemos saber, conocer la verdadera realidad para poder organizar nuestras vidas de una manera realista.

La estructura de la existencia humana

Así, es instructivo acercarnos a la existencia humana sabiendo que depende de Dios desde el principio. Prestaremos atención a dos dimensiones de nuestra existencia: los parámetros *físicos* y los *no físicos*.

---

[46] Ver Roderick Chisholm, que desarrolla más esta idea, en «Human Freedom and the Self», en *Free Will*, ed. Gary Watson (Oxford, Oxford University Press, 1982); Roderick Chisholm, *On Metaphysics* (Minneapolis, University of Minnesota Press, 1989), páginas 3-15; Geivett, *Evil and the Evidence for God*, páginas 114-22; Steward C. Goetz, «A Noncasual Theory of Agency», *Philosophy and Phenomenological Research* 44 (Diciembre 1988), páginas 303-316; William L. Rowe, *Thomas Reid on Freedom and Morality* (Ithaca, N.Y., Cornell University Press, 1991); y William L. Rowe, «Two Concepts of Freedom», *Proceedings of the American Philosophical Association* 61, supp. (Septiembre 1981), páginas 43-64.

Cuando analizamos los parámetros físicos de nuestras vidas, vemos que el universo es una gran confluencia de elementos para conservar la vida. Si las condiciones de nuestro universo no fueran las que son, dando un margen pequeñísimo de flexibilidad, no habría ningún tipo de vida en el universo. Así, mientras que el universo actual es un hábitat adecuado para los humanos y otras formas de vida, la probabilidad de que ya existiera un universo así es muy pequeña.[47] La confluencia de las llamadas «constantes cósmicas» es muy improbable dado que el universo no carece ni de una causa ni de un diseño; es menos improbable aún si partimos de que le debemos nuestra existencia a un Creador que nos la ha regalado. Si, por otro lado, nuestras vidas son especiales y lo que las convierte en especiales no tiene nada que ver con las condiciones físicas en las que nuestras vidas toman forma, entonces la buena marcha de la vida humana depende también del Creador. Esto supone un alivio considerable, ya que nos ofrece una pista importante sobre las buenas intenciones del Creador para con los humanos. Nuestros cuerpos nos sitúan en un mundo físico de una complejidad sorprendente, *ordenada según parece por su Creador con el objetivo de nuestro bienestar físico.*

Pero somos más que simples cuerpos. También somos seres espirituales. Tenemos voluntad propia, pensamos, sentimos, nuestras actuaciones pueden ser buenas o vergonzosas, etcétera. Cualquier intento de reducir estos tipos de acontecimientos mentales a procesos físicos que tienen lugar en alguna parte de nuestros cuerpos (presumiblemente entre las orejas) es inverosímil. Somos directamente conscientes de nuestros propios estados mentales de un modo en el que los demás no lo pueden ser. Por ejemplo, aunque mi mujer sepa lo que estoy pensando en un momento determinado, seguro que no lo entiende o concibe de la misma manera que yo. Se tiene que fiar de lo que le digo, o averiguar lo que pienso sobre la base de las pruebas que puede observar y la experiencia pasada. Y lo único que yo tengo que hacer es una introspección, o «mirar hacia adentro». Además, hay más posibilidades de que mi mujer se equivoque sobre lo que estoy pensando, que de que yo me equivoque sobre lo que yo mismo

---

[47] Esta declaración apela a lo que los filósofos llaman «el principio antrópico». John D. Barrow y Frank J. Tipler han escrito más sobre este principio en *The Anthropic Cosmological Principle* (New York, Oxford University Press, 1986); M. A. Corey, *God and the New Cosmology: The Anthropic Design Argument* (Lanham, Md., Rowman & Littlefield, 1993); John Leslie, *Universes* (London, Routledge, 1989); y Hugh Ross, «Astronomical Evidence for a Personal, Trascendent God», *The Creation Hypothesis: Scientific Evidence for an Intelligent Designer*, ed. J. P. Moreland (Downers Grove, Ill., InterVarsity Press, 1994), páginas 141-172.

estoy pensando (aunque ella tiene una habilidad espantosa para percibir lo que pienso).

El fenómeno de que el acceso a nuestros propios estados mentales sea privado es muy significativo. Sabemos muy poco sobre el cerebro y sus poderes. Pero supongamos que ahora tuviéramos un conocimiento científico total sobre el cerebro y el sistema nervioso central. Si un científico cognitivo desarrollara una descripción de los estados mentales de una persona, y si esto no coincidiera con lo que la persona por otro lado nos contara, ¿qué descripción de los estados mentales de esta persona deberíamos revisar? ¿La del científico, o la que nos ha proporcionado la persona en cuestión? La segunda tendría más autoridad, sin duda alguna. La descripción hecha por la persona misma funciona para poner a prueba la precisión de la descripción del científico. Si el paciente de forma sincera dice tener una sensación visual del color azul, sería ridículo que un experto en el cerebro insistiera en que el paciente se equivoca simplemente porque lo que dice no coincide con lo que le dice la observación de los acontecimientos físicos que han tenido lugar en el cerebro de su paciente. Así que aunque tuviéramos una ciencia completa o casi completa del cerebro, de lo que aún estamos muy lejos, el acceso privado de la propia persona a sus estados mentales requeriría una explicación no física. En mi opinión, esto prueba que, aparte de nuestros cuerpos físicos, poseemos mentes que son sustancialmente no materiales.[48]

Ahora bien, entre los fenómenos de nuestras vidas mentales hay deseos varios. Algunos de ellos son espirituales. Como C. S. Lewis observó: «si tengo un deseo que ninguna experiencia de este mundo puede satisfacer, la explicación más lógica es que fui hecho para vivir en otro mundo».[49]

El problema es que no poseemos un conocimiento directo de cómo conseguir el pasaporte para ese otro mundo. Así que experimentamos un deseo natural de realizarnos como personas, pero vemos que por nuestros propios medios no podemos cumplir ese deseo. Otros deseos pueden incluir el de ser buena persona, la inmortalidad, estar a bien con todas

---

[48] Más información sobre estos temas en W.S. Anglin, *Free Will and the Christian Faith* (Oxford, Clarendon, 1990); Richard Swinburne, *The Evolution of the Soul* (Oxford, Clarendon, 1986); J. P. Moreland y Gary R. Habermas, *Immortality: The Other Side of Death* (Nashville, Thomas Nelson, 1992). Ver Paul J. Griffiths, que hace una comparación entre la forma en que el cristianismo y el budismo ven la naturaleza del «yo», que ilustra el significado religioso de las diferencias en la metafísica de la persona: *Apology for Apologetics, A Study in the Logic of Interreligious Dialogue* (Maryknoll, N.Y., Orbis, 1991), páginas 85-108.

[49] C. S. Lewis, *Mero Cristianismo* (Madrid, Ediciones Rialp, 1995 [1942]).

o casi todas las personas, y el deseo de poder conocer a otros de forma íntima. Muchas personas aspiran a saber quién es la Persona a la que le debemos la existencia. Pero, sin embargo, estamos separados de nuestro Creador.

La proliferación de opciones religiosas es testimonio de que todos los humanos anhelan encontrar un significado estableciendo contacto con la realidad religiosa máxima. Pero esta diversidad señala que hay algo que no funciona. Es imposible localizar un modelo coherente entre las innumerables estrategias que los humanos hemos inventado para intentar estar satisfechos espiritualmente. Esta triste y larga historia de actividad religiosa sugiere que las condiciones para una satisfacción espiritual genuina deben ser establecidas por nuestro Creador y comunicadas a sus criaturas de forma accesible y convincente.

Pero no tenemos por qué estar separados de Dios, ya que tanto Dios como nosotros somos personas. Y como personas, nosotros y Dios tenemos el potencial de entablar una relación intersubjetiva. Incluso parece ser que los humanos tienen capacidades para tener una relación intersubjetiva que va más allá de las capacidades necesarias para las relaciones íntimas entre seres humanos. Aunque tengamos muchas relaciones con seres humanos, en nuestras almas siempre queda un vacío que solo podrá ser llenado por Dios. El hecho de que Dios y nosotros seamos personas sugiere que puede ser que haya ciertas condiciones, características de las relaciones personales en general, que tengamos que tener en cuenta a la hora de relacionarnos con Dios. Cuando entre dos seres humanos hay una buena relación interpersonal, es porque esas dos personas se han abierto con sinceridad la una a la otra.

Pero la separación que muchos ven entre ellos mismos y Dios presenta una característica que llama la atención. Se sienten como si fueran extraños para Dios. El término *separación* es perfecto porque apunta al deterioro de una relación anterior, una interrupción de la comunión que antes había entre los humanos y Dios. Se trata de una alienación que toma forma en la desaparición de una relación que fue creada para existir, y que una vez existió. Así, el deseo humano de conocer a Dios puede ser muy ambivalente. Pero el deseo de conocer a Dios incluye igualmente el deseo de entender la causa de la separación y las condiciones para la reconciliación. Estas serán tanto las condiciones que tiene que cumplir Dios, como las que tienen que cumplir los humanos. En esta situación, Dios ocupa una situación superior: conoce y determina las condiciones necesarias para la reconciliación. Así que nuestra confianza en estas condiciones para la reconciliación dependerá de la iniciativa que Dios tome para revelárnoslas.[50]

Por otro lado, como personas que somos, una relación personal genuina con Dios no puede depender simplemente de Dios. Como decía William P. Alston, el diálogo entre Dios y los seres humanos, como todo diálogo genuino, «requiere dos participantes independientes, ninguno de los cuales controla totalmente la respuesta del otro».[51] Los seres humanos tienen un cierto grado de responsabilidad.

Esta responsabilidad incluye la manera en la que buscamos a Dios o dejamos que Él nos encuentre. No podemos empezar a investigar la voluntad de Dios de revelarse y de revelar sus propósitos de forma concreta y particular sin antes ver qué pruebas hay de la autenticidad de la llamada revelación divina, incluso si la búsqueda de una *verdad en particular* resulta escandalosa para los efímeros estándares de nuestra época. No se puede acusar a Dios de esconderse de nosotros si antes no se ha intentado buscarle de forma sincera y adecuada, o si siempre se ha insistido en prescribirle las condiciones bajo las cuales nosotros creemos que se debería haber revelado.[52]

Concluimos, pues, que debería haber una revelación específica de parte de Dios, una revelación que respondiera a las necesidades de la condición humana. Cualquier religión que no ofrezca la esperanza de que Dios se ha revelado pronunciando el diagnóstico y ofreciendo el remedio para el problema de la humanidad es excesivamente pesimista. En tal caso, la posibilidad de una revelación concreta de parte de Dios no puede descartarse *a priori*. Y antes de empezar la tarea de evaluar otras opciones

---

[50] Encontrará más información sobre las implicaciones religiosas de la estructura del alma y de los deseos del corazón humano en Dallas Willard, *The Spirit of the Disciples: Understanding How God Changes Lives* (San Francisco, Harper &Row, 1988); C. Stephen Evans, *Existentialism, The Philosophy of Despair and the Quest for Hope* (Grand Rapids, Zondervan, 1984); James Houston, *The Heart of Desire: A Guide to Personal Fulfillment* (Oxford, Lion, 1992); Peter Kreeft, *Heaven, The Heart's Deepest Longing* (San Francisco, Ignatius, 1989); Calvin Miller, *A Hunger for Meaning* (Downers Grove, Ill., InterVarsity Press, 1984); y Rebecca Manley Pippert, *Hope Has Its Reasons, Surprised by Faith in a Broken World* (San Francisco, Harper & Row, 1989).

[51] William P. Alston, *Divine Nature and Human Language, Essays in Philosophical Theology* (Ithaca, N.Y., Cornell University Press, 1989), página 148.

[52] Creo que esto proporciona una primera respuesta a aquellos que dicen que si el teísmo fuese verdad, la existencia de Dios sería más evidente de lo que lo es. Ver, por ejemplo, Theodore M. Drange, «The Argument from Non-Belief», *Religious Studies* 29 (1993), 417-32, y J. L. Schellenberg, *Divine Hiddenness and Human Reason* (Ithaca, N.Y., Cornell University Press, 1993).

religiosas, ya contamos con criterios justificados racionalmente que nos permiten ser responsables y serios en la elaboración de esta tarea.

La revelación de Dios

Resta ahora la cuestión sobre si Dios ha provisto de una revelación concreta y particular. La mejor manera de analizar el tema podría ser examinar en orden cronológico las diferentes supuestas revelaciones por parte de Dios, y ver cómo cada una de ellas responde a las necesidades y al problema humanos, y ver qué pruebas las respaldan.[53]

Los tres criterios siguientes sirven para evaluar estas revelaciones específicas. En primer lugar, la revelación en cuestión tiene que ser compatible con lo que ha sido revelado sobre Dios por otras fuentes diferentes a las de esa revelación. Es decir, no deberíamos aceptar a un Jesús que dice ser el único camino si esto se contradice con un Dios personal, un Creador trascendente del Universo que se preocupa tanto por sus criaturas humanas que quiere rescatarlos de la ignorancia espiritual y de la destrucción. En segundo lugar, la revelación debe recoger un mensaje que cubra las necesidades humanas de las que hemos hablado y que nos han dado pie a pensar que debe haber una revelación divina. Debería ser una evaluación realista del problema humano y ofrecer un remedio con un diagnóstico verosímil. Y, en tercer lugar, la revelación debería ser, si es posible, corroborada por señales externas (como milagros) que determinarán que verdaderamente procede de Dios.[54]

Según estos tres criterios, *la revelación cristiana es, de todas las opciones, la que cuenta con el mayor apoyo*. Primero, en las Escrituras cristianas Dios es presentado como el Creador personal del universo, un ser de gran poder

---

[53] Recordemos que, en general, los teístas se han definido a sí mismos como «la gente del Libro». Es decir, han abrazado alguna forma de revelación escrita. Los judíos ortodoxos creen que las Escrituras hebreas son las únicas que están inspiradas. Según la tradición islámica, Dios o Alá reveló su palabra al profeta Mahoma, quien escribió el Corán. Y para los cristianos la única autoridad divina es la de los dos Testamentos que conforman la Biblia. No es muy común encontrar teístas que no crean en una revelación divina especial.

[54] Como hemos dicho en la nota al pie anterior, los diversos teísmos se diferencian porque aceptan fuentes de revelación divina diferentes. Así que para ver la validez de una fuente sobre la otra, los milagros son una evidencia muy importante. Richard Swinburne habla de la importancia de los milagros en la corroboración de si las fuentes son inspiradas o no en *Revelation: From Metaphor to Analogy* (Oxford, Clarendon, 1992), caps. 5 y 6, y R. Douglas Geivett, «The Interface of Theism and Christianity in a Two-Step Apologetic», en *Ratio: Essays in Christian Thought* 1 (Autumn 1993), páginas 211-230. Ver también, *Free Will and the Christian Faith*, páginas 186-208.

e inteligencia, que tiene un interés sincero en lo que ocurre en el universo y expresa un interés especial por las personas finitas que habitan nuestra parte del universo. Así, las presuposiciones metafísicas básicas de la Biblia encajan perfectamente con nuestra investigación del origen del universo y con el perfil de la existencia humana.

En segundo lugar, ¿qué diremos sobre la esperanza de que Dios tiene buenas noticias para los seres humanos? Si analizamos otras tradiciones religiosas, es difícil encontrar una noticia mejor que la que encontramos en el Evangelio de Jesucristo.[55] Primero vemos que el pronóstico de la naturaleza concreta de nuestro problema humano es un pronóstico sin precedentes: nos hemos rebelado contra Dios. La originalidad y exclusividad del cristianismo en este punto es, más que una carga, una virtud positiva. En vista de la necesidad de la condición humana de recibir un diagnóstico concreto, al igual que un remedio satisfactorio, podemos explicar lo que hay detrás de las formas de pluralismo religioso: la propensión humana a esconderse del Dios contra el que nos hemos rebelado. Luego, vemos que la iniciativa misericordiosa de Dios soluciona nuestro problema humano, la cual se concreta en la incomparable encarnación de Dios en Jesucristo, su muerte expiatoria a favor de los seres humanos que han pecado contra Dios, y su resurrección a la nueva vida como garantía de la felicidad eterna para todos los que creen en Jesucristo.

En tercer lugar, la verdad de estas buenas noticias se ve confirmada por los milagros probados históricamente, especialmente la resurrección de Jesucristo.[56] Según las pruebas históricas más fiables, tenemos no menos de cuatro documentos fiables (los evangelios del Nuevo Testamento) que contienen los acontecimientos más importantes de la vida de Jesús y su comprensión de su identidad divina. Como dice William Lane Craig en su capítulo, la resurrección de Jesús está respaldada por las pruebas históricas de que el sepulcro de Jesús fue encontrado vacío unos días después de su entierro, y porque después de su muerte y entierro, Jesús se apareció vivo y en el cuerpo a sus discípulos y a otros durante un período de unos cuarenta días. La resurrección también está respaldada por la gran improbabilidad del génesis de la Iglesia primitiva unas semanas después de la vergonzosa muerte de Jesús. Son pocas las tradiciones religiosas que

---

[55] El término *evangelio* significa simplemente «buenas noticias».

[56] Los milagros del cristianismo sirven, al menos, para dos propósitos: hacen que la gente preste más atención al reclamo de la revelación cristiana de ser la única y verdadera, y corroboran que sí es la única y verdadera revelación.

pueden retroceder en la Historia hasta sus inicios con tanta exactitud como el cristianismo, y el cristianismo no tendría ningún valor si se tratara sólo de un mito, es decir, si los acontecimientos que sirven de marco a la vida, muerte y resurrección de Jesús no fueran históricamente fiables.

Queda aún un detalle sobre la revelación cristiana. La Biblia es la revelación divina permanente en forma escrita. Jesucristo, que dijo ser Dios y lo demostró resucitando de los muertos (ver Romanos 1:4), también corroboró la autoridad divina de las Escrituras cristianas.[57] Dado que el mismo Jesús da fe del origen divino de las Escrituras, los cristianos en la actualidad pueden tomar la Biblia como una fuente de conocimiento religioso. Ahora nos centraremos en lo que la Biblia dice sobre la salvación que Dios ha provisto, y de las condiciones de esta salvación.

El debate sobre Jesús y la Biblia

En uno de los primeros documentos de la Iglesia cristiana, el apóstol Pablo anunció que «la palabra de la cruz es locura a los que se pierden, pero a los que se salvan, esto es, a nosotros, es poder de Dios» (1ª Corintios 1:18). Este pasaje indica cuál es la naturaleza y el objetivo de la iniciativa que Dios toma para tratar la condición humana. «Salvación» quiere decir reconciliarse con Dios, y el agente de la reconciliación entre Dios y sus criaturas es Jesucristo (2ª Corintios 5:18, 19; 1ª Timoteo 2:3-6).

Jesús también lo entendía de la misma manera: «Yo soy el camino, y la verdad, y la vida, nadie viene al Padre, sino por mí» (Juan 14:6). Aquí Jesús dice ser, sin duda alguna, el único medio para poder tener una relación filial con Dios.[58] Es imposible imaginar una relación más íntima con Dios que la de tenerlo como Padre. Pero uno solamente se puede acercar a Dios en esos términos a través de Jesucristo. El apóstol Juan escribió que a aquellos que creen en el nombre de Jesús se les da el privilegio de ser hijos de Dios (Juan 1:12), lo que supone un nuevo nacimiento. Y este nuevo nacimiento lleva a la «vida eterna».

[57] Ver John W. Wenham, *Christ and the Bible* (Downers Grove, Ill., InterVarsity Press, 1972), y Bernard Ramm, *Special Revelation and the Word of God* (Gran Rapids, Eerdmans, 1961), páginas 110, 111, 115-118. Sobre el concepto de «revelación escrita», ver Paul Helm, *The Divine Revelation* (Westchester, Ill: Crossway, 1982), páginas 21-27; Leon Morris, *I Believe in Divine Revelation* (Grand Rapids, Eerdmans, 1976), páginas 113-118; y Ronald H. Nash, *The Word of God and the Mind of Man* (Grand Rapids, Zondervan, 1982), páginas 35-54.

[58] Ver el capítulo 1 de Craig Blomberg, donde habla de la fiabilidad del retrato de Jesús en el evangelio de Juan.

Jesús fue claro en cuanto a las condiciones necesarias para obtener la vida eterna:

> *Porque de tal manera amó Dios al mundo, que ha dado a su Hijo unigénito, para que todo aquel que en él cree, no se pierda, mas tenga vida eterna (...) El que en él cree, no es condenado; pero el que no cree, ya ha sido condenado, porque no ha creído en el nombre del unigénito Hijo de Dios. (Juan 3:16, 18)*

Dicho de otro modo, el rechazo de las condiciones establecidas por Dios para la salvación imposibilita el tipo de relación con Dios que es posible sólo a través de Jesucristo.

En la misma ocasión en la que Jesús dijo ser el único camino, verdad y vida, unió estas declaraciones al hecho de que los que le escuchaban ya creían en Dios, y así, dijo: «Creéis en Dios, creed también en mí» (Juan 14:1). Esto nos demuestra que el mismo Jesús tenía claro la prioridad lógica del debate sobre Dios por encima del debate sobre Jesús. De hecho, estaba diciendo: «Para entender quién soy, primero tenéis que entender quién es Dios; y si creéis de forma correcta en Dios, creeréis también en mí, ya que entonces veréis la relación natural que hay entre nosotros».

En otra ocasión, Jesús dijo: «Yo y el Padre uno somos» (Juan 10:30). Esperaba que la gente reconociera la naturaleza divina de su mensaje y sus hechos al ver los milagros que realizaba: «Las obras que el Padre me dio para que cumpliese, las mismas obras que yo hago, dan testimonio mí, que el Padre me ha enviado» (Juan 5:36; Mateo 11:2-6). Los milagros sí que causaban este efecto en la gente. Cuando la élite religiosa de Palestina cuestionó la autoridad de Jesús para perdonar los pecados del paralítico –algo que sólo podía hacer Dios– Jesús sanó al hombre de su parálisis. Sorprendidos, los testigos glorificaron a Dios reconociendo así la relación entre Jesús y Dios (Marcos 2:1-12).

Y esta es la reacción típica de los que veían a Jesús. Más adelante, el día de Pentecostés, Pedro sabía que podía mencionar una larga lista de milagros que Jesús había hecho para recordar a los que le escuchaban que la mano de Dios estaba en la autoridad de Jesús: «Varones israelitas, oíd estas palabras: Jesús nazareno, varón aprobado por Dios entre vosotros con las maravillas, prodigios y señales que Dios hizo entre vosotros por medio de él, como vosotros mismos sabéis» (Hechos 2:22).[59]

---

[59] Los mensajeros que venían después confirmaban que tenían información sobre Jesús de primera mano haciendo milagros ellos mismos. Es decir, el mensaje cristiano sobre

Desde el principio, los allegados a Jesús en los primeros períodos de su vida subrayaban la importancia de creer en él. Después de pasar todo un día evangelizando y una noche en la cárcel por haber ofendido a la élite religiosa con el evangelio cristiano, Pedro resume su mensaje con estas palabras, palabras que definen muy bien el cristianismo: «Y en ningún otro hay salvación; porque no hay otro nombre bajo el cielo, dado a los hombres, en quien podamos ser salvos» (Hechos 4:12). Por esta razón a los miembros de la iglesia primitiva se les empezó a llamar «cristianos» (ver 11:26).

En aquellos tiempos, al cristianismo también se le llamó El Camino (ver Hechos 9:2; 19:9, 23). Cualquier otro camino era un camino sin salida, sin porvenir, y cualquier otro dios, un impostor.

> *Sabemos que un ídolo nada es en el mundo, y que no hay más que un Dios. Pues aunque haya algunos que se llamen dioses, sea en el cielo, o en la tierra (como hay muchos «dioses» y muchos «señores»), para nosotros, sin embargo, sólo hay un Dios, el Padre, del cual proceden todas las cosas, y nosotros somos para él; y un Señor, Jesucristo, por medio del cual son todas las cosas, y nosotros (vivimos) por medio de él.*
>
> *Pero no en todos hay este conocimiento; porque algunos (aún están) habituados a los ídolos (1ª Corintios 8:4-7a).*

En este apartado hemos intentado ilustrar la manera en que la importancia religiosa de Jesús aparece en la Biblia. Desde las palabras del mismo Jesús hasta los milagros que hizo, pasando por el efecto que sus hechos tuvieron en la gente, y la predicación de los primeros cristianos después de su muerte, Jesús aparece como el único camino para la salvación. Cabe destacar, sobre todo, la ocasión en la que Jesús incluso invitó a los que le escuchaban a que consideraran lo que él decía ser basándose en la fe que ya tenían en Dios (Juan 14:1). Él sabía que podía acudir a la concepción que la gente tenía de Dios para conseguir que hicieran una valoración correcta de su propia importancia e identidad divina.

También, la referencia al término *Dios* adquiere una mayor importancia con la venida de Jesucristo, la encarnación de Dios (ver Colosenses 1:5-20; Hebreos 1:1-3; Juan 1-4). Como cumplimiento de la esperanza que tenemos de un remedio divino para la condición humana, Jesucristo

---

Jesús iba acompañado de milagros, como señal de que ese mensaje era de parte de Dios –independientemente de si el que transmitía el mensaje era Jesús mismo o no. Pero hay que tener en cuenta que testificaban de Jesús, y no de ellos mismos (ver Hebreos 2:3, 4).

supera todas las expectativas. El interés que Dios muestra por nosotros es mucho mayor de lo que hubiéramos podido imaginar. Con la encarnación, Dios, en Jesucristo, invadió nuestro «espacio personal» tomando forma humana y sometiéndose a las vicisitudes de la vida humana. En un acto de transparencia radical, Dios se acerca a nosotros tanto como le es metafísicamente posible. Su preocupación por nosotros no conoció límite alguno, ya que su humildad le llevó hasta la muerte en la cruz. Y en esa muerte tomó nuestro lugar, cargando sobre sí el peso de nuestras transgresiones para que pudiésemos ser declarados justos delante de Dios (ver 2ª Corintios 5:21; Filipenses 2:6-8; Hebreos 2:10; 4:15).[60]

Podríamos tener la esperanza de que se nos diera un medio para que la humanidad pudiera tener una relación con Dios. O podríamos vivir desesperados si no pudiéramos probar la exactitud histórica de este maravilloso relato de la salvación. Pero como la provisión de Dios va unida a sucesos históricos específicos y, como estos sucesos van acompañados de los milagros que confirman la presencia y actuación divina, podemos estar seguros del valor de la historia de la salvación, no sólo por el poder que tiene, sino porque ¡pasó de veras! Entonces, «¿cómo escaparemos nosotros, si descuidamos una salvación tan grande?» (Hebreos 2:3).

El debate sobre Jesús y la decisión personal

La opinión que tienen de Jesús los investigadores radicales, entre los que están «El Seminario de Jesús», parte sin justificación alguna de una visión naturalista del mundo. Esta visión del mundo niega en efecto la realidad de Dios excluyendo la posibilidad de saber si hay un Dios y, si lo hay, de saber cómo es. Esta interpretación de la realidad está reñida con las pruebas existentes a favor de la realidad de Dios, y esto nos muestra que tomar un punto de vista naturalista obliga a hacer un uso irresponsable de las pruebas históricas sobre Jesús. Cuando entendamos que la distorsión de los hechos relacionados con Jesús está influenciada, ya en los niveles más básicos, por las interpretaciones anteriores sobre la existencia de Dios y su posible relación con nosotros como personas, el lector inteligente verá la necesidad de determinar qué interpretación de Dios acepta, y por qué razones se decide por tal opción.

[60] Más información sobre los datos bíblicos que respaldan la importancia religiosa de Jesús en R. Douglas Geivett y W. Gary Phillips, «Christian Particularism: An Evidentialist Approach», en *Religious Pluralism, Four Views*.

En este capítulo he argumentado que la búsqueda religiosa, nacida del deseo de encontrarle un sentido a nuestra existencia, nos lleva a concebir a un Dios que es el Creador del universo y un Creador personal que está interesado en el resultado de nuestra búsqueda. Al final, el proyecto de la investigación religiosa no consiste simplemente en la elección arbitraria entre una variedad de respuestas humanas a «Dios» tal y como vagamente conciben los diferentes contextos de la experiencia religiosa. En cambio, consiste en reconocer que se trata de la respuesta del mismo Dios a la situación humana. Para reconocer la provisión divina de la salvación, debemos tener una idea de lo que esperamos de parte de Dios. Y no nos haremos una idea exacta de lo que esperamos de parte de Dios si no entendemos algo de su carácter. Así, podemos caer en empezar a considerar la posibilidad de la teología natural.

Si hacemos teología natural es obvio que estaremos limitados por los materiales que estén a nuestra disposición. Pero resulta que los materiales son muchos y bastante detallados. Descubrimos que le debemos nuestra existencia a un ser personal de un poder e inteligencia excepcionales. Esto quiere decir que las condiciones básicas para la existencia fueron establecidas por Dios. También sabemos que nosotros somos seres personales. Así, nos parecemos más a nuestro Creador que a cualquier otra cosa que hayamos experimentado. Esto implica que es posible tener una relación interpersonal con Dios. Y, si usamos nuestras propias experiencias como seres personales para averiguar algo sobre Dios, podríamos suponer que Dios también se interesa y se preocupa por lo que ha creado.

Todo esto sugiere que Dios está muy lejos de ser indiferente ante la condición humana. Sin embargo, a pesar de su interés por nosotros y su iniciativa de acercarse a nosotros, Dios respeta nuestra capacidad de autodeterminación como criaturas libres que somos. Por ello, vemos cómo miembros de la comunidad humana siguen de espaldas a Dios y a su tentativa de establecer una comunicación con nosotros. De hecho, algunos se escandalizan ante la idea de que hay un pronóstico concreto para la condición humana y un remedio específico. Esta tendencia es un síntoma claro de la alienación humana con respecto a Dios. Pero aunque esta propensión a quererle imponerle a Dios las condiciones de la relación Dios-hombre es muy generalizada, no es nada racional. Los pluralistas religiosos insisten en que es imposible que Dios haya determinado una salvación exclusivista, es decir, a través del cristianismo. No obstante, llegar a esta conclusión requiere tener un conocimiento de Dios mucho mayor del que los pluralistas religiosos radicales nunca alcanzarán, dado que parten de unas suposiciones concretas.

Imaginemos que Dios se interesa por la condición humana. ¿No sería desconcertante que la resurrección de Jesucristo, un hecho históricamente probado, no tuviera nada que ver con el interés de Dios por la condición humana? Cuando un suceso como el de la resurrección tiene lugar en un mundo que debe su existencia a un Dios como el que hemos estado describiendo, deberíamos considerar la idea de que Dios puede estar planeando algo.

Si estas consideraciones te han sorprendido, pero aún te cuesta creer, aún queda una solución. Puedes coger la interpretación cristiana y ponerla a prueba en el laboratorio de tu propia vida. Y puedes realizar un experimento «de dedicación». Si crees que la interpretación cristiana es razonable, pero tu corazón no se pone de acuerdo con tu mente, tienes que entender que eso es normal en el desarrollo o crecimiento espiritual de la fe cristiana. Nuestras pasiones nos impiden, de muchísimas y diversas maneras, tomar una decisión prudente. Pero una vez reconozcamos esto, ya es más fácil ser guiados por las consideraciones racionales en vez de por el impulso. Para muchos, la reticencia a creer en Jesucristo no tiene nada que ver con el intelecto, aunque ellos crean que sí. Aunque todas tus preguntas intelectuales hayan sido contestadas y todas tus objeciones rebatidas, aún es posible que no respondas positivamente a algo tan trascendental como el cristianismo.

Pero quizá aún no es el momento de que des una respuesta afirmativa. Quizá eso tendrá lugar más adelante si seguimos unos pasos adecuados. Sin duda, ahora estás acostumbrado a ver el mundo a través de una forma concreta de pensar. Por ejemplo, interpretas las cosas como si Dios no existiera, o como si Dios no tuviera ninguna importancia para tu existencia, o como si Jesucristo fuera simplemente un sabio lacónico cuyos discípulos se entusiasmaron más de la cuenta. Pero puedes intentar ver la vida de otra manera. Imagina como organizarías tu vida si aceptaras la interpretación cristiana, y entonces cambia algunas cosas para organizarte la vida así durante un período determinado de tiempo. La idea es encontrar formas compatibles con tu personalidad para ver cómo sería la vida para ti si realmente creyeras.

Esta invitación a realizar un experimento «de dedicación» presupone que tú ya has quedado lo suficientemente convencido al ver todas las pruebas existentes que demuestran la verdad del cristianismo, lo que es una garantía si decides arriesgarte a ver si el cristianismo funciona de una manera más subjetiva. Este tipo de experimento tiene sentido dado que sabemos que las interpretaciones que hacemos de la realidad determinan en gran medida nuestra identidad. Dicho de otro modo, nos acostumbramos a ver el mundo de una manera determinada. Empezar a ver el mundo de una manera distinta requiere que rompamos con hábitos bien enraizados, que además se han ido desarrollando durante un largo período de tiempo. Y ello requiere estudiar con atención la nueva manera de ver la vida.

Un ejercicio inicial podría ser volver a releer este libro, esta vez con los ojos de la fe. Puedes hacer lo mismo con los evangelios del Nuevo Testamento. Cuando te topes con alguna dificultad, o te surja alguna duda o pregunta, hay muchos otros libros y otro tipo de recursos de producción cristiana a los que podrías recurrir. Si tienes algún buen amigo que es teísta cristiano, que ya es un experto «viajero», habla con él y deja que te muestre por qué ha seguido en «El camino». Es así como muchos intelectuales escépticos han llegado a creer en Jesús.[61]

Esta es una invitación a ver y a acercarse a Dios de una manera que él ha prometido honrar si se hace de forma sincera. Como dice el Nuevo Testamento, «es necesario que el que se acerca a Dios crea que le hay, y que es galardonador de los que le buscan» (Hebreos 11:6). El mismo Jesús prometió que si buscas, hallarás (Lucas 11:9).[62]

Preguntas para la reflexión

1. ¿A qué debate sobre Jesús conduce la fiabilidad histórica del Nuevo Testamento?
2. ¿Qué ideas preconcebidas influirán, inevitablemente, en este debate?
3. ¿En qué consiste el argumento sobre la causalidad del Universo que apoya la existencia de Dios?
4. ¿Qué atributos divinos se deducen de la existencia de Dios como Creador?
5. ¿Qué implicaciones tiene para tu vida que Jesús diga ser el (único) Camino?

---

[61] Para adentrase más en este tipo de experimento personal, ver Caroline Franks Davis, «The Devotional Experiment», *Religious Studies* 22 (1986), páginas 15-28. El ensayo de George N. Schlesinger es también muy útil: «The Availability of Evidence in Support of Religious Belief», *Faith and Philosophy* 1 (Octubre 1984), páginas 42-56.

[62] Quiero dar las gracias a Dennis Monokroussos, Gary Phillips y Ken Tang Quan, y también a los jefes de redacción de este libro, por los valiosos comentarios y su ayuda para acabar y retocar este capítulo.

Capítulo 8

EVIDENCIAS SOBRE JESÚS FUERA DEL NUEVO TESTAMENTO

Edwin M. Yamauchi

Edwin A. Yamauchi (Doctor, Brandeis University)
es profesor de Historia en Miami University,
Oxford, Ohio.
Es autor de varios libros de Arqueología,
entre los que destacan *Persia and the Bible*, *Men,
Methods and Materials in Biblical Archaeology*,
The Stones and the Scriptures,
y *The Archaeology of the New Testament
Cities in Western Asia Minor*.

EVIDENCIAS SOBRE JESÚS FUERA DEL NUEVO TESTAMENTO

Introducción

A veces, los alumnos de la Universidad en la que enseño me han preguntado si hay otras fuentes antiguas, aparte del Nuevo Testamento, que mencionen a Jesús.[1] En clase de Civilización Occidental comento algunas de esas fuentes, pero siempre digo que aunque esos textos nos confirman de alguna manera algunos de los episodios de la historia de Jesús, nos aportan mucha menos información de la que encontramos en los evangelios. En este capítulo veremos el valor histórico de las fuentes antiguas en las que se menciona a Jesús, y también examinaremos algunas de las declaraciones más excéntricas que se han hecho sobre él a partir de dichas fuentes.

Tan sólo algunos escritores, como por ejemplo Arthur Drews, han ido hasta el punto de negar la existencia de Jesús.[2] Craig Evans comenta que «la creencia de que Jesús nunca existió comenzó a tomar forma con Marx y Engels, y al final se convirtió en la creencia "oficial" del marxismo».[3]

Por otro lado, también hay muchos autores que exageran y dicen encontrar referencias a Jesús por todos lados. A veces los expertos han dado extrañas interpretaciones sobre la «verdadera» naturaleza de Jesús a

---

[1] John P. Meier, «The Testimonium: Evidence for Jesus Outside the Bible», *Bible Review* 7 (June 1991), página 20. Este autor explica que «tanto editoriales como periódicos llevan años haciéndome encargos para que escriba sobre el Jesús histórico y, casi siempre, la primera pregunta que surge es la siguiente: ¿verdaderamente podemos probar que existió?».

[2] A. Drews, *Die Christusmythe*, 3ª ed. (1909, reprint, Jena, Diedrichs, 1924); publicado en inglés: *The Christ Myth* (London, Unwin, 1910). Entre los escépticos podemos encontrar a: P. L. Couchoud, *The Creation of Christ*, trans. C.B. Bonner (London, Watts, 1939); G. A. Wells, *Did Jesus Exist?* (Buffalo, Prometheus, 1975); R. Augstein, *Jesus Son of Man*, trans. H. Young (New York, Urizen, 1977).

[3] Craig A. Evans, «Life-of-Jesus Research and the Eclipse of Mythology», *TS* 54 (1993): 7, n. 22.

partir de fuentes extrabíblicas. Así que vamos a ver por nosotros mismos algunas de esas fuentes, tanto cristianas, como judías y romanas.

Fuentes judías

Los manuscritos del Mar Muerto

Casi todo el mundo ha oído hablar de los «Rollos del Mar Muerto», manuscritos escondidos en una cuevas cerca de Qumrán, descubiertas en 1947 por unos beduínos. Estos textos —un tesoro para los arqueólogos— fechan entre el 150 a.C. y el 68 d.C., año en que los romanos destruyeron la comunidad de Qumrán. Aunque no todos los expertos están de acuerdo, la mayoría cree que estos manuscritos fueron copiados por la comunidad de los esenios, grupo más estricto que los propios fariseos.

Empecé a interesarme por el estudio de estos manuscritos cuando estudiaba en Bradeis University, donde recibí la influencia del magnífico profesor Shemaryahu Talmon de la Universidad Hebrea. Estos documentos me siguen interesando e intrigando, debido a la luz que arrojan sobre el texto del Antiguo Testamento, y sobre el trasfondo judío de Jesús.[4] Sin embargo, algunos investigadores han hecho algunas extrañas declaraciones sobre el significado que los manuscritos dan para la comprensión de la figura de Jesús.

Dupont-Sommer

Las primeras declaraciones aparecieron en los años 50, cuando aún el hallazgo era muy reciente. André Dupont-Sommer fue el primero en sugerir que la comunidad de Qumrán estaba formada por los esenios. En su libro de 1952, *The Dead Sea Scrolls*,[5] este investigador agnóstico que había sido un sacerdote católico, decía que el Maestro de Justicia, el líder de la comunidad de Qumrán es como un anticipo de la figura de Jesús ya que fue torturado, asesinado, y también reapareció.[6] Llega a esta conclusión

---

[4] G. Vermes, *The Dead Sea Scrolls: Qumran in Perspective* (Philadelphia, Fortress, 1981); N. Fujita, *A Crack in the Jar* (Mahwah, N. J., Paulist, 1986); J. A. Fitzmyer, *Responses to 101 Questions on the Dead Sea Scrolls* (New York, Paulist, 1992); H. Shanks, ed., *Understanding the Dead Sea Scrolls* (New York, Random House, 1992); Edward M. Cook, *Solving the Mysteries of the Dead Sea Scroll* (Grad Rapids, Zondervan, 1994).

[5] A. Dupont-Sommer, *The Dead Sea Scrolls* (New York, Macmillan, 1952).

[6] *Ibíd.*, 99: «En todos los casos en los que el parecido nos invita a pensar que ha habido un préstamo, la parte que tomaba prestado era el cristianismo».

debido a la traducción que hace del verbo *hophia* («apareció») cuando aparece en el Comentario de Habacuc 2:15. En la traducción que hizo en 1962, Dupont-Sommer reconoció que el verbo podía traducirse como «aparecer» sin «ningún tipo de connotación sobrenatural»,[7] pero seguía insistiendo en que el sujeto del verbo era el Maestro de Justicia. Pero otros investigadores (por ejemplo T. H. Gaster[8] y G. Vermes[9]) creen que el sujeto de ese verbo es el Sacerdote Malvado, eliminando así la interpretación de Dupont-Sommer de la manifestación sobrenatural de un mártir y Maestro de Justicia que precedió o apuntaba a la figura de Jesús.

Wilson

Fue el ensayista Edmund Wilson (fallecido en 1972) el primero que hizo que el público en general prestara atención a estos manuscritos, publicando en 1955 el best-seller *The Scrolls from the Dead Seas*.[10] Al publicar los manuscritos Wilson creía que había sacado a la luz «el mito de los orígenes del cristianismo».[11] Sugería que Jesús había pasado parte de su infancia con los esenios, y criticaba a los académicos del Nuevo Testamento por negarse a estudiar los Manuscritos del Mar Muerto. Wilson basó su vulgarización en las teorías de Dupont-Sommer y John Marco Allegro.

Allegro

John Marco Allegro (fallecido en 1988) fue un erudito británico que tuvo el privilegio de participar en el primer comité internacional de investigación de los Manuscritos del Mar Muerto. Había estudiado griego mientras se preparaba para ser un pastor metodista, pero abandonó la fe y en varios libros hace comentarios en contra del cristianismo. Basándose en su interpretación del Comentario de Nahum, Allegro defendía que el Maestro de Justicia había sido crucificado, pero el hecho es que el texto no dice nada por el estilo. Allegro concluyó que los manuscritos demostraban que las narraciones de los evangelios no eran más que pura ficción, basada en la historia del Maestro de Justicia.

---

[7] A. Dupont-Sommer, *The Essene Writings from Qumran* (Cleveland, World, 1962).

[8] T. Gaster, *The Dead Sea Scriptures*, 3ª. Ed. (Garden City, N.Y., Doubleday, 1976), página 324.

[9] G. Vermes, *The Dead Sea Scrolls in English*, 3ª ed. (Baltimore, Penguin, 1987), páginas 288, 289. Ver también J. G. Harris, *The Qumran Commentary on Habakkuk* (Missoula, Mont., Scholars, 1979), página 179.

[10] E. Wilson, *The Scrolls from the Dead Sea* (New York, Oxford Universtity Press, 1955).

[11] E. Wilson, *Israel and the Dead Sea Scrolls* (New York, Farrar, Straus & Giroux, 1978), página 386.

En un artículo publicado en agosto de 1966 en *Harper's Magazine*,[12] Allegro se jactaba de conocer el significado secreto de los nombres del Nuevo Testamento, diciendo que el nombre «Jesús» significaba «esenio», y el de Pedro escondía un título esenio.[13] En 1970 Allegro acabó su período en la Universidad de Manchester, y publicó un libro extraño donde los haya, titulado *The Sacred Mushroom and the Cross*.[14] Había llegado a la conclusión de que el significado del nombre «Jesús» era «Semen, que salva», y que «Pedro» significaba «seta», ¡lo que revelaba que el cristianismo en sus orígenes no era más que una secta de la fertilidad basada en una seta alucinógena![15]

Thiering

Si las conclusiones de Allegro ya nos parecían fuera de todo sentido común, yo ya no sé ni cómo describir la propuesta de la investigadora Barbara Thiering, que enseña en la Universidad de Sydney, Australia. Recientemente publicó un libro llamado *Jesús and the Riddle of the Dead Sea Scrolls*[16], del que incluso se han hecho programas de televisión. En sus primeras obras, Thiering había llegado a la conclusión de que los documentos de Qumrán y del Nuevo Testamento provenían de bandos diferentes de una misma comunidad, así que el Nuevo Testamento debería leerse como si fuera un comentario codificado y, a partir de ahí, establece unas pautas para interpretar los Manuscritos y el Nuevo Testamento capaces de dejar boquiabierto a cualquiera. Según esta investigadora, Jesús no nació en Belén, sino al sur de la meseta de Qumrán. Los magos eran «esenios de la diáspora».[17] Y los lugares también son diferentes: en verdad, el mar de Galilea es el Mar Muerto, Capernaum es un lugar llamado Mazin, y Jerusalén, Qumrán.

Está convencida de que en los Evangelios y en Josefo la misma persona puede aparecer con nombres diferentes. Por ejemplo, Simón el mago

---

[12] J. M. Allegro, «The Untold Story of the Dead Sea Scrolls», *Harper's Magazine* 232 (Agosto 1966), páginas 46-64.

[13] Encontrará una respuesta en P.W. Skehan, «Capriccio Allegro or How Not to Learn in Ten Years», *Christian Century* (5 Octubre 1966), páginas 1201-1213.

[14] J. M. Allegro, *The Sacred Mushroom and the Cross* (Garden City, N.Y., Doubleday, 1970).

[15] Quince de los expertos británicos tanto cristianos como judíos escribieron una carta al *London Times* (25 Mayo 1970), 9, denunciando la obra de Allegro y describiéndola como «un ensayo basado en la fantasía, y no en la filología».

[16] B. Thirling, *Jesus and the Riddle of the Dead Sea Scrolls* (San Francisco, Harper & Row, 1992). Se dice que la editorial se ha gastado 30.000 dólares para publicar este extraño libro.

[17] Los magos eran, posiblemente, astrólogos de Babilonia. Ver mi obra *Persia and the Bible* (Grand Rapids, Baker, 1990), cap. 13.

(Hechos 8) es la misma persona que el pobre Lázaro (Lucas 16:19-31) = conocido también como Lázaro, el hermano de Marta y María = Simón el zelote = Simón el leproso. Cuando Jesús resucitó a Lázaro, estaba a la vez librando a Simón el mago de la Cueva 4 de Qumrán. Jesús fue crucificado junto a Simón el Mago y Judas en Qumrán. Después, Jesús se recuperó bebiendo veneno de serpiente, se casó con María Magdalena y, más adelante, con Lidia de Filipos. Y aunque no existe ningún tipo de evidencia para esta estrambótica reconstrucción, ¡ha atraído la atención de muchos lectores!

Eisenman y Wise

Robert H. Eisenman, director del Departamento de Biblia de California State University, Long Beach, California, ha presentado una interpretación de los Manuscritos del Mar Muerto aún bastante idiosincrásica, aunque más comedida. Cuando visitó Jerusalén, Eisenman se dio cuenta de que el verdadero significado de Jacobo, el hermano de Jesús había derivado de la memoria colectiva de la comunidad cristiana, del mismo modo que sus parientes habían eliminado su trasfondo judío. En un breve estudio escrito en 1986, Eisenman identifica al Maestro de Justicia de Qumrán con Jacobo.[18] Además, mantiene que Pablo era el arquetipo del judío que odia sus raíces judías.

Eisenman, a quien el Comité oficial le denegó el permiso de consultar los Manuscritos, recientemente consiguió verlos y publicó una serie de fotos de dichos Manuscritos. Después, colaboró con un investigador de la Universidad de Chicago, Michael Wise, para publicar la traducción de los textos de la Cueva 4, que nunca habían salido a la luz pública.[19] En una rueda de prensa en noviembre de 1991, Eisenman subrayó la importancia del texto de Qumrán llamado «El Mesías Sufriente», lo cual se ganó la atención de los medios de comunicación. Este fragmento (4Q285), que es un texto en hebreo de cinco renglones, ha sido identificado como parte del *Libro de la Guerra*. Eisenman y Wise hicieron hincapié en que este texto revelaba, por primera vez, un «mesías oradado» parecido al concepto cristiano del Cristo crucificado.

Como los textos hebreos antiguos están escritos con consonantes y los académicos tienen que ir añadiendo las vocales, esto crea una ambigüedad importante. Eisenman y Wise basaron su interpretación en su

---

[18] R. H. Eisenman, *James the Just in the Habakkuk Pesher* (Leiden: Brill, 1986).

[19] R. Eisenman y M. Wise, *The Dead Sea Scrolls Uncovered* (Rockport, Mass.: Element, 1992).

selección vocálica para el verbo *WHMTW* –*w^ehamitu*– «matarán» al Príncipe de la Congregación, es decir, al «Mesías». Y con esto, Eisenman creía haber vindicado su punto de vista de que los Manuscritos fueron escritos por judíos que tenían que ver con el cristianismo. Después de Eisenman, apareció otro libro –de M. Baigent y R. Leigh[20] –que explicaba que la tardanza de la publicación de todos los manuscritos se debía a una conspiración por parte del Vaticano (ya que la mayoría de los eruditos que estudiaban los Manuscritos del Mar Muerto eran católicos).[21]

La traducción de Eisenman y Wise ha suscitado muchas objeciones por parte de otros académicos. Por ejemplo, G. Vermes y otros de Oxford coinciden en que el verbo es *w^ehemito*, es decir, «el Príncipe de la Congregación *le matará*» –probablemente un rey malvado.[22] Aunque las dos traducciones son posibles, todo el contexto del Manuscrito de la Guerra es de un Mesías vencedor, y no de un Mesías sufriente.

O'Callaghan

En el año 1972, un distinguido experto en pariros, el español José O'Callaghan, creó bastante polémica cuando dijo que unos fragmentos en griego descubiertos en la Cueva 7 de Qumrán eran los manuscritos más antiguos del Nuevo Testamento que se habían encontrado, entre lo cuales había un fragmento del evangelio de Marcos, que según él, era aproximadamente del año 50 d.C. He de confesar que yo fui uno de los investigadores que aclamaron el descubrimiento. Sin embargo, un estudio más detallado ha demostrado que esos manuscritos son demasiado pequeños y que la teoría de O'Callaghan, para llegar a ser creíble, pasa por un largo proceso de reconstrucción.[23] Recientemente, un investigador alemán, C. P. Thiede, ha defendido las conclusiones de O'Callahan,[24] pero la mayoría de los académicos ya sólo miran esa teoría con escepticismo.[25]

---

[20] M. Baigent y R. Leigh, *The Dead Sea Scrools Deception* (New York, Summit, 1992).

[21] Ver la eficaz refutación que Hershel Shanks ha elaborado en *BAR* 17:6 (1991), páginas 66-71.

[22] G. Vermes, «The Oxford Forum for Qumran Research Seminar on the Rule of War from Cave 4 (4Q285)», *JJS* 43 (1992), 85-90. Ver también M. Bockmuehl, «A "Slain Messiah" in 4Q Serekh Milhamah (4Q285)?» *TynBul* 43 (1992), páginas 155-169; M. G. Abegg, Jr., "Messiah Hope and 4Q285: A Reassessment", *JBL* 113 (1994), páginas 81-91.

[23] Ver mi artículo «Qumran New Testament Fragments», en *The New International Dictionary of Biblical Archaeology*, ed. E. Blaiklock y R. K. Harrison (Grand Rapids, Zondervan, 1983), páginas 379-381.

[24] C. P. Thiede, *The Earliest Gospel Manuscript? The Qumran Frangment 7Q5 and Its Significance for New Testament Studies* (London: Paternoster, 1992).

[25] D. B. Wallace, «7Q5: The Earliest NT Papyrus?» *WTJ* 56 (1994), páginas 173-180.

Evidencias sobre Jesús fuera del Nuevo Testamento

Resumen

En general, podemos decir que los Manuscritos del Mar Muerto, aunque no mencionan a Jesús ni a ninguno de sus discípulos, proporcionan información sobre una secta judía de los días de Jesús. El dualismo (es decir, el fuerte contraste entre el bien y el mal) que encontramos en esos textos nos ayuda a entender el evangelio de Juan no como un texto griego que nada tenía que ver con la Palestina de Jesús, como han llegado a decir algunos estudiosos, sino tal como James H. Charlesworth ha apuntado, como «quizá el más judío y canónico de todos los evangelios».[26] Además, dice que entre Jesús y el Maestro de Justicia hay tanto sorprendentes similitudes, como grandes diferencias.[27]

Los Manuscritos del Mar Muerto no proveen evidencias claras de que recojan una visión de Jesús diferente a la de los evangelios, ni tampoco justifican algunas de las excéntricas teorías que hemos visto sobre Jesús. Lo que sí nos han aportado es una mejor y más profunda comprensión del mundo y la cultura en la que Jesús vivió y ministró.

Josefo

El testigo más importante de Jesús es el historiador judío Josefo, que escribió cuatro obras en griego: *Vida*, obra autobiográfica en la que defiende al judaísmo de un ataque antisemita, *Contra Celsum*, un vivo recuento de la revuelta contra Roma (66-74 d.C.), *La guerra judía*, y una historia de los judíos desde Adán hasta sus días, *Antigüedades de los judíos*.[28] Después de rendirse en la ciudadela Jotapata ante el general romano Vespasiano, Josefo se convirtió en un defensor y apologista de los romanos y denunciaba a los judíos que habían dirigido la revuelta contra Roma.

Josefo escribió un importante pasaje sobre el encarcelamiento y la ejecución de Juan el Bautista (*A*. XVIII, V, 1). Ningún académico ha cuestionado la autenticidad de este pasaje, aunque hay alguna diferencia entre el relato de Josefo y el de los evangelios (Mateo 14:1-12; Marcos 6:14-29; Lucas 9:7-9). Sin embargo, son diferencias que tienen fácil explicación.[29]

---

[26] J. H. Charlesworth, ed., *John and the Dead Sea Scrolls* (New York, Crossroad, 1990), xv.

[27] J. H. Charlesworth, *Jesus and the Dead Sea Scrolls* (New York, Doubleday, 1993), páginas 35-37.

[28] Ver mi artículo «Josephus and the Scriptures», *Fides et Historia* 13 (1980), páginas 42-63. Ver también T. Rajak, *Josephus: The Historian and His Society* (Philadelphia, Fortress, 1984); L. H. Feldman y G. Hata, eds., *Josephus, Judaism and Christianity* (Detroit, Wayne State University Press, 1987); S. Mason, *Josephus and the New Testament* (Peabody, Mass., Hendrickson, 1992); C. L. Rogers, Jr., *The Topical Josephus* (Grand Rapids, Zondervan, 1992).

Según los evangelios, Jesús tenía hermanos y hermanas (Mt. 13:55; Mr. 3:21),[30] de los cuales el más conocido es Jacobo,[31] quien parece ser que se convirtió al ver al Cristo resucitado (1ª Corintios 15.7; cf. Juan 7:5) y se convirtió en el líder de la iglesia de Jerusalén por el año 50 d.C. (Hechos 15:19-23). Josefo (*A.* XX, 197) describe el episodio en el que el sumo sacerdote Ananías se aprovechó de la muerte del gobernador romano Festo en el año 62 dC para organizar que un gentío apedreara a Jacobo, a quien identifica como «el hermano de Jesús que es llamado el Cristo». Casi nadie ha cuestionado la autenticidad de este pasaje.[32] El pasaje más conocido y usado de Josefo es el llamado «Testimoniun Flavianum», que trata sobre Jesús (*A.* XVIII, III, 3):

Por este tiempo vivió Jesús, un hombre sabio, si es que se le puede llamar hombre. Porque llevó a cabo obras extraordinarias y fue maestro de los que los que aceptan bien dispuestos la verdad. Se ganó a muchos judíos y a muchos de los griegos. Fue el Cristo. Cuando fue acusado por los principales de entre nosotros y Pilato lo condenó a ser crucificado, los que le habían amado originalmente no dejaron de hacerlo; porque se les apareció al tercer día, vuelto en vida, como los profetas de la Deidad habían profetizado, además de otras maravillas acerca de él. Y la tribu de los cristianos, así llamada por él, no ha desaparecido hasta el día de hoy.

La opinión que este texto merece por parte de la erudición se puede dividir en tres posiciones: (1) los que defiende la autenticidad del pasaje; (2) aquellos que rechazan todo el pasaje;[33] (3) los que creen que la mayor parte del pasaje es auténtica, pero que ha sufrido alguna interpolación

---

[29] L. H. Feldman, «Josephus», *The Anchor Bible Dictionary*, ed. D. N. Freedman (Nashville, Abingdon, 1992), 3:990. Ver C.H.H. Scobie, *John the Baptist* (Philadelphia, Fortress, 1964), 18; H. Hoehner, *Herod Antipas* (Cambridge, Cambridge University Press, 1972), páginas 131-136.

[30] Ver J. J. Gunther, «The Family of Jesus», *EvQ* 46 (1974), páginas 25-41. La posición católica oficial es que la Virgen María no tuvo más hijos y que los «hermanos» de Jesús sólo podían ser hermanastros (fruto de un matrimonio anterior de José) (cf. Protoevangelio de Santiago) o primos (Jerónimo). Recientemente, el catecismo oficial mantiene que se trata de los hijos de otra María (ver *Catethism of the Catholic Church* [Liguori: Liguori Publications, 1994], página 126).

[31] R. B. Ward, «James of Jerusalem in the First Two Centuries», *ANRW* 2, núm. 26.1 (1992), páginas 779-812.

[32] Ver el capítulo de Craig A. Evans que aparece en este libro, donde se habla más de este pasaje y de Josefo.

[33] Uno de los expertos contemporáneos que rechaza este pasaje basándose en unas presuposiciones lingüísticas bastante restrictivas es J. N. Birdsall, «The Continuing Enigma of Josephus's Testimony About Jesus», *BJRL* 67 (1985), páginas 608-622.

cristiana. Recientemente, la mayoría de la erudición refleja este tercer posicionamiento.[34]

El gran historiador de la Iglesia, Eusebio (siglo 4 d.C.) citó este pasaje en tres de sus obras. Es testimonio de Orígenes (siglo III d.C.) es crucial. Parece ser que conocía el pasaje de Josefo sobre Jacobo, pero no del mismo modo que Eusebio lo recoge, ya que escribió: «Lo sorprendente es que, aunque [Josefo] no llegó a admitir que Jesús era el Cristo, menciona a Josefo como testigo, quien sí creía que Jesús era el Cristo». En todo el resto de su obra, Orígenes dice de Josefo que «no creía en Jesús como el Cristo».[35]

Casi todos los académicos coinciden en que una serie de frases de este pasaje parecen más bien haber sido añadidas por cristianos, ya que es poco probable que un judío como Josefo pensara de tal modo:

1. «Si es que se le puede llamar hombre», lo que supone que Jesús fue más que un ser humano.
2. «Fue el Cristo». Josefo apenas habla de la expectativa mesiánica, porque de hecho él quería restar importancia a esas creencias.
3. «Porque se les apareció al tercer día, vuelto en vida». Esto sería un testimonio claro de la resurreción de Cristo.[36]

Por otro lado, la mayor parte del pasaje *no* es típicamente cristiano:

1. A Jesús se le llama «un hombre sabio». Aunque es un halago, un reconocimiento, un cristiano no se hubiera conformado con escribir tal cosa.
2. «Porque llevó a cabo obras extraordinarias». No hace falta ser cristiano para hacer esta afirmación.

---

[34] Meier, «Testimonium», páginas 22. Ver también J. P. Meier, «Jesus in Josephus: A Modest Proposal», *CBQ* 52 (1990), páginas 76-103; *idem.*, *A Marginal Jew: Rethinking the Historical* Jesus (New York, Doubleday, 1991), cap. 3. Encontrará una bibliografía más completa sobre este pasaje en W. Bauer, «The Alleged Testimony of Josephus», en *New Testament Apocrypha*, ed. E. Hennecke y W. Schneemelcher (Philadelphia, Fortress, 1963), 1:436-37; P. Winter, «Josephus on Jesus and James...», *The History of the Jewish People in the Age of Jesus Christ*, ed. G. Vermes y F. Millar (Edimburgo, Clark, 1973), 1:428-41; L.H. Feldman, *Josephus and Modern Scholarship: 1937-1980* (Berlín, de Gruyter, 1984), 679-703.

[35] La primera cita de Orígenes es de un comentario de Mateo 10:17 extraído de su *Comentario de Mateo*; la segunda es de *Contra Celsum* 1.47(o *Refutación de Celso*).

[36] P. Lapide es un erudito judío que ha aceptado la resurrección de Jesús, aunque no ha aceptado que es el Mesías: *The Resurrection of Jesus: A Jewish Perspective* (Minneapolis, Augsburg, 1983).

3. «Se ganó a muchos judíos y a muchos de los griegos» es simplemente una observación.
4. «Los que le habían amado originalmente no dejaron de hacerlo» es una frase escrita con el estilo característico de Josefo.
5. «Y la tribu de los cristianos, así llamada por él, no ha desaparecido hasta el día de hoy». La mayoría de los eruditos coinciden en que la palabra *phylon* —«tribu»— no es una expresión típicamente cristiana.

El erudito judío Paul Winter concluye:

Aunque ciertamente Josefo no dijo que Jesús fuera el Mesías y no afirmó que los profetas habían anunciado de parte de Dios que Jesús resucitaría al tercer día, la impresión que queda al hacer un estudio minucioso de sus escritos es que no muestra ningún tipo de antipatía por Jesús.[37]

En 1971 un erudito israelí, S. Pines, publicó un monográfico sobre una versión árabe de Josefo, escrita por Agapio en el siglo X, quien fuera obispo melquita de Hierápolis, Siria. Una comparación entre los textos árabes y los griegos deja ver las siguientes diferencias: (1) la versión de Agapio asume la humanidad de Jesús; (2) sus textos no citan los milagros de Jesús, pero destacan su buena conducta y virtudes; (3) la aparición a los tres días la introduce como una cita, y no como palabras propias, (4) Delante de «Fue el Mesías» coloca un significativo «quizá». Todas estas diferencias han llevado a Pines a concluir que la versión árabe parece ser un texto más cercano al original que el de Eusebio.[38]

Resumiendo, Josefo sabía que Jesús era hermano de Jacobo, el mártir y líder de la iglesia de Jerusalén, y que era un maestro de sabiduría al que muchos seguían, a pesar de que Pilato lo condenara a morir crucificado bajo la presión de los líderes judíos.

---

[37] P. Winter, «Josephus on Jesus», *JHS* 1 (1968): 301. Otro erudito judío, G. Vermes («The Jesus Notice of Josephus Re-examined», *JJS* 38 [1987]: 10), concluye de forma similar: «Todo esto parece sugerir que Josefo deliberadamente elegía palabras que reflejaban una posición no neutral y bastante positiva». Ver también L. H. Feldman, «The Testimonium Flavianum: The State of the Question», *Christological Perspectives II*, ed. R. Berkey y S. Edwards (Nwe York, Pilgrim, 1982), cap. 14.

[38] S. Pines, *An Arabic Version of the Testimonium Flavianum and Its Implications* (Jerusalem: Israel Academy of Sciences and Humanities, 1971). Por otro lado, hay una versión de Josefo eslava o en ruso antiguo, fechada entre los siglos VII y XI d.C., que no es muy fiel al testimonio de Josefo. Fue usada por un erudito judío, R. Eisler, para retratar a Jesús como un revolucionario político. Ver F. F. Bruce, *Jesus & Christian Origins Outside the New Testament* (Grand Rapids, Eerdmans, 1974), cap. 3.

Evidencias sobre Jesús fuera del Nuevo Testamento

El Talmud

En el Talmud, una importante colección de escritos de rabíes judíos, aparecen varios pasajes polémicos en contra de Jesús (400-500 d.C.).[39] En el Talmud Babilónico Sanhedrín 107b leemos:

> *Un día (Rabí Jesúa) estaba recitando la shema (Deuteronomio 6:4) cuando Jesús se le acercó. El rabí hizo un gesto para recibirle, pero Jesús, entendiendo que el gesto pretendía rechazarle, puso en alto un ladrillo y lo adoró (...) Y un Maestro ha dicho: «Jesús de Nazaret practicaba la magia y llevó a Israel por mal camino».*

En el Talmud Babilónico Sanhedrín 43a leemos:

> *Se enseñaba que el día antes de la Pascua Jesús (el nazareno) fue colgado. Los cuarenta días antes de la ejecución, un pregonero anunciaba gritando: «Va a ser apedreado porque ha practicado la brujería y quería que Israel pecara de apostasía. Si hay alguien que quiere decir algo en su favor, que se presente y que pida misericordia por él».*

Tal como vemos en estos pasajes, el Talmud no niega que Jesús hiciera milagros, pero los atribuye a la magia y la brujería.[40] En algunas fuentes, Jesús aparece como un seguidor del Rabí Jesúa ben Parahya, cuya enseñanza floreció alrededor del año 100 a.C., y conocido por la magia que practicaba.[41]

El Talmud también contiene algunas historias de Ben Pandera,[42] según el cual Jesús era hijo del mercenario romano Pandera, «quien conoció a María, la mujer adúltera de José, y María, estando en su período menstrual,

---

[39] Cf. H. L. Strack y G. Stemberger, *Introduction to the Talmud and Midrash*, trans. M. Bockmuehl, (Minneapolis, Fortress, 1992). Ver Bruce, *Jesus & Christian Origins*, cap. 4; J. Klausner, *Jesus of Nazareth* (Boston, Deacon, 1925), páginas 18-47.

[40] Según Orígenes, el crítico anticristiano Celso exponía el mismo tipo de ideas a finales del siglo II: «Los milagros que se supone que realizaba no eran más que trucos de magia» (*Contra Celsum* 1.6); H. Chadwick, *Orígen, Contra Celsum* (Cambridge, Cambridge University Press, 1980), páginas 10.

[41] Jesúa ben Perahya aparece muchas veces en los textos judeoarameos del bol mágico, del siglo VI d.C. Ver mi artículo «Aramaic Magic Bowls», *JAOS* 85 (1965), páginas 511-523.

[42] Nombre que quizá deriva de un juego de palabras del vocablo *parthenos*, «virgen». Orígenes explica que Celso también introduce un cambio similar: «Volvamos, pues, a las palabras que salieron de la boca de los judíos, quienes dicen que la madre de Jesús fue abandonada por el hombre con quien estaba desposada, por cometer adulterio y tener un hijo con un soldado llamado Pantera». *Contra Celsum* 1.32; Chadwick, *Orígen* 31; cf. R. J. Hoffmann, *Celsus on the True Doctrine* (New York, Oxford University Press, 1987), página 57.

concibió un hijo».[43] Estas calumnias aún se desarrollaron más en la Edad Media, hasta convertirse en importantes leyendas anticristianas que están recogidas en una obra llamada *Toledoth Jeshu*[44] (Genealogía de Jesús). Estas leyendas incluyen historias tan fantásticas como una pelea de Jesús y Judas en el aire, o que Jesús cruzó el Mar de Galilea sobre una piedra de molino, o que le colgaran de un tronco. A pesar de que estas historias son muy tardías y no son más que mitos, algunas de las raíces del *Toledoth* se remontan posiblemente al período de los primeros antagonismos entre los judíos y los cristianos.[45]

Como todas estas referencias son polémicas, y tampoco sabemos exactamente de cuándo fechan, aunque sí que es evidente que son tardías, no han sido valoradas de forma muy positiva, tal como explica G. H. Twelftree: «La literatura rabínica apenas tiene valor para el historiador que se ha enzarzado en la búsqueda seria del Jesús histórico...».[46] Sin embargo, M. Wilcox cree que a pesar de la hostilidad que presentan estos textos, proporcionan algunas evidencias que se pueden corroborar:

> *La literatura judía tradicional, aunque contiene pocas menciones a Jesús (y además, éstas deben usarse con suma precaución), apoya la afirmación que hacen los Evangelios de que hacía milagros y sanaba; el problema es que atribuye estos poderes a la magia. Sí que conserva la idea de que era un maestro, y tenía discípulos (cinco), y al menos en el período rabínico temprano aún no se sabía exactamente si se trataba de un «hereje» o de un «farsante».*[47]

Fuentes romanas

Cuando imparto la asignatura de Historia Romana, siempre digo que las fuentes históricas más importantes sobre el Imperio Romano en el siglo I son Tácito y Suetonio, que escribieron a principios del siglo II d.C. Los

---

[43] Klausner, *Jesus of Nazareth*, páginas 18-47.

[44] *Ibíd.*, 47-54. La primera vez que oímos hablar del *Toledoth* es por los escritos del Arzobispo de Lyon en el año 826; los expertos creen que el *Toledoth* fue escrito alrededor del siglo V o VI.

[45] E. Bammel, «Christian Origins in Jewish Tradition», *NTS* 13 (1967), páginas 317-335.

[46] G.H. Twelftree, «Jesus in Jewish Tradition», *Gospel Perspectives V*, ed. D. Wenham (Sheffield, JSOT, 1985), página 324.

[47] M. Wilcox, «Jesus in the Light of His Jewish Environment», *ANRW* 2, núm. 25.1 (1982), página 133.

dos hacen referencias a cristianos, igual que Plinio el Joven.[48] Si uno se pregunta por qué razón no hay más fuentes romanas sobre Jesús, que piense que para saber sobre el reino de Tiberio sólo existen cuatro fuentes: Suetonio, Tácito, Veleio Patérculo (contemporáneo de los anteriores), y Dión Casio (aprox. 230 d.C.).[49]

Jesús nació durante el reinado del emperador Augusto (27 a.C -14 d.C.), probablemente antes del IV a.C., año en que murió Herodes el Grande.[50] Aunque el empadronamiento bajo Augusto que se menciona en Lucas 2:2 era una práctica romana común; el problema aparece cuando nos damos cuenta de que Lucas menciona a Cirenio, gobernador de Siria.[51]

Jesús fue crucificado bajo el gobierno de Poncio Pilato[52] (26-36 d.C.), en el reinado de Tiberio (14-37 d.C.), en el año 30, o más probablemente

---

[48] Ver J. E. A. Crake, «Early Christians and Roman Law», *Phoenix* 9 (1965), páginas 61-70; T. D. Barnes, «Legislation Against the Christians», *JRS* 58 (1968), páginas 34-43; L. Herrmann, *Chrestos* (Bruselas, Latomus, 1970); P. Winter, «Tacitus and Pliny on Christianity», *Klio* 52 (1970), páginas 497-502; D. L. Stockton, «Christianos ad Leonem», *The Ancient Historians and His Materials*, ed. B. Levick (Farnborough, Gregg Intl. 1975), cap. 14. Encontrará un bibliografía más extensa sobre estas fuentes en M. Stern, *Greek and Latin Authors on Jews and Judaism II, From Tacitus to Simplicius* (Jerusalem, The Israel Academy of Sciences and Humanities, 1980).

[49] Ver M. L. W. Laistner, *The Greater Roman Historian* (Berkeley, University of California Press, 1963). Comparando las fuentes sobre Tiberio y las fuentes sobre Jesús, el distinguido historiador de la Roma Antigua A. N. Sherwin-White, *Roman Society and Roman Law in the New Testament* (Oxford, Clarendon, 1965), 187, explica lo siguiente: «Sabiendo que a los historiadores grecorromanos se les confiere un algo grado de fiabilidad, es sorprendente que el estudio de los evangelios en el siglo XX, que se basa en un material no menos prometedor, haya dado un giro para doblegarse ante el criticismo formal (...), que se crea que no se puede llegar a conocer al Cristo histórico y que es imposible escribir la historia sobre su misión». El erudito judío Joseph Klausner, *From Jesus to Paul* (Boston, Beacon, 1961), 260, afirma lo siguiente: «Si tuviéramos fuentes antiguas como las de los evangelios para respaldar la historia de Alejandro Magno o Julio César, por ejemplo, en ningún momento deberíamos dudar sobre su fiabilidad».

[50] El sistema de fechación que usamos, a.C.= antes de Cristo y d.C. = después de Cristo fue establecido por un monje que se equivocó al calcular la duración del reinado de Augusto. Ver J. Finegan, *Handbook of Biblical Chronology* (Princeton, Princeton University Press, 1964); H. Hoehner, *Chronological Aspects of the Life of Christ* (Grand Rapids, Zondervan, 1977); J. Vardaman y E. Yamauchi, eds., *Chronos, Kairos, Christos* (Winona Lake, Ind. Eisenbrauns, 1989); C. J. Humphreys, «The Star of Bethlehem, a Comet in 5 B.C. and the Date of Christ's Birth», *TynBull* 43 (1992), páginas 31-56.

[51] Ver J. M. Lawrence, «Publius Sulpicius Quirinius and the Syrian Census», *Restoration Quarterly* 34 (1992): páginas 193-205.

[52] Poncio Pilato aparece tanto en Josefo como en Filón. A veces se ha dicho que el retrato de un Pilato intransigente e inflexible se contradice con el retrato de los evangelios, que presenta a un gobernador vacilante, que cede ante la presión de la multitud judía. Ver E. Yamauchi, «Historical Notes on the Trial and Crucifixion of Jesus Christ», *CT* 15 (9 Abril 1971), páginas 6-11. Algunos expertos, como P. Maier, «Sejanus, Pilate, and the Date

en el 33.⁵³ Puede ser que Pilato enviara a Tiberio documentos en los que se recogiera lo sucedido.⁵⁴ El mártir Justino en su primera *Apología* (caps. 35, 48) dice que hay algunos documentos que recogen el juicio a Jesús. Alrededor del año 200 d.C. Tertuliano de Cartago habla en su *Apologeticus* (caps. 5, 21) de una entrega de parte de Pilato para Tiberio. Esos documentos, que se han llamado *Hechos de Pilato*, y aún se conservan, no son fiables históricamente hablando. F. Scheidweiler sugiere que quizá esos son los documentos de los que Justino hablaba (mitad del siglo II).⁵⁵

Suetonio (aprox. 70-160 d.C.)

En su primera etapa bajo el emperador Claudio (54-68 d.C.), Suetonio tiene un intrigante escrito sobre unos altercados en la comunidad judía en Roma: «Se expulsó a los judíos de Roma, porque siempre estaban causando problemas instigados por Khrestos». «Khrestos» es, probablemente, una variante de «Khristos».⁵⁶ Pero el problema que plantea la declaración de Suetonio es que parece suponer que «Khrestos» era una persona que estaba en Roma. Casi todos los eruditos creen que Suetonio no interpretó bien las fuentes que consultó.⁵⁷ La mayoría de ellos entienden que los altercados dentro de la comunidad de los judíos se daban porque los misioneros cristiano-judíos predicaban el Evangelio.⁵⁸ Aunque se proponen

---

of the Crucifixion», *Church History* 37 (1968), 1-11, han apuntado que el cambio de actitud de Pilato puede deberse a la muerte de su patrón, Sejano, en el 31 d.C. B.C. McGing, «Pontius Pilate and the Sources», *CBQ* 53 (1991), páginas 416-38, afirma que las fuentes no son contradictorias.

⁵³ C. J. Humphreys y G. Waddington, «The Jewish Calendar, a Lunar Eclipse, and the Date of Christ's Crucifixion», *TynBull* 43 (1992), páginas 331-51.

⁵⁴ M. Sordi, *The Christians and the Roman Empire* (Norman: University of Oklahoma Press, 1986), página 16, especula que Pilato debió enviar un informe a Tiberio, no sobre la muerte de Jesús, sino sobre la extensión del movimiento cristiano.

⁵⁵ F. Scheidweiler, «The Gospel of Nicodemus, Acts of Pilate and Christ's Descent into Hell», en *New Testament Apocrypha*, ed. E. Hennecke y W. Schneemelcher, 1, páginas 444, 445.

⁵⁶ *Vita Claudius* 25.4. Ver L. H. Feldman, *Jew & Gentiles in the Ancient World* (Princeton, Princeton University Press, 1993), página 304; Stern, *Greek and Latin Authors*, 2:116.

⁵⁷ La base de la nueva perspectiva que dice que Jesús acabó en Roma surge de una interpretación literal de Suetonio; ver R. Graves y J. Podro, *Jesus in Rome: A Historical Conjecture* (London, Cassell, 1957).

⁵⁸ Stern, *Greek and Latin Authors*, 2:116; A. Momigliano, *Claudius: The Emperor and His Achivement* (Cambridge, Heffer, 1961), página 33; E. M. Smallwood, *The Jews Under Roman Rule from Pompey to Diocletian* (Leiden, Brill, 1981), 211; M. Harris, «References to Jesus in Early Classical Authors», en *Gospel Perspectives V*, páginas 354-355; B. Levick, *Claudius* (New Haven, Yale University Press, 1990), página 121

dos fechas diferentes para la expulsión de los judíos, el año 41 o el 49, la gran parte de expertos no duda defender que la última es la más acertada.[59] Ciertamente, la expulsión tiene que ver con Hechos 18:.2, donde vemos que Aquila y Priscila tienen que marchar de Roma: por eso Pablo se los encuentra en Corinto en la década de los 50 d.C.[60]

Sin embargo, el argumento de que el «Khrestos» citado en Suetonio era simplemente un agitador judío de nombre común, y que no tenía ninguna relación con el cristianismo está siendo cada vez más aceptada.[61] Algunos mantienen también que Aquila y Priscila eran judíos, y quizá se convirtieron al cristianismo sólo después de conocer a Pablo. Hay un argumento de bastante peso en contra de que el incidente de Khrestos en el 49 tuviera que ver con cristianos: alrededor del año 60, cuando Pablo estaba bajo arresto domiciliario en Roma, los líderes judíos que le visitan aseguran no saber nada de un movimiento cristiano (Hechos 28:21-22).[62]

En su obra *Vida de Nerón* –16.11-13– (Nerón reinó del 54 al 68 d.C.), Suetonio relata la persecución de los cristianos; sin embargo, no explica por qué se les trataba de la siguiente manera: «Se castigaba y torturaba a los cristianos, grupo que se había entregado a una nueva y nociva superstición». Más adelante describe de forma muy detallada el incendio que arrasó diez de los catorce distritos de Roma.[63]

Tácito (aprox. 55-117 d.C.)

Fue Tácito el que, en un conocido pasaje escrito en el año 115, afirma explícitamente que Nerón perseguía a los cristianos y los usaba como cabeza de turco acusándoles de causar el incendio del año 64:

---

[59] F. J. Foakes Jackson y K. Lake, *The Beginnings of Christianity: The Acs of the Apostles* (1932; reprint, Grand Rapids, Baker, 1966), 5:459-60.

[60] F. F. Bruce, «Christianity Under Claudius» *BJRL* 44 (1961), páginas 316-317; C. J. Hemer, *The Book of Acts in the Setting of Hellenistic History* (Tübingen: Mohr, 1989), páginas 167, 168.

[61] W. H. C. Frend, *Martyrdom and Persecution in the Early Church* (New York: New York University Press, 1967), 122; B.W.Winter, «The Imperial Cult», y A. D. Clarke, «Rome and Italy», *The Book of Acts in Its Greco-Roman Setting*, ed. D. W. J. Gill y C. Gempf (Grand Rapids, Eerdmans, 1994), páginas 99 y 469-471.

[62] S. Benko, «The Edict of Claudius of d.C. 49 and the Instigator Chrestus», *TZ* 25 (1969), 406-18; *idem.*, «Pagan Criticism of Christianity During the First Two Centuries d.C.», *ANRW* 2, núm. 23.2 (1980): 1058-62. Ver también D. Slingerland, «Chrestus: Christus?», en *New Perspectives on Ancient Judaism*, vol. 4, ed. J. Neuser et al. (Lanham, Md., University Press of America, 1989), cap. 10.

[63] M. T. Griffin, *Nero, the End of a Dynasty* (New Haven, Yale University Press, 1985), páginas 126-133.

> *Pero ni todos los esfuerzos humanos, ni todo el poder del emperador, ni la propiciación de los dioses fueron suficientes para hacer desaparecer la creencia de que el incendio había sido ordenado. Por tanto, Nerón echó las culpas a una clase odiada por el revuelo que había causado, a quien el populacho llamaba cristianos, y les infligió toda clase de torturas. Khristos, de quien proviene el nombre del movimiento, sufrió la pena capital durante el reinado de Tiberio en manos de uno de nuestros procuradores, Poncio Pilato, y a partir de ahí se empezó a extender una superstición, no solo por Judea, de donde viene todo el mal, sino que llegó también a Roma, donde todas las ideas y pensamientos vergonzosos y malvados encuentran aceptación. Así, se arrestaba a los que se sabía que eran cristianos, se les interroga, y usaban la información para arrestar a muchos más para acusarles no tanto por el incendio, sino por odiar a la humanidad.*[64]

Nótese que Tácito, que odiaba a los cristianos aun más de lo que odiaba a los judíos, sabía que el nombre del movimiento provenía de Cristo, que había sido crucificado («sufrió la pena capital») bajo Poncio Pilato y el reinado de Tiberio. También sabía que el movimiento se había extendido de Judea a Roma, donde «muchos» hacían profesión de su fe y estaban dispuestos a morir antes que renegar de aquella creencia tan querida.

Plinio el Joven (aprox. 61-113 d.C.)

Plinio el Joven era sobrino de un famoso enciclopedista, Plinio el Viejo, que murió durante la erupción del Vesubio del año 79 d.C.[65] Llegó a ser gobernador de Bitinia en el noroeste de Turquía a principios de siglo II. En una carta escrita alrededor del año 111 al emperador Trajano (98-117 d.C.), hace mención al incipiente movimiento cristiano:

> *Nunca he estado presente en un interrogatorio a un cristiano. Por tanto, no sé hasta donde llegan los castigos que se les imponen, ni las razones por las que se les abre una investigación (...) Yo les he preguntado si son cristianos, y si así lo admiten, repito la pregunta una o dos veces más, mientras les advierto del castigo que les espera. Si insisten, ordeno que se les ejecute; porque, sea cual sea la naturaleza de su admisión, considero que una testarudez y obstinación así deben ser castigadas (...) También declararon que de lo único que son culpables es de lo siguiente: reunirse regularmente —un día fijado— antes del alba cantar en honor*

---

[64] Tácito, *Annales*, 15.44.
[65] Ver R. L. Wilken, *The Christians as the Romans Saw Them* (New Haven, Yale University Press, 1984), caps. 1-2; F. G. Downing, «Pliny's Prosecution of Christians, Revelation and 1 Peter», *JSNT* 34 (1988), páginas 105-123.

a Cristo como si fuera un dios,[66] *y también dar su palabra de abstenerse de robar, adulterar (...) Esto fue lo que me hizo sospechar y querer descubrir la verdad detrás de todo eso, así que mandé torturar a dos esclavas, a las que ellos llaman diaconisas. No encontré nada más que una secta degenerada hasta extremos extravagantes.*[67]

Estas importantes fuentes romanas muestran que fuera del Nuevo Testamento encontramos hechos que corroboran lo que narran los textos bíblicos: que Cristo fue crucificado bajo Pilato y durante el reino de Tiberio, y que a pesar de aquella acusación y pena ignominiosa que sufrió sus seguidores le adoraban como si fuera un dios, y que ya en los años 60 (o puede que incluso en los 50) en Roma ya había una cantidad enorme de ellos, y que a finales del siglo I se había extendido por todo el noroeste de Asia Menor, tanto en zonas rurales como urbanas (y tanto entre los esclavos como entre los libres).

Fuentes cristianas fuera del Nuevo Testamento

En nuestra búsqueda del Jesús histórico fuera del Nuevo Testamento, hasta ahora sólo hemos analizado fuentes no cristianas, algunas de las cuales ofrecen evidencias de que lo narrado en el Nuevo Testamento es fiable o histórico. Veremos ahora algunos textos cristianos extrabíblicos que se han usado a veces para sacar retratos equivocados de Jesús.

Logia Agrafa

La expresión *logia agrafa* (palabras no escritas) se ha usado para denominar aquellos dichos de Jesús que no aparecen en los evangelios canónicos (Mateo, Marcos, Lucas y Juan).[68] Tanto los Evangelios apócrifos como los escritos de los Padres de la Iglesia contienen dichos y relatos de hechos de Jesús que no están en los Evangelios canónicos.[69]

---

[66] Harris, en «References to Jesus», 347, interpreta que la expresión *quasi deo* subraya «da singularidad de Jesús respecto a otros dioses. ¿En qué consistía esa singularidad? En que, a diferencia de los otros dioses, Cristo era una persona que había vivido en la tierra».
[67] Plinio el Joven, *Epístolas*, 10.96.
[68] Ver mi artículo «Agrapha» en *ISBE*, ed. G. W. Bromiley (Grand Rapids, Eerdmans, 1979), 1:69-71.
[69] W. Stroker, ed., *Extracanonical Sayings of Jesus* (Atlanta, Scholars, 1989). Se trata de una obra importante que recoge varios *agrafa*, incluyendo citas en las lenguas originales

En 1896 B. P. Grenfell y A. S. Hunt descubrieron en Oxyrhynchos, Egipto, un papiro con ocho frases de Jesús, desconocidas hasta el momento.[70] Este fragmento, conocido como Oxy P1, fecha del siglo II dC. En 1904 se publicaron cinco frases más de un segundo papiro (aprox. 250). Más adelante, una vez apareció el evangelio copto de Tomás, los eruditos se dieron cuenta de que todas esas frases eran fragmentos en griego del ese mismo evangelio.[71] Este evangelio, que contiene 14 *logia agrafa* de Jesús, escrito en copto alrededor del año 400,[72] es el más famoso de entre los más o menos cincuenta tratados descubiertos en aproximadamente una docena de códices (es decir, libros).

La fecha y la validez del Evangelio de Tomás es un tema muy discutido. En el primer capítulo de este libro Craig Blomberg trata este tema con más detenimiento, pero aquí consideraremos algunos puntos importantes. Muchos investigadores creen que el original griego del Evangelio de Tomás fue escrito en Edesa, Siria, alrededor del año 140.[73] Existen dos posiciones bien diferentes sobre la importancia de este Evangelio. Muchos creen que su importancia es secundaria, ya que «la mayoría de su contenido está basado en los evangelios canónicos».[74] Por otro lado, un gran número de académicos, influidos sobre todo por Helmut Koester de Harvard y James Robinson de Claremont,[75] creen que el evangelio de Tomás es de la misma fecha que los evangelios canónicos y que es independiente.[76]

---

[70] Ver mi artículo «Logia» en *ISBE*, ed. G.W. Bromiley (Grand Rapids, Eerdmans, 1986), 3:152-54.

[71] J. A. Fitzmyer, «The Oxyrhynchus Logoi of Jesus and the Coptic Gospel According to Thomas», *TS* 20 (1959), 505-60; reeditado en su obra *Essays on the Semitic Background of the New Testament* (Missoula, Mont., Scholars, 1974), cap. 15.

[72] Todos estos tratados se descubrieron en 1945 en Nag Hammadi, en Egipto. Ver J.M.Robinson, «The Discovery of the Nag Hammadi Codices», *BA* 42 (1979), páginas 206-224. Todos estos textos, incluyendo el evangelio de Tomás, se han traducido al inglés: J. M. Robinson, ed., *The Nag Hammadi Library*, 3ª ed. (San Francisco, Harper San Francisco, 1990). Cf. mi artículo «The Nag Hammadi Library», *Journal of Library History* 22 (1987), páginas 425-441.

[73] Ver E. Yamauchi, *Pre-Christian Gnosticism*, 2ª ed. (Grand Rapids, Baker, 1983), páginas 89-91, 211-213. M. J. Desjardins, «Where Was the Gospel of Thomas Written», *Toronto Journal of Theology* 8 (1992), páginas 121-33, sugiere que fue escrito en Antioquía.

[74] K. Snodgrass, «The Gospel of Thomas: A Secondary Gospel», *The Second Century* 7 (1989-90), página 38. C. Tucckett, *Nag Hammadi and the Gospel Tradition* (Edimburgo, Clark, 1986), defiende que eso también es cierto de los dichos de los otros tratados de Nag Hammadi.

[75] Ver especialmente J. M. Robinson y H. Koester, *Trajectories Through Early Christianity* (Philadelphia, Fortress, 1971).

[76] Ver una crítica de la perspectiva de Koester en C. M. Tuckett, «Q and Thomas, Evidence of a Primitive "Wisdom Gospel"?» *Ephemerides Thologicae Lovanienses* 67 (1991), 346-360.

«El Seminario de Jesús» lo considera el «quinto evangelio». Pero si examinamos el análisis que hacen que es, a su vez, muy escéptico sobre la autenticidad de los evangelios canónicos, veremos que los miembros de «El Seminario» también se muestran muy escépticos con las *logia agrafa* que aparecen en Tomás. De entre todas, según ellos, sólo hay tres –de las que no aparecen en los paralelos canónicos– dignas de consideración.

Tomás 42: *«Dijo Jesús: "Haceos pasajeros"»* –*coloreado en gris (Jesús no dijo esto exactamente, pero es una idea cercana a las ideas de Jesús).*[77]
Tomás 97: *«Dijo Jesús: "El reino del [Padre] se parece a una mujer que transporta(ba) un recipiente lleno de harina. Mientras iba [por un] largo camino, se rompió el asa (y) la harina se fue desparramando a sus espaldas por el camino. Ella no se dio cuenta (ni) se percató del accidente. Al llegar a casa puso el recipiente en el suelo (y) lo encontró vacío"».*[78] *«El Seminario» atribuye el color rosa a estas palabras (es probable que Jesús las dijera).*
Tomás 98: *«Dijo Jesús: "El reino del Padre se parece a un hombre que tiene la intención de matar a un gigante: desenvainó [primero] la espada en su casa (y) la hundió en la pared para comprobar la fuerza de su mano. Entonces dio muerte al gigante"». Este fragmento también aparece en rosa. Podríamos preguntarnos por qué los eruditos escogen estas sentencias y no otras; y es que, en última instancia, sus argumentaciones son altamente subjetivas.*

El primer estudio completo de las *palabras no escritas* lo realizó Alfred Resch (1889), que recogió 361. De todas ellas, J. H. Ropes (1896) concluyó que sólo catorce eran valiosas y, probablemente, otras trece más. El estudio más importante que se ha hecho recientemente es el de Joachim Jeremias, *Unknown Sayings of Jesus.*[79] Recoge dieciocho dichos (que incluye 1ª Tesalonicenses 4:15s.),[80] diciendo que posiblemente son auténticos. Hace poco O. Hofius ofreció una evaluación más crítica, en la que presenta cinco posibles *logia agrafa*, y cuatro que podrían serlo.[81] Las posibles *logia agrafa* son:

---

[77] R. W. Funk, R.W. Hoover y «El Seminario de Jesús», *The Five Gospels: What Did Jesus Really Say?* (New York, Macmillan, 1993), 496.
[78] *Ibíd.*, páginas 523-524. Las palabras en paréntesis se han añadido para mejorar la traducción.
[79] J. Jeremias, *Unknown Sayings of Jesus*, 2ª ed. (1957; reprint, London, SPCK, 1964).
[80] Jeremias llega a esta conclusión a partir de la frase «en palabra del Señor» de 1ª Tesalonicenses 4:15. Otros entendidos la interpretan como una revelación a la iglesia a través de un profeta, y no como una *agrafa*. Ver Robert L. Thomas, «1 Thessalinians», en F. Gaebelein, ed., *The Expositor's Bible Commentary*, vol. 11 (Grand Rapids, Zondervan, 1978), páginas 276-277.
[81] O Hofius, Unknown Sayings of Jesus, en *The Gospel and the Gospels,* ed. P. Stuhlmacher (Grand Rapids, Eerdmans, 1991), páginas 336-360.

Papiro Oxyrhynchos 840: «*¡Ay (de vosotros)!, ciegos, que no veis. Tú te has lavado en este agua corriente, donde se han echado perros y puercos de noche y de día, y, al lavarte, has limpiado lo exterior de la piel, que es lo que las meretrices y flautistas perfuman, lavan, acicalan y adornan para concupiscencia de los hombres, siendo así que su interior está lleno de escorpiones y de toda clase de maldad. Mas por lo que se refiere a mí y a mis discípulos, de quienes tú afirmas que no nos hemos lavado, (yo te aseguro que) lo hemos hecho utilizando las aguas vivas que proceden de [el Padre en los cielos]*».

Liber Granduum siríaco: «*Seréis llevados tal como se os encuentre*».

Evangelio de Tomás *8:* «*Y dijo: "El hombre se parece a un pescador inteligente que echó su red al mar y la sacó de él llena de peces pequeños. Al encontrar entre ellos un pez grande y bueno, aquel pescador inteligente arrojó todos los peces pequeños al mar y escogió sin vacilar el pez grande"*».

Clemente de Alejandría, Orígenes y Eusebio: «*Pedid por las grandes cosas y Dios os dará las cosas pequeñas*».

Muchos Padres de la Iglesia: «*Sed cambistas aprobados*».

Estas son las cuatro que podrían ser *logia agrafa*:

1. Codex Beza en Lucas 6:5: «El mismo día, habiendo visto a uno que trabajaba en sábado, le dijo: "Hombre, si te das cuenta de lo que haces, dichoso de ti; pero, si no, maldito eres y trasgresor de la Ley"».
2. Evangelio de Tomás 82: «Dijo Jesús: "Quien esté cerca de mí, está cerca del fuego; quien esté lejos de mí, está lejos del Reino"».
3. Evangelio de los Hebreos: «Nunca estéis contentos sino cuando miréis a vuestro hermano con amor».
4. Papiro Oxyrhynchos 1124: «Quien está lejos [hoy], mañana estará [cerca de vosotros]».

Hofius comparte la opinión de Jeremias de que algunas *logia agrafa* se pueden poner al mismo nivel de los Evangelios canónicos. La mayoría de ellas derivan de las fuentes de los Evangelios.

Hofius concluye: «La clara vinculación con la tradición preexistente de dichos dominicales [es decir, los dichos del Señor Jesús] no deja lugar a dudas de que la Iglesia primitiva sin inhibición, con libertad y a gran escala produjo dichos de Jesús».[82]

---

[82] *Ibíd.*, página 359.

Ésta es una crítica directa al posicionamiento de algunos investigadores, como por ejemplo los de «El Seminario de Jesús», que creen que la mayoría de las palabras de Jesús recogidas en los Evangelios fueron inventadas por la Iglesia.

Evangelios apócrifos

Ireneo, obispo en Lyon, Francia (aprox. 180), reconoció que solo había cuatro Evangelios canónicos.[83] También hace mención de «un número muy elevado de escritos apócrifos falsos, que habían sido creados por ellos mismos [los herejes], para desconcertar a las mentes insensatas». Orígenes (siglo III) escribe que «da Iglesia cuenta con cuatro evangelios, y un sinfín de herejías».

De los aproximadamente quince evangelios apócrifos, de muchos de ellos sólo sabemos el nombre o título, o por algunas citas y referencias que hacen los Padres de la Iglesia.[84] La mayoría de ellos se clasifican en las dos categorías siguientes: (1) legendarios, o (2) heréticos. En el primer grupo están los llamados evangelios de la infancia de Jesús, según los cuales el niño Jesús hacía milagros; estos evangelios también proporcionan un importante trasfondo legendario sobre la Virgen María.[85] El más antiguo de todos ellos, el protoevangelio de Santiago (siglo II), describe el nacimiento de Jesús en una cueva, una tradición que también aparece en Justino el Mártir.

Muchos de los textos de Nag Hammadi delatan una visión docética de Cristo, que era normal entre los gnósticos; es decir, no aceptaban la idea de que el Hijo de Dios era verdaderamente humano, sino que sostenían que simplemente lo parecía o aparentaba y, por lo tanto, no podía sufrir.[86] Por ejemplo, dos textos de Nag Hammadi, *The Second Treatise (Logos) of the Great Seth* y el *Apocalipsis de Pedro* reflejan a un Salvador que se mofa de la insensatez de los que creen erróneamente que le han

---

[83] Ver B. M. Metzger, *The Canon of the New Testament* (Oxford, Clarendon, 1987), 154, 155; cf. W.R. Farmer y D.M. Farkasfalvy, *The Formation of the New Testament Canon* (New York: Paulist, 1983), página 47.

[84] Ver mi artículo «Apocryphal Gospel» en *ISBE*, 1:81-88.

[85] La edición estándar es una obra de 2 volúmenes, de E. Hennecke y W. Schneemelcher, *New Testament Apocrypha*, trans. R. McL. Wilson (Philadelphia, Westminster, 1965).

[86] Ver mi artículo «The Crucifixion and Docetic Christology», *CTQ* 46 (1982), páginas 1-20. Fue Mahoma el que introdujo en el Corán la idea de que Jesús no murió en la cruz (4:156-57).

crucificado, cuando el que había muerto en la cruz era otra persona, un sustituto.[87]

Hasta hace poco se creía que los evangelios apócrifos eran del siglo II o más tarde, y apenas se tenían en cuenta a la hora de reconstruir las palabras de Jesús. Pero la traducción del evangelio de Tomás en 1959 impulsó el interés por este tipo de textos. Bajo la influencia de Helmut Koaster de Harvard, muchos expertos han estado llevando a cabo una revisión muy radical que ha consistido, por un lado, en la infravaloración de los evangelios canónicos y, por otra, en la revalorización de los evangelios apócrifos, una revalorización que, como mínimo, los eleva a que se les considere ¡igual de válidos que a los canónicos![88]

Ésta es la razón por la que eruditos como John Crossan han incluido en las fuentes de entre los años 30 y 60 d.C. obras como el Evangelio de Tomás, el Evangelio (de) Egerton, el Evangelio de los hebreos, y el Evangelio de Pedro.[89]

Koester cree que el Evangelio (de) Egerton [o desconocido], que aparece en el fragmento de un papiro que fecha del año 200,[90] provee información relevante para el estudio del Evangelio de Juan[91]. Pero D. F. Wright afirma en un estudio detallado que los argumentos de Koester referentes al «Evangelio desconocido» (Pap. Egerton 2) son considerablemente defectuosos.[92]

Eusebio recoge que Serapión, obispo de Antioquía alrededor del año 200, se negó a usar el evangelio de Pedro porque presenta una visión docética de Cristo. Este texto nos ha llegado en un pergamino del siglo XVIII

---

[87] De ahí el título del libro de John Dart, *The Laughing Saviour* (New York, Harper & Row, 1976).

[88] H. Koester, «Apocryphal and Canonical Gospels», *HRT* 73 (1980), páginas 105-130. Sus primeros estudiantes, como Ron Cameron, respaldaron esta perspectiva, con obras como *The Other Gospels: Non-Canonical Gospel Texts* (Philadelphia, Westminster, 1982).

[89] J. D. Crossan, *The Historical Jesus: The Life of a Mediterranean Jewish Peasant* (San Francisco, Harper San Francisco, 1991).

[90] H. Koester, *Ancient Christian Gospels* (Philadelphia, Trinity Press, 1990), páginas 206-216.

[91] H. Koester, *Introduction to the New Testament II: History and Literature of Early Christianity* (Philadelphia, Fortress, 1982), 222.

[92] D. F. Wright, «Apocryphal Gospels: The «Unknown Gospel» (Pap. Egerton 2) and the Gospel of Peter», *Gospel Perspectives* V, 207-32; cf. igualmente su artículo «Papyrus Egerton 2 (the *Unknown Gospel*) —Part of the *Gospel of Peter*?», *The Second Century* 5 (1985-1986), páginas 129-150. Ver J. Jeremias, «An Unknown Gospel With Johannine Elements», en *New Testament Apocrypha*, 1:95; Metzger, *The Canon of the New Testament*, páginas 167-169.

descubierto en Akhmim, Egipto, en 1886.[93] Probablemente se compuso en Siria en la primera mitad del siglo II, y absuelve a Pilato de toda culpabilidad y describe cómo Jesús salió de la tumba con dos ángeles, «cuyas cabezas intentaban alcanzar el cielo, y la cabeza de aquél al que llevaban de la mano sobrepasaba los cielos».[94]

Del Evangelio de los hebreos solo nos han llegado algunas citas que probablemente fueron escritas en Egipto a principios del siglo II. Este evangelio, puede que en arameo originalmente, lo utilizaban los cristianos judíos.[95]

Uno de los versículos de este evangelio citado tanto por Orígenes como por Jerónimo contiene las siguientes palabras de Jesús: «Pero ahora mi madre el Espíritu Santo me tomó por uno de mis cabellos y me llevó al gran monte Tabor». La palabra *espíritu* en las lenguas semíticas —*ruba*— es de género femenino.

En 1958, el profesor Morton Smith de Columbia University descubrió en el monasterio de Mar Saba al sudeste de Jerusalén un manuscrito griego del siglo XVIII que decía ser una carta de un famoso padre de la Iglesia, Clemente de Alejandría (160-215). Smith hizo un serio estudio, con el que consiguió persuadir a la mayoría de los eruditos de la autenticidad de la carta.[96]

---

[93] Bruce, *Jesus & Christian Origins*, páginas 88-93; Hennecke and Schneemelcher, *New Testament Apocrypha*, 1:79-87.

[94] En los artículos de D. F. Wright citados en la nota al pie núm. 90 podrá encontrar una crítica de los argumentos de Koester. John Dominic Crossan, *The Cross that Spoke: The Origins of the Passion Narrative* (San Francisco, Harper & Row, 1988) ha extraído del evangelio de Pedro el también llamado evangelio de la Cruz que, según él, es la fuente principal en la que los evangelios canónicos se basan para relatar la pasión. Encontrará una crítica a esta propuesta tan radical en el Apéndice 1 de R.E. Brown, «The Gospel of Peter –A Noncanonical Passion Narrative», en *The Death of the Messiah* (New York, Doubleday, 1994), 2:1317-49. Ver igualmente la crítica de A. Kirk, «Examining Properties: Another Look at the *Gospel of Peter*'s Relationship to the New Testament Gospels», *NTS* 40 (1994); páginas 572-595.

[95] Bruce, *Jesus and Christian Origins*, páginas 99-105; Metzger, *The Canon of the New Testament*, 169-70; P. Vielhauer, «Jewish-Christian Gospels», en *New Testament Apocrypha*, 1:117-65.

[96] M. Smith, *Clement of Alexandria and a Secret Gospel of Mark* (Cambridge, Harvard University Press, 1973); ver también su estudio «Clement of Alexandria and Secret Mark: The Score at the End of the First Decade», *HTR*75 (1982), 449-461. Es irónico que uno de los escépticos sea A. D. Nock de Harvard, a quien Smith ha dedicado el libro. E. Osborn, un reconocido experto en este padre de la Iglesia, cree que la carta es una falsificación piadosa: «Clement of Alexandria, A Review of Research, 1957-1982», *The Second Century* 3 (1983), páginas 222-223.

En esta carta Clemente regaña a los gnósticos carpocracianos por su inmoralidad.[97] Les acusa de haber manipulado una copia de *El libro secreto de Marcos*, que, supuestamente, Marcos escribió aparte de su Evangelio. Clemente cita dos fragmentos de esta obra; el más extenso es parecido a la narración de la resurrección de Lázaro (Juan 11), y el otro narra un encuentro con la familia del joven en Jericó.

F. F. Bruce describe el documento como «un remiendo lleno de contradicciones internas (...) una composición artificial, muy lejos del valioso estilo narrativo de Marcos».[98] Pero el mismo Smith creía que aunque *El libro secreto de Marcos* no era obra del evangelista, fue escrito en el año 95 y usado posteriormente para escribir el evangelio canónico de Marcos. Aunque Helmut Koester difiere en algunos detalles, acepta que entre las dos obras existe un tipo de dependencia similar.[99]

¡Es sorprendente y también inaudito que estos eruditos que se muestran tan escépticos con los evangelios del primer siglo construyan unas teorías tan ilógicas basándose en tres párrafos de un manuscrito del siglo XVIII![100]

Morton Smith, ex-sacerdote episcopaliano, basándose en el manuscrito que descubrió expuso lo que llamó la verdadera naturaleza de los evangelios y de Jesús en sus dos famosos libros: *The Secret Gospel*[101] y *Jesus the Magician*.[102]

En el primer encuentro Smith interpreta el encuentro de Jesús con un joven desnudo como un bautismo de iniciación a la homosexualidad.[103] En el segundo, Smith, que se tomó muy en serio las acusaciones del

---

[97] Ver mi libro *Gnostic Ethics and Mandaean Origins* (Cambridge, Harvard University Press, 1970), donde recojo información sobre los grupos gnósticos que conjugaban el ascetismo con la licencia y la permisividad.

[98] F. F: Bruce, *The «Secret» Gospel of Mark* (London, Athlone, 1974), página 12.

[99] Koester, *Ancient Christian Gospels*, 273-303. Cf. también John D. Crossan, *Four Other Gospels* (Minneapolis, Winston, 1985); H. M. Schenke, «The Mystery of the Gospel of Mark», *The Second Century* 4 (1984): páginas 65-82.

[100] Para una clara exposición de estos temas, ver C. B. Smith II, «Mark the Evangelist and His Relationship to Alexandrian Christianity in Biblical, Historical, and Traditional Literature» (master's thesis, Miami University, 1992). Encontrará un informe técnico de estas declaraciones en F. Neirynck, «The Apocryphal Gospels and the Gospel of Mark», *The New Testament in Early Christianity*, ed. J.M. Sevrin (Leuven, Leuven University Press, 1989), páginas 123-175.

[101] M. Smith, *The Secret Gospel* (New York, Harper & Row, 1973).

[102] M. Smith, *Jesus the Magician* (San Francisco, Harper & Row, 1978).

[103] Smith, *The Secret Gospel*, 114. Ver una valoración realizada por mí, «A Secret Gospel of Jesus as "Magnus"?», *Christian Scholar's Review* 4 (1975), páginas 238-251.

Talmud y Celsus, describe a Jesús como un mago y la celebración de la Santa Cena como una ceremonia relacionada con lo mágico.[104]

Conclusiones

Hemos visto cómo algunos investigadores a veces han tratado los textos fuera del Nuevo Testamento de modo irresponsable en un intento de reemplazar con sus propias presuposiciones e ideas el retrato que los evangelios hacen de Jesús. Las teorías de estos investigadores (como Dupont-Sommer, Wilson, Allegro, Thiering, Eisenman, Smith) consiguieron atraer a los medios de comunicación, pero no pueden tomarse en serio. Otros expertos como Koester y Crossan han hecho estudios más reconocidos, pero igual de poco convincentes, para reemplazar a los evangelios canónicos por los apócrifos en el estudio del redescubrimiento de Jesús.

Aunque no contáramos con el Nuevo Testamento u otros escritos cristianos, podríamos seguir concluyendo a partir de escritos no cristianos como los de Josefo, el Talmud, los de Tácito y de Plinio el Joven que: (1) Jesús era un maestro judío; (2) mucha gente creía que sanaba y expulsaba demonios; (3) los líderes religiosos judíos le odiaban; (4) fue crucificado bajo Poncio Pilato en el reinado de Tiberio; (5) a pesar de que murió de forma vergonzosa, sus seguidores, que creían que aún estaba vivo, fueron más allá de Palestina: en el año 64 d.C. había muchos de ellos en Roma; (6) a principios del siglo II muchos tipos diferentes de gente –de la ciudad, del campo, hombres y mujeres, libres y esclavos– le adoraban como Dios.[105]

A pesar de lo que defienden algunos eruditos en la actualidad, las evidencias extrabíblicas no respaldan los retratos excéntricos que hacen de Jesús y que tanto atraen a los medios de comunicación debido a la novedad

---

[104] Encontrará una valoración de estas declaraciones en mi artículo «Magic or Miracle? Demons, Diseases and Exorcisms», en *Gospel Perspectives VI: The Miracles of Jesus*, ed. D. Wenham y C. Blomberg, (Sheffield, JSOT, 1986), páginas 89-183.

[105] Contamos con más documentación histórica sobre la persona de Jesús que sobre el fundador de cualquier religión. Aunque se cree que los g?th?s de Zaratustra (1000 a.C. aprox.) son fiables, la mayoría de las escrituras zoroástricas no fueron escritas hasta después del siglo III d.C. La biografía parsi más conocida de Zaratustra se escribió en el 1278 d.C. Las escrituras de Buda (siglo VI a.C.) también empezaron a componerse ya en la era cristiana, y la primera biografía de Buda es del siglo I d.C. Aunque el Corán recoge las palabras de Mahoma (570-632 d.C.), la primera biografía del profeta no se escribió hasta el año 767, más de un siglo después de su muerte.

del asunto. A diferencia de estas revisiones efímeras, el retrato ortodoxo de Jesús sigue siendo, después de considerar todas las evidencias existentes, incluso la corroboración que nos ofrecen las fuentes antiguas independientes del Nuevo Testamento, la posición más creíble.

Preguntas para la reflexión

1. ¿Qué son los Manuscritos del Mar Muerto?
2. ¿Quién es el historiador judío más importante que habla de Jesús?
3. ¿Qué es el Talmud?
4. ¿Cuáles son las fuentes romanas que mencionan a Jesús?
5. ¿Qué son las *logia agrafa*?
6. ¿Apoyan, en general, las fuentes no bíblicas el retrato del Nuevo Testamento sobre Jesús?

Conclusión

¿QUÉ SIGNIFICA TODO ESTO?

Michael J. Wilkins & J.P. Moreland

Creemos que los argumentos que se presentan en estos ocho capítulos son una respuesta suficientemente seria para frenar los ataques en contra de Jesús por parte de los críticos radicales como los que forman parte de «El Seminario de Jesús». También conforman una buena defensa de la integridad de los testimonios bíblicos.

De forma breve y clara podemos concluir que las declaraciones que el Nuevo Testamento hace sobre Jesús son ciertas y, además, que se trata de una conclusión razonable. Esperamos que este libro haya despertado el interés del lector o lectora por el aspecto intelectual de la búsqueda de Dios. Si su deseo es vivir una vida de integridad ante Dios, es imprescindible que sus creencias estén basadas en la verdad y que sus preguntas obtengan respuestas intelectualmente satisfactorias. Es obvio que no podemos solucionar todos los problemas o preguntas en un solo volumen. Por tanto, si tiene más preguntas, le animamos a consultar la bibliografía recomendada que aparece al final de este libro. Allí encontrará información sobre dónde puede profundizar más acerca de un tema en cuestión.

¿Tiene este estudio alguna implicación espiritual?

Todos los que participamos en este debate lo hacemos desde nuestra posición como individuos, y desde una posición histórica concreta. Algunos venimos de una familia estable, con suficientes ingresos, hemos disfrutado de una educación sólida, y nos hemos realizado profesionalmente. Otros han tenido una vida de injusticia que les lleva a alzar la voz pidiendo que a todos se nos concedan las mismas oportunidades. Actualmente en nuestro mundo moderno somos cada vez más conscientes del sufrimiento que invade nuestro planeta, y convive con nosotros un creciente sentido de desesperanza y fragmentación. Como resultado, mucha gente no sabe dónde buscar el norte de sus vidas, la esperanza en medio del sufrimiento, y el propósito de nuestra existencia.

Jesucristo es la única solución verdadera y satisfactoria a todos los dilemas de la persona moderna. Esta es la razón por la que las ideas de «El Seminario de Jesús» son tan devastadoras. No solamente son insuficientes, intelectualmente hablando, sino que tienen un efecto destructor, espiritualmente hablando, ya que acaban con toda posibilidad de esperanza. Si adoptamos el retrato de Jesús que sugieren en algunas de sus obras, estaremos simplemente ante un sabio maestro, un religioso, un piadoso narrador de parábolas y proverbios, una figura revolucionaria, un campesino judío y una predicador cínico, o un espíritu. Un Jesús así no puede ofrecer la salvación eterna, ni el poder para vivir una vida de acuerdo con la voluntad de Dios. Afortunadamente, hemos visto que las conclusiones de «El Se-minario de Jesús» no pasan la prueba de un análisis serio y riguroso.

Jesucristo vino a ofrecer un reino en el que la vida puede ser vivida rica y abundantemente de forma que sea posible ofrecer esperanza a todo el mundo, independientemente de las circunstancias que le hayan tocado vivir. Ofrece un sentido para nuestras vidas, que es complacer al que nos ha creado, disfrutar de las riquezas de lo que supone estar en comunión con Él, y extender las buenas nuevas de Jesucristo hasta los confines de la tierra. Nos ofrece el perdón ante la inmundicia y suciedad que sale de lo más profundo de nuestros corazones. ¿Y quién no necesita ser perdonado cada día? A lo largo de la historia ha habido millones de personas que testifican que, a través de ciertas prácticas espirituales nos damos cuenta de que es real, y de que su guía y compañía puede llegar a ser nuestro pan diario. Nos ha dejado una clara guía moral sobre los temas fundamentales de la vida. Creó una comunidad de gente que se reúne en su nombre, en la que podemos encontrar el tipo de relaciones humanas para las que fuimos creados. También hemos de ser realistas, seguir a Jesucristo es duro, exige un esfuerzo. Pero sepamos que el precio a pagar por no seguirle es aún mayor.

Muchos pensarán: «¿Qué tiene esto que ver conmigo?» Es muy sencillo. Lo que Jesús vino a ofrecer en la antigüedad, lo sigue ofreciendo en la actualidad. Si no eres un seguidor de Jesús, aún tienes la oportunidad de poder conocer al Cristo resucitado y formar parte de su reino. Pero para ello, tienes que creer confiadamente en Jesucristo y en su evangelio. Si estás buscando al Dios del universo, te animamos a considerar que Jesús dijo ser Dios, entrando en la historia para ofrecernos una relación personal con Él. Todos los autores que han colaborado en este libro estaríamos encantados de ayudaros a ver cómo iniciar esa relación personal con el Creador de todo. También podemos ponerte en contacto con algún creyente, que sea de nuestra misma convicción. Busca a alguien que ya se haya enzarzado en esta búsqueda, y ya haya encontrado la verdad de Jesús. No lo dejes para más adelante. Es una cuestión de vida o muerte.

Si ya eres un seguidor de Jesucristo, hemos intentado ofrecerte una serie de evidencias que a veces no están al alcance de todos, para ayudarte a aclarar alguna posible duda, y para animarte y retarte a continuar con tu vida cristiana. Para todos nosotros, los creyentes, es un privilegio y una responsabilidad rededicar nuestras vidas para ser cada vez mejores discípulos de Jesús. Nosotros, los autores de este libro, ya lo hemos hecho. ¿Y tú? El mundo de principios del tercer milenio necesita oír el mensaje de Jesucristo. Nuestra oración es que el libro haya servido para que tu fe se fortalezca, y que estés mejor preparado o preparada para vivir la vida en abundancia que Jesús vino a traer, y para la cual fuimos creados. Únete a nosotros para decirle al mundo que Jesús es el Cristo, el Hijo del Dios viviente, la respuesta a las necesidades básicas de toda persona, de la persona del siglo XXI.

Pregunta para la reflexión

1. ¿Qué ha aportado la lectura de este libro a tu vida espiritual?

Bibliografía

[B] = Básica [I] = Intermedia [A] = Avanzada

I. El Jesús Histórico
A. *Los evangelios*

- [I] Anderson, Norman. *The Teaching of Jesus*. The Jesus Library. Michael Green, series editor. Downers Grove, Ill., InterVarsity, 1983.
- [B] Barnett, Paul. *Is the New Testament History?* London, Hodder & Stoughton, 1986.
- [B] Black, David Alan, and David Dockery. *New Testament Criticism and Interpretation*. Grand Rapids, Zondervan, 1991.
- [I] Blomberg, Craig. *The Historical Reliability of the Gospels*. Downers Grove, Ill., InterVarsity, 1987.
- [B] Bockmuehl, Markus. *This Jesus: Martyr, Lord, Messiah*. Edinburgh, T. & T. Clark, 1994.
- [A] Burridge, Richard A. *What Are the Gospels? A Comparison with Graeco-Roman Biography*. Cambridge, Cambridge Univ. Press, 1992.
- [I] Charlesworth, James H. *Jesus within Judaism*. New York, Doubleday, 1988.
- [A] Chilton, Bruce, and Craig A. Evans, eds. *Studying the Historical Jesus: Evaluations of the State of Current Research*. Leiden, Brill, 1994.
- [A] Ellis, E. Earle. «New Directions in Form Criticism», pp. 25-52 in *Prophery and Hermeneutic*. Tübingen, Mohr, 1978.
- [A] ____. «Gospels Criticism», pp. 237-253 in *The Gospel and the Gospels*, ed. P. Stuhlmacher. Grand Rapids, Eerdmans, 1991.
- [B] France, R. T. *The Evidence for Jesus*. Downers Grove, Ill., InterVarsity, 1986.
- [A] France, R. T., and David Wenham. *Gospel Perspectives I: Studies of History and Tradition in the Four Gospels*. Sheffield, JSOT, 1980.
- [I] Goetz, S. C., and Craig L. Blomberg. «The Burden of Proof», *JSNT* 11 (1981), 39-83.
- [B, I, A] Green, Joel B., Scot McKnight, and I. Howard Marshall. *Dictionary of Jesus and the Gospels* (Downers Grove, Ill., InterVarsity, 1992).
- [I] Habermas, Gary R. *Ancient Evidence for the Life of Jesus: Historical Records of His Death and Resurrection*. Nashville, Thomas Nelson, 1984.
- [A] ____. «Resurrection Claims in Non-Christian Religions.» *Religious Studies* 25 (1989), 167-77.
- [I] Hagner, Donald A. *The Jewish Reclamation of Jesus*. Grand Rapids, Zondervan, 1984.
- [I] Harvey, A. E. *Jesus and the Constraints of History*. Philadelphia, Westminster, 1982.
- [B] Hays, Richard B. «The Corrected Jesus», *First Things* 43 (1994), 43-48.
- [I] Marshall, I. Howard. *Luke: Historian and Theologian*. Rev. ed. Grand Rapids, Zondervan, 1989.
- [I] ____. *The Origins of New Testament Christology*. Updated ed. Downers Grove, Ill., InterVarsity, 1990.
- [A] Meier, John P. *A Marginal Jew: Rethinking the Historical Jesus*. Volume 1. New York, Doubleday, 1991.
- [I] Meyer, Ben F. *The Aims of Jesus*. London, SCM, 1979.
- [I] Riesner, Rainer. «Jesus as Preacher and Teacher», pp. 185-210 en *Jesus and the Oral Gospel Tradition*. JSNTMS 64. Ed. Henry Wansbrough. Sheffield, Sheffield Academic Press, 1991.

[I] Sanders, E. P. *The Historical Figure of Jesus.* London, Penguin, 1993.
[I] Witherington, Ben, III. *The Chrirtology of Jesus.* Minneapolis, Fortress, 1990.
[B] Wright, N. T. *Who Was Jesus?* Grad Rapids, Eerdmans, 1992.

B. *Milagros*

[I] Brown, Colin. *Miracles and the Critical Mind.* Grand Rapids, Eerdmans, 1984.
[B] Geisler, Norman L. *Miracles and Modem Thought.* Grand Rapids, Zondervan, 1982.
[I] Geivett, Douglas, and Gary Habermas, eds. *Miracles: Has God Acted in History?* Downers Grove, Ill., InterVarsity.
[B] Lewis, C. S. *Miracles: A Preliminary Study.* New York, Macmillan, 1947.
[A] Swinburne, Richard. *The Concept of Miracle.* New York, St. Martin's, 1970.
[A] Wenham, David, and Craig Blomberg, eds. *Gospel Perspedives VI: The Miracles of Jesus.* Sheffield, JSOT, 1986.

C. *Resurrección*

[A] Alsup, John. *The Post-Resurrection Appearances of the Gospel Tradition.* Stuttgart, Calwer Verlag, 1975.
[A] Bode, Edward Lynn. *The First Easter Morning.* Analecta Biblica 45. Rome, Biblical Institute, 1970.
[B] Craig, William Lane. *The Son Arises.* Chicago, Moody, 1981.
[A] _____. *The Historical Argument for the Resurrection of Jesus.* Lewiston, N.Y., Edwin Mellin, 1985.
[B] _____. *Knowing the Truth about the Resurrection.* Ann Arbor, Servant, 1988.
[A] _____. *Assessing the New Testament Evidence for the Historicity of the Resurrection of Jesus.* Lewiston, N.Y., Edwin Mellin, 1989.
[A] Gundry, Roben H. *Soma in Biblical Theology.* Cambridge, Cambridge Univ. Press, 1976.
[I] Paley, William. *A View of the Evidences of Christianity.* 2 vols. 5th ed. Rep. ed.: Westmead, England, Gregg, 1970.

D. *Jesús fuera del Nuevo Testamento*

[B] Bruce, F. F. *Jesus and Christian Origins Outside the New Testament.* Grand Rapids, Eerdmans, 1974.
[I] Cameron, Ron. *The Other Gospels: Non-Canonical Gospel Texts.* Philadelphia, Westminster, 1982.
[I] Charlesworth, J. H., ed. *Jesus and the Dead Sea Scrolls.* New York, Doubleday, 1992.
[I] Cook, E. M. *Solving the Mysteries of the Dead Sea Scrolls.* Grand Rapids, Zondervan, 1994.
[A] Hennecke, E., and W. Schneemelcher, eds. *New Testament Apocrypha.* 2 vols. Philadelphia, Forness, 1963 and 1965.
[I] Klausner, J. *Jesus of Nazareth.* Boston, Beacon, 1925.
[I] Rogers, C. L., Jr. *The Topical Josephus.* Grand Rapids, Zondervan, 1992.
[B] Maier, P. L. *Josephus: The Essential Writings.* Grand Rapids, Kregel, 1988.
[I] Robinson. J. M., ed. *The Nag Hammadi Library.* 3d ed. San Francisco, Harper & Row, 1990.
[B] Shanks, H., ed. *Understanding the Dead Sea Scrolls.* New York, Random House, 1992.
[I] Sordi, M. *The Christians and the Roman Empire.* Norman, Okla., Univ. of Oklahoma Press, 1986.
[A] Stroker, W., ed. *Extracanonicad Sayings of Jesus.* Atlanta, Scholars, 1989.

[A] Wenham, D., ed. *Gospel Perspedives V: The Jesus Tradition Outside the Gospels.* Shef&eld, JSOT, 1985.
[I] Wilken. R. L. *The Christians As the Romans Saw Them.* New Haven, Yale Univ. Press, 1984.
[B] Yamauchi, E. «Agrapha» and «Apocrypahl Gospels», pp. 69-71 and 181-88 in *International Standard Bible Encyclopedia.* Ed. G. W. Bromiley. Volume 1. Grand Rapids, Eerdmans, 1979.
[B] Wright, N. T. *Who Was Jesus?* Grand Rapids, Eerdmans, 1992.

II. La existencia de Dios
A. *Defensa de la existencia de Dios*
[B] Craig, William Lane. *The Existente of God and the Beginning of the Universe.* San Bernardino, Calif., Here's Life, 1979.
[A] Geivett, R. Douglas, and Brendan Sweetman, eds. *Contemporary Perspectives on Religious Epistemalogy.* New York, Oxford Univ. Press, 1992.
[B] Lewis, C. S. *Mere Christianity.* New York, Macmillan, 1943; rev. ed., 1952.
[I] Moreland, J. P., and Kai Nielsen. *Does God Exist?* Buffalo, Prometheus, 1993.
[I] Moreland, J. P. *Scaling the Secular City.* Grand Rapids, Baker, 1987.
[B] Nash, Ronald. *Faith and Reason.* Grand Rapids, Zondervan, 1988.
[A] Swinburne, Richard. *The Existence of God.* Oxford, Clarendon, 1979.

B. *Defensa de las particularidades del Cristianismo*
[I] Craig, William Lane. «No Other Name, A Middle Knowledge Perspective on the Exclusivity of Salvation through Christ.» *Faith and Philosophy* 6 (April 1989), 172-88.
[I] _____. «Should Peter Go to the Mission Field?» *Faith and Philosophy* 10 (April 1993), 261-65.
[B] Fernando, Ajith. *The Chrirtian's Attitude Toward World Religions.* Wheaton, Ill., Tyndale, 1987.
[I] Geivett, R. Douglas. «John Hick's Approach to Religious Pluralism.» *Proceedings of the Wheaton College Theology Conference* 1 (Spring 1992), 39-55.
[I] Geivett, R. Douglas, and W. Gary Phillips. «Christian Particularism: A Particularist Approach» in *Religious Pluralism: Four Views.* Ed. Timothy L. Phillips and Dennis R. Okholm. Grand Rapids, Zondervan, 1995.
[I] Nash, Ronald H. *Is Jesus the Only Savior?* Grand Rapids, Zondervan, 1994.
[A] Plantinga, Alvin. «A Defense of Religious Exclusivism», pp. 529-44 in *Philosophy of Religion: An Anthology.* 2d ed. Ed. Louis P. Pojman. Belmont, Calif., Wadsworth, 1994.
[B] Richard, Ramesh P. *The Population of Heaven.* Chicago, Moody, 1994.
[I] Stetson, Brad. *Pluralism and Particularity in Religious Belief.* Westport, Conn., Praeger, 1994.

C. *Revelación*
[I] Anselm, Saint. *Cur Deus Homo?* In *St. Anselm: Basic Writings.* Trans. S. N. Deane. 2d ed. LaSalle, Ill., Open Court, 1962.
[B] Barnes, Albert. *The Atonement.* 1860. Reprint, Minneapolis, Bethany, 1980.
[B] Gerstner, John H. *Reasons for Faith.* Grand Rapids, Baker, 1967.
[B] Howe, Reuel L. *Man's Need and God's Action.* Greenwich, Conn., Seabury, 1953.
[I] Taylor, Nathaniel W. *Lectures on the Moral Government of God.* 2 vols. New York, Clark, Austin & Smith, 1859.
[I] Pedraz, Juan L. *I Wish I Could Believe.* New York, Alba House, 1983.

[A] Swinburne, Richard. *Revelation: From Metaphor to Analogy.* Oxford, Clarendon, 1992.
[A] ____. *The Christian God.* Oxford, Clarendon, 1994.
[B] Walker, James B. *The Philosophy of the Plan of Salvation.* 1887. Reprint, Minneapolis, Bethany, n.d.

D. El problema del mal

[B] Geisler, Norman L. *The Roots of Evil.* Grand Rapids, Michigan, 1978.
[I] Geivett, Douglas. *Evil and the Evidence for God.* Philadelphia, Temple Univ. Press, 1993.
[B] Lewis, C. S. *The Problem of Pain.* New York, Macmillan, 1962.
[A] Plantinga, Alvin. *God, Freedom, and Evil.* New York, Harper & Row, 1974.

E. Cristianismo y Ciencia

[A] Denton, Michael. *Evolution: A Theory in Crisis.* London, Burnett Books, 1985.
[B] Johnson, Phillip. *Darwin on Trial.* 2d ed. Downers Grove, Ill., InterVarsity 1993.
[A] Moreland, J. P. *Christianity and the Nature of Science.* Grand Rapids, Baker, 1989.
[I] ____, ed. *The Creation Hypothesis.* Downers Grove, Ill.:, InterVarsiry, 1993.
[I] Pearcey, Nancy R., and Charles B. Thaxton. *The Soul of Science.* Wheaton, Ill., Crossway Books, 1994.
[B] Ratzsch, Del. *Philosophy of Science.* Downers Grove, Ill., InterVarsity, 1986.

F. El experimento devocional y la experiencia religiosa

[A] Alston, William P. *Perceiving God: The Epistemology of Religious Experience.* Ithaca, N.Y., Cornell Univ. Press, 1991.
[A] Franks Davis, Caroline. «The Devotional Experiment.» *Religious Studies* 22 (March 1986), 15-28.
[A] ____. *The Evidential Force of Religious Experience.* Oxford: Clarendon, 1989.
[I] Lycan, William G., and George N. Schlesinger. «You Bet Your Life: Pascal's Wager Defended», pp. 270-282 in *Contemporary Perspectives on Religious Epistemology.* Ed. R. Douglas Geivett and Brendan Sweetman. New York, Oxford Univ. Press, 1992.
[I] Morris, Thomas V. *Making Sense of It All: Pascal and the Meaning of Life.* Grand Rapids, Eerdmans, 1992.
[A] ____. «Pascalian Wagering», pp. 257-69 in *Contemporary Perspectives on Religious Epistemology.* Ed. R. Douglas Geivett and Brendan Sweetman. New York, Oxford Univ. Press, 1992.

III. Discipulado y la vida espiritual con Jesús (Obras contemporáneas)

[B] Foster, Richard J. *Celebration of Discipline.* Rev. ed. San Francisco, Harper San Francisco, 1988.
[I] Foster, Richard J., and James Bryan Smith, eds. *Devotional Classics.* San Francisco, Harper SanFrancisco, 1994.
[I] Issler, Klaus, and Ronald Habermas. *How We Learn.* Grand Rapids, Bak 1994.
[I] Willard, Dallas. *The Spirit of the Disciplines.* San Francisco, Harper & Row, 1988.
[I] ____. *In Search of Guidance.* San Francisco, Harper San Francisco 1993.
[I] Wilkins, Michael J. *Following the Master. Discipleship in the Steps of Jesus.* Grand Rapids, Zondervan, 1992.
[A] ____. *Discipleship in the Ancient World and Matthew's Gospel.* 2d ed. Grand Rapids, MI., Baker House, 1995.

Bibliografía en castellano

Beaude, Pierre-Marie et al, «Jesús», Editorial Verbo Divino, Navarra, España, 1993.

Boff, Leonardo, «Jesucristo, el Liberador», Indo-American Press Sercive, Colombia, 1977.

Bonhoeffer, Dietrich, «¿Quién es y quién fue Jesucristo?» (Su historia y su ministerio), Ediciones Ariel, Barcelona, España, 1971.

Bornkamm, Günther, «Jesús de Nazaret», Ed. Sígueme, Salamanca, España, 1996.

Bultmann, Rudolf, «Teología del Nuevo Testamento», Ediciones Sígueme, Salamanca, España, 1981.

Cardedal De, Olegario G., «Jesús de Nazaret» (Aproximación a la Cristología), Biblioteca de Autores Cristianos, Madrid, 1975 (3ra. Edición 1993).

Carron, Julián, «Jesús, el Mesías manifestado», Editorial Ciudad Nueva, Fundación San Justino, Madrid, 1993.

Crossan, John Dominic, «Jesús: Vida de un campesino judío», Crítica (Grupo Grijalbo-Mondadori), Barcelona, España, 1994.

Crossan, John Dominic, «Jesús: biografía revolucionaria», Grijalbo Mondadori, S.A., Barcelona, España, 1996.

Crossan, John Dominic, «El nacimiento del cristianismo», Ediciones Sal Terrae, Santander, 2002.

Cullmann, Oscar, «Cristología del Nuevo Testamento», Ediciones Sígueme, Salamanca, España, 1998.

Charpentier, Etienne, «¡Cristo ha resucitado!», Editorial Verbo Divino, Navarra, España, 1987.

Díez Macho, Alejandro, «La Historicidad de los Evangelios de la Infancia» (El entorno de Jesús), Ediciones Fe Católica, Madrid, 1977.

Dunn, James D. G., «Jesús y el Espíritu», Secretario Trinitario, Salamanca, España, 1981.

Duquoc, Christian, «Cristología» (Ensayo dogmático sobre Jesús de Nazaret, el Mesías), Ediciones Sígueme, Salamanca, España, 1992.

——, «Jesús, Hombre libre», Ediciones Sígueme, Salamanca, España, 1996.

Franco Martínez, Cesar A., «Jesucristo, su persona y su obra», Editorial Ciudad Nueva, Fundación San Justino, Madrid, 1992.

Fuller, Reginald H., «Fundamentos de la Cristología Neotestamentaria», Ediciones Cristiandad, Madrid, 1979.

González Faus, José Ignacio, «Acceso a Jesús», Ediciones Sígueme, Salamanca, España, 1980.

Grillmeier, Alois, «Cristo en la tradición cristiana», Ediciones Sígueme, Salamanca, España, 1997.

Jeremías, Joachim, «Teología del Nuevo Testamento» (vol I: La predicación de Jesús), Ediciones Sígueme, Salamanca, España, 1985.

Kasper, Walter, «Jesús, El Cristo», Ediciones Sígueme, Salamanca, España, 1979.

Ladd, George Eldon, «Creo en la resurrección de Jesús», Editorial Caribe, Miami, Fl, 1977.

Lapide, Pinchas, «¿No es este el hijo de José?» (Jesús en el judaísmo actual), Riopiedras Ediciones, Barcelona, España, 2000.

León-Dufour, Xavier, «Resurrección de Jesús y mensaje pascual», Ediciones Sígueme, Salamanca, España, 1992.
Loén-Dufour, Xavier, «Los evangelios y la historia de Jesús», Ediciones Cristiandad, Madrid, 1982.
Manson, T. W., «Cristo en la teología de Pablo y Juan», Ediciones Cristiandad, Madrid, 1975.
Marcos, Juan y Camacho, Fernando, «El Hijo del Hombre», Ediciones el Almendro de Córdoba, España, 1995.
Mateo-Seco, Lucas F. et al, «Cristo, hijo de Dios y redentor del hombre» (III Simposio Internacional de teología de la universidad de Navarra), Ediciones Universidad de Navarra, Pamplona, España, 1982.
Meier, John P., «Un judío marginal. Nueva visión del Jesús Histórico» (3 vols.), Editorial Verbo Divino, Navarra, 1998.
McDowell, Josh y Wilson, Bill, «El anduvo entre nosotros» (Evidencias del Cristo histórico), Editorial Unilit, Miami, Fl., 1996.
Moingt, Joseph, «El Hombre que venía de Dios» (vols. I y II), Editorial Desclée de Brouwer, Bilbao, España, 1995.
Moltmann, Jürgen, «El camino de Jesucristo», Ed. Sígueme, Salamanca, España, 1993.
Moltmann, Jürgen, «El Dios crucificado», Ed. Sígueme, Salamanca, España, 1977.
Pérez Rodríguez, Gabriel, «La infancia de Jesús», (Serie Teología en Diálogo No. 4), Salamanca, España, 1990.
Perrot, Charles, «Los relatos de infancia de Jesús», Editorial Verbo Divino, Navarra, España, 1993.
Pikaza, Xabier, «El Evangelio» (Vida y pascual de Jesús), Ediciones Sígueme, Salamanca, España, 1990.
——, «Este es el hombre» (Manual de Cristología), Secretariado Trinitario, Salamanca, España, 1997.
Schierse, Franz Joseph, «Cristología», Editorial Herder, Barcelona, España, 1983.
Schillebeeckx, Edward, «Jesús, la historia de un viviente», Ediciones Cristiandad, Madrid, 1981.
Schnackenburg, Rudolf, «La persona de Jesucristo», Biblioteca Herder, Barcelona, España, 1998.
Schweitzer, Albert, «Investigaciones sobre la vida de Jesús», Institución San Jerónimo, Valencia, España, 1990.
Segundo, Juan Luis, «La historia perdida y recuperada de Jesús de Nazaret» (De los sinópticos a Pablo), Editorial Sal Terrae, Santander, España, 1990.
Sobrino, Jon, «Jesucristo, Liberador» (Lectura histórico-teológica de Jesús Nazaret), Editorial Trotta, Madrid, 1997.
Theissen, Gerd y Merz, Annette, «El Jesús Histórico», Ediciones Sígueme, Salamanca, España, 1999.
Torres Queiruga, Andrés, «Repensar la Cristología», Editorial Verbo Divino, Navarra, España, 1996.
Vidal, Senén, «La resurrección de Jesús en las cartas de Pablo» (Análisis de las tradiciones), Ediciones Sígueme, Salamanca, España, 1982.
Warfield, Benjamin B., «El Señor de la Gloria», Libros CLIE, Barcelona, España, 1992.

Índice analítico

A

Agrapha 46, 297, 313
Apócrifos 52, 167, 297, 301, 302, 305
Apolonio de Tiana 70, 171, 172, 176
Apóstoles 19, 29, 48, 52, 60, 73, 74, 98, 101, 102, 120, 150, 151, 152, 153, 162, 218, 221, 226, 246
Arqueología 51, 70, 76, 279
Autores de los Evangelios 61, 83, 111, 112, 114-116, 125, 133, 190

B

Biblia 7, 8, 9, 13, 14, 15, 20, 26, 27, 30, 36, 57, 64, 77, 109, 110, 115, 118, 121, 145, 180, 202, 244, 247, 248, 250, 252, 258, 260, 269, 270, 271, 273, 285
Buda 17, 39, 87, 255, 256, 305
Búsqueda 13, 16, 23, 37, 40, 47, 48, 50, 51, 69, 75, 83, 84, 85, 86, 92, 212, 252, 261, 268, 275, 292, 297, 307, 309

C

Cartas 11, 71, 72, 73, 76, 186, 223, 256, 318
Ciencia 16, 18, 20, 23-25, 180, 181, 183, 185, 191, 197, 314, 202, 236, 239, 266
Credo 74, 180, 202, 209, 246, 247
Credos 14, 28, 73
Cristianismo 5, 22-24, 26, 29, 30, 36, 37, 42, 46, 59, 69, 70, 72-75, 86, 106, 135, 142, 154, 162, 173, 174, 201, 216, 238, 252, 253, 255, 259, 266, 270, 271, 273, 275, 276, 282, 283, 284, 286, 295, 313, 314, 317
Cristianos 8, 14, 18, 28, 29, 30, 39, 41, 42, 51-57, 61, 63, 64, 69, 70, 72, 73, 74, 82-84, 87, 91, 95, 130, 148, 153-155, 165, 167, 169, 170, 181, 185, 199, 205, 207, 208, 211, 214, 228, 229, 218, 245, 246, 250, 256, 269, 271, 273, 284, 288, 289, 290, 292, 293, 295-297, 303, 305, 317
Cristo 14, 15, 17, 45, 47, 51, 56, 57, 60, 65, 67, 69, 71, 72, 74, 77, 82, 83, 85, 106, 130, 131, 153-156, 161, 166, 173, 180, 202, 205, 223-227, 229, 232, 234, 235, 238, 239, 248, 250, 251, 285, 288, 289, 293, 296, 297, 301, 302, 308, 309, 317, 318

Cristo 29
Cristología 10, 28, 67, 97, 136, 139-141, 165, 317, 318
Criterios 16, 28, 48, 73, 100, 101, 116, 133-136, 138, 139, 140-142, 171, 180, 189, 203, 233, 234, 269
Cultura judía 101, 118, 120, 136, 142
Curaciones 18, 29, 94, 95, 99, 128, 151, 153, 176, 177, 179, 185, 186, 187, 190, 192

D

Decálogo 119
Día del Señor 56
Didaché? 73
Diez Mandamientos 119
Dios 8, 10, 19, 21, 22, 23, 25, 27, 29, 35, 36, 40, 42, 46, 47, 48, 49, 55, 60, 63, 66, 67, 68, 70, 74, 75, 82, 83, 88, 89, 90, 91, 92, 93, 94, 95, 96, 98, 99, 100, 101, 102, 103, 104, 105, 106, 109, 110, 118, 119, 120, 129, 130, 131, 132, 133, 142, 149, 150, 151, 153, 154, 159, 160, 161, 162, 167, 170, 173, 177, 178, 181, 185, 187-189, 191, 204, 214, 224, 227, 228, 230, 232, 235, 236, 237, 238, 241, 243, 245, 246, 247, 248, 251, 252, 253, 254, 255, 256, 257, 258, 259, 260, 261, 263, 264, 267-269, 270-277, 290, 297, 300, 301, 305, 307-309, 313, 318

E

Encarnación 181, 169, 226, 270, 273, 274
Epistemología 24
Escrituras 11, 23, 39, 57, 74, 76, 116, 148, 185, 205, 218, 228, 229, 269, 271, 305
Evangelio de Juan 9, 36, 50, 58, 66, 67, 68, 115, 136, 168, 214, 250, 251, 271, 287, 302
Evangelio de Pedro 198, 199, 206, 207, 213, 214, 302, 303
Evangelio de Tomás 30, 43, 44, 46, 47, 77, 111, 112, 134, 135, 147, 186, 298, 300, 302
Evangelios 15-19, 27, 28, 30, 35-41, 43-46, 48-55, 56-58, 60, 61 63-73, 75-77, 83, 85, 87, 96, 98, 106, 109-119, 121, 123-131, 133-135, 137-139, 140, 142, 143, 147, 148, 152-154, 156, 158, 159, 162, 165-169, 171-174, 176,

317

180, 183-187, 189-193, 197-199, 201, 202, 205-209, 211, 213, 214, 219-222, 225, 226, 233, 244, 249, 251, 260, 270, 277, 281, 283, 284, 287, 288, 292, 293, 297-305, 311, 317, 318

Evangelistas 16, 19, 55, 61, 63, 64, 67, 110, 111, 113, 116, 118, 121, 126-131, 133, 135, 138, 142, 143, 162, 174, 221, 224, 225

Existencia 24, 25, 29, 59, 61, 128, 174, 175, 178, 180, 186, 199, 204, 206, 212, 215, 228, 245-248, 252, 253, 256, 257-265, 267, 268, 270, 274, 275-277, 281, 308, 313

Exorcismo 47, 171, 178, 188, 191

Experiencia religiosa 86, 90, 91, 92, 96, 254, 257, 259, 275, 314

Expiación 63, 64, 103

F

Fe 5, 11, 14, 17, 18, 20, 21-23, 29, 31, 37, 41, 59-61, 73, 82, 83, 85-87, 90, 99, 106, 111, 125, 151, 154, 161, 177, 178-180, 185, 186, 191, 202, 219, 227-229, 232, 234, 235-238, 244, 246, 248, 259, 271, 273, 276, 277, 283, 283, 296, 309, 317

G

Gnosticismo, 46

Grado de verosimilitud 203

H

Hijo del Hombre 39, 40, 56, 68, 89, 100, 130-132, 137-141, 152, 161, 231, 318

Hipótesis históricas 199, 200, 203, 234

Historia 16, 17, 19, 20, 23, 24, 26, 35, 39, 42, 46, 52, 54, 56, 61, 63, 64, 66, 68, 70, 72, 74, 75, 82-84, 86, 90, 92, 95, 96, 103, 105, 110, 111, 113, 116, 117, 120-125, 132-134, 136, 138, 139, 148, 153, 155, 158, 159, 162, 171-173, 175, 179, 184, 189, 197, 199, 200, 207, 211-213, 215, 220-222, 225, 230, 231, 236, 238, 244, 248-250, 256, 262, 263, 267, 271, 274, 279, 281, 283, 287, 292, 293, 308, 309, 317, 318

Historiadores de la Antigüedad 16, 48, 116-118, 133, 175

I

Iglesia 7, 8, 12-20, 27, 29, 39, 42, 45, 48, 49, 52, 57, 60, 61, 67, 73-76, 82, 83, 88, 93, 96, 101, 103, 106, 111, 113, 116, 120, 121, 131, 136, 137, 140, 152, 189, 211, 212, 214, 215, 221, 223, 225, 229, 230, 232, 233, 246, 270, 271, 273, 288-290, 297, 299, 300, 301, 303

Inspiración 11, 18, 167

Ipsissima Verba 114, 132

Ipsissima Vox 114, 132

J

Jesús 1, 3, 9-11, 13-20, 22, 26-31, 33, 35, 36, 37-77, 79, 81-107, 109, 110-121, 123, 143, 145, 147-163, 165-193, 195, 197, 198-239, 241, 243-263, 265, 267, 269-275, 277, 279, 281, 282, 283-285, 287-295, 297-309, 311, 312

Jesús ben Ananías 156, 157, 159

Jesús histórico 1, 3, 16, 17, 18, 35, 37, 43, 47, 48, 55, 56, 60, 69, 75, 76, 83, 84, 85, 86 90, 92, 94, 106, 111, 112, 154, 165, 166, 198, 202, 220, 245, 248-252, 255, 258, 281, 292, 297, 311

José de Arimatea 197, 207, 209

Juan el Bautista 70, 94, 99, 129, 138, 147, 149, 168, 186, 287

L

Leyendas 16, 54, 213, 220, 221, 292

Literatura cristiana 72

M

Magos 29, 167, 169, 170, 171, 192, 284

Mahoma 17, 39, 256, 269, 301, 305

Manuscritos del mar Muerto 30, 282, 283 285-287, 306

Mesías 27, 39, 49, 63, 70, 74, 83, 99, 100, 102, 102, 131, 132, 137, 155, 160-162, 227, 228, 230, 233, 238, 285, 286, 289, 290, 317

Milagros 17, 18, 19, 22, 24, 29, 30, 39, 40, 49, 50, 58, 66, 70, 76, 88, 91, 94, 98, 99, 100, 102, 127, 147, 151, 154, 159, 163, 165-193, 201, 212, 220, 233, 236, 237, 269, 270, 272-274, 290-292, 301, 312

Misná 118, 167, 168

Moderna 14, 16, 18, 22, 23, 25, 35, 61, 69, 81, 94, 167, 177, 182, 183, 191, 202, 308

N

Naturalismo 18, 23-26, 29, 201, 202, 236
Naturalismo filosófico 18, 23-26, 29
Nueva Era 48, 247

P

Padres de la Iglesia 19, 67, 73, 297, 300, 301
Parábolas 19, 36, 41, 46, 47, 68, 88, 94, 112, 138, 140, 141, 150, 151, 153, 162, 183, 189, 308
Poncio Pilato 147, 154, 159, 162, 246, 293, 296, 305

R

Razón 21, 22, 23, 41, 61, 63, 71, 100, 112, 132, 133, 138, 142, 152, 155, 158, 159, 162, 178, 180, 184, 193, 197, 204, 206, 221, 246, 262, 264, 273, 293, 302, 308
Reino de Dios 47, 55, 66, 88, 90, 92-95, 99, 100, 103, 104, 149, 150, 151, 153, 159, 162, 177, 187-189, 214, 224, 251
Resurrección 10, 15, 18, 29, 43, 50, 52, 60, 61, 64, 74, 88, 89, 101, 111, 125, 156, 161, 163, 173, 176, 182, 183, 184, 185, 186, 188-191, 193, 197-199, 201-206, 209-211, 213-222, 224-239, 246, 250, 258, 270, 271, 276, 289, 304, 312, 317, 318
Resurrección general 230
Revelación 11, 46, 247, 255, 256, 260, 268, 269, 270, 271, 299, 314

S

Saduceos 230
Salvación 27, 29, 43, 103, 178, 247, 260, 271-275, 308
Segunda ley de la termodinámica 25
Seminario de Jesús 9, 14-19, 22, 26-28, 31, 35-44, 47, 48, 58, 75-77, 82, 85, 88-90, 97, 111, 112, 116, 119, 133, 134, 136, 137, 139, 141, 147, 148, 151, 152, 177, 180-184, 186, 188, 190, 193, 197, 199, 202, 204, 215, 218, 233, 234, 237, 238, 244, 245, 248, 249, 251, 274, 299, 301, 307, 308
Sepulcro vacío 128, 199, 212, 214-217
Sermón del Monte 72, 115, 128
Sinópticos 44, 45, 47-49, 53, 58, 66-68, 72, 75, 83, 98, 104, 136, 168, 186, 188 233
Sobrenatural 18, 19, 23, 25, 26, 66, 165, 169, 172, 178, 180, 181, 182, 183, 192, 201, 202, 204, 235, 236, 251, 258, 283
Soma pneumatikon 224

T

Talmud 69, 168, 291, 305, 306
Teología 7, 8, 10-12, 38, 61, 63, 64, 68, 83, 84, 116, 165, 172, 176, 177, 186, 206, 211, 233, 258, 259, 275, 317, 318
Teología cristiana 11, 83, 211, 233
The Five Gospels: 14, 35, 82, 147, 177, 202, 249, 299
Tradición apostólica 246
Tradición oral 28, 39, 59, 72, 73, 74, 76, 112, 113, 118, 120, 136, 221
Tumba vacía 198, 201, 204, 205, 209-217, 228, 229, 231-237

U

Universo 25, 43, 259, 260, 262-265, 269, 270, 275, 277, 309

V

Verdad 13, 20-24, 26, 27, 36, 42, 49, 55, 59, 67, 84, 98, 104, 110, 113, 125, 133, 147, 152, 154, 169, 170, 172, 176-181, 184, 185, 190, 201, 203, 209, 214, 226, 237, 243, 244, 250, 251, 255, 258, 264, 268, 270-272, 276, 284, 288, 297, 307, 309

Z

Zaratustra 17, 305

www.ingramcontent.com/pod-product-compliance
Lightning Source LLC
Chambersburg PA
CBHW050552170426
43201CB00011B/1663